日本史探究
授業の実況中継
［中世～近世］

2

語学春秋社

授業を始めるにあたって

――新課程教科書準拠版

『日本史探究授業の実況中継 1 ～ 4』は，(1)**わかりやすく**，(2)**ていねいに**，(3)**必要なことは繰り返し触れる**ことを心がけて行ってきた，河合塾での私の日本史授業を再現したものですが，新課程への移行にともない，教科書に準じて必要な箇所を修正しました。また，なによりも(1)**楽しく**，(2)**厳しく**，(3)**手抜きせずに**進めてきた授業ですが，本づくりにあたっては，授業を再現するだけでなく，次のような工夫と指導方針を徹底しました。

①授業ノート(別冊)・日本史年表トーク

この 2 つの教材を念頭に，実際の授業と同じ環境を整えることに努めました。**授業ノート**の赤字部分は，いわゆる「サブノート」で言えば空欄に該当する重要語句です。**年表**も見やすく，わかりやすくしました。

日本史年表トークは，この年表に沿って時代の流れを整理するため，授業の要所で繰り返し指摘する重要な出来事・事項をムダなくまとめたものです。**授業音声は無料でダウンロード**できます。(ダウンロード方法は，別冊 iii ページをご参照ください)

②史料は全訳・ルビつき

史料は，授業で話す全訳，意訳をそのまま示してあります。史料が苦手な人も，自然に**史料の読解力**そのものがついてくるようになっています。また，ルビもついています。

③定期テスト・模擬試験対策

そこで，定期テスト・模試などの前には，必ず，(1)**授業ノートを見直し**，(2)**授業音声を聴きながら年表を確認し**，(3)**史料部分の要点を復習して**ください。

④すべてのテストの前提となる基本的な授業

中間・期末テスト，共通テスト，国公立私大といったタイプ別のテストを意識する前に，まずは**しっかり基本を学ぶ**ことを重視してください。共通テストだから，難関私大だから，二次論述だからといった区別は，基本的な勉強が終わってから考えるものです。

⑤本書が扱う範囲

しかし，この授業は河合塾の授業ですから，**日常学習から入試まで**を配慮したものとなっています。その場で暗記してしまうことは，実際に暗記の方法を示し，いっしょにその場で覚えてもらいます。読み飛ばさないで，指示を守って着実にやっていってください。**ゴロ合わせ**や**暗唱コーナー**などで，楽しく読み進められるはずです。

では，本書のイメージを示しておきます。**本書が扱う範囲を100とします。**定期テストや入試で高得点を確保するためには80ぐらいが必要でしょう。それでどんな問題もクリアーできます。実際には60～70の範囲を確実に得点できればOKです。

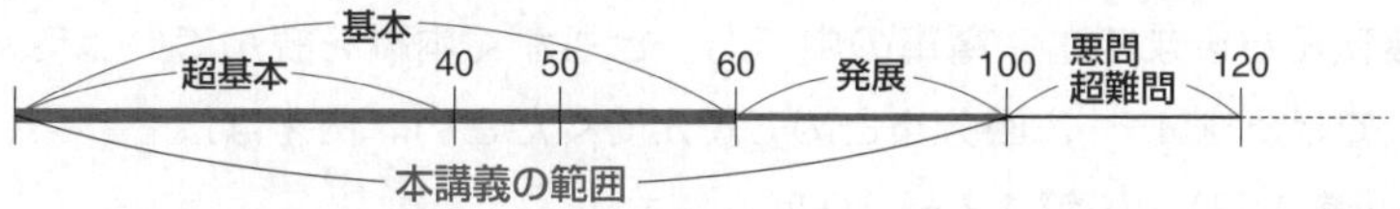

入試の難問にも対応するためには，120程度の知識が要求されます。しかし，これではあまりにも負担が重すぎます。他の教科の勉強時間を奪ってしまいます。そこで，この授業は**0～100を目指している**のです。それで共通テストは満点，難関大でも8割は確実に得点できます。

100学んで，80を得点に結びつければどんな試験でもクリアする

ことを忘れないでください。そこで，

忘れることを前提に，100学んで，20は忘れてもOK

というのが本書の基本的な目標です。ここは始めにしっかり意識してください。

なお，新課程になって教科書の記述から削除された事項でも，入試対策上，必要なものは加えてあります。

●本書第２巻の学習目標

第２巻は「中世史から近世史（前期）」。第２巻も第１巻と同じ。本書の目標を実現してもらうために，ていねいに進めていきます。日本史が得意な人にとっては進度がやや遅いという感じがするかも知れませんが，単に，事件，流れを追っていくだけではなく，背景やシステムを理解するよう熟読してください。

史料の解説などが少々ていねいすぎると思っても，がまんしてください。史料に強くなることは，得点力を身につけるために避けられません。

★本書の学習のしかた

(1)本編の授業を読む

寝転んだままでも，電車の中でも，ともかく本編を読んでいってください。できれば１～３回分まとめて読んでください。例えば，

〈第１日〉……第 18 ～ 19 回を読む
〈第２日〉……第 18 ～ 20 回を読む
〈第３日〉……第 19 ～ 21 回を読む

こんなふうに，かならず前回の部分を通読してから次の回へ進むこと。（集中すれば，約１週間で中世・近世史（前期）をひととおり勉強することが可能です）そして，定期的に，史料だけの復習を行ってください。

(2)授業ノートを参考に熟読する

最低２回，通読したら，今度はちゃんと授業ノートを開いて本編を熟読してください。

赤字・太字の用語はできれば鉛筆で書いてみましょう。くれぐれも思い込みで誤字を書き込むことがないように，１字１字確認してください。

(3)授業ノートを自分のノートにしよう

授業ノートに情報を書き加えて，自分自身のノートにしていく。授業の中での注意事項や，自分の使っている教科書，学校での勉強などのすべての情報を書き込んでいってください。

(4)音声(日本史年表トーク)を聴く

ある程度，学習が進んだなと思ったら，別冊の年表を見ながら授業音声を聴いてください。年表や授業ノートを開いて，私の音声が聞こえてくるようになれば，ベストです。

(少しでも時間があったら，**繰り返し聞く**ようにしてください)

(5)総仕上げ！

(1)～(4)までが一応終わったら，そこで，個別の復習を試みてください。例えば，

A　史料だけをチェックする。

(赤字の語句の穴埋めができるかどうか試す。出典・著者などを確認する)

B　年表で**主要年号**をチェックする。

(年号を見て事項が暗記できているか，事項から年号が出てくるか)

あとは，問題集や過去問をどんどん挑戦していってください。

本書が，単なる授業の再現ではなく，まさに日常学習から入試レベルまで，無理なくカバーする『実況中継』になったのは，語学春秋社社長の井村敦氏の陣頭指揮，藤原和則氏以下の編集スタッフの皆さんの熱意によるものです。本書が広く，日本史を学ぶ多くの高校生・受験生の力になることを信じています。

2023年12月

石川晶康

授業の内容(目次)

第18回

中世 (1)

後三条親政と院政

いよいよ中世です。といっても，いきなり鎌倉時代じゃありません。**後三条天皇**の直接政治から院政。そして，**保元・平治の乱**を経て，**平氏政権**が誕生するまでの古代から中世への転換期です。

後三条親政と院政

後三条親政 ➡	白河 ➡	鳥羽 ➡	後白河
延久の荘園整理令	後三年合戦		保元・平治の乱
	北面の武士	八条院領	長講堂領
伊勢平氏：	正盛 →	忠盛 →	清盛
奥州藤原氏：	清衡 →	基衡 →	秀衡(1187 没)
	中尊寺 (金色堂)	毛越寺 (庭園)	無量光院

後三条天皇の「**延久の荘園整理令**」によって**荘園公領制**が成立。続く白河天皇は 1086 年，堀河天皇に譲位しますが，権力を握り続け，いわゆる**院政**を始めます。鳥羽天皇も同じく院政を展開。白河や鳥羽のような地位を「**治天の君**」と呼びますが，鳥羽の没後，その「治天の君」の地位をめぐって保元・平治の乱が起こり，その勝者が**後白河天皇(上皇)**と，武士では**平清盛**です。

1 後三条天皇の親政

授業ノート p.1 参照

後三条天皇

宇治の関白**藤原頼通**も，父の道長と同じように娘を天皇の奥さんにし，生まれた男の子を皇太子にして天皇にするという，いわゆる**外戚政策**を進めようとしますが，うまくいきません。娘が天皇の男の子を産まないことには何も始まらない。摂関がどんなに権力を握っても，権力の源泉が，天皇との血縁関係，母方の「尊属」――要するに天皇の**母方の親戚**，祖父，伯父といった関係にあることが第一の条件ですから，言ってみれば偶然に左右されることになるわけです。

頼通は結局，自分と血のつながりの濃い皇太子を立てることができず，途中であきらめて，**摂関家を外戚としない皇太子**を認めざるを得なかった。その皇太子が即位し，**後三条天皇**となります。

後三条天皇は「親政」，自分で政治を行う。そこで優秀な人物を側近として登用しますが，その代表が**大江匡房**。この人は儀式書『江家次第』でも有名な「文人貴族」です。

そして，五位，六位ぐらいの中堅官僚層，とくに受領など，摂関家に頭が上がらない人たちも**後三条親政**を支持します。彼らに支えられて，後三条天皇はさっそく，それまで何度か試みられていながら徹底できなかった土地制度の大改革，荘園整理に着手します。荘園の増加は受領の徴税の障害となっていたんです。

延久の荘園整理令

1069 年，「**延久の荘園整理令**」が出されます。もちろん延久というのはこのときの元号からつけられたものだ。

史料です。「延久の荘園整理令」と呼ばれる史料。

史料

1 延久の荘園整理令(1)/『百錬抄』

(延久元年)二月廿三日　寛徳二年以後の新立荘園を停止すべし。
(1069年)2月23日　1045年以後の新しく成立した荘園は(その特権を)停止する。

たとひ彼の年以往と雖も，立券分明ならず，国務に妨げある者は，
たとえそれ以前の荘園でも，証拠書類のハッキリしないもの，国司の仕事の障害と

同じく停止の由宣下す。
なっているものは同じく停止する。

(延久元年)閏二月十一日，始めて記録荘園券契所を置き，寄人等
(1069年)閏2月11日，始めて記録荘園券契所が設置され，その職員

を定む。
である寄人が任命された。

最初に「**延久**元年」とあればすぐわかるね。史料問題でここをちゃんと載せてくれれば楽勝です。

さて，「寛徳二年以後」ときました。寛徳二年は西暦で **1045年**で，道長の外孫である後冷泉天皇が即位した年ですが，このとき，後三条は皇太子になってるんです。

その「寛徳二年」，1045年以後の「**新立荘園**」──新しく立てられた荘園は「停止すべし」──その権利を停止する。要するに，**不輸の特権は剥奪**する。たとえ正規の手続きを経ているものでも，その権利は無効だ。

それだけではない，「たとひ彼の年以往と雖も」──たとえ寛徳二年より以前のものでもダメな場合がある。「立券分明ならず」──証拠書類がない場合は，これもだめだ。

「**立券**」というのは正式に国の承認を経て荘園が成立することを指しますので，太政官符・民部省符などで不輸の特権を認められているようなところはいいわけですが，「分明ならず」──明確ではない場合は，これまではたとえ実際に税を払っていなかったとしてもダメ。

たとえば，それまでは，摂関などから何らかの文書を与えられている場合，

国家としての正式の証明書はなくても，実際には国司は課税できないということもあったでしょう。しかし，そんなのは「国務に妨げ」となるから「同じく停止」と「宣下す」——天皇の命令が出た。

受領は公領からの徴税が一番大事な仕事ですから，それを「妨げる」ということは徴税を拒否するということです。

1045 年以前から税を免除されていたとしても，正式の手続きを経ていないものはその権利を「停止」し，今後は税を払えということです。逆に言うと，1045 年以前に「立券分明」，いわゆる太政官符や民部省符をそろえているような荘園はこれで正式に私領，国家に税を納めなくてもイイということになったわけです。そして，

Q 「延久の荘園整理令」を実施するために，後三条天皇が設けた役所名は？

——記録荘園券契所

翌月(旧暦ではしばしば 1 年が 13 か月となります。そこで，この年も閏年で，2 月の次が閏 2 月となっている)には「始めて」，「記録荘園券契所」という役所を置き，その職員である「寄人等を定む」——任命した。「無税の特権を認めてもらいたかったら，**証拠書類を記録荘園券契所**に持ってきて審査を受けなさい」ということになった。

これまで「摂関家領だぞ」，「石清水八幡宮の荘園だぞ」と言って国司，受領を脅し，税を納めてこなかった土地であっても，正式の書類を記録荘園券契所に提出できなければ，どんどん課税するぞということになったのです。事実，「摂関家領」，「石清水八幡宮領」として税を払ってこなかったところでも正式の書類が整っていない土地は整理され，課税されるようになったことがわかっています。

> 　　1 0 6 9
> 「登録(**とうろく**)しよう券契所」
>
> ゴロゴロ ➡ **1069 年，記録荘園券契所**

あと，「延久の荘園整理令」に関連して，後三条天皇は 1072 年，平安時代

になって多様な枡が混用されていたのを改めて，**公定の枡**を決定したことも覚えておいてください。

Q 1072年に後三条天皇が制定した公定枡を何と呼ぶか？

――「延久の宣旨枡」

物を計る単位を統一する，むずかしい言い方をすると，「度量衡を統一する」というのは，国にとって非常に大事なことです。それが乱れていたので，改めて基準を定めた。

■史料『愚管抄』(慈円)

もう1点，史料があります。鎌倉時代，比叡山延暦寺のトップ，**天台座主**だった**慈円**の『**愚管抄**』です。この史料はこれからも何度も出てきます。『愚管抄』は原文自体が漢字とカタカナで書かれていますから，ザーッと読めば大意はわかるでしょう。

史料

2 延久の荘園整理令 (2) /『愚管抄』

コノ後三条院位ノ御時……延久ノ記録所トテハジメテヲカレタリケル
後三条天皇の時代　延久の記録所が始めて設置されたが，

ハ，諸国七道ノ所領ノ宣旨・官符モナクテ公田ヲカスムル事，一天四海
それは，諸国に宣旨・太政官符なども得ていないのに税を払わない土地が多く，日本で最大

ノ巨害ナリトキコシメシツメテアリケルハ，スナハチ宇治殿ノ時，
の害悪となっているということを聞いておられたからである。すなわち，藤原頼通が政治の

一ノ所ノ御領々々トノミ云テ，庄園諸国ニミチテ受領ノツトメタヘ
実権を握っている頃には，摂関家の荘園だと主張し，荘園がどんどん増加し，受領の徴税が

ガタシナド云ヲ，キコシメシモチタリケルニコソ。……
不可能になっていった様子を見聞しておられたからであろう。

「記録所」は**記録荘園券契所**の略称。「**宣旨**」は蔵人が天皇の命令を伝える文

書,「官符」の「官」は太政官ですから**太政官符**です。「宇治殿」はもちろん宇治の関白**藤原頼通**ですよ。「一の所」の「御領」とは摂関家の所領,荘園という意味です。あとは大意をつかんでおけばOKです。

荘園公領制の成立

さて,後三条天皇の荘園整理が厳格に行われた結果,税金を国に納めなくてもよい「**荘園**」と,国にちゃんと税金を納める「**公領**」がハッキリと区分され,あいまいな土地はなくなります。そこで,**後三条天皇の荘園整理によって「荘園公領制」が成立した**と評価されるわけです。

もちろん,その内容は,「職」が重層的に設定された土地・税制だったことは第1巻,第16回でくわしく勉強したとおりだね。そして,これが**中世,鎌倉・室町時代の土地制度の前提となっていく**んだ。ということは,ここをしっかり理解しておけば中世史がスムーズに理解できるということになるんです。

公領も私領も,現地には開発領主や豪族が経営する土地があり,国衙に税を納入する公領の経営者は「郡司」「郷司」「保司」,私領の開発領主は「下司」「預所」「公文」「地頭」などと呼ばれますが,その内容はいっしょです。

〈10世紀～〉		〈延久の荘園整理令〉
国		国
郡・郡・郡 ↙ ↓ ↘ 郷(里) 郷(里) 郷(里) 郷(里)	➡	荘・郡・郷・保(豪族や開発領主)
田堵	➡	名主 ↙ ↘ 作人 下人
官物・臨時雑役	➡	年貢・公事・夫役

律令制では,「国」がいくつかの「郡」に分かれ,郡が多くの「里」に分かれる。荘園公領制のもとでの公領の単位である「郡」と「郷」はこのような関係ではなく,「郡」も「郷」も内容は変わらない,言わば並列の関係だった。開発領主が

寄進して荘園領主に年貢(ねんぐ)などを納入する荘園も，同じです。内容は同じで，荘・郡・郷・保(ほ)をその呼称(こしょう)が違うだけだと考えればいいでしょう。

もちろん，荘園は荘官からおのおのの荘園領主に年貢などを納入しますし，公領（国衙領）は国衙（国府(こくふ)）に税を納めます。

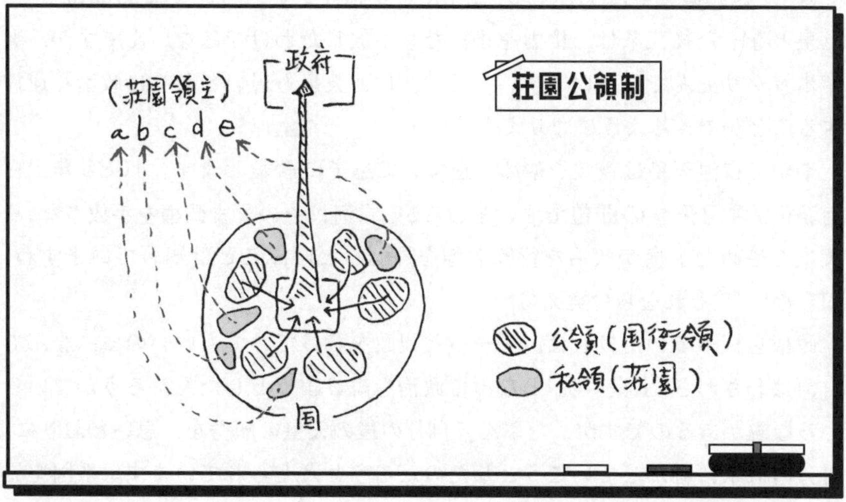

2 院政

授業ノートp.1参照

院政の始まり

さて, 後三条天皇は1072年, 息子に位を譲ります。**白河天皇の即位**です。上皇となった後三条は, 権力をまったく手放したわけではないんですが, 翌年ポックリ死んでしまいます。そこで, 白河天皇も思いどおりに政治を運営することができるようになります。

やがて白河天皇は親政をやめ, 退位して息子に譲位します。**1086年**, 白河譲位, **堀河天皇の即位**です。ところが, 白河はそのまま政権を手放さない。天皇をやめた上皇が政治を行う形態を「**院政**」と呼ぶことは知っていますね。知らない? それなら今覚えて。

政権を握っていたければ, ずーっと親政を続けていてもいいのに, なんで白河はわざわざ“上皇＝院”となって政治を続けようとしたんだろうか。いろいろな説があるのですが, たぶん, 自分の後の天皇の順番を, 思いどおりに, 自分の直系に継がせていこうとしたのだろうと考えられています。系図を見てみよう。

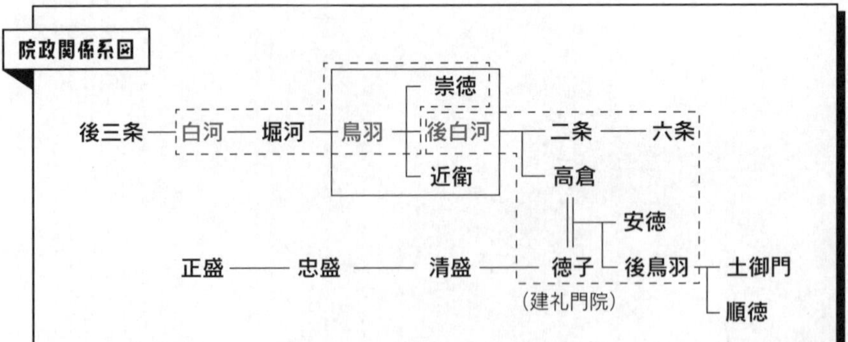

＊赤字は院政を行った上皇（白河・鳥羽・後白河）。
破線・実線内の赤字以外は各時期の天皇。

白河上皇の院政の時期は, 堀河・鳥羽・崇徳天皇。次は鳥羽, そして後白河院政です。

白河上皇の「**治天の君**」の地位は，堀河天皇が父に先立って死んでしまったので，鳥羽が継ぎます。1129年に白河が没して，ここから**鳥羽院政**ということになります。そして，鳥羽上皇が次の「治天の君」を決めないまま亡くなったので，**保元の乱**が起こるのです。

注意しておかねばならないのは，天皇の位を譲って引退した前天皇は「太上天皇」・「上皇」と呼ばれますが，前天皇，前々天皇だからといって，みんなが「院政」を始めるわけではないということです。権力を一度も握ったことがないまま亡くなる上皇も多かった。実際の最高権力者の地位，「治天の君」の地位は，制度として確立したものではなかったということです。

さて，白河院政からいきましょう。まずは，院政の開始の年号暗記から。1086年に白河天皇は息子に位は譲ったが，権力は握ったまま。

10　86
「(政治は)父(**とう**)ちゃんが**やろ**う，白河院政」

➡ **1086年，院政開始**

Q 白河天皇が譲位した翌年に終わった合戦は？

1087年だから，後三年合戦。

前九年合戦・後三年合戦

1051年，11世紀後半に入った年に東北地方で起こった反乱が，「**前九年合戦**」です。1062年までの長い戦いでした。前九年合戦では，陸奥の豪族安倍頼時の反乱を源頼義が鎮圧した。文化史がらみで，「源頼義，義家**父子**」といえば『**陸奥話記**』というのが定番の問題です。

長男の義家も協力して戦った。源頼義を助けたのは**出羽**の豪族**清原武則**です。安倍氏のほうは頼時が死んで，その子，貞任が戦死します。こちらも父子が戦った。

{ 源頼義・義家 / 清原武則 } —鎮圧→ 安倍頼時・貞任(前九年合戦)

その清原氏が乱後，陸奥・出羽で勢力を強め，やがて内紛を起こします。清原氏という東北地方最大の勢力，その内部分裂に義家が介入，これを滅ぼしたのが「**後三年合戦**」です。この義家と協力して清原氏をやっつけたのが，藤原(清原)清衡です。1083年から始まった合戦は1087年に終わりました。

{ 源　義家 / 藤原清衡 } —平定→ 清原氏(後三年合戦)

「奥州藤原氏」と言って，以後，基衡，秀衡と，いわゆる**奥州藤原三代**が築いていったのが**中尊寺金色堂**で有名な「**平泉文化**」です。

【奥州藤原氏(藤原三代)の繁栄】　清衡・基衡・秀衡

四代目の泰衡は**源頼朝**に攻められて1189年に滅亡しますので，泰衡も加え，計4人の名前，キヨヒラ・モトヒラ・ヒデヒラ・ヤスヒラの頭の文字をつなげて，

キ・モ・ヒ・ヤ(ス)…清衡・基衡・秀衡・泰衡

「肝(を)を冷やす」(びっくりする)と覚える。

こうして，現地の有力者の対立を利用しつつ東北まで遠征して，義家は父祖以来の源氏の「**武家の棟梁**」としての地位を固めていったわけです。

武士の時代の到来

ハイ，この段階までの源氏の系図を確認して練習。空欄の①～⑤は？

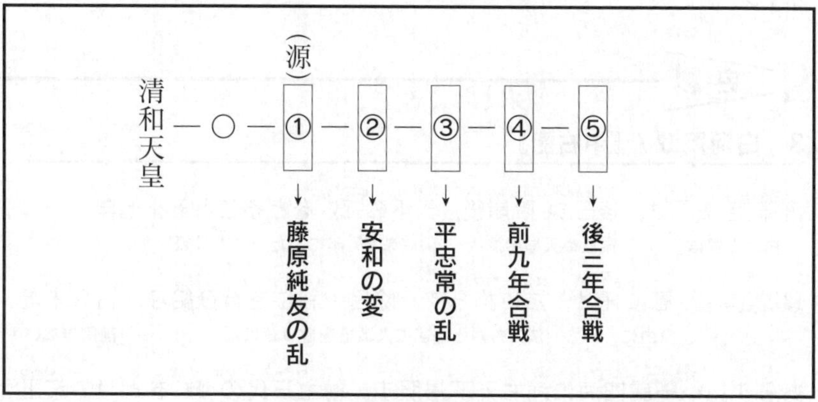

〈答〉①（源）経基　②満仲　③頼信　④頼義　⑤義家

経基，満仲，頼信，頼義，義家
「つねもと，みつなか，よりのぶ，よりよし，よしいえ」

私は甘いものが好きなんで，「ケーキ」を食べてから「饅頭」も食べられます。そこで，「ケイ（経）キ（基）を食ってマンチュウ（満仲）も食う」と出だしを覚えました。実際に，ケーキと饅頭を食べながら「ケーキ」，「饅頭」とつぶやくのが一番効果的。ただし，逆に食べないこと。

白河院政

さて，白河院政に話を戻しましょう。史料を確認します。ちょっと長いけどガマン。

史料

3　白河院政 /『中右記』

禅定法王は，後三条院崩後，天下の政をとること五十七年，
白河上皇は　後三条天皇の没後，国政を 57 年にわたってとり続けた。

(在位十四年，位を避るの後四十三年，) 意に任せ，法に拘らず，除目・叙位を行ひ給ふ。古今未だ
自由に，　法にも縛られずに人事権を握り続けた。　前例のない

あらず。……威四海に満ち天下帰服す，幼主三代の政をとり，斎王
ことであった。　権力，権威を維持し，幼少の天皇三代の政治を取り仕切った。　娘6人

六人の親となる，桓武より以来，絶えて例なし。聖明の君，長久の主と
が斎王となった。　これは桓武天皇以来，例のないことで，偉大で長寿の帝王と言うべき

謂ふべきなり。但し理非決断，賞罰分明，愛悪掲焉にして，貧富は顕然
であろう。　判断は明確で賞罰もハッキリしていたが，好き嫌いもハッキリしており，

なり。男女の殊寵多きにより，已に天下の品秩破るゝなり。
お気に入りの側近は優遇された。そのために，公家世界の秩序は乱れてしまった。

「禅定法王」は白河上皇のこと。「後三条院崩後」――後三条天皇が亡くなった後，合わせて 57 年間も「天下の政」，要するに国政の最高権力者の地位にあった。「在位」――天皇として 14 年，退位して上皇，法皇として 43 年，合わせて 57 年にわたって君臨した。それも，「法」に縛られないで，自分の思うようにやった。「威四海に満ち」，その権力，権威は日本の隅々にまでおよんだということです。

その政策は明確で，曖昧なところはなくはっきりしていたが，好き嫌いもはっきりしていて，男女にかかわらず一部の気に入った者，寵愛を受けた者たち，いわゆる「**近臣**」などが権力を握るようになり，公家社会の調和が崩れてしまったというわけです。このあたりは，大意がつかめればいい。

院政の特徴

さて，院政に関する基本的な語句を確認していきますよ。

院(上皇)が天皇家の家長(かちょう)，ちょうど摂関家の氏長者(うじのちょうじゃ)と同じように，天皇家の長として国政の実権を握る政治形態が「**院政**」。その絶対的な権限から院政の主を「**治天の君**」などと言います。

本当は天皇こそ「治天の君」なんですが，院政のときには，その上皇(法皇)を「治天の君」と呼ぶようになったんです。太上(だいじょう)天皇，上皇が出家した場合は「**法皇**(ほうおう)」と呼びます。権力を手放したわけではありませんが。次，

Q 院政で，上皇が実際の政治を執(と)るための役所を何と呼ぶか？
——院庁(いんのちょう)

これはもともとあったもので，このとき初めて置かれたわけではありませんが，ここで国政を運営するようになった。院庁の役人が「**院司**(いんし)」です。そして，

Q 上皇の命令として，院より直接下される文書は？　——院宣(いんぜん)

Q 院庁から出される文書は？　——院庁下文(いんのちょうくだしぶみ)

院の側近グループが**院の近臣**(きんしん)と呼ばれる人々です。彼らは本来なら権力の中枢(ちゅうすう)には関係のない，**中・下流の貴族たち**がほとんど——従来(じゅうらい)，摂関には頭の上がらなかった受領層(ずりょうそう)や，**乳母**(めのと)の一族などです。

天皇家や高級貴族層の女性は，自分の産んだ子を自分のオッパイでは育てません。自家(じけ)に従属(じゅうぞく)する中・下級貴族層の女性に育てさせるわけです。それが乳母ですが，院も当然，乳母に育てられており，その乳母自身の子と一緒に育っているわけです。身分は全然違うんですが，兄弟のような親しさが生まれるのは自然でしょう。

そこで，院政の主となったとき，乳母や乳母の一族などを優遇(ゆうぐう)し，自分の側(そば)に置くようになる。このころには公家(くげ)社会の伝統的な枠組(わくぐ)みはガッチリできあがっていますので，大臣などに出世するなんてことは不可能ですが，院が絶対的な権限を握って独裁化(どくさいか)すると，院との緊密(きんみつ)な関係から，国政を左右するような**中・下級貴族出身の近臣**も現れてきます。

北面の武士

伊勢(いせ)・伊賀(いが)，今の三重県あたりで武士として力を蓄(たくわ)えた平氏(へいし)を伊勢平氏と呼びますが，その**平正盛**(たいらのまさもり)が自分の経営する土地を白河上皇の建てた寺院に寄進(きしん)し，院の近臣となっていきます。

平正盛は1108年，**源義親**(みなもとのよしちか)を追討(ついとう)しています。「源義親の乱」「出雲(いずも)の乱」と呼ばれる事件です。義親は源義家(よしいえ)の嫡男(ちゃくなん)で，対馬守(つしまのかみ)在任中に大宰府(だざいふ)で反乱を起こし，隠岐(おき)に配流(はいる)されますが，父の死後，出雲に渡(わた)って目代(もくだい)以下を殺害してまた暴(あば)れ出したため，平正盛がこれを討伐(とうばつ)したという事件です。

院は独自の武力も組織します。

Q 白河院が身辺の警護などを担(にな)わせた独自の武力組織を何と呼んだか？

——「**北面の武士**(ほくめんのぶし)」

院の経済基盤

さて，荘園公領制はどうなったか？ 白河院政では後三条以来の荘園整理の趣旨(しゅし)が守られているんですが，院のもとへ寄進される荘園が出てきます。結局は権力のあるところに寄進が集中していき，不輸・不入の権が与えられていく。**鳥羽院政**(とば)，さらに**後白河院政**(ごしらかわ)の時期になると，院への荘園の寄進が進み，院は経済力も手中にします。

鳥羽上皇のときに，皇女(こうじょ)の八条(はちじょう)(女(にょ))院(いん)のもとに集められた八条院領(りょう)と呼ばれる荘園群が，また，後白河上皇のときには，長講堂領(ちょうこうどうりょう)と呼ばれる荘園群が成立します。八条院領は平安時代の末で約100カ所，長講堂領は鎌倉の初めに90カ所もあった。

いいですか？ **鳥羽上皇**が娘の八条院の名義で寄進を受けた荘園が**八条院領**，**後白河上皇**が「長講堂」という小さなお寺の名目で大量の荘園の寄進を受けたのが**長講堂領**ですよ。

院に寄進された土地にはだれも手は出せません。このようにして**皇室領荘園**，天皇家の荘園がまとめられていきます。鎌倉時代に亀山(かめやま)上皇が八条院領を相続(そうぞく)したときには，その荘園の数は221もあった。そして，これが**大覚寺統**(だいかくじとう)の経済基盤となっていきます。

長講堂領のほうは，**持明院統**の経済基盤となっていきます。中世で勉強するところですが，ちょっと注意しておいてください。

		（鎌倉末期）
皇室領荘園	八条院領（鳥羽上皇）	→大覚寺統の経済基盤
	長講堂領（後白河上皇）	→持明院統の経済基盤

知行国制

院政期には，荘園だけでなく公領についても「**知行国**」というシステムが広がっていきます。公領とは国に税を納めている土地ですが，税は国単位で集められて中央政府に納入されるわけ。ところが，1国の公領から集まった税を，政府が特定の個人に与えてしまう場合が多くなってくる。政府といってもそれを支配するのは院です。院が自分で，ある国の公領からの収入を取ってしまうことも目立ってきます。

このように，**1国の公領からの税を一括して特定個人に与える制度**を「**知行国制**」と呼びます。

1国の知行を政府，院から認められた人は，もちろん皇族や高級貴族です。公領からの莫大な収入を一括して与えられた人を**知行国主**と呼びます。一位，二位，三位といった高級貴族だから，本人が美濃守，武蔵守などの「守」になるわけにはいきません。官位相当で「**守」は五～六位**ですから，知行国主自身が「**守**」というわけにはいきません。

そこで知行国主は自分の**近親者など**，子供でも甥でもいいですが，だれかをその**国の「守」として政府に推薦**します。名前だけの「守」で，これを知行国主が推薦するわけです。だから，この守は名目上の守です。

実際には，知行国主は**目代**と呼ばれる代理を現地の国衙に派遣して税を徴収します。もちろん，遙任国司の派遣した目代なら，税を中央政府，京都の政府の蔵に納めるわけですが，知行国の場合は，知行国主のもとにこれを送るわけです。

それでは，現地の国衙の日常の業務はどうなっていたか。質問。

Q **現地の有力者で，国衙の中で警察，徴税などさまざまな業務を担うようになった人々を何と呼んだか？**
——在庁官人(ざいちょうかんじん)

Q **国司の遙任**(ようにん)**が一般化し，正式の国司がいない国衙を何と呼んだか？**
——留守所(るすどころ)

受領(ずりょう)であれ，目代であれ，彼ら在庁官人たちの協力がなければ徴税などもできない。

ある国が「知行国」になってもいっしょ。現地のほうは別に何も変わったわけではありません。しかし，知行国制によって，本来，国の財政を支えるはずの国衙領，**公領**が皇族や高級貴族などの**私領**のようになったということです。

知行国制

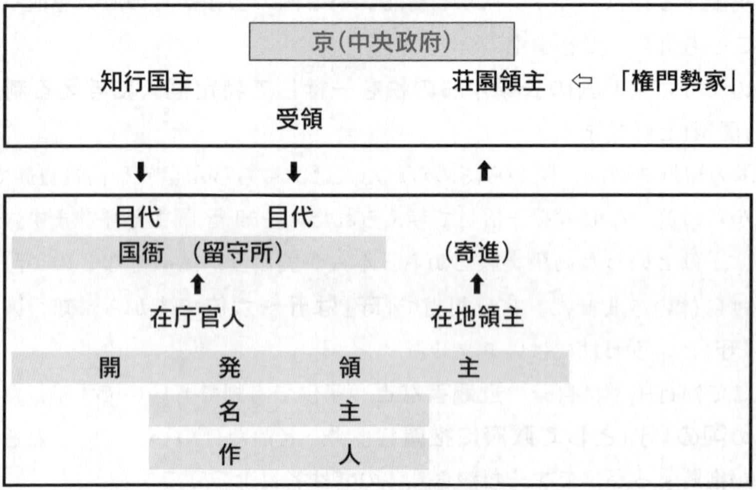

院もしっかり自分の知行国を設定していきますが，この場合は「**院分国**(いんぶんこく)」と呼びます。もっとも，あくまでも「国司」制度を前提，原則とした上で行われたものだから，ある国が永久に特定の個人に与えられるというものではなく，国司の任期，４年間というのが原則です。

成功(じょうごう)もさかんです。「売位(ばいい)・売官(ばいかん)」と呼ばれるように，官職や位階を売るという，何ともモラルのないシステムは江戸時代まで続きますが，「成功」は朝廷の行事の費用や社寺の修造費として寄付を求める手段として，さかんに行われています。これも，本来なら国家財政で行うべきところを，安易に寄付を募って，土木事業などの費用を出させていくというものです。ところで，

Q 成功によって国司の地位を得た受領などが任期が終わったあと，再任されることを何と呼んだか？ ──重任

3 院政期の社会

授業ノートp.2参照

法皇の仏教保護

さて，このようにして院が権力を握ると，どんどん経済力も増していくが，院はその経済力を何に使ったか？ ひとことで言うと，「**造寺造仏**」。お寺をどんどん建て，立派な仏像をどんどんつくっていった。

院政期に白河院が建立した**法勝寺**に始まる「勝」という字が入った名前の，6つの巨大寺院は「**六勝寺**」と呼ばれる。院のつくらせた仏像，仏画の数は膨大なものです。

さらに，院は近臣や多くの貴族を引き連れての紀伊，和歌山県の熊野権現への「**熊野詣**」や，金剛峰寺への「高野詣」を繰り返す。宗教的な旅行ですが，遊興，極めて遊びの要素の強いイベントです。熊野信仰はさかんで，多くの人々が熊野に向かう様子は「蟻の熊野詣」などと表現されるほどだったんです。

僧兵の強訴

院などが仏教事業に莫大な経費を注ぎこむだけでなく，支配者層はみんな仏教事業に熱心です。**藤原氏**，摂関家は**興福寺**・**春日神社**を尊重する。院や摂関家だけでなく，支配者と結びついた寺院にも多くの荘園が寄進され，大きな経済力を持つようになります。そして，寺社も**僧兵**，**神人**などの**武力組織**を備えるようになってきます。

南都・**北嶺**と併称されるように，とくに**興福寺**と比叡山**延暦寺**の武力は強大なものでした。「南都」はもちろん平安京から見て南にある奈良，**平城京**を指しますが，具体的には藤原氏の氏寺**興福寺**を指す。「神仏習合」のもとで興福寺と一体化した春日神社，その神人も含まれます。

興福寺・春日神社は自分たちの主張を押しとおすために，**春日神社**の「**神木**」を掲げて都に押しかける。藤原氏の氏神をまつる神社の，神が宿る神聖な木を掲げ，摂関家に押しかけて脅すわけです。宗教心，信仰心の強い平安貴族にとって，これはなかなかの恐怖で，摂関といえどもこれを抑えることは容易ではなかった。

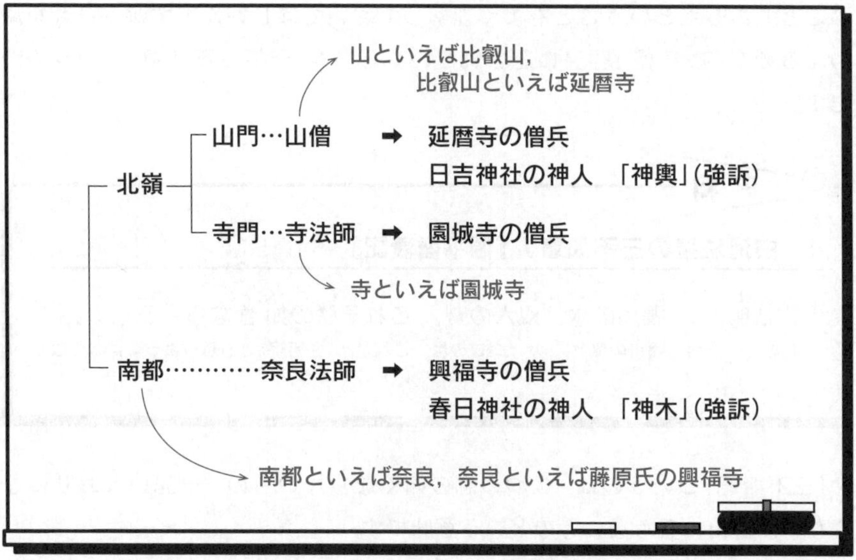

「北嶺」は京都の北方の山，**比叡山**を指します。具体的には天台宗の**延暦寺**を指しますが，**円仁**の後継者たち「**山門**」**派**が延暦寺を根拠にしたのに対して，同じく天台宗の「**寺門**」**派**と呼ばれる**円珍**の後継者は**園城寺**を根拠とするようになり，おのおの僧兵を擁しています。

また，興福寺・春日神社と同じように，琵琶湖畔の坂本にある**日吉神社**の神人たちも，延暦寺と一体となって，大きな「**神輿**」を担いで都にしばしば乱入し，さまざまな要求を突きつけました。これらの，武力をともなう宗教勢力の行為が「**強訴**」です。

彼らは，荘園をめぐるトラブルや，利権，地位などの世俗的な要求を，集団で武器をもち，神木，神輿という宗教的なシンボルで威嚇しながらとおそうとしたわけです。

南都と北嶺が衝突することもありますが，天台宗の内部でも，**山門と寺門が対立**，衝突することもしばしばでした。

そして，このような，経済的にも豊かな大寺院のトップの地位には皇族や摂関家出身者が就くようになる。要するに，巨大寺院は都と同じような構造となり，経済力，軍事力を誇り，世俗化していくわけです。

院が絶対的な，独裁的な権力を持ったといっても，このような時代の中でのことであったということをよく理解しておいてほしいんですが，それを象徴するのが『源平盛衰記』に記されている有名な「**天下三不如意**」というやつです。

史料

4　白河法皇の三不如意／『源平盛衰記』

山法師，　鴨川の水，双六の賽，これぞ朕の如意ならざるもの。

延暦寺の僧兵，鴨川の流れ，サイコロの目，これが私（白河院）でも思うようにはならないものである。

「三不如意」というのは，３つの意の如くならないもの――思いどおりにならない，自由にならないものという意味です。

「三不如意」
- 「山法師」……山門だから延暦寺の僧兵（強訴）
- 「鴨川の水」…鴨川の水の流れ（氾濫）
- 「双六の賽」…サイコロの目，出る数（賭博）

３つ目の双六というのは，サイコロを転がしてその目の数によって駒を進めるゲームです。「これぞ朕の如意ならざるもの」――この３つは「朕」＝自分＝白河法皇でも自由にはならない。ということは，ほかは何でも自分の思いどおりになるのだということで，絶対的な権力を誇示しているわけです。

僧兵の強訴には有効な対抗手段はないし，鴨川はよく氾濫します。そして，サイコロを使った博打，賭博が横行します。「**治天の君**」とはいっても，宗教勢力に対しては無力だし，治水事業という国家にとって大事な仕事は放棄しているし，博打の横行も取り締まれないのが実態なのだという解釈もできるわけです。

第19回

中世（2）

平氏政権と鎌倉幕府の成立

いよいよ平氏政権から鎌倉幕府の成立。武家政権の成立です。鎌倉幕府は**征夷大将軍**を主人とし，その主人に忠誠を誓った従者，御家人との**封建的主従関係**が核となった政権です。

鎌倉幕府に続く室町幕府，江戸（徳川）幕府も，主人と従者の封建的主従関係が基本となる武家政権です。「封建的主従関係」というのは，ちょっと難しく言うと，「土地を媒介とする」関係です。

鎌倉幕府の場合，その「土地」というのは荘園公領制における「職」，地頭職などの「職」。具体的に言えば，その「職」にともなう荘官などの現地の支配権に基づく「得分」，収益です。本領安堵・新恩給与でこの「職」を保障され，新規に与えられる代わりに，主人の命令に従って軍役に従うわけです。

要するに「**御恩**」と「**奉公**」ということです。

さて，今回は平氏政権から。メインは，

> **治承・寿永の乱（源義仲・平氏を打倒）**
> **➡ 奥州合戦（奥州藤原氏を打倒）**

という戦争の中から鎌倉幕府が成立していく過程を学習します。

1 平氏政権

授業ノート p.3 参照

院政と伊勢平氏

白河·鳥羽·後白河と院政が展開していく中で，伊勢平氏が台頭してきます。そして，平清盛が後白河院を幽閉して政権を握ります。まず，その伊勢平氏3代。**平正盛** → **忠盛** → **清盛**。

まさもり・ただもり・きよもり
まさもり・ただもり・きよもり

そして，院政，「治天の君」といっしょに基本さえ確認すればOKです。

院政と伊勢平氏

白河院政 ➡	鳥羽院政 ➡	後白河院政
北面の武士	八条院領 **保元・平治の乱**	長講堂領
法勝寺		蓮華王院
平正盛	**平忠盛**	**平清盛**
荘園を寄進・院の近臣	北面の武士	太政大臣　大輪田泊
源義親を追討	瀬戸内海の海賊追捕	治承の政変・安徳天皇

正盛が出雲の乱で源義親を討伐するなどして，武名を高めた。これは前回言った話ですよ(p.14)。正盛が院政とつながるようになったきっかけは院への荘園の寄進だった。その子，**平忠盛**は父とともに白河院の北面の武士，鳥羽院の近臣として要職を歴任し，**瀬戸内海の海賊の制圧**でも活躍して，「殿上人」，内裏の清涼殿に昇って国政に参画する身分を得ます。

要するに有力貴族の仲間入りを果たし，最後には公卿の直前，正四位まで出世します。日宋貿易にも関与するようになり，その子が**平清盛**。

清盛は有名なので忘れる人はいないでしょうから，ここは父の忠盛をしっかりチェックしておくこと。その上で，もう一度，ハイ，３回……。

> しらかわ・とば・ごしらかわ・まさもり・**ただもり**・きよもり
> しらかわ・とば・ごしらかわ・まさもり・**ただもり**・きよもり
> しらかわ・とば・ごしらかわ・まさもり・**ただもり**・きよもり

保元の乱（1156年）

白河天皇が早々と位を譲って**白河院政**。次は**鳥羽院政**。その鳥羽が死んで，**崇徳**(すとく)**上皇**と**後白河天皇**，この２人のあいだで，どちらが次の政権を握るかという争いが起こって，決着がつかない。両方に武士がくっつき，**1156年**，ついに都を舞台にして戦いが繰り広げられる。武士たちの武力による合戦の勝敗で結果が出た。**保元**(ほうげん)**の乱**。

「保元の乱」は絶対覚える年号で，1156年。いいゴロ合わせがなくても覚えられるというやつね。

> 1156
> 「**いいゴロ**合わせは保元の乱」
> 1159
> 「ひっくり返ると平治の乱」
>
> ゴロゴロ ➡ **1156年，保元の乱**
> ➡ **1159年，平治の乱**

ついでに，1156の６をひっくり返すと９だから，「ひっくり返ると**平治**(へいじ)**の乱**」。覚えてくださいみたいな年号だ。

まず，保元の乱の史料。またも出てきました『**愚管抄**(ぐかんしょう)』です。口語訳で意味はとれますね。

史料

5　保元の乱 / 『愚管抄』

保元元年七月二日鳥羽院ウセサセ給ヒテ後，日本国ノ乱逆ト云フコト
1156年7月2日鳥羽院が死んで，日本は戦争の混乱期となり，

ハヲコリテ後，ムサ（武者）ノ世ニナリニケル也。……天慶二朱雀院ノ
武士が中心の世の中となった。朱雀天皇の時の平将門

将門ガ合戦モ，頼義ガ貞任ヲセムル十二年ノタヽカイナドイフモ，
の乱も，源頼義が（安倍頼時やその子）貞任を討伐した前九年合戦も，

又隆家ノ帥ノトウイ（刀伊）国ウチシタガフルモ，関東・鎮西ニコソ
藤原隆家が刀伊の入寇を防いだのも，その戦争は関東や九州で

キコユレ，マサシク王臣都ノ内ニテカヽル乱ハ鳥羽院ノ御時迄ハナシ。
のものだった。（この保元の乱のような）貴族をまき込んだこの戦闘が都を舞台に起こるなどということは鳥羽院の時まではなかった。

カタジケナクアハレナル事也。
ああ，おそれ多くなさけないことだ。

鳥羽院が死んだ，そして「武者の世」，武士の世の中になったのだと嘆いています。

朱雀天皇のときの**平将門の乱**，「頼義ガ貞任ヲセムル」というのは**前九年合戦**，そして，藤原「隆家」ががんばったのは「**刀伊の入寇**」ですね。これらは，すべて関東や九州でのこと，都で別に何か起こったわけじゃない。都の貴族にとっては，そんなのはどうでもいい。田舎は田舎で武士団同士で戦っていればイイ。

ところが，**保元の乱**は「マサシク王臣都ノ内ニテカヽル乱」――都で起こった戦争だ。こんなことは鳥羽院の御時まではなかった。ああ，おそれ多い，なさけないことだと，**慈円**は『愚管抄』の中でふり返っているわけです。要するに「**武士**」**の時代**（**武者の世**）**が始まった**と言っている。

さて，保元の乱の勝ち組，負け組を確認してください。

負けたほうは**崇徳上皇**，鳥羽院と対立していたために院政を始めることが

できなかった。そして摂関家では，左大臣**藤原頼長**。「悪左府」と呼ばれ，頭はいいんだけど性格がきつすぎる。崇徳上皇側の武士は，源氏では**源為義**，平家では**平忠正**が負け組ですよ。崇徳上皇は讃岐に流されちゃった。

保元の乱

	（勝ち）		（負け）
〈天皇家〉	**後白河天皇**（弟）	×	**崇徳上皇**（兄）▲→ 讃岐
〈摂関家〉	（関白）**藤原忠通**（兄）	×	（氏長者）**藤原頼長**（弟）
〈近　臣〉	**藤原通憲（信西）**		
〈武　士〉	**源義朝・平清盛**	×	**源為義●・為朝▲**（伊豆）・**平忠正●**

〈注〉●は死亡，▲は配流。

勝ったのが**後白河天皇**側。まだ上皇ではない。くっついたのが摂関家では**藤原忠通**。そして，為義の長男**源義朝**。親子で分かれちゃった。幕府を開いた頼朝のお父さんの義朝。そして**平清盛**です。

平治の乱（1159年）

保元の乱に勝った武士の代表が，**源義朝**と**平清盛**。これで準決勝が終わったわけだから，次は決勝戦。義朝か清盛か。

院の近臣ナンバーワンの**藤原通憲（信西）**と結んだ清盛がだんだん優勢になってくる。そうすると，不満を持ち始めた院庁の別当で通憲と敵対した**藤原信頼**は義朝を頼る。

平清盛が子分を連れて都を離れ，**熊野詣**に出かけたところを狙って，藤原通憲を義朝が襲い，自殺に追い込む。

ところが清盛が都へ戻ってきて，逆に義朝がやっつけられちゃった。これが**平治の乱**です。藤原通憲は死んで，**勝ち残ったのが清盛**です。義朝は敗死。子の頼朝は伊豆に配流。流罪になっちゃった。いいね。

平治の乱

	（勝ち）		（負け）
〈近臣〉	**藤原通憲(信西)●**	×	**藤原信頼●**
〈武士〉	**平清盛**	×	**源義朝●**

〈注〉●は死亡。

Q 後白河(ごしらかわ)天皇の側近(そっきん)で，『本朝世紀(ほんちょうせいき)』という歴史書を著した人物は？

——藤原通憲(信西)

藤原通憲(法名(ほうみょう)・**信西**)——出家して**信西入道(にゅうどう)**。これは史学史，歴史学の歴史というテーマ史での定番だから絶対忘れない！

平氏政権

清盛は畿内(きない)から九州までの**西日本**を中心に，各地で成長してきた武士を地頭に任命し，家人(けにん)として組織していきます。

そして，あっという間にみずからが貴族の頂点に立ってしまいます。一族もつぎつぎに昇進(しょうしん)。公家(くげ)さんになっちゃう。

『平家物語』の中でも出てくる有名なフレーズ，「**此一門(このいちもん)にあらざらむ人(ひと)は皆人非人(みなにんぴにん)なるべし**」なんて言い出した。平清盛一族以外は人じゃない。

史料

6　平氏の繁栄／『平家物語』

六波羅殿(ろくはらどの)の御一家(ごいっか)の君達(きんだち)といひてしかば，花族(かしょく)も英雄(えいゆう)も面(おもて)をむかへ
平清盛一族は，名門の公家でもかなわないぐらいの権威をもっていた。

肩(かた)をならぶる人(ひと)なし。されば入道相国(にゅうどうしょうこく)のこじうと平大納言時忠卿(へいだいなごんときただきょう)の
清盛の妻の弟である平時忠にいたっては

のたまひけるは，「此一門(このいちもん)にあらざらむ人(ひと)は皆人非人(みなにんぴにん)なるべし」……日本(にほん)
「平氏一門以外は人間じゃネエ」(なんて言ったということだ)。日本は

秋津島(あきつしま)はわずかに六十六箇国(かこく)，平家知行(へいけちぎょう)の国卅余箇国(くにさんじゅうよかこく)，既(すで)に半国(はんこく)に
全部で 66 か国だが，平氏は半分以上，30 余りを知行国にしてしまい，

こえたり，其外荘園田畠(そのほかしょうえんでんぱた)いくらといふ数(かず)を知(し)らず，……
荘園も大量に保有することとなった。

日宋貿易を推進する

この平家物語にもあるように，清盛(きよもり)は，**知行国**(ちぎょうこく)をどんどんとっていく。500 余りの**荘園**も集める。**日宋貿易**(にっそう)にも積極的で，中国から九州の沿岸(大宰府(だざいふ))まで来る大型の船を，さらに瀬戸内海をずーっと来させて，今の神戸あたりまで引っぱってこようとします。

Q 宋船の往来のために，平清盛が整備した摂津国(せっつ)の港は？

——**大輪田泊**(おおわだのとまり)

国名の「摂津」に注意しておく。今の神戸の近辺で，神戸は兵庫県だからといって播磨(はりま)じゃないよ。それと，**大輪田泊**のワ，日宋貿易だから輸出輸入だと思って**輸**と書かない。大輸田泊になっちゃうからね。車輪の「輪」だよ。

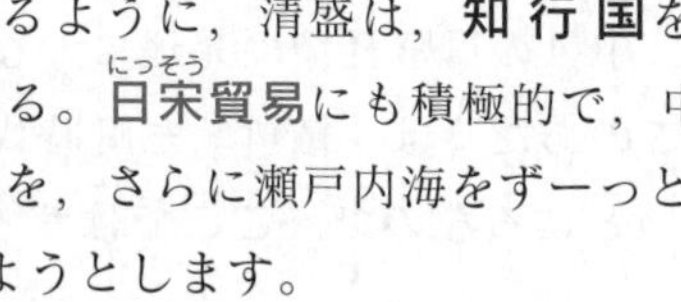

日宋貿易はその後の中世経済にも大きな影響を与えます。大量の**宋銭**が入ってきたため，貨幣経済が発達していくことを覚えておいてください。宋からは，ほかに**陶磁器**・香料・薬品・書籍などが入ってきます。

輸出品としては，**金**・**硫黄**・**刀剣**・**漆器**・**扇**など。**刀鍛冶**の技術が非常に発達していて，**刀剣**は中世を通じて日本の主力の輸出品となっていきます。

日宋貿易の輸出入品

- 輸出品…金・硫黄・水銀・木材・米・刀剣・漆器・扇
  - 硫黄 → 発火剤
  - 漆器・扇 → 美術工芸品
- 輸入品…宋銭（銅銭）・陶磁器・香料・薬品・書籍
  - 香料・薬品 → 東南アジア産（南海の産物）

輸出品の**金**は要注意。日中貿易の輸出品のうち，鉱産物はやがて明の時代になると銅になります。発火剤などの原料となる**硫黄**も大事です。輸入品では**宋銭**。鎌倉時代以降，中世の貨幣経済の発達につながる重要な輸入品ですから絶対に忘れない。このあたりは，鎌倉・室町時代の貿易を学習してからまとめなければならないところなので，ここではザッと見ておくだけでOKです。

平氏一門がその富を傾けて造営したものに，安芸国の**厳島神社**があります。

◀**厳島神社（広島県）**
海上に浮かぶ社殿で有名。でも，台風が来るとすぐにこわれてしまう。まさに海上交通の要所である。

これはまさに瀬戸内海の海上交通を押さえ，しかも大宰府を経て日宋貿易に飛躍していった平氏の姿を象徴するもの。では，

Q 平氏一門が厳島神社に奉納した仏教の経巻を何というか？

──「平家納経」

平氏政権の公家的性格

清盛は経済力を背景に後白河院に奉仕します。後白河の命を受けて，1164年には有名な**蓮華王院**の造営を行っています。1001体の千手観音を安置した本堂は「三十三間堂」と呼ばれる長大な建物です。修学旅行で行った人も多いでしょう。ただし，現在の建物は**鎌倉時代に再建**されたものなので，中世，鎌倉文化のところに出てきます(p.116)。

清盛は昇進を続け，1167年には，ついに**太政大臣**になります。年号は覚えられますよ。知ってますか，平清盛は胸毛が生えていました。嘘です，見た者がいるわけない(笑)。しかし，胸毛が生えていたことにして，

ゴロゴロ

11　　67
「**いい**胸毛(**むな**げ)平清盛太政大臣」

➡ 1167年，平清盛，太政大臣

また，清盛は娘の**徳子**を**高倉天皇**の奥さん，中宮にしちゃいます(授業ノートp. 3，系図)。

「あっ，**外戚政策だ**」。

そうです。1180年には，生まれた赤ん坊を3歳で即位させてしまい，やがて天皇にしちゃう。これが**安徳天皇**です。

清盛と後白河院のあいだもギクシャクしてくる。一族の者もどんどん出世し，「平家以外は人じゃない」なんていう状態です(p.26)。

Q 1177年に発覚した，清盛打倒のクーデター未遂計画は何と呼ばれるか？
──鹿ヶ谷の陰謀（鹿ヶ谷事件）

1167年から1177年まで，清盛に胸毛がはえてから(?)10年後。1177年は**治承元年**です。ついに清盛打倒の動きも出てきた。背後には後白河がいることは明らかです。

平清盛の絶頂期

計画はバレて，近臣の**藤原成親**とか僧の**俊寛**らが流罪，島流しになったりして終わったんですが，1179年，清盛はついに**後白河を幽閉**し，完全に独裁化する。

Q **清盛が後白河法皇を幽閉し，後白河院政をストップした事件を何というか？**
──治承の政変

あるいは「**治承3年のクーデター**」と呼びます。これで後白河院政は一時ストップし，清盛は**安徳天皇を即位させる**わけね。ある意味でこの1179年からが**清盛の絶頂期**ですよ。

そこで動きがとれなくなった後白河に代わって息子の**以仁王**が立ち上がります。以仁王の「父ちゃんを助けろ，清盛をやっつけろ」という手紙──天皇の子供が出す手紙を「**令旨**」と言うのですが，**以仁王の令旨**が出され，それに呼応して**源頼朝**とか**木曽義仲**などが挙兵することになります。

系図を見ながら，**以仁王**。いいか。それを助けた源氏が，当時，京都に住んでいた**源頼政**。だけど，南山城の宇治のあたりまで追い込まれて，2人とも殺されちゃった。挙兵は失敗。しかし，以仁王の令旨はあっちこっちに伝わる。全国の源氏などに呼びかけた「清盛を討て」という手紙がキッカケとなって，頼朝らが挙兵し，いよいよ**源平の争乱**という内乱の時代に突入します。

2 鎌倉幕府の成立

授業ノート p.5 参照

治承・寿永の乱

さて, 1179 年, 後白河法皇を幽閉。平清盛は頂点に立った。1180(治承 4)年 4 月, 清盛は外孫の**安徳天皇**の即位を強行します。これに対して 5 月, 後白河の子, **以仁王**が源頼政と京都で平氏打倒の兵を挙げますが, 敗死。しかし, 平氏打倒の以仁王の呼びかけは地方に広がっていき, 清盛は安徳天皇をかついで都を移します。

Q 1180 年, 清盛が遷都を行った新しい都は?　　――福原 京

摂津国の福原に遷都。大輪田泊も近いところです。もっとも平氏以外, だれもついてこないので, すぐ京都に戻ってしまうのですが……。

源頼朝の挙兵

さて, 平治の乱のあと, 清盛に敗れた源義朝の子, 源頼朝が**伊豆国**の蛭島というところに流されていたんですが, **以仁王の令旨**を受け取ったこの頼朝は, **1180 年**, 挙兵します。清盛の子分の 1 人の, 伊豆国の目代, **山木兼隆**を殺すのですが, その後, すぐに伊豆や相模の武士たちによって, コテンパンにやっつけられます。

Q 頼朝が自分で本気で戦ったが, ボロ負けしたこの戦いを何というか?
――石橋山の戦い

その後, 頼朝は箱根のあたりの山の中を逃げまくり, 海岸に出て船を盗んで, ようやく安房まで逃げます。

一方, 頼朝のいとこにあたる源義仲, 木曽に住んでいたので**木曽義仲**も挙兵。彼は兵力を集めながら勝ち続けて, 都をめざして日本海側に出てきます。

この間, 頼朝は負けて逃げたはずなのに, 下総・上総のあたりで, いつの間にかものすごい軍隊を集めちゃったんです。このあたりが理解しにくい。上総の大武士団を率いる**上総介広常**という有力者が, 頼朝に従って, 反平

◀**鶴岡八幡宮**(神奈川県)
京都の**石清水八幡宮**から源頼義が勧請した。いわば支店のようなもの。海岸に近いところにあったのを，今の場所に移し，頼朝によって整備された。

氏にまわったからだといいます。

もともと対立抗争を繰り返していた関東の武士団は頼朝方，平家方に別れて内乱状態になってしまった。そして，やがて頼朝方が勝つのです。

頼朝は，**源頼義**以来，源氏ゆかりの地である相模の**鎌倉**に根拠地を定めます。周りが山で囲まれて前は海，というロケーションは守りやすいんですね。ここには頼義が勧請した八幡神社もあった。これを今の**鶴岡八幡宮**の場所に移します。

一方，平家は「こりゃいかん」というので，頼朝をやっつけるために軍隊を派遣しますが，駿河の**富士川**で頼朝軍と対陣し，怖くなって都に逃げ帰ってしまいます。物語では，水鳥の羽音に驚いて逃げ出したという情けない状態。御家人たちは，「あんなやつらはほっておいて関東を固めましょう」と言うので，頼朝は鎌倉へ戻ります。そして，鎌倉に帰った頼朝は，「**侍所**」という御家人を管理する役所を置いています。

北陸方面にかけては，信濃木曽谷あたりから**源義仲**が出てくる。東国では反乱，都では**平重衡**による**南都焼打ち**。奈良興福寺の僧兵たちと対立して，南都焼打ちを清盛が命令した。これは大きい事件ですよ。この結果，奈良の文化財のほとんどは焼けちゃう。**大仏殿**も火にかかって大仏様の首が落ちちゃうし，**興福寺**も焼けちゃった。

こうして，独裁化した平氏は旧勢力である寺・神社，あるいはほかの貴族などをぜんぶ敵にまわしてしまう。ここまでが治承４年，1180年の動きです(授業ノート，p.5の年表)。

清盛死す！

翌 1181 年，**清盛が熱病で突然死**。それでも，81 年，82 年，83 年と，しばらく動きがない。元号は治承から養和へと変わるのですが，このころ**「養和の飢饉」**が起こっていた。平氏の基盤である畿内から西国にかけては被害が大きい。

1183 年ころになると飢饉はおさまってきますが，いよいよ**木曽義仲**が北陸道から都に迫ってくる。

はい，このへんで，地図を確認しておきましょう。

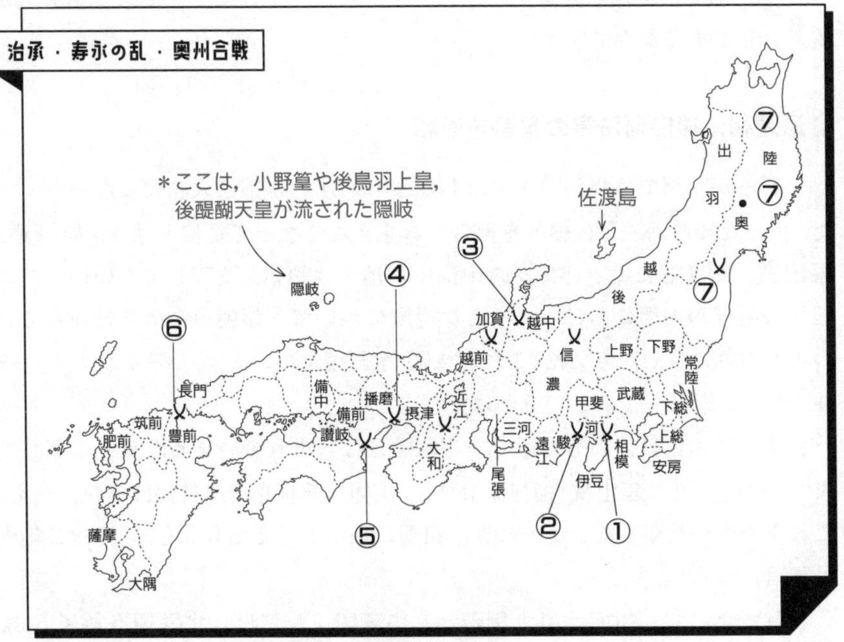

〈1180 年〉「山木討ち」(伊豆)…頼朝の挙兵
①石橋山の戦い…頼朝敗北
②富士川の戦い…平家軍を破る
〈1183 年〉③倶利伽羅峠(砺波山)の戦い…源(木曽)義仲が平家軍を破る
〈1184 年〉④一の谷の戦い
〈1185 年〉⑤屋島の戦い…源義経が平家軍を破る
⑥壇の浦の戦い…平氏滅亡
〈1189 年〉⑦奥州藤原氏滅亡

倶利伽羅峠(砺波山)の戦い

地図の③。越中「**倶利伽羅峠の戦い**」。平氏方は越中まで軍隊を派遣して，1183年，木曽(源)義仲と戦った。「**砺波山の戦い**」ともいいます。旧国名の**越中**とともに出てくるようにすること。

平氏はあえなく敗れて，京都へ逃げ帰る。後を追いかけて義仲が京に向かう。**頼朝はまだ鎌倉にいる**んですよ。だから，**京都から平氏を追い払ったのは木曽義仲**になります。頼朝ではありませんよ。

1183年，平氏は義仲軍が来る前に都落ち。**安徳天皇**を抱えて西へ逃げた。そして，都では**後鳥羽天皇**が即位します。ただ，平氏にとっては安徳天皇が依然として天皇なんですよ。

源頼朝，後白河法皇の宣旨を受諾

ところが，都では義仲の子分たちが暴れ出す。京都は大騒動になっちゃった。困った**後白河法皇**は頼朝を頼らざるをえなくなって妥協します。**東海道・東山道**，要するに太平洋岸から中部山岳地帯は頼朝が支配してもいい。その地域の各国の国衙におけるいろんな行政について，頼朝の命令で処理していいよと頼朝に権限を与えた(これを**東国行政権**といいます)。その代わり，義仲をなんとかしてくれというわけです。

さすがに木曽義仲の勢力圏である**北陸道**は含まれていませんが，こうして東海・東山両道の**進止権**(指揮命令権)，国衙行政権を，後白河は頼朝に与え，これを頼朝が受諾した。このとき，頼朝に権限を与えた命令を，「**寿永二年十月宣旨**」といいます。

これによって，頼朝は第1段階として**東国**，ただし，**北陸道を除く，東日本に対する支配権を中央政府から認められ，国家の公権力の一部を手に入れた**んだと評価することもあります。要するに鎌倉幕府成立の画期だということです。

京にいる義仲はおもしろくない。「何なんだよ」という話になって，後白河法皇を脅迫し，その邸宅を襲撃します。

これに対して頼朝は賢い。自分では京に行かない。弟の**範頼**と**義経**の2人に軍隊を預けて，上洛させます。そして，1184年1月，近江の**粟津**で迎え討つ**木曽義仲を義経・範頼軍が破った**。義仲は敗死。これによって，京都は頼朝の支配下に入ります。

ところが平家は西日本まで行って，瀬戸内海沿岸で軍隊と兵糧を集め，態勢を立て直して，兵庫県あたりまで戻ってきた。

後白河は「西日本は平家が，京都から東は源氏が，両者あいまって昔のように私を助けろよ」とか，都合のいいことを言い出しますが，頼朝は無視。

平家の滅亡

1184年2月の「**一の谷の戦い**」です。平家軍は敗北。再び西へ逃げる(p.33，地図の④)。

義経軍と範頼軍が追撃し，翌**1185年**２月の讃岐の「**屋島の戦い**」で義経に敗れた平家軍は，さらに逃げますが，翌３月，長門の「**壇の浦の戦い**」に敗れて滅亡。安徳天皇とともに，平家は海の藻屑と消えた。**摂津**の「一の谷」，讃岐の「屋島」，**長門**の「壇の浦」と，旧国名といっしょに覚えておくこと。

以上，1180年の以仁王の挙兵から1185年の平氏滅亡に至る一連の争乱を「**治承・寿永の乱**」と呼びます。

頼朝 vs 義経

さて，平氏をやっつけるのに一番活躍したのは**源義経**です。頼朝とは兄弟ですが，お母さんが違う。あまり仲がよくない。**後白河法皇**は，平家を滅ぼして，都に帰ってきた義経をかわいがり，義経をもりたてて頼朝を牽制しようとする。義経はあまり賢くないから，有頂天になっちゃった。

そこで，頼朝は義経を排除します。あっという間に，義経のもとから関東の御家人をみんな帰させちゃう。焦って，鎌倉の近くまで謝りに来た義経を追い返してしまう。

義経は後白河に，「どうしてくれるんだ。お兄ちゃんは怒ってる。オレは命が危ない。こうなったらヤケだ。西日本から兵隊を集めて，お兄ちゃんと一発勝負だ」というので，「頼朝を討て」という命令を後白河に出させたわけ。

後白河は命が危ないから書いた。頼朝は怒った。今までオレを頼りにして，「早く来てくれ，助けてくれ」と泣きごとを言うから助けてやったのに，オレを殺せという命令を義経に与えるとは何事だ！ ということになり，義経は京都にいられなくなっちゃって，逃げ出します。

守護・地頭の設置

そこへ，頼朝の妻政子の父，**北条時政**が乗り込んできて後白河を脅迫し，今後，謀叛人，国家の反逆者は頼朝が部下を全国に配置してチェックすることにしたいと要求します。後白河は，「しょうがない」ということになって，1185年，いわゆる文治の「**守護・地頭の設置**」が決まる。東国だけでなく，西国にも頼朝の支配がおよんだ。

ちょっと注意しておきたいのは，「守護」という名称は最初からというのではなく，当初は**惣追捕使**，あるいは**国地頭**と呼ばれていました。

惣追捕使・国地頭 ➡ 守護

史料をチェックしておきます。鎌倉幕府の歴史を簡単な漢文で書いた『吾妻鏡』で，鎌倉幕府の政治とか経済，いろいろなことを調べる基本史料です。鎌倉時代の中期以降になって，北条氏が執権として権力を握った時代に書かれたものだから，『吾妻鏡』は**北条氏の立場**が強く出ています。中期以降の名称，「守護」が使われている点も注意してください。

史料

7 守護・地頭の設置 (1) /『吾妻鏡』

(文治元年十一月)廿八日，丁未，諸国平均に守護・地頭を補任し，
(1185年11月)28日　諸国に守護・地頭を任命し，

権門勢家庄公を論ぜず，兵粮米段別五升を宛て課すべきの由，今夜
すべての荘園・公領に対して，兵粮米として田地１段につき米５升を徴収したいとの要望を，今夜，

北条殿，藤中納言経房卿に謁し申すと云々。
北条時政殿が，藤原経房卿に伝えた。

国ごとに守護を，**荘園に地頭**を置かせろ。さらに「庄公を論ぜず」――荘園・公領のいかんを問わず，「**兵粮米**」，臨時の軍事費用として，田**1段ごとに米5升**を徴収することを認めろと，北条時政が後白河院に伝達するよう，貴族の藤原経房に申し入れた。

次は，同じ守護・地頭の設置について『愚管抄』を書いた，慈円の兄貴の藤原（九条）兼実の日記『玉葉』です。

史料

8 守護・地頭の設置（2）／『玉葉』

……伝え聞く，頼朝の代官北条丸，今夜経房に謁すべしと云々，
聞いたところによると，頼朝の代理の北条丸（時政）が，今夜藤原経房に面会したと

定めて重事等を示すか。又聞く，件の北条丸以下の郎従等，相分って
いうことだ。きっと重大な話だろう。別の情報では，北条丸などの御家人たちが諸国の荘園・

五畿・山陰・山陽・南海・西海の諸国を賜はり，庄公を論ぜず，兵粮
公領から，兵粮（米）

段別五升宛て催すべしと云々。
を田1段につき5升徴収したいということらしい。

北条丸以下の「郎従」――御家人だね，内容は同じで，「庄公を論ぜず」，兵粮米として段別5升を取ることを許可せよと言ってきた。大変だ，大変だと言ってる。こんなことが通ったら，兵粮を取るだけではなくて，日本中の田地を頼朝が知行する，支配することになる。言語道断だ。言葉にもならないようなひどいことだと言っています。

奥州合戦

頼朝に対抗できる勢力として，後白河と義経が頼れるのは，**平泉**に黄金の文化を築いていた**奥州藤原氏**だけ。しかも義経は子供のころ，奥州藤原氏のもとで育てられた。そこへ義経は逃げ込んだ。

1189年，後白河法皇がとめるのを無視して，頼朝は大軍を東北地方に送る。

4代目の藤原泰衡は恐くなって源義経を殺してしまいます。しかし，頼朝は泰衡を許さず，**奥州平泉三代の文化**を全部焼き尽くしてしまう。残ったのは金色堂ぐらい。その後は，頼朝の部下たちが地頭として没収地に入って行くわけです。

征夷大将軍

これで頼朝に対抗できる人はいなくなっちゃった。1190年，頼朝は京都へ行きます。後白河は頼朝に対して**右近衛大将・権大納言**という高いポストを与えます。そこで，後に，頼朝のことを「**故右大将家**」と呼びます。武官のトップの地位についたのです。もっとも，すぐ辞職してしまいますが。

1190年のことです。頼朝は「**建久の上洛**」と呼ばれる，念願の上洛を果たしました。すでに位階も従二位になっていました。鎌倉に帰った頼朝は翌1191年，正月に**政所**を開設します。

なお頼朝は，1184年に，一般政務を行うための事務所として**公文所**を，同じ年に，訴訟・裁判処理の機構として**問注所**を置いています。

公文所も政所も，都の貴族の家政機関，その家の事務所ですが，三位以上だと「政所」になります。そこで1191年からは「政所」になるんですよ。高級貴族としての源頼朝の家政機関が，そのまま幕府の政治の中心となるわけです。

その翌年，1192年，**後白河法皇が死にます**。それで，ようやく頼朝は「大将軍」，大のつく**征夷大将軍になります**。それが，おなじみの「イイクニ(1192)つくろう頼朝さん」。

> ゴロゴロ
>
> 「**いい国**つくろう頼朝さん」（1 1 92）
>
> **➡ 1192年，源頼朝，征夷大将軍となる**

近衛大将や征夷大将軍のいるところを「**幕府**」と呼ぶので，正式というか，名目的にはここで鎌倉幕府が成立したわけです。

3 鎌倉幕府の支配体制

授業ノート p.6 参照

鎌倉政権の性格

さて，このように鎌倉幕府は，頼朝が武力で確立していった軍事政権ですが，京都の公家政権を打倒して，革命を起こすような形で樹立したという性格のものではありません。後白河院と対立しつつ，いわば合法的に権限を認めさせていったものです。

守護が国ごとに配置されたといっても，**国司は従来のまま**存在しています。公家政権はちゃんと「**新制**」と呼ばれる法律も出していきます。そして，頼朝自身が，高級貴族の地位を得ているわけです。その意味で，幕府の支配は一元的なものではなく，**公家政権と共存**するもので，「**公武二元的**」な**性格**のものでした。

封建的主従関係の確立

それでは，「**鎌倉殿**」と呼ばれた頼朝と**御家人**とのあいだはどういう関係だったか。もちろん「**御恩**」と「**奉公**」の関係だね。

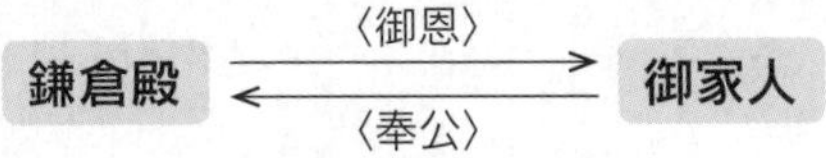

頼朝が生活を保障してやる，食わしてやる。要するに，荘園や公領の支配権を頼朝が保障してやる。「その代わり，オレの命令で，どこへ行っても命を投げ出して戦争しろよ」――それが「御恩」と「奉公」。このような制度を**封建制度**と呼びます。

戦争がないときの「奉公」はといえば，**本領安堵**された御家人たちは，「**京都大番役**」や「**鎌倉番役**」といったような京都や鎌倉の警備をやったり，頼朝の命令するいろんな負担，「**関東御公事**」を負担します。その代わり，頼朝は「本領安堵」してやる。つまり，先祖以来，現地で土地を支配していた御家人たちに，その支配権を保障してやるんだ。あるいは，敵方から奪った土地を新たに御家人に恩賞として与えていく。新しい土地の地頭などに任命するのが「**新**

恩給与(おんきゅうよ)」です。平家没官領(もっかんりょう)や奥州(おうしゅう)藤原氏の支配下にあった地域を中心に,「地頭」に任命していったのです。

「御恩」と「奉公」

＊御恩 { ①本領安堵 ②新恩給与

＊奉公 { ③京都大番役・鎌倉番役 ④軍役(ぐんやく)

① 先祖伝来の(従来から持っていた)荘官の職などを「地頭」として保障する。
② 軍功などに対して，新たに荘官の職を「地頭」として与える。
③〈平時〉京都の警備，幕府(鎌倉や将軍)の警固を負担する。
④〈戦時〉将軍の命令に従って戦闘に従事する。

幕府の経済的基盤

頼朝は貴族ですよ。頼朝は，平家から奪った荘園の職(しき)，荘園の収益を大量に後白河などから認められます。

Q 将軍(頼朝)が所有した，500余りの平家没官領などの荘園を何と呼ぶか？
——関東御領(ごりょう)

Q 将軍に与えられた知行国(ちぎょうこく)は？
——関東知行国(関東御分国(ごぶんこく))

このほかに，関東御領以外で幕府(頼朝)が御家人を地頭に任じる権利(補任権)をもつ荘園・国衙領(こくがりょう)があり，それを「**関東進止所領(しんししょりょう)**」といった。これらが**鎌倉幕府の経済的基盤**であり，頼朝は膨大(ぼうだい)な収入を得たんですよ。その意味でも，後三条親政以降に整(ととの)っていった**荘園公領制を前提(ぜんてい)とした政権**だったわけです。

鎌倉幕府の政治機構

最後に，下の鎌倉幕府の組織図を確認してください。「**侍所**」が早くできて，その後，「**公文所**」，「**問注所**」です。それから，1190年の頼朝上洛の翌年の正月，**1191年**に，公文所に代わって「**政所**」が開設されている。これはいいですね。

侍所のトップ，長官(**別当**という)**和田義盛**は有力な御家人ですが，**公文所(政所)別当**の**大江広元**，**問注所執事**の**三善康信**は京都からやってきた公家階層の出身者で「**京下の輩**」と呼ばれる人たちです。文筆能力のある中・下級の貴族を京都からスカウトしてきた。武士の多くは戦うことが本務で，まだまだ政務をこなす能力，とくに実務能力はなかったんです。

連署や評定衆・引付，六波羅探題，鎮西探題は次回以降に出てきます。今は見ておくだけでいいです。

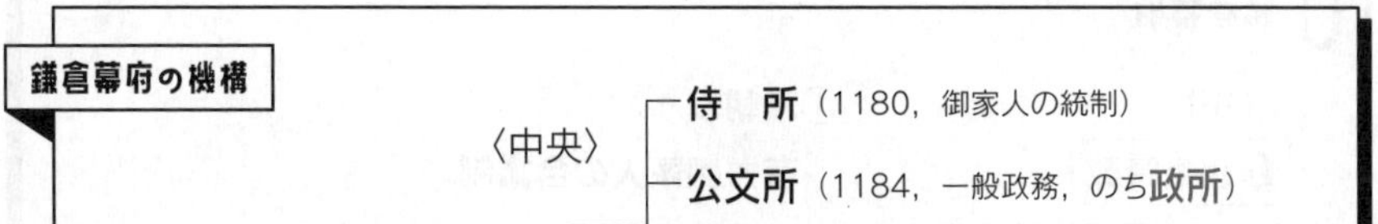

第
20
回

中世（3）

執権政治・御成敗式目

源頼朝(よりとも)が死んだのは1199年。あと1年生きてればピッタリ1200年。絶対的な支配者，独裁的な**頼朝**がいなくなって，将軍**頼家**(よりいえ)が2代目ですが，比企能員(ひきよしかず)の乱の結果，謀殺(ほうさつ)。続く3代**実朝**(さねとも)も暗殺され，**源氏の将軍**は断絶(だんぜつ)。**摂家将軍**(せっけ)の時代になります。

鎌倉幕府

1199			①頼朝没
❶北条時政			有力御家人の合議制
1200	梶原景時の乱		
1203	比企能員の乱	×②頼家	
❷北条義時			
1213	和田合戦…………		義時，侍所別当を兼ねる
1219		×③実朝	右大臣
1221	承久の乱…………		後鳥羽の幕府打倒失敗
❸北条泰時			
1232	御成敗式目		

北条氏のほうは，**時政**(ときまさ)から**義時**(よしとき)。後鳥羽(ごとば)上皇はその義時を討(う)とうとして**承久**(じょうきゅう)**の乱**を起こしますが，幕府側が勝利。幕府は安定し，最盛期(さいせいき)を迎(むか)えます。そして，北条**泰時**(やすとき)のもとで「**御成敗式目**(ごせいばいしきもく)」が制定されるわけです。

1　執権政治

授業ノート p.7 参照

有力御家人の反乱

源頼朝が死んだのは 1199 年。頼朝というのは，さすがに偉大な政治家，独裁者ですから，この後の 2 代目，3 代目がツライ。息子の**頼家**は，お父さんには比ぶべくもない。趣味は豊かなんですけどね。

頼家は，**親裁停止**。つまり，自分で政治上の決裁をすることを止められた。みんなに「あんたは，ちゃんとお座りしていればいいの」みたいなことになっちゃった。そして，祖父の**北条時政**を中心に，梶原景時，三浦義澄，和田義盛，比企能員などの有力な御家人 **13 人の合議制**，つまり話し合いでやっていくことになりました。ところが……。

▶梶原景時の乱

1200 年，頼朝が死んだ翌年から幕府はガタガタしてきます。**侍所**の中心だった**梶原景時**が，みんなの反発を食らって，まず滅亡する。

▶比企能員の乱

1203 年には，頼家との姻戚関係から，北条氏に取って代わる可能性が出てきた**比企能員**が，一族もろとも滅亡します。「**比企氏の乱**」とも言います。

黒板を見てください。将軍の地位が頼家からその子の**一幡**へといけば，比企能員は将軍の外祖父になる。頼家が病気になってその可能性が出てくる。そこで時政が比企一族を排除した。**頼家**は将軍の地位を奪われて伊豆の修禅寺に幽閉され，**1204 年に暗殺**されました。将軍は弟の**実朝**になります。

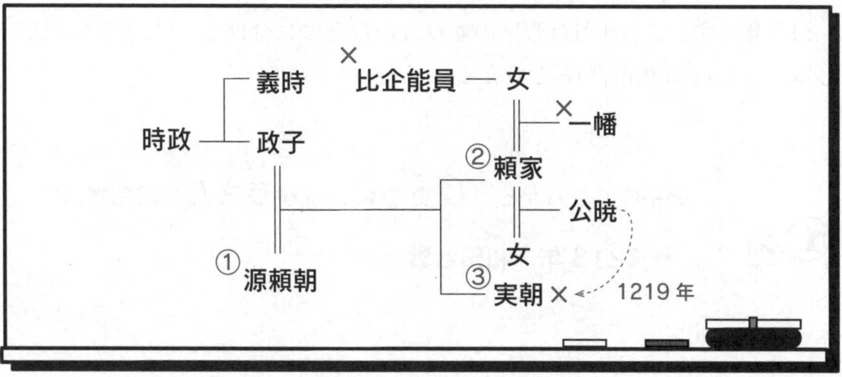

▶畠山重忠の乱

その2年後，**1205年**には，鎌倉武士の古風な，名誉を重んじるガンコ者の**畠山重忠**が執権北条氏と対立し，滅亡します。「**畠山重忠の乱**」です。おそらく，北条時政が後妻の**牧の方**に影響されて畠山重忠を謀叛人として討ったんでしょう。

義時，執権の地位を確立

ところが，同じ**1205年**に，その**北条時政**が引退に追い込まれます。後妻の牧の方といっしょに，信濃を本拠として頼朝時代に台頭してきた源氏，**平賀朝雅**を将軍にしようとして，息子(義時)と娘(政子)にムリヤリ引退させられるんです。「**平賀朝雅の乱**」あるいは「**牧氏の乱**」と呼ばれる事件です。

おそらく，畠山重忠の乱と連動した動きだったんでしょう。娘の政子，息子の義時は牧の方の言いなりになった父時政に反発し，父を無理やり引退させたんです。尼御台所，政子は元気なんです。事実上，政子が一番権威があって幕府の中心なんですよ。

▶和田合戦

義時は，父に代わって政所長官(**別当**)の地位を継ぎ，さらに侍所別当**和田義盛**とその一族を挑発し，大激戦の末，これを滅ぼします(**和田合戦**)。そして**侍所別当**の地位も手に入れる。というより，侍所の長官の地位を奪うために，和田義盛をやっつけた。

政所と侍所の両方のトップの地位を兼ね，名実ともに**執権**として権力を握ったのが**義時**ということですよ。こうして執権という地位を確立したのが**1213年**です。この年号は数字の並び方から2つに分けて，「じゅうに(12)，じゅうさん(13)和田合戦」と覚える。

(数字の並び方から)「**じゅうに(12)，じゅうさん(13)**和田合戦」

ゴロゴロ ➡ **1213年，和田合戦**

2 承久の乱

授業ノート p.7 参照

実朝暗殺

さて，3代将軍**実朝**は文学の才能はある。なにしろ，生まれた年に父頼朝は征夷大将軍，将軍の子。豊かに育っている。感受性も豊かです。しかし有力な御家人たちがつぎつぎに殺し合いをする。兄**頼家**も死ぬし，最後は鎌倉中が血の海になっちゃう。

実朝は耐えられなくなっちゃったんだね，たぶん。彼は，都の院政の主である**後鳥羽上皇**の世界に引き込まれていって，どんどん和歌の道へ逃げていきます。実朝は『**金槐和歌集**』という和歌集を残すけど，政治的には何も残せません。

後鳥羽上皇は，実朝にどんどん高い地位を与え，鎌倉にいたままで，なんと**右大臣**にしてしまう。そして実朝は右大臣になったお礼に，**鶴岡八幡宮**に参拝しに行くのですが，そこで暗殺されてしまいます。**1219年**のことです。

Q 3代将軍源実朝を暗殺したのはだれか？ ——**公暁**

鶴岡八幡宮と言っても，神仏習合でほとんどお寺です。頼家の息子，公暁は若いころに出家させられ，鶴岡八幡宮の別当になっていた。

源氏の将軍は3代で途切れちゃった。将軍がいないと，封建的主従関係で**御恩と奉公の関係**を結べないから，鎌倉幕府そのものが成り立たなくなっちゃう。さあ，困りました。

幕府は，後鳥羽上皇に，だれか皇族を将軍として鎌倉に送ってほしいと頼みますが，後鳥羽はこれを断ります。しょうがないので，幕府は，藤原（九条）道家の三男，**藤原頼経**を将軍候補として京から鎌倉に迎えます。頼経は政子の死後，**1226年**に，正式に征夷大将軍に就任することになります。

それを都でじっと見ていた後鳥羽上皇からすれば，チャンスでしょう。「鎌倉の武家政権なんてもうおわってるな。この際，つぶしてやろう」というので，ついに「**承久の乱**」が勃発します。

後鳥羽院政

まず，年号を覚えよう。1221 年は 1 と 1 のあいだに 2 がサンドイッチになっている格好から，

> 1221
> 「2の**サンドイッチ**は承久の乱」
>
> ゴロゴロ ➡ **1221 年，承久の乱**

後鳥羽上皇は 1205 年には『**新古今和歌集**』を完成させています。「**古今**」に「**新**」**をつけた**。『古今和歌集』はちょうど 300 年前，905 年，醍醐天皇のときの最初の勅撰和歌集だ。醍醐とくれば「延喜の治」で，天皇親政の理想の時代です。

醍醐天皇 ……………………………………… **後鳥羽上皇**
905 ……………… (300 年後) ……………… 1205
古今和歌集 ……………………………………… 新古今和歌集

「新古今」ということは，もう一度天皇が，この場合は院ですが，強い公家政権をめざしたようなネーミングです。

また後鳥羽は**北面の武士に加えて**，**西面の武士**を置いています。そして 1221 年，ついに「北条義時を討て」という命令を出す。

鎌倉は大騒ぎ。『**吾妻鏡**』を見てみましょうか。

史料

9-(1)　承久の乱(1)/『吾妻鏡』

(承久三年五月)十九日壬寅，……二品，家人等を簾下に招き，……
(1221年5月)19日，　北条政子が御家人たちを近くに招いてこう

是れ最期の詞なり。故右大将軍朝敵を征罰し，関東を草創してより
言った。これが最後の言葉です。亡くなった(私の夫)頼朝が平氏などを征伐し，幕府を開いて

以降，官位と云ひ，俸禄と云ひ，其の恩既に山岳よりも高く，溟渤より
以来，お前たち御家人は出世し，豊かになったでしょう。その恩は山よりも高く，海よりも

も深し。報謝の志浅からんや。而るに今逆臣の讒に依て，非義の
深いはずだ。感謝の気持ちは浅くはなかろう。ところが，後鳥羽は悪い部下の言葉にのって理由

綸旨を下さる。　名を惜しむの族は，早く秀康・胤義
のない綸旨を下し，義時を討てと命ぜられた。　武士の名誉を大事にするものは，京都で後鳥羽

等を討ち取り，　三代将軍の遺跡を全うすべし。
にくっついた連中を討ちとって，　三代将軍の築いてきた幕府の存続のために戦え。

『吾妻鏡』が描く承久の乱

「二品」というのは「二位」といっしょ。二位というのは普通は頼朝ですが，政子も二位の位を与えられているんです。そこで，北条**政子**を指しています。「二位」，「**尼御台所**」，あるいは「**二位尼**」，全部これは北条政子を指します。

「家人」というのは御家人です。政子は御家人を集め，こう演説した。「この際，後鳥羽が何を言おうが，心を1つにして奉公せよ。これが私の最後の言葉よ。お前たちは私の死んだ夫，頼朝の御恩を忘れたのか」。「逆臣の讒」――反逆者の言葉にのった後鳥羽が不当な命令を出しただけだ。京都に行っていた御家人の一部には，後鳥羽上皇方にくっついたヤツがいる。こいつらを討ち取り，ぶち殺せ。「3代」というのは頼朝－頼家－実朝，3代の将軍の遺跡，鎌倉幕府を全うせよ，存続させよ。

この言葉を聞いて，御家人の中には感動して涙ぐむヤツまで出てきちゃった。ヤル気になった**幕府軍は京に攻めのぼって圧勝**したんです。

そこで次は勝った後の史料，同じく『吾妻鏡』。

9-(2)　承久の乱 (2) /『吾妻鏡』

（承久三年八月）七日，戊午，……叛逆の卿相雲客並びに勇士の
（1221年8月）7日，　承久の乱で後鳥羽方についた公家や武士の

所領等の事，武州尋ね註する分，凡そ三千余箇所なり。二品禅尼，
所有する所領について，北条泰時が調査したところ，それは3000余箇所であった。政子が

件の没収の地を以て，勇敢勲功の浅深に随ひて，面々に之を賞し充つ。
この没収地を，　乱における働きの度合によって，　御家人たちに恩賞として与えた。

承久の乱で後鳥羽方にくっついて叛逆に与した貴族や武士の所領を「武州」，すなわち義時の長男の泰時が調査したところ，凡そ「三千余箇所」あった。これが**承久の乱の没収地として鎌倉側が奪った3000余りの荘園**です。

当然，これはおもに西日本に多い。西日本を中心に3000余りの荘園が手に入った。「二品禅尼」――「二位」とか「尼」将軍など色々な表現がありますが，みんな政子のことです。「件の没収の地を以て」，乱における働きの浅い，深い，功労の度合によって，これを恩賞として配ったんだ。いいですね。

『神皇正統記』に見る承久の乱

これを今度はかなり後世，**北畠親房**の『**神皇正統記**』ではどう書いているか。次ページの史料をみてみましょう。

史料

10　承久の乱(3)/『神皇正統記』

頼朝(よりとも)高官(こうかん)ニノボリ，守護(しゅご)ノ職(しょく)ヲ給(たまわる)，コレミナ法皇(ほうおう)ノ勅裁(ちょくさい)也(なり)。

頼朝が高い位を得，守護の設置を認められたりしたのは，すべて後白河法皇が許可したもの

ワタクシニヌスメリトハサダメガタシ。後室(こうしつ)ソノ跡(あと)ヲハカラヒ，

であった。頼朝が勝手に奪い取った権利ではない。　その没後は，妻の北条政子が引き

義時(よしとき)久(ひさし)ク彼(かれ)ガ権(けん)ヲトリテ，人望(じんぼう)ニソムカザリシカバ，下(しも)ニハイマダキズ

継ぎ，北条義時が中心となって幕府が運営されたが，その政治は人々の望むもので，幕府に

有(あり)トイフベカラズ。一往(いちおう)ノイハレバカリニテ追討(ついとう)セラレンハ，上(かみ)ノ御(おん)

悪いところはなかった。　それを，(後鳥羽は)ささいな言いがかりをつけて討伐しようとした

トガトヤ申(もうす)ベキ。

のだから，(承久の乱は)後鳥羽のほうが非難されるべきであるとしなければならないだろう。

要するに，頼朝(よりとも)は合法的に，後白河(ごしらかわ)院からその地位や権限を与えられた。その後の幕府も，政子，義時によってちゃんとした政治を行ってきた。だから，承久の乱を評価するなら，ささいな口実(こうじつ)で義時を討(う)てと言った**後鳥羽(ごとば)のほうが悪い**んだと北畠親房は指摘(してき)しています。

北畠親房は公家政権の伝統にこだわる保守主義者ですが，頼朝に対して，その合法性はちゃんと認めているわけです。

承久の乱後

さて，承久の乱で京都に攻め上(のぼ)ったのは，**泰時**と**時房(ときふさ)**です。**時房を忘れやすい**から，系図にも，ちゃんと花丸をうっておく(次ページ)。後でやりますが，泰時と時房がそのまま京都に残って，**六波羅探題(ろくはらたんだい)**に任命されます。

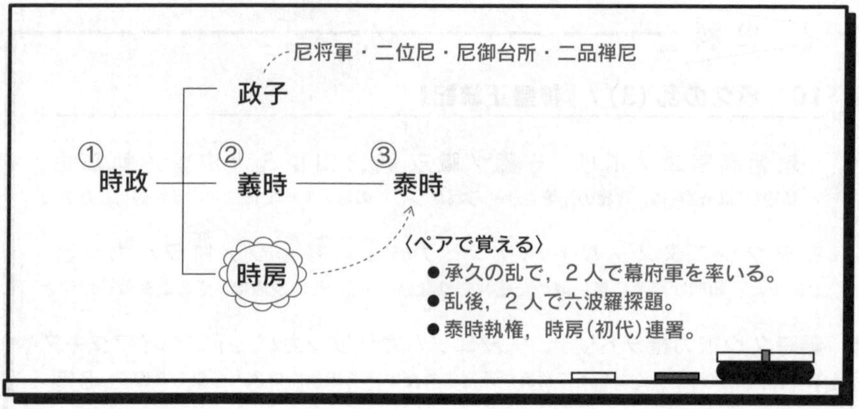
尼将軍・二位尼・尼御台所・二品禅尼
政子
①
時政
②
義時
③
泰時
時房
〈ペアで覚える〉
●承久の乱で，2人で幕府軍を率いる。
●乱後，2人で六波羅探題。
●泰時執権，時房（初代）連署。

さて，承久の乱を起こした上皇たちはどうなったか。まず，3上皇は**配流**(はいる)され，武家政権によって京都の院あるいは天皇も交代させられる。**後鳥羽**は**隠岐**(おき)へ，**土御門**(つちみかど)は**土佐**(とさ)へ，**順徳**(じゅんとく)は**佐渡**(さど)へ。わかりやすいのは土御門。土で土佐だ。後鳥羽は鳥になって隠岐島へ飛んでいった。**順徳上皇**は文化史の『**禁秘抄**(きんぴしょう)』でよく出る人なので，忘れないようにして。

承久の乱の結果

後鳥羽上皇　→　隠岐
土御門上皇　→　土佐　（土→土）
順徳上皇　→　佐渡　『禁秘抄』
仲恭天皇廃位　→　後堀河天皇　×堀河
六波羅探題の設置 ＝（初代）北条泰時・時房
（京方(きょうがた)）没収地 ＝ 3000余カ所 ← 新補地頭（東国武士の西国への進出）

当時の天皇，**仲恭天皇**(ちゅうきょう)は，本人は何の関係もありませんが，位を奪われ，幕府の要求によって**後堀河天皇**(ごほりかわ)が即位します。このへんは，しっかり暗記するしかない。

ごとばはおきへ，つちみかどはつちつちでとさへ，
じゅんとくはさどへ
てんのうもちゅうきょうからごほりかわへ

院　政

白河　➡　鳥羽　➡　後白河　➡　後鳥羽

白河	鳥羽	後白河	後鳥羽
1086 堀河に譲位 （北面の武士）		1156 59	1221 承久の乱 仲恭天皇 → 後堀河天皇 （西面の武士）

白河（しらかわ）→**鳥羽**（とば）に，「後」をつけて，**後白河**→**後鳥羽**と続きます。白河が天皇を堀河（ほりかわ）に譲位して院政が始まり，後鳥羽院政が終わって，天皇は**仲恭**から**後堀河**に代わる。堀河に**「後」をつけて後堀河**です。

もちろん「北面（ほくめん）」と「西面（さいめん）」の区別は基本ですよ。

新補地頭の設置

じゃあ，次に，承久の乱後の幕府の状況です。

『吾妻鏡（あづまかがみ）』にあるように，承久の乱に勝ったことによる上皇方の所領（しょりょう）の没収地（京方没収地（きょうがたぼっしゅうち））が**3000余**箇所。そこへ鎌倉御家人（ごけにん）たちが新しく地頭（じとう）として任命されて，収入を得ることになります。御家人たちは豊かになり，**鎌倉幕府は安定期**，最盛期がやってくる。

Q 承久の乱で没収した土地に入っていった地頭を何と呼ぶか？

——**新補（しんぽ）地頭**

「乱後の新しい地頭」という意味です。それ以前の地頭を「**本補（ほんぽ）地頭**」といいます。

新補地頭の場合，前任者の得ていた収入を引き継ぐのですが，それがあま

りにも少ない場合とか，あるいは前例のないようなところへ入っていった場合，どの程度の収入を得ていいかは，２年後の1223年に「**新補率法**」が定められました。要するに新補地頭の得分の最低保障です。史料で確かめておこう。

史料

11　新補率法

去々年の兵乱以後，諸国の庄園郷保に補せらるる所の地頭の沙汰の

承久の乱以後の新補地頭の権限について

条々

一，得分の事

得分(職にともなう収益)

右，宣旨の状の如くんば，仮令，田畠各拾一町の内，十町は領家国司の分，一町は地頭の分，広博狭少を嫌はず，此の率法を以て免給するの上，加徴は段別五升を充て行はるべしと云々。

天皇の命によれば，例えば田畠11町のうち，10町は領家・国司の分，1町が地頭の分と決められた。広い狭いにかかわらず，この比率を守って，11町につき1町分が地頭の直営地として認められた。また，加徴米として，全体の土地について，田1段につき5升を徴収してよい。

尤も以て神妙なり。

この決定を尊重し守るようにせよ。

新補率法

「田畠各拾一町の内，十町は領家国司の分」――これはちょっと厄介です。10分の1なら話がわかる。**11あったら，そのうちの10は領家**(貴族あるいはお寺)**や国司の支配下**になる。残りの1ですから，**11町について1町は地頭が直営**してよろしい。

その次。荘園や公領全体に対して，一律に徴収することのできる税――

「**加徴米**」と言いますが，これを田１段につき**５升**徴収してよい。はい。**段別５升**の加徴米。また，山や川から得られる収益の半分も地頭のものとされます。これが新補率法の規定です。文治の守護・地頭のときの「段別５升」とちゃんと区別すること。いいですね。

段別５升 → **兵粮米（1185年）**
段別５升 → **加徴米（1223年）**

六波羅探題の設置

さて，乱後，**北条泰時**と叔父の**時房**は承久の乱のようなことが，二度と起こらないように，そのまま京都で朝廷や西日本を監視することになりました。これが**六波羅探題**です。泰時と**叔父の時房**――叔父の時房，叔父の時房と繰り返し覚えようね。

また，幕府は，武蔵とか相模といった国単位に荘園と公領の調査をしていったと言われています。

Q この土地調査でつくられた土地台帳を何というか？　――大田文

今日，ごく一部が残っています。

こうやって，幕府は西日本にも勢力をおよぼし，御家人たちは3000余箇所の地頭職を分配されて豊かになった。承久の乱を勝ち抜いたあと，幕府勢力は非常に安定します。

北条泰時の執権政治

さて，政所・侍所の両別当を兼ねた地位を「**執権**」と呼びます。初代執権の**北条時政**は政所の長官まで。２代目の**義時**が**侍所の長官も兼ねた**。そして３代目がその子**泰時**。泰時と言えば名執権なんて言いますが，一番いいときにトップに立った人です。

Q 北条泰時のときに新設された，執権の補佐をする役職は何か？
――連署

ここで，初代の「連署」として，時房がまた登場します。**初代連署，北条時房**。それから，

Q 同じく1225年，それまでもやってきた合議制を制度化して，泰時が設けたのは？
――評定衆

評定衆という合議体をつくります。北条氏が勝手なことをするんじゃない，みんなで話し合って納得のいく結論を出していこうというもの。

こうやって，**有力御家人の合議体制**が制度化され，泰時が主導権を握って，裁判の基準とかを決めていこう，公平な裁判をやろうということになった。そして1232年，「**御成敗式目**」という有名な法律が制定されるわけです。

これは階段を使って覚えよう。自宅でも学校でもいいから，階段を，1，2，3と声を出しながら上がる。4といっちゃいけない。そこで，1つ戻って，2。123，2と言って「御成敗式目」と叫ぶ。いや，つぶやく。これを何回か繰り返す。

ゴロゴロ

「1，2，3，（1段もどって）2」
➡ 1232年，御成敗式目

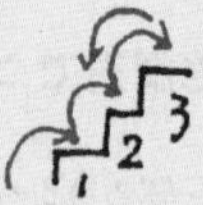

3 御成敗式目

授業ノート p.8 参照

御成敗式目は全部で **51 箇条**です。第 1 巻の聖徳太子のところで言いました(→第 1 巻，p.89)。いいね。重箱の隅のような問題ではなくて，よく聞かれる問題だからね。憲法十七条，**17 × 3 = 51**。

御成敗式目をなぜつくったか。これを明らかにしているのが次の史料，泰時が京都にいる弟の**重時**，六波羅探題北条重時にあてた消息(手紙)です。

史料

12 御成敗式目の趣旨 /『北条泰時消息文』

さてこの式目をつくられ候ことは，なにを本説として注し載せらるる
御成敗式目を制定したことについて，　どんな法律を根拠に法を作ったのかと

の由，人さだめて謗難を加ふる事候か。まことにさせる本文にすがり
(京都の)人はきっと非難するだろう。　まさにその通りで，これといった法律

たる事候はねども，ただ**どうり**のおすところ記され候者なり。……
学によるのではなく，　ただ道理の示すところを法にしただけである。

かねて御成敗の体をさだめて，人の高下を論ぜず，偏頗なく裁定せられ
あらかじめ裁判の基準を示しておいて，身分の上下に関係なく，公平な裁判を実現するため

候はむために，子細記録しをかれ候者なり。この状は……あまねく人
に法律の文にしたまでである。　この式目は……すべての人に

に心えやすからせむために，**武家の人へのはからひ**のためばかりに候。
わかるように，　武家の人だけを対象に作成されたものである。

これによりて，**京都の御沙汰，律令のおきて**，聊もあらたまるべきに
だから，この式目が出来たからといって，(これまでの)京都での裁判，公家法の規定は少しも

あらず候也。
変更されることはないのである。

■御成敗式目とは？

なぜ式目を作ったかを泰時が説明しています。まず軽く現代語訳を読んでください。

武士が法律をつくったといって都の人々が驚（おどろ）いて非難することだろう。これといった法律学があるわけではない。それはそのとおりだ。われわれは，学問とか，法律学とかによってこの式目をつくったわけではない。「どうり」（**道理**），自分たちがこれが当然だろう，「オレたちの常識だぜ」という「どうり」の示すところを書いただけだ。

どうしてか？ あらかじめ，「**御成敗**」——**裁判の基準**を定めておいて，身分の高い，低い，強い者，弱い者といった差に関係なく，公平な裁判を実現するために細かく記録しておくんだよ。

そこで，この御成敗式目（ごせいばいしきもく）はどんな人にもわかりやすいように書いてある。あくまでも**鎌倉幕府の裁判のため**，武家の裁判で使うだけであって，院や検非違使（けびいし）などの「京都の御沙汰（ごさた）」——公家（くげ）政権の基準となっている，**公家法と呼ばれる律令の規定（きてい）は，これによって変更されるものではない**。

これは，執権泰時（やすとき）が御成敗式目をなぜつくったかについて，京都の公家に対して弟の重時（しげとき）が説明できるように教えてやった手紙です。

では，御成敗式目の主要な条文を見ていきましょう（次ページ）。

史料

13-(1)　御成敗式目の内容

〈第三条〉

一，諸国守護人奉行の事

守護の職権について

右，右大将家の御時定め置かるる所は，大番催促・謀叛・殺害人

将軍源頼朝によって定められたのは，「大番催促」，「謀叛人」の逮捕，「殺害人」の逮捕である。

(付けたり夜討・強盗・山賊・海賊)等の事なり。　国司に非ずして国務

(その後)夜討・強盗・山賊・海賊の取り締まりが付け加えられた。(ところが守護はその職権を

を妨げ，地頭に非ずして地利を貪る。所行の企，甚だ以て無道なり。

逸脱し，)国司でもないのに国衙の仕事を妨害したり，地頭でもないのに土地から利益を得ようとしている。そのような行為はまったく違法である。

……早く右大将家の御時の例に任せて，大番役并びに謀叛・殺害の外，

頼朝の時の例を守って，　大犯三カ条を超える行為は固く禁止す

守護の沙汰を停止せしむべし。

る。

守護の職権──「大犯三カ条」

これは簡単。「右大将家」は源頼朝です。これは，みなさん，よく知っていると思う。頼朝のときから，守護の権限として，京都大番役の催促，謀叛人と殺害人の逮捕の「大犯三カ条」と決められているのだから，これを守れということです。

大犯三カ条（守護の権限）
- ①京都大番役の催促
- ②謀叛人の逮捕
- ③殺害人の逮捕

①は，担当する国の御家人に対して，京都大番役(京都の警備にあたる)を務めるように，守護が催促したり指揮したりする権限です。

実際には，守護たちは国司でもないのに国の仕事を妨げたり，地頭でもないのに「地利」，利益を得る。要するに，大犯三カ条を超えて，守護がいろんなことをやっているのはけしからん。**大犯三カ条以外のことに手を出すんじゃない**ということです。

13-(2) 御成敗式目の内容

〈第八条〉

一，御下文を帯すと雖も知行せしめず年序を経し所領の事

正式の証拠書類を持っていながら実際には知行せず，年数が経ってしまった所領について

右，当知行の後廿ケ年を過ぐるは，大将家の例に任せ，理非を論ぜず

実際にその土地を支配していた時点から，支配を放棄して20年以上が過ぎてしまった場合は，

改替する能わず。

頼朝の時の例に準じて，その理由の如何を問わず，（その権利は消滅したこととし，）もとの正当な持主がこれを取り戻すことはできない。

「20年知行年紀法」

次はちょっとややこしい。「御下文を帯すと雖も」――鎌倉幕府が出す**本領安堵**や**新恩給与**の正式の証明書を持っていても，その土地を実際に支配せず，「年序」――年数が経ってしまった場合の規定です。

タンスの引き出しから土地の権利書が出てきた。「あっ，親父のだ」。ということは，オレが相続したことになってる。ところが，もう何年も経ってしまって，現在，どうなっているのか見たこともない，なんていう場合でしょう。

「当知行」というのは，現実に，土地を支配するということです。現実に支配していた時点から**20年**以上放っておいて，要するに「当知行」ではない状態が続いた場合，「大将家」頼朝のときの例に任せて，理非を論ぜず，理由が正当であろうとなんであろうと，**現在の持ち主のものになってしまう**。今で言う「時効」です。

これを「**20年知行年紀法**」などと表現します。

このような規定がないと，40年，50年，100年前とかという古い書類を

持ってきて，今の持ち主に「出ていけ」と言い出したりして厄介だから，20年で区切ってしまおう。もちろん**20年以内だったら，ちゃんとした証拠，「御下文」とかを持っている人のものになる**んですよ。いいですね。今で言う「時効」ですよ。

式目における女性の扱い

次，第18条。鎌倉時代の御家人の中には女性もいます。**女の御家人，OK**です。合戦に行って首を取ってくる者もいます。もちろん，普通は代理が行けばいいんです。

13-(3)　御成敗式目の内容

〈第十八条〉

一，所領を女子に譲り与ふるの後，不和の儀あるに依りて其の親悔返す

娘などに所領を与えた後，不和となった場合，その親がこれを娘から取り戻すことが

や否やの事

できるかどうかについて

右，男女の号異なると雖も，父母の恩惟同じ。

息子も娘も，男女の違いはあっても，子として親の恩をこうむっていることに違いはない。

爰に法家の倫申す旨有りと雖も，女子は則ち悔返さざるの文に憑り

公家法の専門家にはいろいろ意見があるようだが，娘に与えた所領は取り戻せないということ

不孝の罪業を憚かるべからず。…… 女子若し向背の儀有らば，父母

にすると，娘は不孝をはばからなくなってしまう。娘がもし，不孝をはばからず親と不和に

宜しく進退の意に任すべし。……

なったら，親はいつでもこれを取り返すことができるということにする。

さて，男の子がいないで女の子だけのとき。たとえば，私が御家人で娘1人しかいない。そして地頭職などを譲り与える。ところがその後，娘と仲が悪くなった。なぜか。彼女はだれかと結婚した。亭主が大事だ，亭主の一家

のほうが大事だ。そこで,不和になった。そこで,「悔返す」――「チクショー,あんなにかわいがってやったのに」と言って,与えた土地を取り返す。悔やんで取り返そうとする。

この「**悔返し**」**を認めるかどうか**。京都の「公家法」の世界では取り返しちゃいけないという見解もあって,いつももめる。そこで式目は武家の法の意見としてこう言っているのです。娘も息子も親の恩というのは一緒じゃないか。「法家」というのは法律の専門家ということだけど,**鎌倉幕府の法律の専門家じゃない**。幕府にはそんな人は存在しません。これは大事ですよ。**公家法,京都の法律の専門家**です。

「法家」たちはいろんなことを言う。「昔から,女の子に与えたものは親は取り返せませんよ」。「男の子に対しては,もちろんいつでも親が取り返していいですがねー」。しかし,娘に与えたものは取り戻せないということにすると,「女子」は「悔返さざるの文」をいいことに「不孝の罪業」をはばからなくなってしまう。

となると,親も,もめるのはいやだから,死に際まで相続を引き伸ばそうとするだろう。親と娘がお互いに疑心暗鬼になるから,親子関係がおかしくなる。

そこで,「女子若し向背」――背を向ける,親に逆らったら,「父母宜しく進退の意に任すべし」――いつでも自由に取り返してもいいよということにするというわけです。公家法では違うかもしれないが,鎌倉幕府の場合は,**男の子でも女の子でも,一度与えたものを,親はいつでも取り返せる**ことになりました。

女性による養子相続はマルか?

同じく,女子に関する条文です。女人養子,**女の御家人が養子をもらう**ことを許すべきかどうか。これが23条です(次ページ)。

13-(4)　御成敗式目の内容

〈第二十三条〉

一，女人養子の事

女性による養子相続について

右，法意の如くんば，これを許さずと雖も大将家の御時以来，当世

公家法の見解では，女性が養子を迎えて所領を譲るということは認められないが，頼朝の時

に至るまで其の子無き女人等，所領を養子に譲り与ふる事不易の法

以来，現在まで，（武家においては）子のいない女性が所領を養子に譲るということは，一貫して

あげて計ふるべからず。しかのみならず都鄙の例先蹤これ多し，評議

許されており，実際の例も多い。地域による差もなく，例もある。みんなで議論した結果，

の処尤も信用に足れるか。……

（女性による養子は）これは許可されるべきであるということとなった。

「法意」，これもまた**公家法の意見**ですヨ。当時の法律は公家法しかないわけだから，法と言えば公家法。「法意」によればこれを「許さず」――京都の法律の専門家に意見を聞いたら，そんなものは許されない。女が養子をもらって家の存続を実現するなんていうのは，男性中心の儒教的な法律では許されないんでしょう。

しかし，鎌倉武士の社会では，頼朝のときから現在まで，子供のいない女性が，所領を養子に譲り与えることはごく一般的である。実例もいっぱいある。そんなの常識だ。そこで，「法意」はそうなんだけど，これは**許してもいい**よという話になっています。みんなで相談したら，われわれの常識はこうだということです。

公家法と武家法

ここで一番注意するのは，御成敗式目に出てくる「**法家**」とか「**法意**」というのは，**鎌倉幕府の法律**，**武家法ではない**ことです。泰時の消息(手紙)にあるように，この御成敗式目は，あくまでも武家のためのものだ。

京都の公家たちの使っている中世的な法律を「**公家法**」といい，中世にも「**新制**」と呼ばれる法律はさかんに出されています。また，巨大な荘園領主が自分の荘園の中で使っている法，「**本所法**」というのもあります。当時の国家レベルの大きな法体系は一元的ではなく，**公家法，本所法，そして武家法が併存**しているんです。公家法，本所法と併存しながらも，幕府の法律が整っていったわけです。

中世の法

- 公家法…律令系の法，「新制」と呼ばれる法。
- 本所法…大規模な「荘園領主」の荘園支配のための法。
- 武家法…鎌倉幕府などの武家の制定する法，「御成敗式目」や「式目追加」がその代表。

今回はちょっと法の解釈で疲れたでしょうが，このあたりは慣れです。復習をていねいにやっておくこと。そして上のポイントをチェックしておいてください。

第21回

中世（4）

鎌倉時代の社会と経済

鎌倉時代の社会とそれを構成した武士・農民・商人・手工業者などの生活について学習します。事件や人名はあまり出てきません。ついつい教科書でも読み飛ばしてしまうテーマです。キーワードをイメージと一緒に覚えていけば，簡単に点の取れるテーマですから，手抜きしないでがんばりましょう。

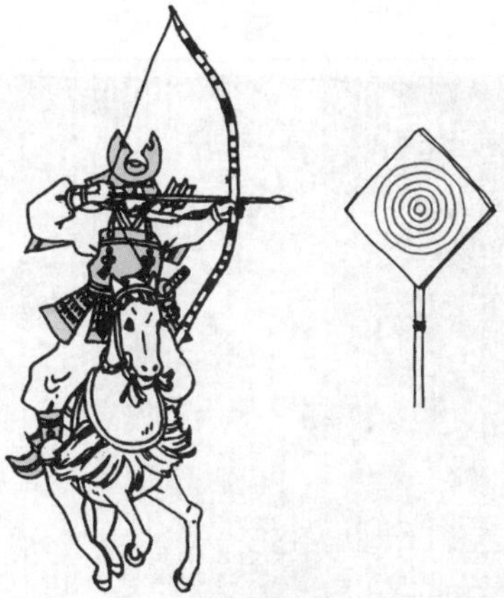

▲騎射（流鏑馬）

鎌倉時代の社会と経済

- 武士の生活 ➡ 惣領制（そうりょうせい）　弓馬の道（きゅうばのみち）・兵の道（つわもののみち）
  → 騎射三物（きしゃみつもの）（流鏑馬（やぶさめ）・笠懸（かさがけ）・犬追物（いぬおうもの））
  地頭の荘園侵略 → 下地中分（したじちゅうぶん）・地頭請（じとううけ）
- 農民・農業 ➡ 名主（みょうしゅ）・作人（さくにん）　下人（げにん）・所従（しょじゅう）
  刈敷（かりしき）・草木灰（そうもくばい）　二毛作（米と麦）　牛馬耕（ぎゅうばこう）
- 手工業者 ➡ 鍛冶（かじ）・鋳物師（いもじ）・紺屋（こうや）→ 座
- 商業・金融 ➡ 三斎市（さんさいいち）　見世棚（みせだな）　行商人
  宋銭　代銭納（だいせんのう）　為替（かわし／かわせ）　借上（かしあげ）

1 鎌倉時代の社会

授業ノートp.9参照

中世武士の生活

よし，絵，絵巻物からドーンといこう。

これは「一遍上人絵伝」。時宗の開祖一遍上人の布教の様子を描いた絵巻物の一場面です。

▲武士の館（一遍上人絵伝）

左の上が武士の住居，「館」で，寝殿造を簡単にした「武家造」と呼ばれる家です。ここへ一遍が訪ねてきたところです。ちょっと見えにくいんですが，手前に塀があって，門のところには敵が攻めてこないかを見張るための「物見やぐら（櫓）」という簡単な**防御施設**を兼ねた建物があります。また，館全体を守るように**堀**もあったんでしょう。

左側に竹が生えているね。たぶん，弓矢の矢をいつでも補給できるように竹をいっぱい植えてるのかもしれない。

まん中の大きな空間は庭。庭のまん中でこの館の主と一遍が話している。ここで布教しようとしているわけだ。右側の黒いほうが一遍ですよ。

よく見ると，門のところにも背の曲がった黒い人物がいる。「はてな？」さっきも一遍がいたのに，また一遍がいる。こちらは「いっぺん」，そっちは「にへん(?)」なんていいますが，毎年言っているので言っておく，古典的なギャグ。

もちろん，両方とも一遍です。館の主も，庭のところと，建物の中と２か所に見えています。これは「異時同図法(いじどうずほう)」といって，異時，異(こと)なった時を１つの画面に描いちゃったのですね。何と言っても，紙が貴重品だから。要するに，２コマのマンガを１コマに描いてしまう手法です。

次に画面中央の上のところ，館の右側に鳥がいます。カラスじゃありませんよ。**鷹(たか)**ですよ。武士の生活にとって欠(か)かすことのできないのが「**鷹狩(たかがり)**」。獲(え)物(もの)を追いかけるために鷹を飼っているんです。

次に，その鷹の右側，一番上の部分に柵(さく)があるのがわかりますか。ここは馬を飼い慣(な)らすための**馬場(ばば)**です。馬場があれば，当然，馬がいなきゃいけない。画面の右上の隅(すみ)に馬がいます。武士は馬は大事にしていますよ。馬が立派な建物につながれている。

馬の走る能力や持久力によって戦闘における優劣(ゆうれつ)が決まっちゃう場合があるからね。とくに東国は馬で有名なところです。**東国武士にとって馬は命の次に大事**というくらい，非常に大切にされた。

馬に乗って弓を射(い)る。これを**騎射(きしゃ)**と言い，馬に乗って走りながら弓を射るというのが一番基本的な戦い方です。これが鎌倉武士の「**兵(つわもの)の道**」，必須の訓練だった。

Q 馬に乗って弓を射るための訓練である，「犬追物(いぬおうもの)」，「笠懸(かさがけ)」，「流鏑馬(やぶさめ)」を合わせて何と呼ぶか？
――「騎射三物(きしゃみつもの)」

「**犬追物**」というのは，犬を放(はな)して射るんですよ。動物愛護(あいご)協会が見たら怒りますよね。うちなんか，家族の中で犬が一番偉(えら)いですからね。「**笠懸**」は，笠を懸(か)けて的(まと)代わりにして，馬上から射るもの。「**流鏑馬**」は，一定距離をおいて並べた的を，馬を走らせながらつぎつぎに射る。

余談ですが，馬小屋の下のところに，猿(さる)が飼われているんですよ。中世では，猿は馬の守護神だったらしい。

あと，画面左下のスミのところにちょっと田のようなところが見えてますが，たぶん，荘官(しょうかん)，地頭などの**直営地**らしい。館の周辺には年貢(ねんぐ)や公事(くじ)がかからない，**佃**・**門田**・**正作**などと呼ばれる直営地がある。

もう1点，絵巻物から。次は東国の武士の兄弟の物語を絵巻物にした「**男衾三郎絵巻**」の**笠懸**の場面です。馬に乗って弓で戦う，「**騎射**」が**基本的な戦闘方法**ですよ。

馬に乗って
弓で射る。
騎射が戦い
の基本
矢を点検して
いるのか？
これが的

▲笠懸（男衾三郎絵巻）

騎射三物 ➡ 流鏑馬・笠懸・犬追物

鏑　懸

やぶさめ・かさがけ・いぬおうもの
やぶさめ・かさがけ・いぬおうもの

武士の農業経営

さて，中世の武士はこのように「兵の道」「弓馬の道」を尊重しますが，一方で，直接，**農業経営**にもタッチしています。彼らは**荘官**や**郷司**として，荘園や公領の在地，現地の管理をしています。**年貢**・**公事**を徴収して，公領なら**国司**へ，荘園ならば**領家**へ年貢を送る。その代わり，現地の支配を任せられているんですよね。

そして，先ほども言ったように，**直営地**もあります。「**佃**」あるいは「**門田**」，

「**正作**」などというのは，荘園内や住居の近くで下人などを使って耕作させる直接経営地で，みずから農業経営もやっています。

「惣領制」

さて，鎌倉の武士たちは，**一族で団結**しているのが一般的です。これを「**惣領制**」と言います。まあ，石川一族の団結みたいなものです。本家と分家が全体で1つにまとまっています。その首長を**惣領**(**家督**)，その家を宗家(本家)，**惣領家**といい，本家以外の分家は**庶子家**といいます。

惣領「家」と庶子「家」はおのおのが独立した家ですが，団結している。その集団を「一門」とか「一家」と呼びます。その中心が惣領家で，その家の主が「惣領」です。

「**和田合戦**」ってやったよね。

Q ハイ，和田合戦は何年？ ——12，13で**1213年**

和田義盛が惣領。**和田一族は全員，義盛の命令でいっしょに戦っちゃう**。鎌倉幕府の有力御家人の反乱というのは，惣領が戦うと決めた瞬間に，その一門は否応なしに全員一致で勝つか全滅するかです。だから，有力御家人の場合，大規模になっちゃうんだね。

惣領は，戦争のときに一族を率いて戦争に臨む。その下の**家子**・**郎等**(**郎党**)まで入れると，有力な一族だとものすごい軍団になっちゃうわけ。

将軍と主従関係を結んでいるのも原則としては**惣領**。頼朝が，ある1人の惣領を自分の子分にすると，その惣領に率いられる一族全部が頼朝の部下になって働く。ただし，庶子も身分的には御家人です。

そこで，主人，将軍に対する「**奉公**」も惣領が代表して行う。幕府から課されるさまざまな負担も一括して負う。また，自分たち一族の氏神様なんかの神様をまつっている神社，あるいはお寺を維持するのも惣領の役目です。そして，奉公，京都大番役や鎌倉番役などを惣領が務めた場合，**庶子にもその負担を割り当てる**んです。

所領は分割相続が基本

さて，次に武士たちの**所領(しょりょう)の相続**を見ておきましょう。

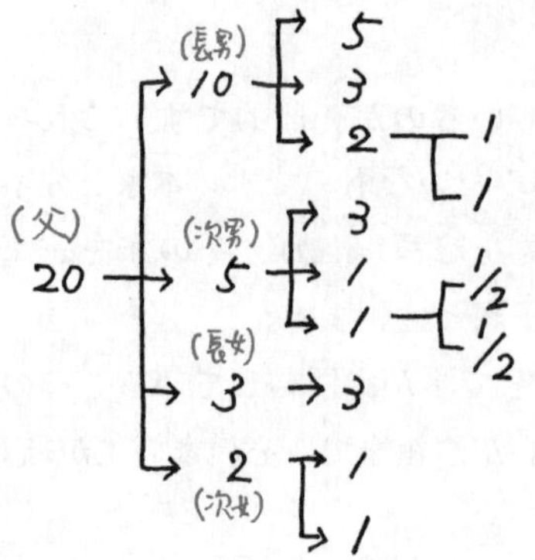

ひとことで言うと「**分割相続**」が基本です。たとえばお父さんが荘園を10持っていたが，承久の乱で10もらって，合計20。メチャメチャ豊かになった。子供は,男の子が2人に女の子が2人いた。オヤジは長男に10, 次男に5, 長女に3, 次女に2与えた。こういうのを分割相続と言います。鎌倉御家人は基本的に分割相続です。

もちろん**原則は親の自由**ですから, 20全部を1人にやってもいい。ついでに,一度,**娘に与えた所領を「悔返(くいかえ)す」のも自由**だったよね。**女性が地頭職(しき)を養子に譲るのも自由**だった。

さて，上図のように分割相続を繰り返すとどうなるか。

3代目，4代目になると，2分の1の地頭職とか分数になっちゃう。よくあるんです，従来，1つだった地頭職を分割して，お前に3分の1，お前に3分の1，お前にも3分の1みたいな相続の例は。

分割相続ということは，普通の場合，世代が交代していくと1人分の財産は細かく分かれていきます，**細分化**されていきます。とくに承久の乱以後は大きな戦争がない。

そこで，「**一期分(いちごぶん)**」というのが現れます。これは「女子一期分」と言って，女の子に所領を与えるに際して，「一期」のあいだ，一生のあいだ，要するに**生きてるあいだだけはこの地頭職を与える**が，死んだらたとえば惣領の兄ちゃんに戻しなさいといった，限定つきの譲与です。

中世農民たちの暮らし

その次。今度は，荘園の支配者階級の武士とか荘官より下のレベルの話です。現場で実際，農業経営を担(にな)っているのは**名主(みょうしゅ)**。彼らが経営している土地が**名田(みょうでん)**。一般的に荘園はいくつかの**名(みょう)**(名田)によって分割されています。

Q 荘園公領制のもとで農民が負担した基本的な税を3つあげなさい。
――年貢・公事・夫役

さまざまな負担を荘官に対して奉仕するのが名主です。一般的な農民を「**作人**」といいます。耕作してる人。場合によっては，名主とのあいだに使用料，「**加地子**」を納入するという形で自分の経営を確保する者もいます。

その下に，**下人**とか**所従**のような隷属民もたくさんおり，売買の対象となるような奴隷的な者もいる。

このような中世村落の農民たちは地域的に団結していますが，

Q それら農民の団結の核，団結のよりどころとなった神社の祭りなどの運営組織は何と呼ばれるか？
――宮座です。

今でも，村の祭りとか，町内のお祭りというのは，その地域に住んでいる人々の結合の場となっているでしょう？ そして，このような結合が前提ともなって，**農民たちが地頭などに抵抗する**ような動きも多くなってきます。

有名なのは，紀伊国阿氏河荘という荘園の農民たちが，地頭の湯浅氏を訴えたものです。「**紀伊国阿氏河荘百姓等言上状**」を見ておこう（次ページ）。長いので一部だけにしておきます。細かくは出ませんから。

地頭の荘園侵略

紀伊国阿氏河荘，ここのおもな産物は材木です。農民たちは，毎年，**荘園領主**に年貢として材木を納入しなければならない。ところが，地頭が農民たちを人夫に徴発したり，こき使うので，山に入って木を切り出す暇もないというのです。

地頭が京都に行く。あるいは「近夫」と言っては夫役として農民たちをこき使う。そこで山に入って木を切る暇がない。

何とか木を切ろうと山に入ると，「**逃亡**」だ，などと言って地頭が弾圧を加える。省略部分にはそんなことが書いてあります。そして，農民たちの「メコ」，妻や子供を追い込めるというのは，縛って1か所に閉じ込めちゃう。そして，耳を切ったり，鼻をそぎ落とすなどの刑を科してくる。

史料

14　紀伊国阿氐河荘上村百姓等言上状 / 「高野山文書」

阿テ河ノ上村百姓ラツヽシテ言上

阿氐河荘の農民から高野山に申し上げます。

一，ヲンサイモク(御材木)ノコト，アルイワチトウ(地頭)ノキヤウシヤウ

今年の材木の納入について。　地頭が　上京するとか，

(京上)，アルイワチカフ(近夫)トマウ(申)シ，カクノコトクノ人フ(夫)

近くまで使いに行けとか，　このように

ヲ，チトウ(地頭)ノカタ(方)エセメツカ(責使)ワレ候ヘハ，ヲマヒマ

地頭の命令で人夫として　奉仕させられることが多く，　山に入って

(手間暇)候ワス候。……メコ(女子)トモヲヲイコメ，ミヽヲキリ，

材木を切る暇がありません。　(少しでも山に入ろうとすると地頭が邪魔をし)妻子は

ハナヲソキ，カミヲキリテ，……

捕えられて耳を切られたり，鼻を削られたり，髪の毛を切られたりと，地頭に責められています。

ケンチカンネン(建治元年)十月廿八日

1275年10月28日

要するに地頭の非法を訴えている。たどたどしいカタカナで書かれたもので，なかなかリアルな文書です。いわゆる「**地頭の荘園侵略**」を百姓たちがみずから訴えています。

地頭請・下地中分

承久の乱後は勢いに乗って地頭の荘園侵略が頻発します。年貢を荘園領主に納入しない。そこで荘園領主が幕府に訴える。しかし裁判となると，2～3年は軽くかかる。だから荘園領主である領家や本家は，そういう裁判を同時にいくつもやっていかないと，なかなか食っていけないという時代がやってくるわけです。とくに実力があまりない領家や本家にとっては深刻です。

そうすると，結局は**地頭と妥協せざるを得ない**。

その結果，起こった現象が２つあります。１つが，**地頭請**。荘園領主が，年貢を一定額納入させる契約を地頭と交わして，あとは現地を完全に地頭に任せちゃう。**地頭が現地での年貢の取り立てを請け負う**。その行為を地頭請，その結果，そういう請負の対象とされた土地を**地頭請所**と呼びます。現地の支配を完全に地頭に任せてしまう。

もう１つ。田も畑も農民の家も全部，現地を半分に分けちゃおうというもの。田・畑などの半分は本所が，半分は地頭が支配することを認め合う。土地そのものを「下地」といいますから，これを**下地中分**という。

下の図は13世紀半ばの伯耆国東郷荘という荘園の図ですが，よく見ると，縦横，方向がいろいろですが，「**地頭分**」とか「**領家分**」と書いてあります。線を引っぱって，現地を支配している地頭などの荘官と，摂関家あるいはお寺といったような荘園領主，領家が，土地そのものを分けてしまう。そういう争いの解決の仕方を下地中分といいます。

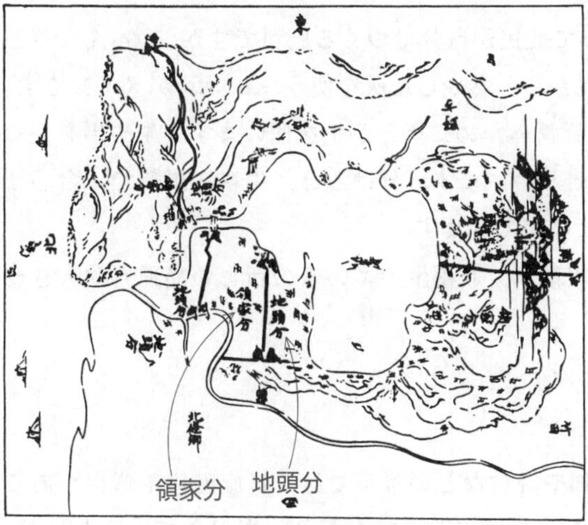

▲下地中分の図

農民たちも抵抗します。荘園領主や地頭の非法に対して訴訟を起こしたり，集団で耕作を放棄して逃亡したりします。また，年貢の納入を定額で請け負って現地への介入を拒否する場合もありました。

2 鎌倉時代の経済

授業ノート p.10 参照

農業

さて，あとひと息。経済の発達についてまとめておこう。鎌倉時代の経済。

第1点。米をとった後の水田を放(ほう)っておくのはもったいないというので，そのあとに別の作物をまこうということになる。その結果，畿内(きない)から西日本を中心に，**二毛作**(にもうさく)が現れてきます。二毛作の毛(もう)というのは作物(さくもつ)のことです。

1つの土地に2種類の作物を植えること。よく聞いてくるのは，**米の裏作**です。

Q 二毛作では米がメインだが，裏作は何？ ——**麦**です。

はい，米と麦。

次に肥料(ひりょう)，自給肥料と言って農民が自分でつくる肥料ですが，いろんな草とか葉を腐(くさ)らせた「**刈敷**(かりしき)」，それから，燃やした灰(はい)を使う「**草木灰**(そうもくばい)」がメインです。

その次。地頭などは，農業経営のために馬とか牛を使います。牛や馬を使って田畠(たはた)を耕(たがや)す。これを**牛馬耕**(ぎゅうばこう)といいます。分けると，牛耕，馬耕で，合わせて牛馬耕。これも絵巻物(えまきもの)などに出てきます。

また，**大唐米**(たいとうまい)という，多収穫米，収穫量の多い米の新しい品種も輸入されました。

原料作物の栽培

次に**原料作物**の発達。**京都**や鎌倉などの都市では，貴族階級や僧侶(そうりょ)，あるいは一部の武士も，本を読んだり，和歌を詠(よ)んだり，夜起きているわけだ。そうすると，明かりが要(い)るね。もちろん電気はありませんから，灯油(とうゆ)が必要。

Q 灯油の原料は何か？ ——**荏胡麻**(えごま)

灯油だからストーブをたくと思っちゃダメよ。これは**照明用**です。いいね。荏胡麻の栽培がさかんになる。

それから，**藍**(あい)。染料(せんりょう)です。それから，紙が要りますね。

Q 和紙をつくる原料になる代表的な植物は？ ―― 楮

このように，そのまま食べるのが目的じゃなくて，加工用の原材料としての農作物を原料作物といいます。

手工業

手工業では，**鍛冶(師)**。なかでも刀などを鍛える刀鍛師が各地に現れる。また，**鋳物師**という鍋とか釜をつくる職人も増えてきます。

○ 鍛冶 ×(治)

次，**紙漉き**。「楮」の繊維を使って紙をつくる。

「藍」は染物の材料，染料です。藍を使って染物をする業者が**紺屋**。「紺」の「屋」と書いてコウヤと読みます。

商業

輸入銭の増加もあって市場も発達します。今でも，四日市とか，十日市とか，各地に名前が残っていますよね。四日市ということは，4日，14日，24日，4のつく日に，そこへ行くとフリーマーケットが開かれているみたいな感じなんだよ。五日市なら，5日，15日，25日といった，月3回開かれる「**三斎市**」などの**定期市**も発達しました。

ほかに，これも絵巻物でよく出てくる**行商人**が現れる。旅をしながら，ものを売る人。それから，「連雀」という木製の背負道具に荷物を満載して遠いところまで売りに行く「**連雀商人**」とか，棒で商品を吊るして売り歩く「**振売**」。

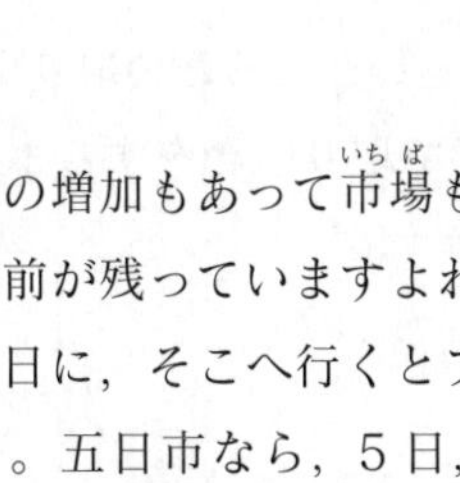

▲連雀商人

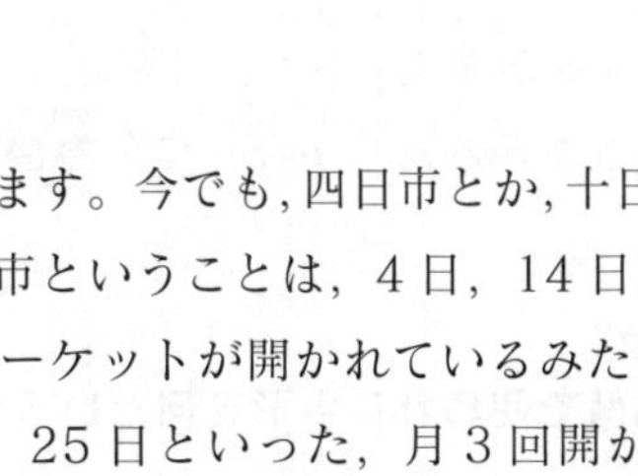

▲振売

京・奈良などの大都市では，いつ行っても，ものを売っている施設が現れます。今は当たり前だけど，**常設の小売店**が都市には出てくる。これが「**見世棚**」です。

そして同業者組合，同じ品物を扱い，利害を同じくするような**同業者団体**が現れる。「**座**」といいます。座が現れるのは**平安後期**ですが，発達するのは**中世**です。座を結成した同業者たちは，天皇家に奉仕する**供御人**となったり，大社寺の保護を得た**神人**として，特権を確保したのです。

運送業も発達します。

Q 水上交通の要所などに現れてきた運送業者を何といったか？
――問（問丸）

貨幣経済の発達

商業・流通が発達すると，遠隔地，要するに遠いところとの取り引きでは，実際にお金を送るんじゃなくて，**為替**という形で取り引きをするようにします。

Q 為替で使われる手形を何というか？ **――割符**

これを扱った業者を割符屋と呼びます。また，お金が必要な世の中になると，必ず高利で金を貸すヤツが現れるんです。

Q 鎌倉時代に発達した高利貸業者を何と呼ぶか？ **――借上**

身分は卑しいんですけど，経済力を持っています。貧乏な御家人の中には，この借上に地頭職を売ってしまう者が出てくる。

カリアゲ（刈上げ）と読むと，髪がこうなるからな。**カシアゲ**，いいね。同じ「借上」でも「かりあげ」と読むと，江戸時代に出てくる言葉で，上の者，主君が家臣の給料をムリヤリ取ることを言うんですけどね。

そして，年貢を米などの現物で納入するのをやめて，お金で送るなんてことも起こってくるわけです。それが**年貢の銭納化**，地頭などによる「**代銭納**」です。

ところで，「一遍上人絵伝」には一遍上人が備前福岡の市を通っていったときの場面もあります。手前では備前焼の壺を売っています。上のほうに米屋がいます。ちょっと注意しておかなきゃならないのが，**「福岡」だから九州と思わない**こと。「備前」だから，今の**岡山県**です。

以上で鎌倉時代の社会と経済はOKです。

▲備前国福岡の市（一遍上人絵伝）

第22回

中世（5）

モンゴル襲来・得宗専制政治

執権**北条時頼**は宝治合戦に勝利し，権力を確立すると，「所務沙汰」のための裁判機構である**引付**を設置します。

モンゴル襲来・得宗専制政治

〈注〉●印は殺害された人物

❺北条時頼

1247　宝治合戦（三浦泰村の乱）

1249　引付の設置

1252　征夷大将軍宗尊親王　＊親王将軍

❽北条時宗

1274　文永の役

1279　南 宋 滅 亡

1281　弘安の役

❾北条貞時

1285　霜月騒動　平頼綱 → ●安達泰盛

1293　3 鎮西探題（←鎮西奉行）

4 平禅門の乱

1297　永仁の徳政令：御家人の所領売買の禁止，売却所領の無償取り戻し

続く**北条時宗**の時代は日本史上の大事件，**文永・弘安の役**，モンゴル襲来（元寇）です。そして，執権**北条貞時**の時代。御家人の窮乏が進み，幕政は**得宗専制体制**へと変質していきます。

1 北条時頼の政治

授業ノート p.11 参照

北条時頼の時代

名執権なんて呼ばれる**北条泰時**の次は，息子が早死にしてしまい，孫の**北条経時**。この経時もすぐに病気で弟の**時頼**に執権の地位を譲ります。時頼は北条氏にとって危険な存在となっていた前将軍藤原頼経を京都に追い返し，翌年には摂家将軍と結びついた有力御家人，三浦泰村一族を討伐します。**宝治合戦**，あるいは三浦泰村の乱と呼ばれる合戦です。

北条氏略系図

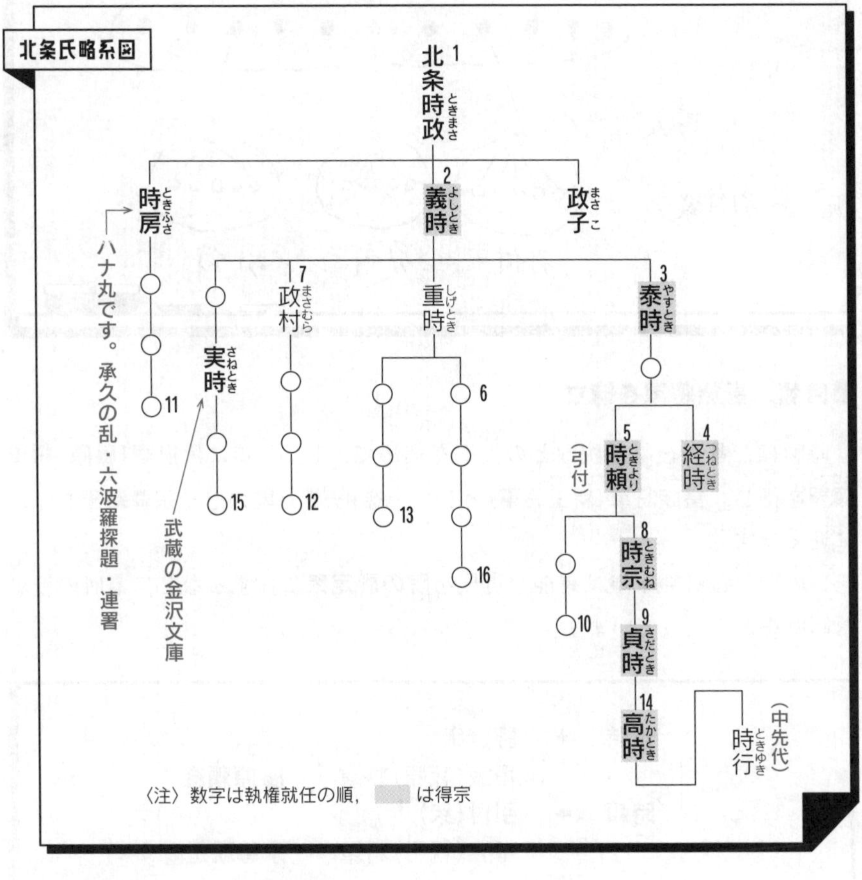

〈注〉数字は執権就任の順，■は得宗

引付の設置

続いて1249年，時頼は**引付**を設置します。土地についての裁判を「所務沙汰」といいますが，**評定衆**の下に，**所務沙汰を専門に扱う**裁判所を置いたんです。引付の職員が**引付衆**です。鎌倉幕府の機構図のところで確認しておいてください(p.41)。一番大事で，しかも時間のかかる，土地にかかわる裁判を重視したわけです。

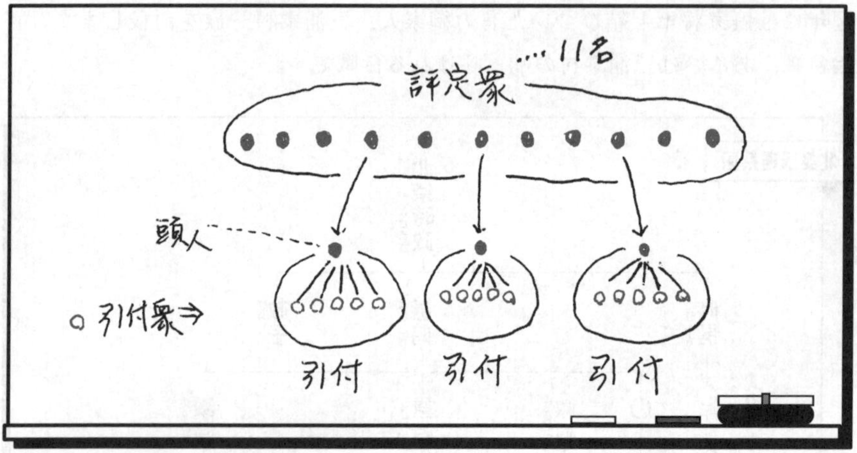

時頼，皇族将軍を擁立

時頼は，都の後嵯峨院政との提携を進めて，1252年には**摂家(藤原)将軍頼嗣**を排し，**皇族将軍(親王将軍)**として，**後嵯峨上皇**の息子**宗尊親王**を鎌倉に迎えます。

この間，後嵯峨上皇は有能な貴族を**院の評定衆**に任ずるなど，幕府の優れた制度をとり入れています。

3 泰時 ➡ 評定衆
摂家(藤原)将軍 … (九条)藤原頼経
5 時頼 ➡ 引付(衆)
皇族(親王)将軍 … 宗尊親王

2 モンゴル襲来(元寇)

授業ノート p.11 参照

このように，北条時頼のころには執権を中心とする支配体制は強固なものとなりますが，その子**時宗**(ときむね)のときに大事件が起こります。**モンゴル襲来**(しゅうらい)(**蒙古**(もうこ)**襲来**，**元寇**(げんこう))です。

13 世紀初め，鎌倉時代の初め，モンゴル(蒙古)高原に**チンギス=ハン**という大英雄が現れて，モンゴル統一を果(は)たし，モンゴル帝国，巨大な帝国が出現します。

その子，オゴタイ=ハンは，中国東北部から北部まで支配を伸ばしていた女真族(じょしんぞく)の国，金(きん)を討滅(とうめつ)して，中国の北部を支配下におさめます。**宋**(そう)は中国の南部で頑張っています。

そして，チンギス=ハンの孫にあたるモンゴル帝国の 5 代皇帝，**フビライ**は今の北京(ペキン)，**大都**(だいと)を都として中国支配を強化し，1271 年には，国号を「**元**(げん)」とします。フビライは南中国の**宋**(南宋)を攻めたり，**高麗**(こうらい)との戦争を繰り返します。そして，ついに**高麗が屈服**(くっぷく)する。日本にも服属を要求してきます。

13 世紀の東アジア

しかし，1270 年から 73 年にかけて「**三別抄の乱**(さんべっしょう)」と呼ばれる元に対する抵抗(ていこう)が**朝鮮**(ちょうせん)で起こる。モンゴルに「ごめんなさい」をしちゃった高麗の政府に抵抗し，「元に降伏(こうふく)するのはいやだ。あくまでも，最後まで抵抗するんだ」と

言って，**高麗軍の有力な武将**たちが今で言うところのゲリラ，あるいは抵抗軍，革命組織のような形で戦うんです。

もしも「三別抄」（３つの選抜部隊の意味）が抵抗していなければ，高麗と元はもっと早く日本を襲ってきたことは間違いありません。日本は服属要求を拒否しています。そのころ，幕府の中心は時頼の子**北条時宗**になっている。

そこで，三別抄の乱が鎮定されると，**元とその支配下に入った高麗の連合軍**が日本に攻めてくるわけです。これが**元寇**です。「寇」という字は正確に，一度，書いておくこと。「冠」としっかり区別する。

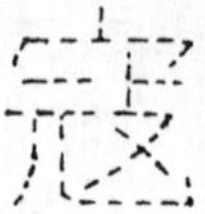

×
冠

文永の役（1274 年）

1274 年，総勢３万を超える元と高麗軍が対馬，壱岐，博多，九州の沿岸の博多湾に攻めてきた。**文永の役**です。元は集団，密集戦の軍団で攻めてきます。いい？ これは大事なところ。「蒙古襲来絵詞」を見ればわかるけど，**集団戦法**で来る。

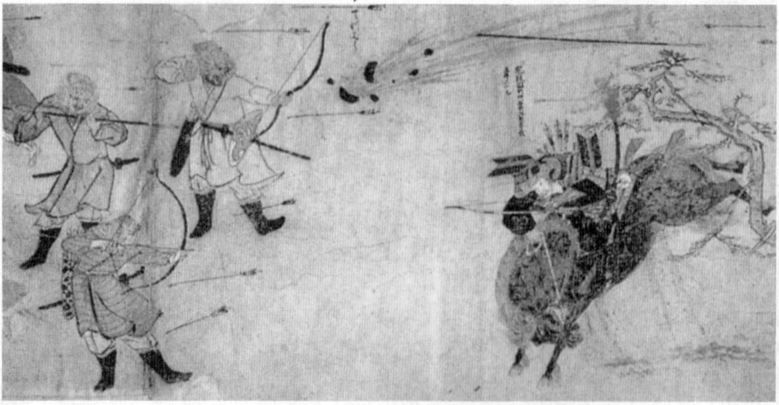

▲元軍との戦闘（蒙古襲来絵詞）

右側のほうは**竹崎季長**という九州の御家人ですが，彼は，当然，この前やったやつだな，**弓馬の道**，馬に乗って頑張っちゃう。左側は恐い顔をした蒙古軍ですよね。季長の前方に「**てつはう**」（鉄砲）と書いてあって，火薬が炸裂している。ただし，これはズドーンと玉を撃つ鉄砲じゃなくて，バーンと爆発音がするだけ。ところが，馬は驚いちゃう。

集団戦の高麗軍に対して，鎌倉幕府の武士たちは，当然，「**一騎がけ**」という慣れた戦い方で騎馬戦を挑む。**日本側は苦戦**します。かなり攻め込まれちゃった。

ところが元軍は，その日の合戦が終わると，博多湾に浮かべた船に引き上げていくんですよ。「はい，今日の戦闘は終わり！」と，みんな帰っちゃった。これについてはいろんな説があるけど，その後，暴風雨が襲い，蒙古軍は船がひっくり返って溺死したり，悲惨なことになってしまいました。これが**文永の役**です。

ゴロゴロ)))

「生き残る者一人(**いちにん**)**なし**」
（1 2 7 4）

➡ 1274 年，文永の役

防衛体制の整備

さて，ここで日本側は考えた。次に来たときどうしようか。「上陸させるとまずい」というので，九州北部沿岸に**防塁**(**石塁**)をつくる。「元寇防塁」とも呼ぶし，「**石築地**」とも呼びます。みんなで石ころを持ってきて積んで，海岸線に石垣を築いていった。そして警備体制を強化する。

◀**元寇防塁(福岡県)**
「また上陸されたらたまらない」とあわてて石を積んでいった。海岸線にまだしっかり残っている。

Q 海岸での見張りの番役を何といったか？ ——**異国警固番役**

警固番役の「警固」のゴを，守護地頭の「護」を書かない。「警固」。固める。異国警固番役，いいね。

文永の役以前，1271年ごろから鎮西，九州の御家人が交替で行っていた，この異国警固番役を強化します。

警固　×警護

弘安の役（1281年）

ところが，すぐには攻めて来ません。元は1279年，南宋を攻めたんです。文永の役の後，**南宋が滅亡**するの。だから，**元は中国全土を完全に支配してから日本を攻めてきたんじゃない**。金は滅亡したが，まだ南宋が残っていたんだ。

そして南宋が降伏すると，南宋の軍隊は元の軍隊に組み込まれちゃう。そこで，2度目の来襲は，降伏した**南宋**の軍隊と**高麗**の軍隊，この2つを加えて元が攻めてくる。それが**弘安の役**です。

今度は，朝鮮半島から九州北岸に攻めてくるだけではありません。弘安の役のほうは，**東路軍**と**江南軍**の二手に分かれて攻めてきます。

東路軍——東からと言っても日本の東じゃないですよ。元から見て東回りだからね。これが**朝鮮半島経由**の軍隊。

江南軍——中国の南部の**長江下流**あたりから攻めてきたのを**江南軍**，江南のコウは長江の「江」だよ。**降伏した宋兵を主体とした軍団**です。いいですね。

東路軍	➡**朝鮮半島から来襲（元・高麗軍）……約4万**
江南軍	➡**中国本土から来襲（元・旧南宋軍）…約10万**

ところが，今度は本当に台風が来ちゃった。アップアップで岸にたどり着いたやつは，バッサバッサ切っちゃうんだけど，昔から日宋貿易でおつき合いがあるから，宋の人は切らなかったといいます。

さて，次は，3回目はどう来るか？ その後も異国警固番役はずっと続きます。また，**北条貞時**のときには鎮西奉行に代えて**鎮西探題**が設置されています。

元寇の影響

結局，３度目の襲来はなかったんだけれど，異国警固番役などは続いていることを覚えておきましょう。そして，この元寇はさまざまな分野に大きな影響を与えます。

たとえば，幕府は**非御家人**――鎌倉幕府と契約を結んでいないような武士たちにも，頑張ったら恩賞をあげるよと言って動員します。さらに，「**本所一円地**」――幕府や御家人とまったく関係ない本所の完全な支配地にも協力させる。朝廷も幕府も国をあげて頑張ったわけだ。その意味で，**幕府の支配は御家人の枠を超えて非御家人にも広がった**。西日本にも支配がおよんでいく。

もう一度，順序を確認しますよ。

> **三別抄の乱→文永の役→南宋滅亡→弘安の役→鎮西探題**
> という順番は，絶対，忘れないこと。

恩賞不足と神国思想

しかし，幕府の権力は強化されたとはいえ，別の大問題が起こります。あたりまえと言えばあたりまえの話なんだけど，**恩賞が不足**する。鎌倉武士が奉公として命がけで戦うのは，**新恩給与で地頭職がもらえる**からです。ところが，元寇じゃあ，相手は外国だ。

戦争が終わって気がついた。**恩賞がないじゃないか**。

鎌倉幕府の御家人は自分の費用で戦うわけだから，**戦費の負担**はものすごいですよ。前回やった所領の細分化に加えて，これが御家人の困窮の原因となってきます。不満がたまってきます。

もう１つ，元寇の影響として思想上の問題があります。神風が吹いた。「ああ，やっぱり日本は神様が守ってくれるんだ」という思想が広がっていく。これを「**神国思想**」といいます。

3 得宗専制政治

授業ノートp.12参照

北条氏に権力が集中

文永・弘安の役は幕府政治にも影響を与えます。外国との戦争によって**北条氏の支配**はどうしても，**専制的**，**強権的**になる。具体的には幕府の要職あるいは主要な国の守護職が北条氏に集中していく。

Q 北条氏の嫡流の当主は何と呼ばれたか？ ――得宗

得宗に権力が集中していく。「得宗」という名称は，北条義時が「徳宗」と号したことに由来すると言われています。

天皇をやめて上皇になり，天皇を立てて政治をする，これが**院政**ね。ちょうどそれと同じ。北条氏の嫡流が得宗と呼ばれ，執権を辞めたあとも権力を握り続ける。執権の地位は北条氏の内部でくるくるいろんな人が交代で継いでいくが，権力だけは北条氏の一番の嫡流・本流の当主が，ずーっと握っているわけだ。77ページの北条氏の系図で，6・10・11・12・13など“○印”の人物は執権ですが，実際の最高権力を握ったわけではない。そういう政治体制のことを「**得宗専制体制**」と呼ぶわけです。

そうなってくると，得宗家の**家来の役割が高まってくる**。封建的主従関係というのは，ややこしいよね(次ページ，黒板)。主人がいます。幕府の場合，これは将軍です。これがいなきゃ主従関係は成り立ちません。それに対して従者がいます。従者として御恩と奉公の関係を結んでいる連中が**御家人**です。その御家人にも家臣がいる。

御内人 vs 御家人

得宗ももちろん御家人の１人です。北条氏のように大きくなると，多くの従者がいて，そこにも主従関係があります。主人である将軍から見て，従者である御家人のそのまた従者を「**陪臣**」と呼びます。

得宗が権力を握ると，得宗家の内部のこの陪臣の地位が上昇し，尊敬の「御」をつけて「**御内人**」と呼ぶようになる。

得宗が病気になるとか，仕事をあまりやらないで遊び出しちゃうと，彼らが得宗に代わって仕事をする。その御内人の代表を，「**内管領**」と呼ぶようになります。

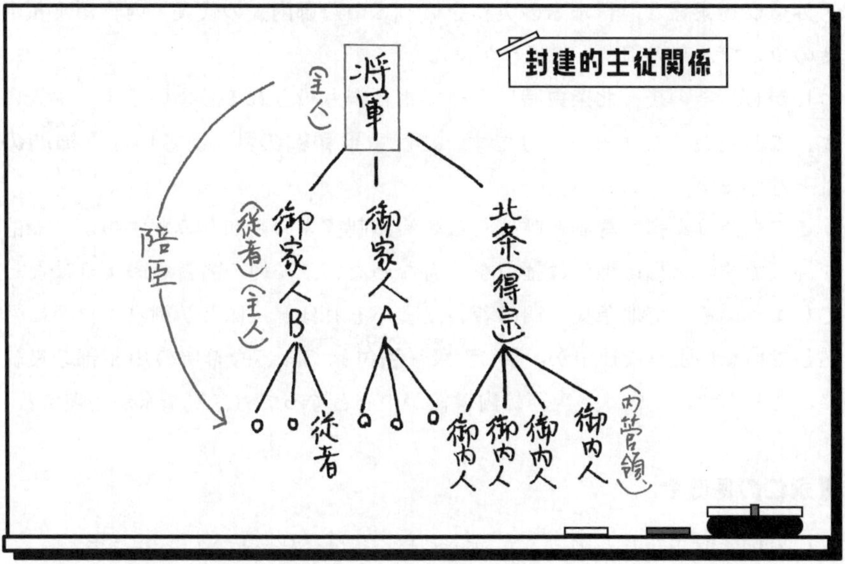

ほかの御家人から見れば面白くない。守護職は北条氏が取っていくわ，話し合いもなく，強権的な支配ばかりが表に出てくるわ，プラス，恩賞は不足して，経済は苦しい。

御内人という言葉が生まれると，一般御家人を，これは偉い人たちだから「様」をつけますが，「外様」と呼んだりする。その外様の代表が**安達泰盛**でした。**安達氏は得宗家の外戚**としてこれを支えてきたんです。

北条貞時

1285年11月，11月を霜月というので，**霜月騒動**と呼ばれる戦闘が起こります。その**安達泰盛**が**内管領平頼綱**と争い，滅亡しました。

外戚安達泰盛と，得宗家の実務を握っていた**御内人**の代表，内管領平頼綱との争いで，有力御家人のほうが滅んだ。

しかし，その後，**北条貞時**によって平頼綱も殺されてしまいます。主人によって討たれてしまったわけです。これを**平頼綱の乱**，あるいは**平禅門の乱**と呼びます。

このあたりを**得宗専制**と呼ばれる政治体制成立の画期とみなすのが一般的な評価です。執権の地位は権力をともなわない，一種の名誉職のようになってしまう。そして北条氏一門の若い，まだそれほど法律とか御家人社会に習熟していないような連中が，**評定衆**・**引付衆**のような幕府の中枢部の役職にどんどんついていく。実務は内管領が中心となっても，得宗家が処理する。

永仁の徳政令

しかし，窮乏化した御家人を放っておくわけにはいかない。そこで，

Q 1297年，御家人の窮乏を救済するために執権北条貞時が出した法令は？
——永仁の徳政令

「**徳政**」というのは儒教的な言葉で，「人々の喜ぶ政治」という意味でしたね。桓武天皇のもとでの「**徳政相論**」を覚えていますか(第1巻，p.233)。**藤原緒嗣**が「軍事と造作」はやめましょうと言ったやつですよ。時代によって徳政の中身は違います。「永仁の徳政令」は，**貧窮化した御家人を経済的に救おう**としたものです。史料を見ておきます。

史料

15-(1)　永仁の徳政令 (1) / 「東寺百合文書」

関東御事書の法
幕府の法令(追加法)

一, 質券売買地の事　　永仁五年三月六日
質流れや売却した所領の事　1297 年 3 月 6 日

右, 地頭・御家人の買得地に於ては, 本条を守り, 廿箇年を過ぐる
地頭・御家人が買い取った土地については, 御成敗式目 8 条を守って, 20 年以上経っている

者は, 本主取返すに及ばず。非御家人并びに凡下の輩の買得地に
場合は, 元の持主はこれを取り戻してはいけない。非御家人や一般の者が買い取った土地

至りては, 年紀の遠近を謂はず, 本主之を取返すべし。
は, 年限に関係なく(20 年以上前でも), 元の持主であった御家人が無償でこれを取り戻してよい。

御家人同士の売買の場合

「質券売買地の事」――質というのは, みなさんは経験がないでしょうが, 今でもあるよね。「質券売買」というのは, 地頭職を抵当にして, 今で言ったら自宅の土地を抵当に, お金を借りるようなものです。

当然, この場合は**御家人がおもな対象**ですよ。御家人が金を借ります。貸したほう, 鎌倉時代の高利貸し業者は「**借上**」と呼ばれましたね。御家人が非御家人や借上などから金を借りて返せない場合, あるいは土地・地頭職を別の御家人へ売っちゃう場合もある。

最初に**例外**が書いてあります。御家人がみんな貧乏というわけじゃない, 余裕のある者だっているから, 御家人が御家人に金を借りるケースもある。「地頭・御家人の買得地」というのは, 御家人が土地を買い取った場合のことを言っているわけです。

「**本条**」は「**御成敗式目**」第 8 条を指します(p.58)。「当知行の後廿ヶ年」, 「理非を論ぜず改替」してはいけないという「**20 年知行年紀法**」だね。

買い取ったのが地頭・御家人の場合, 本条を守って, **20 箇年を過ぐる者**は,

「本主」，本というのは「本当の」という意味じゃありません。「旧」という意味です。いい？ **元の持ち主が取り返してはいけない**。ということは，**それ以外は全部取り戻していい**ということになります。

■御家人と非御家人の場合

相手が御家人以外の借上などの「凡下」，一般の庶民だったり，侍の身分でも**非御家人**の場合は，売ったのが**20年以上前であっても，お金は返さずに土地を取り戻していい**。

「非御家人幷びに凡下の輩の買得地に至りては，年紀の遠近を」問わない——「年紀」，すなわち20年に関係なく，本主，金に困って手放した御家人が無償で取り返してもよい。

幕府から見た身分を確認しておきますよ。

幕府は将軍と御家人との主従関係を基本としているんですよ，あたりまえだけど。だから，何よりも御家人を救済しなきゃならないわけです。

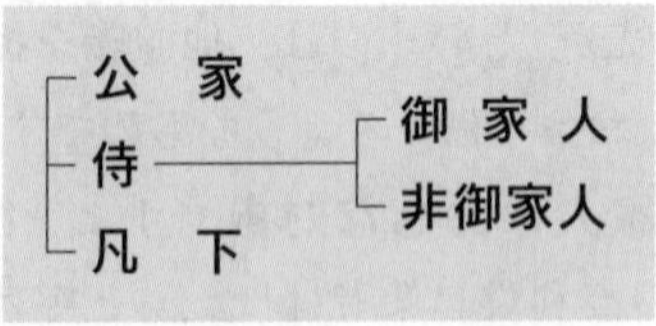

■所領の売買・質入れの禁止

もう１点，「**永仁の徳政令**」の史料を見ておきます（次ページ）。内容は同じです。

「**越訴**」というのは，一度判決が出た裁判を訴え直すこと。そのような裁判を停止する。今で言うと上告，再審請求を認めない。何度も何度も同じことで争うなという，幕府による裁判統制というか，**御家人の権利を狭める**という意味があります。誤った判決が出ても，それを訴えることはできないということです。

15-(2)　永仁の徳政令 (2) /「東寺百合文書」

関東より六波羅へ送らるゝ御事書の法

鎌倉から六波羅探題への指令

一，越訴を停止すべき事(以下略)

一度判決の出た裁判を再び訴え出ることを禁止する

一，質券売買地の事

質流れや売却した土地の件

右，所領を以て，或いは質券に入れ流し，或いは売買せしむるの条，

所領を質に入れて金を借り，これを返せずに失ってしまったり，あるいは売却してしまうと，

御家人等侘傺の基なり。向後に於ては停止に従うべし。以前沽却の分

御家人が困窮することとなる。今後は質入れや売却は禁止する。既に売却してしまった土地

に至りては，本主，領掌せしむべし。但し，或いは御下文・下知状を

は，元の持主である御家人が取り戻して支配してよい。ただし，御家人が20年以上前に買い

成し給わり，或は知行廿箇年を過ぐるは公私の領を論ぜず，今更相違

取って，正式の幕府の手続きを経てこれを知行している場合は取り戻してはいけない。

あるべからず。……次に非御家人・凡下の輩の質券買得地の事，年紀

しかし，非御家人や一般の者が取得した所領については，年限に

を過ぐると雖も，売主，知行せしむべし。

かかわらず(20年以上前であっても)，元の持主である御家人が取り戻して知行してよい。

永仁五年七月廿二日

1297年7月22日

次が，「質券売買地の事」。これは内容はいっしょですから，意訳を読めばわかります。

所領を売買したり，質入れしたりすると，御家人が経済的に困る一番の根本的な原因になるから，**今後はいっさい売買とか質入れをするな**。

これはもっともらしいんですけど，みんな困ったんですよ。今後は銀行から土地を担保に金を借りるなということですから，今で言えば二度とだれも

住宅ローンを組めなくなるみたいな話になる。

これはメチャメチャ不満が出ますよ。金融というものがある以上，貨幣経済で貨幣が必要である以上，「売買はいけません，質に入れてもいけません」てのは困る。いいね。ここは**御家人にとっては制限**になります。

「**沽却**」というのは絶対覚えておく。「売却」という意味です。ここは「向後」，今後の話。「以前」というのは永仁徳政以前，すでに売り払った分は本主，元の持ち主が取り戻してもいい。先ほど出てきた御家人救済の**売却所領の無償取り戻し**の部分です。普通，取り戻しの部分が永仁徳政では出ますからね。

「但し，或いは御下文・下知状を成し給わり，……」の文の意味は前の史料と同じです。

「非御家人・凡下の輩」の「凡下」というのは「一般の人」という意味。一般の人はあまり金貸しをしていませんから，とくにその中でも，普通は「**借上**」と呼ばれるような金融業者を意味するわけです。

鎌倉幕府と契約を結んでいないのが**非御家人**ですよ。あと，「売主」というのは，さっきの「本主」のこと。中身は前の史料といっしょですね。

ついでに，この出典となった「**東寺百合文書**」は日本で最大級の中世の古文書，古い文書を集めたものです。これは前に一度出てきました。肥後国鹿子木荘の史料です(第1巻，p.279)。

さて，この**永仁の徳政令**は頻出の史料です。ここでバチッと年号も覚えてしまいましょう。いくら困窮しているとはいっても，売ったものをタダで取り戻していいというのは，さすがに厚かましい。そこで，「イーニクイナ」です。

1 2 9 7
「(いくら困っても)**言いにくいな**永仁の徳政令」

➡ 1297年，永仁の徳政令

惣領制の動揺

さて，この永仁の徳政令は，翌年，売却した所領の無償取り戻しの部分を除いて，**撤回**されてしまいます。一連の規定は御家人たちのブーイングで撤回せざるを得なくなったということです。

こんな無理な法令を出した背景は，もちろん御家人が貧乏になってきたからですよ。最大の原因は，**分割相続**です。どんどん所領が細分化する。そこでだんだん**単独相続**に変えていく傾向が表れてきます。

また今まで女性，とくに娘や妻に地頭職などを譲与することは一般的でしたが，これもしだいに制限されていきます。

Q 女子などにその生存中のみ知行を認めた所領を何と呼ぶか？

——**一期分**でしたね。

このようになってくると，広い地域にわたって分布し，いざというときには，石川一族みたいに血縁関係によって結集した**惣領制**は，世代を経たこともあって，しだいに機能しなくなってきます。**惣領と庶子の紛争**も多くなってくる。そして，**血縁的な結合**に代わって，**地縁的結合**が重視されるようになっていきます。

さらに，「もう幕府なんて関係ねえや。オレたちはオレたちの実力でいくぜ」みたいな，今で言えば暴走族グループのようなものが出てきます。

Q 鎌倉後期から南北朝にかけて現れた社会秩序を乱す連中を何と呼んだか？

——**悪党**

「悪党」といっても，「悪い」という意味よりも，「**強い**」という意味を表すものです。

惣領制の動揺	分割相続 ➡ **単独相続**	
	血縁的結合 ➡ **地縁的結合**	

中世における大きな流れ。血縁的な結合から地縁的·地域的な結合が高まってくる。鎌倉幕府は，文永・弘安の役を契機に，**惣領制が大きく崩壊**に向かい，**得宗専制**が顕著になってくる。いいですね。ここを正確に押さえておけば，なぜ幕府が倒れたかもわかってきます。

第23回

中世（6）

院政期～鎌倉時代の文化

中世文化の学習の前半戦，院政期～鎌倉時代の文化です。

院政期～鎌倉時代の文化

院政期の文化		鎌倉文化
国風文化 ＋ 地方文化・民衆文化		武家文化・公家文化・民衆文化
↓		↓
新鮮で多様な文化		武士や庶民に支持された新しい文化 中国（宋・元）文化の流入
平泉文化・国東半島の文化		鎌倉幕府と禅宗の受容
後白河法皇『梁塵秘抄』・今様		鎌倉新仏教・旧仏教の革新
軍記物語・歴史物語・説話文学	➡	隠者（遁世僧）の文学
		史論書…慈円『愚管抄』
絵巻物	➡	絵巻物　似絵

貴族政治から武家政権へという過渡（かと）期で，入試では焦点（しょうてん）となるところです。多様（たよう）な文化ですから，当然，覚えなければならない作品も多い。

そして，浄土（じょうど）宗・浄土真（じょうどしん）宗・法華（ほっけ）宗，臨済（りんざい）宗・曹洞（そうとう）宗など仏教史上の重要な時期でもあります。しっかり区別して覚えていきましょう。

1 院政期の文化

授業ノートp.14参照

院政期の文化の特徴

さて，入試頻出の院政期文化。古代から中世へ，貴族政治から武家政権へという過渡期ですから，ていねいに学習しなくてはいけない。文化にもそれが表れています。

そこで，特徴というと，

貴族文化・国風文化に地方文化が加わった新鮮で多様な文化

ということになる。はっきり言ってよくわからない。ここは，具体的な地方文化，あるいは文化財の特徴のなかから納得していくしかありません。

象徴的なのは，庶民が愛好した流行歌謡の「**今様**」が都でも流行る。それだけじゃない，後白河法皇がこれを集めて『**梁塵秘抄**』が編まれた。地方の歌謡が都でも大流行する，身分に関係なく上皇がこれにハマる。**公家の文化と庶民の文化，都と地方の区別が無くなる**ということです。

院政と仏教の世俗化

権力と富が集中した「治天の君」――白河・鳥羽・後白河などの大規模な仏教事業や社寺参詣は院政のところでやりました。ちょっと，18ページに戻って復習しておいてください。それと，寺院の世俗化。僧兵の強訴などもしっかり復習。

Q 法勝寺や尊勝寺などの，院政の主が建立した巨大寺院の総称は？
――**六勝寺**

Q 強訴のとき，山門の僧兵たちは［ (a) ］神社の神輿を，興福寺・春日神社の僧兵や神人は［ (b) ］を掲げて入京した。 ――(a)**日吉** (b)**神木**

地方文化

さて，地方文化の発達。これは有名だよね。奥州平泉の平泉文化。岩手県ですよ。10ページでやりましたよ。「キモヒヤス」で覚えてしまう。

Q 「肝を冷やす」，キモヒヤスを覚えてますか？

清衡・基衡・秀衡・泰衡。

Q ハイ。中尊寺金色堂を建てたのは？

藤原秀衡？

バツだよ。**中尊寺金色堂**を創建したのは，初代の**藤原清衡**。後三年合戦で源義家と組んで勝った人だね。

基衡は**毛越寺**。秀衡は**無量光院**。毛越寺は庭園（跡）しか残っていません。無量光院は宇治の平等院を模したものとされますが，何も残っていない。難関私大では無量光院まで問われることがあります。

清衡	➡	基衡	➡	秀衡	➡	×泰衡
中尊寺金色堂		**毛越寺庭園跡**		**（無量光院）**		←1189 奥州合戦　源頼朝

古文が得意な人だと，松尾芭蕉の『奥の細道』の

夏草や　つわものどもが　ゆめのあと
五月雨の　降り残してや　光堂

を知っている人もいるでしょう。秀衡を頼った源義経は泰衡に殺され，その泰衡も滅亡して，ほとんどの寺院も焼けてしまった。光堂＝中尊寺金色堂だけは残ったんです。江戸時代の文化で芭蕉が出てきたら思い出しましょう。

ほかに，文化史では，福島県いわき市の**白水阿弥陀堂**も覚えてください。さらに，九州では大分県の国東半島にある，豊後の**富貴寺大堂**。いずれも阿

弥陀堂建築です。また，鳥取県の**三仏寺投入堂**は，垂直の崖のくぼんだところに建てられた珍しい建築物です。ここは地図で確かめ，県名でしっかり区別がつくようにしておきます。ついでに広島県の**厳島神社**もいっしょに。

院政期の地方文化

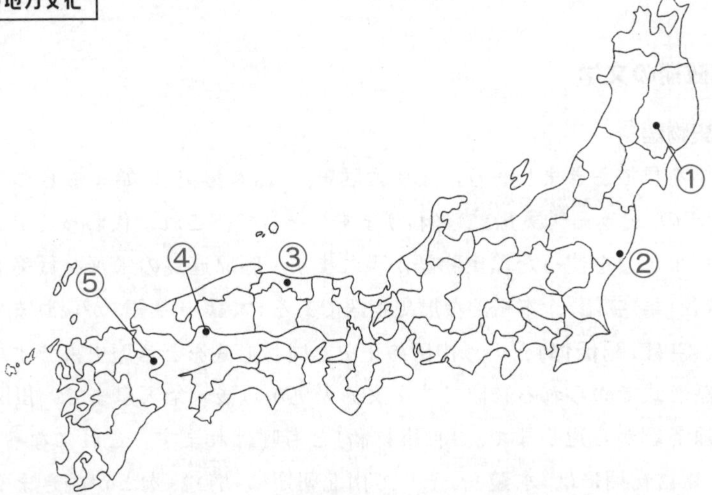

①岩手県…中尊寺金色堂・毛越寺庭園(跡)　②福島県…白水阿弥陀堂
③鳥取県…三仏寺投入堂　④広島県…厳島神社(「平家納経」)
⑤大分県…富貴寺大堂

聖・遁世僧

次に，近年，とくに注目が集まっているのが，大寺院に属さない宗教者たち。自分自身で山岳での修行を積んだり，出家して大寺院の中で仏教を学ぼうとしたが，その大社寺の世俗化に反発して，別のところで修行を始める僧が多く存在したことです。彼らは「**聖**」とか「**遁世僧**」などと呼ばれました。

平安時代の中期には多くの聖が現れてきます。そして，大事なのは，かれらが庶民，一般の人たちに仏教を広めていったことです。世俗化する大寺院ではなく，民間への布教は彼らが担った。山岳信仰の修行で獲得した験力を駆使して病気の回復や，災難を除けることを祈ったりして庶民に関わっていった。念仏を唱えて葬送や鎮魂のために祈ったり，法華経の経典を読み続けたりしながら，人びとに浄土教などの教えを広めていったのです。平泉文化や国東半島の仏教文化の背景には，そのような聖の活躍があったわけです。

それだけでなく，聖の活躍は鎌倉時代の民衆を対象とする仏教が誕生する基盤となったことが重要です。平安時代の仏教の中から聖という宗教者が現れてきたことは，しっかり覚えておいてください。

院政期の文学

▶歴史物語

文学を見ておきましょう。まず**六国史**。**『日本書紀』**に始まる6つの正史が901年の**『日本三代実録』**で終わります。そして，これに代わって，この時期には，平がなを使った**歴史物語**が現れます。藤原道長の栄華を賛美的に描いた**『栄花(華)物語』**，本格的な歴史物語である**『大鏡』『今鏡』**が現れます。

『大鏡』は「**紀伝体**」という中国の正史と同じ形式をとる歴史書ですが，和文の会話形式で綴られる物語です。文徳天皇から後一条天皇まで，摂関でいうと藤原冬嗣から道長まで。「世継物語」とも呼ばれます。これにならって『今鏡』，鎌倉初期には『水鏡』，そして南北朝期に『増鏡』などが続きます。この4作品，「**四鏡**」は，鏡物と呼ばれています。暗記の定番で，次のように覚えましょう。

> 四鏡…「だい(大)こん(今)みず(水)まし(増)」

▶軍記物語・説話集

武士が台頭したこの時期に現れたのが**軍記物語**。平将門の乱を描いた**『将門記』**。**前九年合戦**を描いた**『陸奥話記』**。説話集では**『今昔物語集』**がこの時期のものです。平安初期の『日本霊異記』としっかり区別しておこう。

●**歴史物語**…（先駆）栄花物語
四鏡：『**大**（鏡）』・『**今**（鏡）』・『**水**（鏡）』・『**増**（鏡）』←ダイコンミズマシ
〈文化〉 **国風** **院政期** **鎌倉** **南北朝**

●**軍記物語**
『将門記』（平将門の乱） 『陸奥話記』（前九年合戦）

●**説話集**
＊平安初期：『日本霊異記』➡ 院政期：『今昔物語集』

▶歌謡

歌謡では，今様（いまよう），『**梁塵秘抄**（りょうじんひしょう）』。これは院政期の文化を象徴するものですし，後白河法皇が編集したことからも頻出！ 漢字で書けるように。

民間の流行歌である今様は，貴族のあいだでも流行する。後白河法皇も大好き。とうとう，歌詞を集めて編集してしまったのが『梁塵秘抄』です。ときどき入試にも登場するので，代表的なものを一応読んでおきましょう。

史料

16 今様 /『梁塵秘抄』

極楽浄土（ごくらくじょうど）のめでたさは，ひとつも空（あだ）なることぞなき，
極楽浄土がどれほどすばらしいところか，すべてのものに無駄なものなどない。

吹（ふ）く風立（かぜた）つ波鳥（なみとり）も皆（みな），妙（たえ）なる法（のり）をぞ唱（とな）ふなる。
風も波も，鳥もすべて，浄土にふさわしい音でそれをたたえているではないか。

遊（あそ）びをせんとや生（う）まれけん，戯（たわむ）れせんとや生（う）まれけん，
人は遊ぶために生まれてきたのだろうな，無邪気にたわむれるために生まれてきたのだろうなあ。

遊（あそ）ぶ子供（こども）の声（こえ）きけば，我身（わがみ）さへこそ動（ゆる）がるれ。
子供たちの遊ぶ声を聞くと，年老いた自分でさえ何か心がゆり動かされるようだ。

田楽・猿楽

芸能関係では田楽・猿楽。**田楽**は，その名のとおり，農村での農耕儀礼に起源をもつと言われ，楽器を使用する都市の芸能とも関係する芸能で，1096年の京での爆発的な流行は「永長の大田楽」と呼ばれています。

猿楽は奈良時代に唐から入ってきたさまざまな芸能のうち，散楽という滑稽な芸，ちょうどサーカスのピエロのような芸がもととなったとされます。

田楽や猿楽のくわしい内容を入試で問われることはありませんから気にしなくてもいいんですが，大事なのは，これらが庶民だけでなく貴族のあいだにも流行し，祇園会や東大寺などの大寺院の法会にも採り入れられていったことです。さらに，入試頻出の「**御霊会**」，その代表である祇園御霊会（**祇園祭**）などに組み込まれていき，室町時代の世阿弥の能にもつながっていく芸能です。

絵画

次は絵画。ここは中世文化のハイライト，絵巻物です。

Q 絵巻物の源流とされる天平文化の作品は？

——『過去現在絵因果経』

これは，上段に絵，下段に経典の文字と，上下2段に絵と文字を配したものですが，中世の絵巻物は，短い文章＝「**詞書**」があって，次にその文章の内容を**大和絵**で描くという形式で，ストーリーが右から左に流れていくのが基本形です。

念のため言っておくと，『過去現在絵因果経』の絵は，当たり前だけど大和絵ではありません。唐風の絵，「唐絵」ですよ。教科書などの写真で確認しておくこと。

Q 院政期の絵巻物の代表作を2点あげなさい。

『源氏物語絵巻』と『伴大納言絵巻』

オーケー。では,

Q 伴大納言絵巻の題材は？ ——**応天門の変**

大納言伴善男が失脚。藤原良房が摂政。866年。だいじょうぶだね。

もう1つ,絵巻物と並んで**装飾経**も大事ですよ。これは仏教の経典ですが,絵画・工芸などの面で美術的な価値が高いものです。宗教的な作品だけど,その装飾に美を求めたものなので,「装飾経」と呼ばれるわけです。

装飾経の代表作は**『扇面古写経』**。教科書などのカラー写真を見ればわかるけど,扇子の形をした用紙にお経と下絵が書かれているんですが,その絵が大事です。京都周辺などの**庶民の日常生活**の様子を描いたものでして,大阪の四天王寺に残っています。

それから平家の隆盛を背景に,**厳島神社**に奉納されたのが**『平家納経』**。これも経典ですから,仏教上の目的でつくられたものなんだけども,その巻物のつくり方とか装飾の金具など,いわゆる装飾経と呼ばれる美術作品として国風文化の粋を集めたものになっています。

▲厳島神社

授業ノート p.16 参照

鎌倉文化の特徴

さて，院政期の次は鎌倉時代。文化の特徴は？

武家政権の成立をうけて，当然，武士の好(この)みが反映された文化が表面化する。しかし，公家政権もまだまだ元気で，公家文化もリニューアルされる。院政期に成長した庶民(しょみん)的な文化も成長し続ける。さらに，日宋貿易(にっそうぼうえき)が続いたことから宋文化も受容(じゅよう)されていくので，新しい文化が生まれてきます。

そこで，教科書的にまとめると，「**武士**」が支持した文化として，その気質，「**素朴(そぼく)で質実(しつじつ)**」，「**現実を重視**」するといった傾向が現れた。具体的に，文学や美術に，現実を重視した，写実的な傾向が表れます。

「**庶民**」に受け入れられていった文化といえば，なんと言っても庶民を対象とする仏教が成立したこと。また，**南宋・元の文化の流入**という面から言うと，宗教で言えば禅宗(ぜんしゅう)の確立や，建築，書道などに影響が表れ，新しい文化が成立するといったところです。院政期の文化と同じです。具体的な例からこれらを確認していきましょう。

鎌倉仏教

そこでまず**鎌倉新仏教**と呼ばれる仏教――**浄土宗(じょうどしゅう)**，**浄土真(しん)宗**，**時(じ)宗**，**日蓮(にちれん)宗**，そして**臨済(りんざい)宗**，**曹洞(そうとう)宗**など，新しく起こってきた各宗派からいきます。

浄土教系(他力門)

まず**浄土教系**からいきましょう。**浄土宗**，**浄土真宗**，**時宗**。

平安時代の貴族の浄土教の信仰(しんこう)と，中世の新仏教における浄土教はどこが違うか。

平等院鳳凰堂(びょうどういんほうおうどう)の建築費はどれくらいか，具体的にはわかりませんが，今で言ったら，何億とか何十億円どころじゃない。平安時代の浄土教信仰は莫大(ばくだい)な経済力，財産を持っていないと不可能であり，こうした**貴族の信仰**は庶民とは無縁(むえん)のものでした。

ところが，鎌倉新仏教の開祖たちは**庶民でも阿弥陀の浄土に行ける**，と説いた。要するに，鎌倉新仏教の浄土信仰は**庶民にも可能な信仰**ということになります。

新仏教のキーワード

そこで，まず庶民にも可能な鎌倉新仏教のキーワード，これは日蓮宗も込みですが３つあります。

庶民にも可能な鎌倉新仏教
- ① **選択**（1つ教えを選び）
- ② **専修**（専らそれを行う）
- ③ **易行**（方法は容易）
  - ↑ **念仏**…「南無阿弥陀仏」
  - ↑ **題目**…「南無妙法蓮華経」

①「**選択**」，②「**専修**」，③「**易行**」。「**選択**」というのはどれか１つの教えを選べばよい。密教が必要だ，浄土教も必要だ，それに御霊信仰だと，貴族のようにいろいろしなくていい。**１つ選べばいい**。「**専修**」――**専らそれをやっていなさい**と。いいですか。そして，いちばん大事なのは「**易行**」です。容易な行為で可能ということです。**方法が簡単**でなきゃだめだ。

「易行」とは具体的に言うと，「**南無阿弥陀仏**」と声に出して言えばいい。漢字で書けなくてもいい。ともかく「南無阿弥陀仏，南無阿弥陀仏」，あるいは「南無妙法蓮華経」と唱えること。意味は「阿弥陀様，あなただけよ（オンリー・ユー）」，「法華経サイコー！」。

浄土宗・浄土真宗

浄土宗の開祖とされる**法然**（法然房源空）は**九条兼実**の求めに応じて『**選択本願念仏集**』という本を書いていますが，「**専修念仏**」――専ら「阿弥陀様，阿弥陀様」と念じていれば，それだけで極楽往生は可能だと説き，当然，**旧仏**

教の側から反発を食らって弾圧を受け，四国の**土佐**に配流となりました。

弟子の**親鸞**も，北陸の**越後**に流されますが，まもなく赦免，許されると，さらに布教を続けます。

親鸞は関東の常陸を中心に，師の法然の説をさらに進めて「悪人正機」の説を強調し，後の**浄土真宗**の基礎を固めていきます。

悪人正機説

「悪人正機説」とはどういうものか。仏の道でいちばん大事なのは，なんといっても殺生をしない，要するに生き物を大事にすることですが，たとえば武士は敵の首をはねて恩賞をもらい，出世する。漁師は魚をとり，命を奪って生活を成り立たせている。

これは普通で言ったら死後，地獄へ直行ですよ。これが仏教で言う悪人です。ところが「**イヤ，そういう人(悪人)こそ極楽に行けるんだ**」と親鸞は主張した。そういう悪業でしか生きていけないような「悪人」こそ，来世で救われるのだと。

親鸞の弟子の**唯円**が書いた『**歎異抄**』に「**善人なをもて往生をとぐ，いはんや悪人をや**。しかるを世のひとつねにいはく，『悪人なを往生す，いかにいはんや善人をや』と」――善人が極楽往生できるんだったら，ましてや悪人はもっと極楽往生できる。ところが世の中の人はこれを誤解して，「殺生などをした悪人が往生できるんだったら，むしろ善人はもっとできるはずだ」と考えてしまう。

善人というのは阿弥陀仏を拝んだり，生き物を大事にしたり，善い行いを心がけている人ですよ。そこで，悪人が浄土に行けるんだったら善人はもっと行けると思ってしまう。だけど違うよ。**悪人こそ優先的に行けるんだ**。ついでに善人も行けるんだ。少々善いことをしたとかしないとかは関係ない。**阿弥陀様の大きな慈悲にすがる**ことがすべてなんだ。悪行をせざるをえない人ほど，来世での往生への願いは強いものだ。

本当に慈悲深い阿弥陀様はそのような**悪人こそ救ってくださる**。史料で確認しよう。

史料

17　浄土真宗：親鸞の悪人正機説／『歎異抄』

善人なをもて往生をとぐ，いはんや悪人をや。しかるを世のひと
善人でも極楽往生が可能なら，悪人はもっと確実に往生が可能である。ところが，人々は

つねにいはく，「悪人なを往生す，いかにいはんや善人をや」と。この条，
「悪人でも極楽往生が可能ならば，善人はさらに容易に往生できる」と誤解してしまう。なるほど，

一旦そのいわれあるににたれども，本願他力の意趣にそむけり。
そう考えてしまうのも無理のないことかもしれないが，それは阿弥陀仏による救済の意味を理解していないからだ。阿弥陀様という他力にすがって極楽へ行くという本願，真の願いの意味に反しているのだ。

そのゆへは，自力作善のひとは，ひとへに他力をたのむこころかけたる
ひとえに阿弥陀様の力だけを頼りにしているなら，自力で善行を積もうという考えは間違って

あひだ，弥陀の本願にあらず。
いる。他力を疑っているから自力でなんとかしようとするということは他力＝阿弥陀仏の救済を完全に信じていないからだ。

しかれども，自力のこころをひるがへして，他力をたのみたてまつれば，
そこで，自力で善人になろうなどという考えを捨てて，阿弥陀様の力だけにすがれば，それ

真実報土の往生をとぐるなり……
こそ，本当の極楽往生の手段が得られるのだ。

善人こそ救われるべきだ，ついでに悪人もというのは「この条，一旦そのいわれあるににたれども，……」――なるほどそのようにも思えるが，「**本願他力**の意趣にそむけり」――本願他力，ここが大事なところですよ。「本願」というのは本当の願い。死後，極楽に行きたい，往生したいという本当の願いは，「他」の「力」によって実現する。だれの力か。阿弥陀仏の慈悲の心，すなわち阿弥陀様の慈悲の力によってだ。ひたすらその力にすがる。自力，自分の力によってではない。このような宗教を「**他力門**」といいます。他の力にすがって助かろうとします。

「そのゆへは，自力作善のひとは，……」――自分の力で善いことをしようとする人は，「ひとへに他力をたのむこころかけたるあひだ，……」――ひた

すら阿弥陀様に依存しようという心が欠けている。

そこで，「自力のこころをひるがへして，他力をたのみたてまつれば，真実報土の往生をとぐるなり……」――そのような，自分の力で何かできるなんていうことは考えずに，**ひたすら他力を頼みなさい**。それが「**絶対他力**」という考え方です。親鸞の没後，『歎異抄』で弟子の唯円がその点を指摘しているわけです。

親鸞の主著は『**教行信証**』です。弟子の**唯円の**『**歎異抄**』**としっかり区別**すること。それと，親鸞の「鸞」――一度，必ず書いておくこと。

時宗

続いて出てきた**一遍**になるともっとすごくて，「南無阿弥陀仏」と書いた札（**念仏札**）を配っちゃう。

「**賦算**」と呼ばれる布教の方法で，この札を受け取ると浄土に行けることが約束される。「この券を持ってくるとコーヒーがただですよ」みたいなもんです。

そして，これには楽しいイベントがついていまして，みんなで踊りを踊っちゃおう。「**踊念仏**」です。**ただ券をもらって，踊りを踊って浄土に行ける**というなかなかありがたい教えでした。

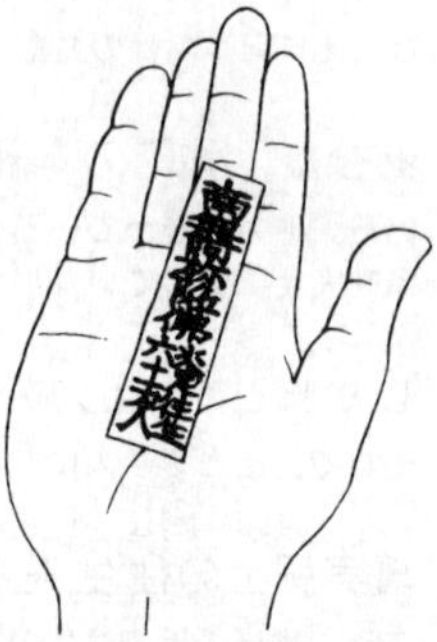

▲念仏札
藤沢の清浄光寺で，現在の遊行上人からもらってきた念仏札。

宗派としての時宗という言葉はもっとずっとあとから出てきた言葉です。そして，全国をまわって布教した一遍は「**遊行上人**」と呼ばれたことも覚えておきましょう。

はい，時代順に法然→親鸞→一遍という開祖，そしておのおのにやがて中心とする寺院ができます。中心となる寺院が確立するのは，その開祖の死後のことですが，ここで覚えておこう。

法然…知恩院(京都)
↓
親鸞…本願寺(京都)
↓
一遍…清浄光寺[遊行寺](神奈川)

日蓮宗

続いて**日蓮宗(法華宗)**。法華経中心。法華信仰というのは昔からあるんですよ。日蓮は千葉県，安房の出身ですが，比叡山延暦寺で天台教学を学び，法華経中心の仏教を主張するようになります。

じゃあ，日蓮の唱えた日蓮宗(法華宗)はどこが違うか。これは，やはり「**選択，専修，易行**」なんです。法華経が第一。それだけに集中すればいい。しかし,法華経の大部な教典を読む,研究なんか必要ない。**題目**を唱えればいい。「**題目唱和**」でいい。「南無妙法蓮華経，南無妙法蓮華経」と言い続ければ救われる。

「**南無妙法蓮華経**」というのは「法華経が最高」というような意味です。「法華経がいちばんよ,法華経が最高よ」と唱えることで救われる。簡単に言えば,「題目」だけ，表紙の題だけ読んでいればいいんだから，たとえば，山川出版社の教科書・「詳説日本史，詳説日本史，詳説日本史」と言い続ければ日本史ができるようになるみたいなもんです。これは**易行**だよね。そこで,日蓮宗も,浄土宗などと同じ「**他力門**」ですよ。

もう1つ。日蓮宗の特徴は，**法華経至上主義**です。ほかの宗派は全部ダメだと否定する。「真言宗なんかを信じていると国が滅ぶぞ」とか，ほかの宗派を攻撃するような非常に**戦闘的な宗派**になっていきます。

日蓮は1260年，執権**北条時頼に『立正安国論』を提出**し，日本じゅう――もちろん幕府，執権も，みんな法華経の信者にならなければ日本は滅ぶんだと，法華経至上主義をとれと主張しました。とくに，念仏の禁止を要求する。そこで，みんなから反発を受け，幕府にもにらまれ，**伊豆**，そして**佐渡**に流罪になったことも覚えておいてください。

それでも，あくまでも布教に努め，関東の武士層からも，商工業者からも，あるいは女性からも信者が出てきます。その拠点となった甲斐の**久遠寺**が，その後の日蓮宗の中心となっていきます。

教義を述べた主著は『**開目抄**』で，配流先の佐渡で書かれています。次の『立正安国論』の史料もザッと読んでおいてください。

史料

18　日蓮宗：日蓮／『立正安国論』

若し先づ国土を安じて，現当を祈らんと欲せば，すみやかに情慮を
国家の平和を願うのなら，よくよく考えて，すぐに対策を立てなさい。（そうしないと困難

廻らし，忩ぎて対治を加へよ。……所以「他国侵逼の難，自界叛逆の難」
なことが次々に起こってくる）　「外国が侵略してきて，日本が崩壊してしまうぞ」

なり。……

「他国侵逼の難」というのは，外国が侵略してくるという意味です。法華経のみを尊重しないと，外国が攻めてくる。そして実際に文永の役が起こるので，**モンゴル襲来（元寇）を予言した**ということになるんです。

■禅宗（自力門）

次は「**自力門**」。こちらは中国からもたらされた**禅宗**です。禅宗のほうはもちろん坐禅を組んで悟りを開くんだから，人が助けてくれるわけはない。そこで**自力門**といいます。他力門が阿弥陀仏や法華経の力，「他力」に頼るのに対して，自力で何とかする。

そして，この禅宗はおもに２つの系統が入ってきます。１つは**臨済宗**，もう１つが**曹洞宗**です。

他力門 vs 自力門

- 他力門（他力本願）…
  - 念仏（浄土宗・浄土真宗・時宗）
    →「南無阿弥陀仏」
  - 題目〈唱和〉（日蓮宗）
    →「南無妙法蓮華経」
- 自力門（自力本願）…
  - 臨済宗〈坐禅，公案問答〉
  - 曹洞宗〈只管打坐〉

臨済宗

臨済宗を日本にもたらしたのは**栄西**（明庵栄西）という人です。栄西は天台宗の僧侶で，密教の加持祈禱にも優れ，公家・武家の有力者の帰依をうけた大物ですが，２度も入宋し，臨済宗をもたらしました。主著は天台宗の批判に対する反論をまとめた**『興禅護国論』**。

坐禅を組んで師から与えられる「**公案**」と呼ばれる一種の仏教哲学的な問題を順番に解いていく**公案問答**という方法を主張します。やさしい問題から順番に解いていって，卒業試験に合格すると，「はい，あなたは悟りを開きました」というシステマチックな禅宗です。

この栄西は日本における**お茶**の歴史でも重要な人物です。

Q 中国から持ち帰ったお茶を薬として勧めた栄西の著書は？

——**『喫茶養生記』**

栄西は北条政子，源頼家の援助を受けて鎌倉に**寿福寺**，京都には**建仁寺**を開きます。

曹洞宗

一方，**曹洞宗**は**道元**が日本に伝えたものです。はじめは天台宗でしたが，建仁寺で禅に出会い，入宋し，曹洞宗をもたらしました。『正法眼蔵』が主著ですが，この著書についての解説書を書いたのが弟子の**懐弉**で，『**正法眼蔵随聞記**』という本。入試ではこちらのほうがよく出題されます。

史料

19　曹洞宗：道元の只管打坐／『正法眼蔵随聞記』

一日弉問云，叢林ノ勤学ノ行履ト云ハ如何。

ある日(私懐奘が)師の道元に質問しました。禅の修行，悟りを開くための方法として一番

示云，只管打坐也……

大事なのは何でしょうか，と。師の道元の答えは，只管＝ひたすら，打坐＝坐禅を続けなさい。

「曹洞宗の修行でいちばん大事なのはなんですか」と懐弉が師匠の道元に聞いた。

「示云，……」――示していわく，すなわち師匠の道元がこう答えた。「**只管打坐**」。これで終わり。「只管」という言葉を日本読みしますと「ひたすら」と読みます。「打坐」というのは坐禅に打ち込むことですから，「**ひたすら坐禅をしていなさい**」と。

そのあと，「耳の聞こえない人，目の見えない人のように，黙ってともかく座っていろ」と道元は言った。臨済宗のように師匠が与えた公案を考えて答えを出していくというのではなくて，「悟りを開くまで，ひたすら独りで坐禅を組みなさい」という非常に**ストイックな修行方法**を曹洞宗は求めます。

そこで道元は都あるいは都市を離れて，**越前**(今の福井県)に**永平寺**を開き，弟子を育て，地方に曹洞禅を広めていきました。

禅僧の来日

このような**自力本願**の考え方は，自分の力で生き抜いていかなければならない鎌倉武士の気質に合致したもので，武士に受け入れられていきます。そして武家政権は**臨済宗**を中心に禅宗を受容していく。

そこで，中国から来た禅宗のお坊さんに寺院を建立して迎え入れます。そ

の中でとくに重要な２人が，**北条時頼**が招き，鎌倉に**建長寺**を建てた**蘭溪道隆**と，**北条時宗**が招き，**円覚寺**を開いた**無学祖元**です。

この“時頼－蘭溪道隆－建長寺”と“時宗－無学祖元－円覚寺”は，時頼の頼が「ラ」，蘭溪道隆が「ラ」，そこで「ラララ建長寺」，時宗の「ム」，無学祖元の「ム」で，「ムムム円覚寺」と覚えて，**「ラララ建長寺，ムムム円覚寺」**と口ぐせに！

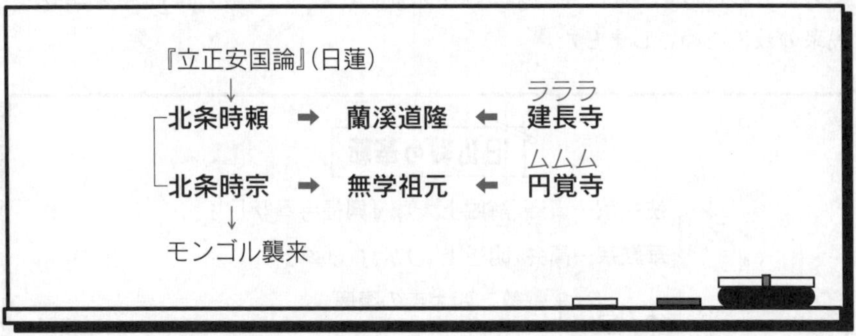

スキップを踏みながら家の中で３歩，４歩歩きながら毎日これをやっていると，親が心配して「だいじょうぶ？」と聞いてきたら「今，勉強中」と言えば，うるさい親も黙るという効用があります。しかも時頼と時宗，蘭溪道隆と無学祖元，建長寺と円覚寺の区別が一発で解決します。

旧仏教の革新

こうやって新仏教がつぎつぎに活動し始める。それに対して，旧来の奈良の寺院，僧侶，奈良旧仏教側からも改革をめざす動きが出てきます。世俗化した大寺院や僧に対する反発が起こった。彼らは戒律を重視し，新仏教にも対抗します。

法相宗からは**解脱上人**と呼ばれる**貞慶**が現れて法然を攻撃し，興福寺などの建て直しを図ります。専修念仏の禁止を朝廷に求めて，貞慶らは**「興福寺奏状」**と呼ばれる意見書を提出します。貞慶という人はあの藤原通憲(信西)の孫にあたる僧侶です。興福寺にも関わりが深い。

華厳宗からは**明恵上人**(＝高弁)が現れて，彼も法然の『選択本願念仏集』を批判した**『摧邪輪』**という本を書いています。

出家者として正しい戒律を守ろう，という戒律を重視した**律宗**からは**叡尊**

が現れて**西大寺**を復興します。

弟子の**忍性**は，鎌倉に下って**極楽寺**をつくったりして執権北条氏ともつながっていきますが，その忍性が奈良に帰ってつくった病人を救済する慈善施設が，有名な**北山十八間戸**です。

叡尊や忍性たちは，ほかにもさまざまな社会事業を進めていきます。院政期の仏教の世俗化，易行を唱える浄土宗などに対して，彼らは**戒律を重視**し，民衆の救済をめざしました。

旧仏教の革新

- 法相宗…貞慶（解脱上人），「興福寺奏状」
- 華厳宗…高弁（明恵上人），『摧邪輪』
- 律　宗…
  - 叡尊，西大寺の復興
  - 忍性，極楽寺（鎌倉）・北山十八間戸

鎌倉旧仏教側もある意味では**新仏教と同じような革新の活動をした**んだということ。そして彼らもまた民衆を救済の対象としたというところがポイントです。**「民衆」を対象としたというところでは新・旧の別はありません**。ただし，新仏教は民衆自身に救済の方法，手段を与えたのに対して，旧仏教側は，民衆を救済の対象とするという段階で終わっているという違いがあります。

そして入試の焦点は，

① 法然の『**選択本願念仏集**』が実は頼朝のパートナー**九条兼実**の勧めによって書かれた本で，これを貞慶は「**興福寺奏状**」で，高弁（明恵）は『**摧邪輪**』で批判をした。

② さらに，この九条兼実の弟が旧仏教の中心の天台座主**慈円**だ。慈円と言えば史論書で有名な『**愚管抄**』の著者だというからみです。

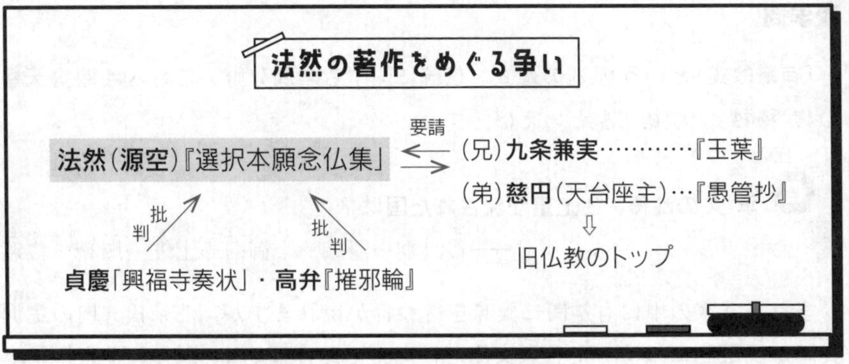

法然，九条兼実・慈円の兄弟，貞慶，高弁（明恵）というところが，まさに**入試のポイント中のポイント**だから，ここのところだけは入試の前の日にチェックをしてください。

そして，ほかには，**修験道**（しゅげんどう）なども鎌倉時代にはますますさかんになっていったことに注意しておいてください。

神国思想・伊勢神宮

思想では**神国思想**。これはモンゴル襲来（元寇）を機に広まった考え方で，仏教・儒教などが入ってはきたけれど，もともと日本は天照大神（あまてらすおおみかみ）など，神々の支配する国だという思想です。それと関連して，平安時代以来発達していた本地垂迹説（ほんじすいじゃくせつ）をひっくり返して，「神こそが本物で仏（ほとけ）は仮の姿だ」という「**神本仏迹説**（しんぽんぶつじゃくせつ）」，反（はん）本地垂迹説が南北朝にかけて起こってきます。伊勢神宮（いせじんぐう）の神官などが唱えだしたもので，**伊勢神道**（しんとう）と呼ばれます。

時代はちょっと下りますが，伊勢神道の創始者（そうししゃ）で，『**類聚神祇本源**（るいじゅうじんぎほんげん）』という本を書いた外宮（げくう）の神官**度会家行**（わたらいいえゆき）が有名。というより，入試ではこれしか出ません。

鎌倉文化のキーワード

では，宗教以外の鎌倉文化の各分野をチェックしていきましょう。

学問

「有職故実」という朝廷の儀式・伝統に関する学問分野。こちらは**順徳天皇**の『**禁秘抄**』。順徳天皇といえば,

Q 承久の乱後，3上皇が流された国は？

——後鳥羽…**隠岐**，土御門…**土佐**，順徳…**佐渡**

また，武家の中にも学問に興味を持つ者が現れますが，北条氏一門の**金沢実時**が**武蔵国**につくった**金沢文庫**だけ覚えておけばOK。現在の神奈川県ですけれど，相模ではありません。**武蔵国**です。

次，歴史は先ほど出てきた慈円の『愚管抄』。これは超重要，頻出の史料。

史料

20　慈円の歴史観／『愚管抄』

年ニソヘ日ニソヘテハ，物ノ道理ヲノミ思ツヾケテ，老ノネザメヲモ
月日がたち，歳をとるにつれて，世の変化のあり方などを思い出しながら，老人の眠れぬとき

ナグサメツツ，　　　　イトド年モカタブキマカルママニ，
の習慣のように，いろいろと考えているうちに，ずいぶんと年月が過ぎていったものだ。

世中モヒサシクミテ侍レバ，昔ヨリウツリマカル道理モアハレニオボエテ，
長く，世の中を見てくると，いろいろな変化とその原因なども「あわれ」に思えてくるもので，

……保元ノ乱イデキテノチノコトモ，マタ世継ガモノガタリト申モノ
ついに保元の乱が起こった。その後のことも，まだ世継が物語(歴史物語)でも叙述されて

ヲカキツギタル人ナシ。……
いないようなので(この本を書くことにした)。

……鳥羽院ウセサセ給ヒテ後，日本国ノ乱逆ト云コトハヲコリテ後，
鳥羽法皇が亡くなったことで，　日本は戦争，反乱の時代になり，

ムサ(武者)ノ世ニナリニケル也。
武士が台頭する世界となった。

『愚管抄』

『愚管抄』は冒頭の部分の暗記から。「年ニソヘ日ニソヘテハ，物ノ**道理**ヲノミ思ツヅケテ，老ノネザメヲモナグサメツツ，……」，そしてちょっと後半に入って，「**保元ノ乱**イデキテノチノコトモ，マタ**世継ガモノガタリ**ト申モノヲカキツギタル人ナシ」という部分もときどき入試で出てきます。

それから，**保元の乱以後は武士の世になった**という部分。ここは定番ですよ。

「**道理の思想**」といって，**世の中が変われば人々の考え方や社会も変わる**んだという考え方がその中心にあります。彼は**天台座主**という旧仏教のトップにいる人物。末法思想などもさかんな時期ですが，慈円は末法の世を道理の思想によって説明したわけです。

『愚管抄』は**承久の乱**直前に書かれたものだと言われています。「後鳥羽上皇が鎌倉の幕府を倒そうとするのは無謀だ」，「世の中が変わった今は，**武士が実権を握っている時代**だ」，「その武士に武力で対抗するのは愚かだ」というような含意があるという見方が有力です。

ところで，1つの思想によって過去をとらえる。そういう史書を**史論書**といいまして，あとで出てくる北畠親房の『**神皇正統記**』と合わせて中世の二大史論書というような言い方をします。

中世の二大史論書	**『愚管抄』…慈円**
	『神皇正統記』…北畠親房

ほかの歴史書としては，**北条氏**の側から鎌倉幕府の歴史をまとめた『**吾妻鏡**』という，和漢文，簡単な漢文で書かれた基本史料もあります。『大鏡』，『今鏡』に続く『**水鏡**』も鎌倉時代の作品です。

もう1点。**虎関師錬**という禅僧がまとめた，『**元亨釈書**』という最初の本格的な日本仏教史があります。

「享(×)」ではないよ。「亨(○)」という字に注意してください。

■文学

▶隠者の文学

次に文学。平安時代の文学の担い手の中心が「**女房**」だったのに対して，中世文学は「**隠者**」の文学だと指摘されることがあります。世俗化した寺院を捨てて再出家した人，世俗世界から逃れた人を「隠者」と呼びますが，彼らの仏教を背景とする文学を「**隠者の文学**」と呼びます。

鎌倉初期の**西行**・**鴨長明**，そして鎌倉末から南北朝にかけての**吉田兼好**がその代表です。鴨長明『**方丈記**』，吉田兼好（兼好法師）の『**徒然草**』。このあたりは文学史でもやるところでしょう。

鎌倉初期（1212）	➡	**鎌倉末期**
鴨長明『方丈記』		**吉田兼好『徒然草』**

鴨長明の『**方丈記**』は**福原遷都や養和の飢饉など火事・地震などの天災**を描く，無常を主題とする随筆の傑作。これに対し，吉田兼好の『**徒然草**』は鎌倉末期の文学作品。時期をしっかり区別しておくこと。

『方丈記』のほうは，東日本大震災を契機に増えた「災害」の歴史を問う問題で頻出の作品。『徒然草』は言うまでもなく有名な作品ですが，歴史の史料として鎌倉末期の京都の現状や宮廷社会を知る上で貴重な随筆集です。

▶和歌

それから和歌はますますさかんで，西行の『**山家集**』，後鳥羽院のもとにおける８番目の勅撰和歌集『**新古今和歌集**』。

Q 『新古今和歌集』の成立した年に起こった武士団の反乱は？

――畠山重忠の乱

後鳥羽の和歌サロンの影響を受けた 源 実朝の『**金槐和歌集**』――実朝は「鎌倉右大臣」と称されたので，これは『鎌倉右大臣歌集』とも呼ばれます。

▶説話文学

説話文学もあいかわらずさかんで，『**古今著聞集**』や日本史の先生がよく利用する**無住**一円の『**沙石集**』，『**十訓抄**』。とくに『沙石集』は頻出です。

▶日記・紀行文

鎌倉が政治の１つの中心になってきますと，訴訟などの必要からも京都・奈良や鎌倉との往復がさかんになり，紀行文が現れる。**阿仏尼**の『**十六夜日記**』は日記文学ですが，内容からすると紀行文です。

▶平曲

そして，なんといっても中世文学と芸能の代表が軍記物語の『**平家物語**』と**琵琶法師**による**平曲**。琵琶法師が平曲で『平家物語』を語っていく。文学が**庶民**にも受容されていき，貴族の世界だけでなく文学の受容層として庶民が現れてくる。

建築

▶東大寺南大門・円覚寺舎利殿

建築は**平重衡**によって焼打ちされた**東大寺**，**興福寺**が再建されたことが大きく影響します。ここで鎌倉時代には新しい建築様式が起こってきます。

１つが「**大仏様**」，**東大寺の南大門**なんかが代表的な遺構です。**重源上人**を中心とする東大寺の再建。そして「**禅宗様**」のほうは禅宗とともに入ってきたやはり新しい建築様式です。キーワードは，「**大陸的，雄大，豪放**」といえば「**大仏様**」。「**細かな部材を用いた，整然とした，緻密な**」とくれば「**禅宗様**」です。禅宗様の建築といえば，**円覚寺舎利殿**。

▲重源上人
平氏によって焼打ちされた東大寺の復興で活躍した。

▲東大寺南大門
修学旅行で奈良へ行けば必ず行く南大門。両側に金剛力士像が立っている。

一方で，平安以来のいわゆる国風文化の建築様式の「**和様**」もまださかんですし，やがて「和様」に「大仏様」や「禅宗様」のいいところをミックスした「**折衷様**」という建築様式も現れてきます。

建築様式

- 大仏様 ➡**東大寺南大門** … 豪放・雄大
- 禅宗様 ➡**円覚寺舎利殿** … 整然・緻密
- 和　様 ➡**石山寺多宝塔・蓮華王院本堂（三十三間堂）**
- 折衷様 ➡**観心寺金堂**

ところで，東大寺再建の責任者，重源を助けた宋の技術者，**陳和卿**は，のちに鎌倉に下り，**源実朝**の要請で宋に渡るための船をつくりますが，進水式でそのまま沈没してしまい，実朝の渡宋計画は失敗するんです。

▶観心寺金堂ほか

ほかに建築作品としては，**河内**とくれば例によって**観心寺**で，その**金堂**。和様としては**石山寺**の**多宝塔**。そして，通称「**三十三間堂**」と呼ばれる**蓮華王院本堂**。これは後白河の邸宅のそばにあった和様の建築です。

▲蓮華王院本堂（三十三間堂）

後白河上皇が平清盛に命じてつくらせたのですが，鎌倉時代に入った1249年に火災で焼失してしまい，1266（文永3）年に再建されています。そこで，鎌倉建築というわけです。間違えて院政期の建築と思わないこと。

彫刻

彫刻のほうは奈良仏師と呼ばれる**運慶・快慶**といった新しい彫刻家たちが活躍します。**写実性・剛健な作風**を特徴とする，運慶・快慶を代表とする仏師の一派は**慶派**と呼ばれます。

慶派の作品がまた１つのポイントですから，ここはぜひとも，**康勝**の**六波羅蜜寺空也上人像**など，教科書に写真が載っているものも加えて，いちばん有名な**金剛力士像**(運慶・快慶)をまず覚える。

それから，法相宗の開祖の肖像彫刻である**興福寺**の**無著・世親像**，「**ユーモラスな**」ときたら**天灯鬼・竜灯鬼像**とか，必ずそのお寺と特徴込みで記憶していってください。

絵画

▶肖像画

続いて絵画ですが，こちらのほうは**大和絵**に基づく**絵巻物**と，もう１つ新しいジャンルとして「**似絵**」という**肖像絵画**が出てきます。普通の人，俗人を描いたのが**似絵**。神護寺蔵の「**伝源頼朝像**」がいちばん有名で，似絵の祖とされる**藤原隆信**の作とされるものです。

隆信の作として，ほかに「**伝平重盛像**」，隆信の子，藤原信実の「**後鳥羽上皇像**」などがあります。

また，同じ肖像画でも禅宗の高僧を描いたものは「**頂相**」と呼ばれます。ちゃんと区別しておいてください。

肖像画
- **似絵…武士などの俗人を描いた(藤原隆信)**
- **頂相…禅宗の高僧を描いた**

▶絵巻物

それから，絵巻物です。新仏教の開祖たちの足跡を描いた「**一遍上人絵伝**」，「**法然上人絵伝**」など，絵巻物の中に宗教家やお寺や神社の由来，歴史と，そのありがたみを説明する「**春日権現験記**」とか，「**石山寺縁起絵巻**」などもあります。

そして，なんといっても政治・外交史がらみで有名なのが「**蒙古襲来絵詞**」です。肥後国の御家人**竹崎季長**と元寇のからみでよく出てきます。

このほか，東国武士の生活をよく描いているものとして「**男衾三郎絵巻**」とか「**平治物語絵巻**」など，絵巻物はあいかわらずさかんです。「一遍上人絵伝」の武士の館の場面や，「男衾三郎絵巻」の**笠懸**の場面については，64・66ページを参照してください。

書道

書道では，**三跡(蹟)**の１人，藤原行成の系統の**世尊寺流**がメインですが，行成の書風に新たに力強さを加えた藤原忠通，あの保元の乱の勝ち組の関白忠通の書風もさかんです。**法性寺流**と呼ばれる書道です。

そして鎌倉末から南北朝期に，伏見天皇の子，尊円入道親王が中国，**宋の影響**を受けて独自の書風を確立します。これを**青蓮院流**と呼びます。

教科書には，「**法性寺流**の優美な書に加えて，……青蓮院流……」などと出てきますから，過去問にはほとんど出てこなくても「法性寺流」は要注意です。

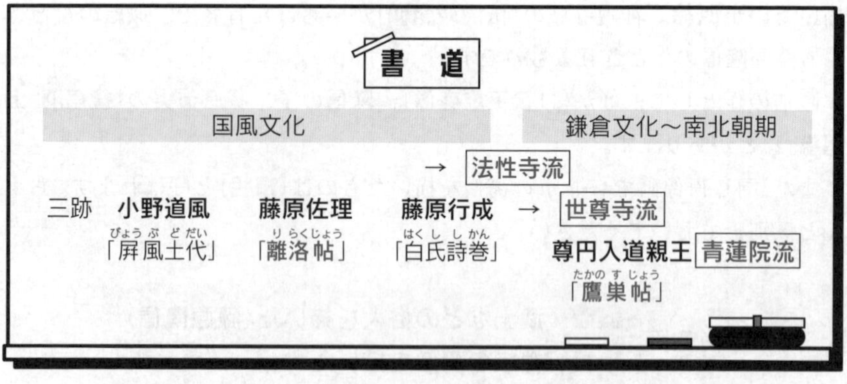

陶芸

陶芸では，尾張の**瀬戸焼**・常滑焼，備前の備前焼が広く流通します。これらは今でも日常的に使われるものです。

武具

最後に，武士の時代にふさわしい刀剣(とうけん)や甲冑(かっちゅう)（鎧(よろい)・兜(かぶと)）。刀剣の名工(めいこう)，**長光**(ながみつ)，**藤四郎吉光**(とうしろうよしみつ)，**正宗**(まさむね)の名前を国名といっしょに記憶すること。

長光………………………	備前
藤四郎吉光…………	京都（粟田口(あわたぐち)）
正宗………………………	鎌倉

刀剣は中世貿易の代表的な輸出品ですから，しっかり覚えておく。あと甲冑の**明珍**(みょうちん)などもときどき出ることがあります。このあたりも決して手を抜かないでチェックしておくことです。

第24回

中世（7）

南北朝と室町幕府の成立

「いちみさんざん北条氏」，**1333年**，**鎌倉幕府は滅亡**。

南北朝と室町幕府の成立

1333年 **鎌倉幕府の滅亡** ➡ **建武の新政** ➡ **南北朝の対立** ➡ 1392年 **南北朝合体**

室町幕府（①尊氏 ②義詮 ③義満）➡

隠岐に流されていた**後醍醐天皇**が京都に戻って，「**建武の新政**」。これが，独裁的で伝統や慣例を破る政治となってしまいます。**足利尊氏**が反旗を翻して京都を制圧し，光明天皇を擁立して京都に幕府を開設しようとします。これに対して後醍醐天皇は吉野に脱出し，あくまで天皇としての支配を続けようとします。

そこで，長い日本史のうちでも特異な時期――京都の北朝と吉野の南朝という２人の天皇が存在し続ける**南北朝時代**が現れたわけです。

この南北朝の対立を解消したのが３代将軍**足利義満**ですね。ゴロ合わせで，「いざくには１つ，南北朝の合体」――**1392年**，**南北朝の合体**まで。

今回は，まさに激動期です。そんな中で誕生した室町幕府の基本的な体制をチェックしていきましょう。

1 鎌倉幕府の滅亡

授業ノート p.21 参照

両統迭立

1318年，**後醍醐天皇**が即位。歴史が大きく動き出します。天皇の系譜で後醍醐天皇を確かめておこう。

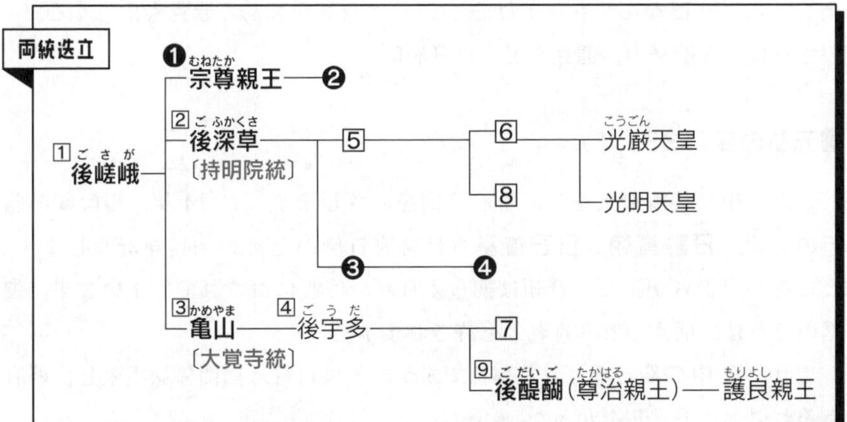

〈注〉1～9の数字は天皇即位の順序を示す。❶～❹は征夷大将軍の順序。

まず，**後嵯峨天皇**の3人の息子。1人は**宗尊親王**。鎌倉へ下った**初代の親王将軍**です。

あと2人は，**後深草天皇**と**亀山天皇**ですが，この2人のどちらの系統が天皇の地位を継いでいくかで争っていきます。幕府が調停することも多く，決着はつきません。

後深草天皇の系統を**持明院統**，亀山天皇の系統を**大覚寺統**といいます。2つの系統が交代で天皇となる状態。これを**両統迭立**といいます。

おのおのの経済基盤も覚えておこう。

- **持明院統←長講堂領…後白河上皇**
- **大覚寺統←八条院領…鳥羽上皇**

後醍醐天皇の即位

そんな中で，大覚寺統の**後醍醐天皇**が即位し，**親政**を始めます。

幕府のほうは**最後の得宗**となる**北条高時**。田楽にこって遊びが大好き。**内管領**の**長崎高資**が完全に権力を握る。ヤル気のない得宗に対して，後醍醐天皇はヤル気満々。御家人は窮乏化。

近畿地方などを中心に，「幕府なんかに属したってメリットねえじゃん。奉公しても，恩賞なんかもらえねえだろー」と反発を強める**悪党**も出てくる。

さらに，寺院勢力，**僧兵**なども反幕府的。

元弘の変（1331年）

こんな中で後醍醐天皇は，幕府打倒をめざします。1324年，後醍醐の側近の公家，**日野資朝**・**日野俊基**らは幕府打倒のための挙兵を計画します。ところが密告者が出て，資朝は捕らえられ，佐渡に流されてしまいます。俊基のほうは，捕えられるけれども許されます。

これが**正中の変**と呼ばれる事件ですが，天皇自身は無関係を主張し，幕府もそれ以上は追求しなかった。

そこで，後醍醐はあくまで倒幕をめざしてがんばります。鎌倉幕府は行き詰まり，得宗専制への反発も強い。畿内には大寺社の僧兵たちもいる。悪党も反幕府勢力だ。

1331年，後醍醐は再び決起します。これは有名だよね。山城の笠置山，京都の南，奈良県に近いところですが，ここに移って挙兵に踏み切りました。

Q 1331年，後醍醐天皇が企てた2度目の討幕運動は何という事件？
――元弘の変です。

しかし，これも失敗。幕府軍に攻められて捕まってしまい，退位させられ，隠岐へ流されちゃう。年号はサンドイッチ。

1331
「3の**サンドイッチ**は元弘の変」

ゴロゴロ))) ➡ **1331年，元弘の変**

後醍醐を隠岐へ追い払った後の天皇が，**光厳天皇**です。元弘の変の後，**鎌倉幕府が立てた天皇**ですよ。

> 2のサンドイッチ(1221)の**承久の乱**で，**後鳥羽**は**隠岐**へ。
> 3のサンドイッチ(1331)の**元弘の変**で，**後醍醐**は**隠岐**へ。

反幕府勢力の蜂起

しかし，後醍醐天皇は「自分は天皇を辞めていない。光厳は偽物だ」という姿勢です。ここはややこしい。光厳天皇が即位しますが，あくまでも後醍醐は天皇であることをあきらめたわけではない。

「隠岐に行ってしまった後醍醐天皇を再び都に呼び戻し，正しい政治をやろう」というので，息子の**護良親王**(読みはモリナガでもモリヨシでも，音で呼んでゴリョウでもよい)や，**悪党**の代表的な人物，**楠木正成**らが挙兵します。すなわち，元弘の変というのは，そのまま終わらなかった。

この支持グループに支えられて，なんと後醍醐は隠岐を脱出。伯耆の**名和長年**らに迎えられて，都をめざします。

護良親王あるいは**楠木正成**らの蜂起を，幕府は抑えられない。「後醍醐が京に戻ったらたいへんだ」というので，鎌倉から軍隊が出発します。そのとき幕府軍を率いていったのが**足利高氏**です。

足利高氏の翻意

足利氏というのは鎌倉幕府の有力御家人です。足利氏は源氏を代表する御家人ですが，初期から常に北条氏と婚姻関係を結んでおり，北条氏を一番支えていたんです。そこで足利高氏に反幕府勢力の鎮圧を頼んだわけです。

ところがこの足利高氏という人物は，天才肌なのか，それとも途中でコロッと気が変わったのか。たぶん計画的だった。なんと幕府にそむいて**六波羅探題**を攻め，**京都を制圧**してしまった。ちなみに後醍醐天皇は名前を尊治親王と言います。高氏は北条氏を倒した功績でしょう，後醍醐からその名「尊治」の「尊」をもらって足利尊氏と名前を変えます。

鎌倉幕府の滅亡

肝心の鎌倉のほうも，**新田義貞**軍に攻め込まれて北条高時は滅亡。足利高氏と新田義貞は，連絡をしていたかもしれない。真相はよくわかりませんが，**北条高時**は**最後の得宗**となったわけです。古典的な語呂合わせ，「一味散々北条氏，1333 年」，**鎌倉幕府の滅亡**。

1 3 3 3
「**いちみさんざん**北条氏」

ゴロゴロ ➡ **1333 年，鎌倉幕府滅亡**

2 建武の新政

授業ノート p.22 参照

後醍醐天皇の政治

1333年，意気揚々と後醍醐天皇が京都に帰ってきます。「ボク，ちょっと旅行に行ってただけだもんね」。立場がないのは**光厳天皇**だよね。即，廃位。翌1334年には元号を建武と改めます。そこで後醍醐の新政を「**建武の新政**」と呼びます。土地の所有権の確認にも天皇の出す**綸旨**が必要だ。幕府も院政も摂関も認めない。

しかし，思い込みが目立つ独裁的な政治で，すぐに人々の支持を失ってしまいます。そこを指摘した有名な史料が『**梅松論**』です。

史料

21 建武の新政 /『梅松論』

保元･平治･治承より以来，武家の沙汰として政務を 恣 にせしかども，
保元の乱以降は武士が政治を左右するようになったが，

元弘三年の今は天下一統に成しこそめづらしけれ。　君の御聖断
1333年となって天皇による一元的な政治が復活したことは結構なことである。後醍醐の親政

は延喜・天暦のむかしに立帰りて，武家安寧に，比屋謳歌し，いつしか
は延喜･天暦の聖代の再現のようで，　武家もこれに従って栄えている。天皇が国司･

諸国に国司・守護を定，卿相雲客，各其位に登りし躰，実に目出度かり
守護を任命され，　人々が出世していくさまはめでたいことである。

し善政なり。…… 古の興廃を改めて，　今の例は昔の新儀なり，
(しかし)昔からの伝統を改変し，今の伝統というものも，その始めは新奇なものだった。

朕が新儀は未来の先例たるべしとて，新なる勅裁漸くきこえけり。……
私(後醍醐)が始める新しいことだって，やがて時間が経てば，先例となり，伝統となるのだということで，伝統を破るような天皇の命令が目立つようになっていった。

保元の乱以来，武家政治が始まったが，元弘3年，幕府がなくなって，**天**

皇による一元的な政治が復活した。延喜・天暦の治にもどった。みんな出世して位階も上がった。天皇が諸国の国司・守護を任命する。実にめでたい，「善政」だ。

と，まあ，最初は持ち上げといて，「だがね」とくる。ここからが批判です。天皇は昔からの伝統を改め，破壊して，「**今の例は昔の新儀なり**」と言い出した。

「今の例」――今は普通だと思っていること。現在「伝統」と言ってることだって最初は「新儀」だった。最初は新しいやり方だったろう。それが長く続いていくうちに伝統になったんじゃないか。

そこで「朕が新儀」――「オレが始める新しいことが，変だ，伝統を破るものだなんて言っているやつはアホだ。つべこべ言うな。オレの始めたこの新儀をみんなで守っていけば，やがては，それが先例になるんだ」。何という，すごい論理ですよね。そこで，「新なる勅裁」――伝統を破った新しい天皇の裁断が，世間にもだんだん聞こえてきた。つまり，後醍醐天皇の**新政は独裁化**していった。

この史料は，**北朝**，**反後醍醐の側**から描いた『**梅松論**』という本ですからきびしい。

建武政府の政治機構

具体的に後醍醐天皇はどのような政治をやったかというと，「**綸旨**」という形でポンポン勝手に命令を出していったんです。土地の所有権は天皇の綸旨によって確定する。

天皇の正式の命令は**詔**・**勅**で出されます。簡単なのは，**蔵人**が天皇の意向を受けて出す「宣旨」。ところが，綸旨は天皇が直接サラサラと書いて，ピッとすぐ出せる。思いつくままにこれを乱発して，後醍醐は政治をやっていく。**独裁の一番根拠になった命令の仕方**です。

もちろん，建武政権にもそれなりの政治機構があります。

後醍醐の独裁とはいえ，通常は中央に議決機関が置かれています。

Q 一般政務の最高の議決機関として設置されたのは？　――記録所

これは絶対覚えておいて。記録所，いい？

それから「所務沙汰」，土地をめぐる裁判を扱ったところ，

Q 所領問題などの訴訟を担当した役所は？　――雑訴決断所

鎌倉幕府の「引付」の業務を踏襲，引き継いだのがこれ。**雑訴決断所のほうが入試で頻出**する。そこで，ついつい雑訴決断所が建武の新政の一番メインだと思っちゃうといけません。最高の議決機関は**記録所**。ここの区別は大事だよ。中央にはほかに**恩賞方**，**武者所**があります。

建武政府の機構

- 天皇
  - 〈中央〉
    - **記録所**（重要政務）
    - **恩賞方**（恩賞事務）
    - **雑訴決断所**（所領裁判）
    - **武者所**（京都警備）
  - 〈地方〉
    - **鎌倉将軍府**
    - **陸奥将軍府**
    - **国司・守護**（諸国に併置）

地方の政治機構

地方は，国ごとに守護と国司が置かれます。**後醍醐天皇が守護と国司の両方を任命していく**。

地方機関としては，東北地方に設置した**陸奥将軍府**。これは後醍醐の側近である**北畠親房**の子，**北畠顕家**が，後醍醐の子義良親王（後の後村上天皇）を奉じて設置したものです。

東国の中心，鎌倉に置かれたのは**鎌倉将軍府**。こちらは足利尊氏の弟の**直義**が，同じく後醍醐の子成良親王をかついで発足しました。鎌倉幕府滅亡後の東国武士を支配下におさめ，鎌倉小幕府と言えるような存在でした。また，後醍醐の皇子**懐良親王**も，その後，後醍醐の没後ですが，九州で南朝方の武

士を集めて征西(大)将軍と呼ばれます。

「二条河原落書」

さて，都のほうですが，先ほど触れたように，後醍醐天皇の独裁から混乱に陥ってしまいます。その混乱を一般の人の立場から揶揄したのが，超有名な「二条河原落書」です。

史料

22　新政への批判・「二条河原落書」／『建武年間記』

此比都ニハヤル物，　夜討強盗謀綸旨　召人早馬虚騒動
最近，都で流行しているのは，夜討・強盗，そして偽物の天皇の命令書，裁判で呼ばれる者，急を知らせる使者，根拠のない騒ぎ

生頸還俗自由出家　俄大名迷者　安堵恩賞虚軍
生首，俗人に戻る僧，勝手に出家する者　急に金持になった者がいるかと思えば，時代に乗り遅れた者も多い。安堵だ恩賞だと無意味な合戦を始める者もいる。

本領ハナルル訴訟人　文書入タル細葛　追従讒人禅律僧
土地を失った者が，無効になった証文を持って訴訟を起こそうとしたり，ゴマをする者，人の足を引っぱる者，そして僧侶が暗躍する。

下克上スル成出者　器用ノ堪否沙汰モナク　モルル人ナキ決断所
目上の者を押しのける者も多く，能力の有る無しにかかわらず後醍醐は気に入った者に地位を与えるため，種々雑多な人物が雑訴決断所の役人になっている。

着ツケヌ冠上ノキヌ　持モナラハヌ笏持テ　内裏マジハリ珍ラシヤ……
身分の卑しい者が貴族となって立派な服を着ても似合わないし，笏を持ってもシックリこないのに朝廷に出入りし，何とも珍奇な光景となっている。

このごろ都ではやっているのは，夜いきなり敵を攻撃する「夜討」や「強盗」，偽物の綸旨。

裁判をめぐるゴタゴタ，根拠のない騒動が続く。生首が都を行き交う。坊主が髪を伸ばして俗人にもどる「還俗」がはやると思ったら，主人に断りなく，部下がいつの間にか勝手に出家して坊主になっちゃう。このあたりは，軽く

読んでおけばだいじょうぶです。

下の者が上の者を平気で押しのけて，「**下克(剋)上**」の風潮が広がる。能力に関係なく，後醍醐が気に入ると，どんどん出世する。さまざまな人が雑訴決断所の職員になっちゃう。このあたりさえ注意しておけばOK。

京都の庶民たちは，思い切りからかい，皮肉ってます。これが「二条河原落書」です。

新政政権の崩壊

それでも後醍醐天皇は「大内裏を造営するぞ」とか，さらには「貨幣を鋳造せよ」とか，いろんな命令を出します。恩賞だって，どう見ても不公平だ。だんだん，みんな嫌気がさしちゃって，一部の側近以外は「もうダメだ」と思うようになる。

一番ダメだと思ったのは武家，その代表の**足利尊氏**でしょう。北条氏を倒して武家政権を再建しようと思って後醍醐に協力したら，後醍醐が独裁を始めちゃった。

京都の混乱を見て，武家の反乱が起こります。

Q 1335年，北条時行がもとの北条氏中心の鎌倉幕府に戻そうとして起こした反乱を何というか？
――中先代の乱

北条時行は最後の得宗**北条高時**の息子です。時行は，北条氏の勢力の強かった**信濃**で挙兵し，鎌倉へ攻めてくるのです。はい，鎌倉を守っていたのは足利尊氏の弟の**直義**ですよ。この人は頭が良くて，今で言ったら有能な官吏ですが，お兄ちゃんのような天才肌の武将ではなかったらしい。戦争は弱い。

時行に弟がやられちゃう。京都にいる尊氏は弟の直義が心配で，いても立ってもいられない。「あー，やべー。勉強できるけど，あいつ，喧嘩には勝ったことねえや」。

そこで，尊氏は後醍醐に「**征夷大将軍**にしてくれ。北条時行を征伐するから」と頼みますが，後醍醐は許さない。あわてて軍隊を引き連れて，京都から北条時行の乱の鎮圧に向かいます。**中先代の乱は京都をめざさない**よ，**鎌倉**をめざす。

そこで，弟直義の危機を救うために，尊氏は鎌倉へ下向(げこう)して，尊氏は戦争が強いですから，時行をやっつけた。そして，そのまま鎌倉にドーンと居座ったまま，**建武(けんむ)政権から離反(りはん)**します。もう協力しない。

その後，足利尊氏は鎌倉から攻め上(のぼ)って京都を制圧しますが，すぐに後醍醐方に敗れて，いったん九州まで逃げます。そして態勢を立て直して再び京に向かい，「**湊川(みなとがわ)の戦い**」で**楠木正成(くすのきまさしげ)**を破って再び京都に入り，ようやく最終的な勝利をおさめます。

こうして，1333年に始まった建武政権は，**1336年**，アッという間に瓦解(がかい)，崩壊(ほうかい)しました。

3 南北朝の動乱

授業ノート p.23 参照

足利尊氏は光明天皇を立て，新政権の基本方針を示します。それが「建武式目」です。幕府を開くための準備です。121 ページの系図を見てください。光明天皇は光厳天皇の弟ですよ。

史料

23 建武式目

鎌倉元の如く柳営たるべきか，他所たるべきや否かの事。

（尊氏の質問）幕府を開くとしたら鎌倉を根拠地にしたほうがよいか，または他の所がよいか。

……居所の興廃は，政道の善悪によるべし

（部下の答え）それは場所の良い悪いではありません。善い政治を行えばそこが良い所になるでしょう。

……但し諸人若し遷移せんと欲せば，衆人の情に随ふ可きか。……

多くの人が幕府を他所へと望むなら，そのような人々の望みを入れて移すのがよいのではないでしょうか。

（中略）

以上十七箇条，大概斯の如し。……遠くは延喜・天暦両聖の徳化を訪ね，近くは義時・泰時父子の行状を以て近代の師となし，殊に萬人帰仰の政道を施さるれば，四海安全の基たるべき乎……。

以上が，17 カ条の質問とそれへの答えである。古い例では醍醐天皇・村上天皇のころを，最近では北条義時・泰時父子の時代の政治を模範としよう。とりわけ，すべての人が感謝するような政治を心がければ，日本は平和になるであろう。

建武三年十一月七日

1336 年 11 月 7 日

足利政権の成立

「柳営」というのは幕府のこと。尊氏は場所は「どこが良いか？」と問いかけた。鎌倉か，それともどこか別のところか。実際には鎌倉か京都か。これに対して，「政治が良ければいいんですよ。世論に従(したが)いましょう」というのが答えです。いたって官僚的な答えですね。

変な史料ですね。「**建武式目**(けんむしきもく)」というのは権利義務を決めた裁判基準じゃなくて，Ｑ＆Ａの形で**施政(しせい)の方針**を示したものなんです。**17箇条**にわたって，尊氏が部下に意見を聞くという形で，新しい政権の方針を示したものです。聖徳太子は十七条の憲法。御成敗式目は×３で51箇条ですよ。

政治の目標は**醍醐**(だいご)・**村上**(むらかみ)**天皇**の聖なる時代，そして，**北条義時**(よしとき)・**泰時**(やすとき)父子の時代の公平な政治だと言っています。こうして，尊氏は**光明天皇**を立て，いよいよ新政権を固めていこうとしたわけです。

南北朝の対立

しかし，再び**後醍醐天皇**が反撃に出ます。後醍醐は，尊氏が立てた光明天皇を認めません。天皇はずーっと自分なんですよ。後醍醐天皇は，尊氏をだまして偽物(にせもの)の三種の神器を光明天皇に渡し，「本物はこっちだ，正しい天皇は自分だ」として，奈良の山奥の**吉野**(よしの)へ逃げちゃった。こうして，**南北朝**(なんぼくちょう)**の対立**が起こったわけです。後醍醐の南朝(なんちょう)あるいは吉野朝と，京の光明天皇・尊氏の北朝(ほくちょう)。

幕府のほうは二頭体制でいきます。**1338年**，足利尊氏は光明天皇から正式に**征夷大将軍**に任命され，幕府が発足(ほっそく)します。

足利政権の軍事面を担当したのはだれか？——足利尊氏
裁判や所領安堵(しょりょうあんど)の審査などの政務を担当したのは？——足利直義(ただよし)

尊氏と弟の直義が分担して幕府を運営していく。

二頭政治，兄弟政治です。もちろん，かついでいる天皇は持明院統(じみょういんとう)の**光明天皇**です。奈良，**吉野**の後醍醐天皇は大覚寺統(だいかくじとう)，「南朝」。

観応の擾乱

南朝方は軍事的には劣勢(れっせい)ですが，全国に，いくつかの有力な支持グループの武士がいます。京都の北朝政権は，軍事的には優勢を保ちますが，南朝をつぶすだけの力はない。**足利尊氏**は，1338年には**征夷大将軍**となり，**室町幕府が発足**します。

1336　足利尊氏，京都制圧（光厳天皇を擁して）
　　　京都奪回後，光明天皇擁立
　　　建武式目制定　➡　**後醍醐天皇，吉野に移る**（南北朝分立）
1338　尊氏，征夷大将軍就任（←光明天皇）

順序を確認してください。建武式目の2年後に室町幕府が発足，ですよ。

ところが，その足利政権の内部で問題が起こります。「**観応の擾乱**」という内輪もめです。

尊氏の一番信頼する部下である**高師直**と尊氏の弟の**直義**とのあいだに対立が生じたんです。経過は複雑ですが，これだけ覚えておけばいい。**直義が高師直**を討ち，一時，尊氏も直義に妥協しますが，最終的には**尊氏が直義を死に追いやった**。病死とも毒殺とも言われますが，要するに尊氏が生き残ったということです。

南朝勢力の動き

南朝方では，後醍醐天皇の没後，**後村上天皇**が即位し，**北畠親房**がこれを支えますし，九州では**懐良親王**もがんばっています。

このような中で，惣領制は崩れてしまい，逆に，一族が南朝方と北朝方に分かれて戦うことになっていく。そうすると，**血縁**的結合はバラけて，地域ごとの**地縁**的結合がさらに強まっていく。地方の武士，かつての地頭たちは「**国人**」と呼ばれるようになり，地域的な結合である「**国人一揆**」も現れてきます。

守護大名の権限拡大

さて，南北朝の動乱を機に，**守護**の役割が重要になり，権限を増していきます。大犯三ヵ条に限られていた**守護の権限が拡大**していくんです。

まず，所有権をめぐって争っている土地の作物を一方的に，不法に刈り取るという実力行使を**刈田狼藉**といいますが，これの取り締まりを守護に依頼します。

また，幕府の裁判の判決を無視する者もいる。裁判で負けても言うことを聞かない者に対して，その国の守護が現地へ行って裁判の判決を執行する。これを**使節遵行**といいます。「将軍の使節となって現地で法を執行する」という意味です。

守護の権限	①大犯三ヵ条	←従来はこれだけ
	②刈田狼藉の検断	←新たに加わる！
	③使節遵行	（同上）

このように**守護に新しい権限が加わっていった**わけですが，さらに守護はその支配下の国の土地そのものに対する支配も強めていきます。

Q 本所領の年貢の半分を軍費として武士に与える権限を守護に認めた法令を何というか？

――半済令

その最初が1352年に出た「**観応の半済令**」です。まずタイトルをしっかり覚える。「観応」と言えば「観応の擾乱」。ハイ，観応の擾乱に際して**足利尊氏**が出した法令です。

史料

24　観応の半済令 /「建武以来追加」

一，寺社本所領の事　観応三年七月廿四日の御沙汰

寺社などの荘園領主の完全な支配下にある荘園について　1352 年 7 月 24 日の命令

……次に近江·美濃·尾張三箇国，本所領半分の事，兵粮料所と為し，

近江・美濃・尾張の 3 国の，　本所の完全な支配地を「兵粮料所」に指定し，

当年一作，軍勢に預け置くべきの由，守護人等に相触れおはんぬ。

今年 1 年に限って荘園領主に納入される年貢の半分を軍事費として徴収する。守護がこれを徴収して軍事費とするよう命令した。

半分に於ては，宜しく本所に分渡すべし。……

ただし，残り半分の年貢は荘園領主に渡すこと。

「観応の半済令」

近江・美濃・尾張，3 カ国の本所領が対象です。「本所領」というのは御家人が地頭職を持っているところではなく，**完全に荘園領主の支配下にある荘園**のことです。たとえば，東大寺が完全に押さえていて，御家人には何の関係もない荘園。そのような荘園を「**兵粮料所**」と指定し，現地から荘園領主に送る**年貢の**「**半分**」を徴収するという法令です。

「半分」は年貢の半分ですよ。それを，今年 1 年に限って，「軍勢」，要するに，足利尊氏の支配下にある軍隊の**兵粮米**にせよというのです。**3 カ国**に限定，**1 年だけ**ということです。

3 カ国は覚える必要があります。

おうみ・みの・おわり
おうみ・みの・おわり
おうみ・みの・おわり

いいですか。順序正しく，史料のとおり「近江・美濃・尾張」。

では，次。だれが本所領から年貢の半分を徴収するか？――その国の**守護**

が徴収するんです。

しかし，最初は，1年限り，3カ国に限定と言ってるんですが，もう1年，もう1年とだんだん毎年取るようになる。**恒久化する**。範囲も3か国だけだったのに，**広がっていく**。

1368年の「**応安の半済令**」になると，「**下地**」，荘園の現地そのものの半分を知行してもよいというところまでいきます。守護は半済を執行していく過程で，支配力を高めていく。

■守護請とは？

また，戦争が続き，年貢などは京都や奈良の荘園領主のところまでなかなか届かなくなってきます。荘園領主はそうなると現地で一番力を持っている守護に頼るしかない。

Q 守護が荘園の経営を一任され，毎年，一定の年貢の徴収を請け負う制度を何といったか？
――守護請

このように，権限を増し，土地支配力を強化した守護を「**守護大名**」と呼ぶことがあります。また，その1国支配の体制を「**守護領国制**」と呼んだりします。そこで，室町幕府は，**有力な守護大名の連合政権**のような性格を持つようになっていくんです。

そして，かつては対等の身分であった，その国の御家人たちは，守護の支配下に組み込まれていきます。かつての地頭などの有力武士は**国人**と呼ばれます。そこで国人たちが守護の家来のようになっていく状況を「**国人の被官化**」と表現します。

一方で，国人たちが団結して守護に対抗する動きも現れ，これを**国人一揆**と呼びます。

4 室町幕府の成立

授業ノートp.24参照

足利義満，征夷大将軍となる

足利将軍の2代目は**義詮**。そして3代目**足利義満**の時期に幕府は安定期を迎えます。あるいは，頂点に達したとも言える。

足利義満が征夷大将軍に就任したのは**1368年**ですが，これは重要な年です。この年に中国で**明**という王朝が誕生しています。

義満は，就任してしばらくは管領**細川頼之**の補佐によって幕府を運営していますが，やがて絶大な政治力で権力を確立していきます。

いまだに室町幕府の支配下に入ってない九州については，1371年，**九州探題**に**今川了俊**(貞世)が任ぜられ，菊池氏などの支持を得てがんばっていた征西(大)将軍**懐良親王**を排除して，九州の支配を確立します。

有力守護の排除

そして，義満は次から次へと有力な守護たちを排除して権力を高めていきます。

室町幕府の**守護は原則として京都に常住する**ようになり，守護としての職務は自分の代理，**守護代**を任国に派遣して支配をまかせています。

京都で幕府政治に関わっていく守護の中に有力な者が現れてきて，3代義満のころには，室町将軍は事実上，何人かの有力な守護たちがかつぐおみこしの上に乗っかっているという状況でした。

そうした有力守護のあいだに対立も生じる。さらに有力守護家の多くが内紛を起こします。守護職や幕府での地位をめぐる争いが激化し，義満はこれを利用したり，あるいは意図的に分裂するように仕掛けていく。一族，家臣団に内紛が生じると，そこを捉えて弾圧を加えていくわけです。

鎌倉時代の有力御家人は，惣領制のもとで，惣領·庶子が血縁的に結合し，一族もろとも戦った。そして北条氏と戦い，一族が壊滅した。室町の場合は，有力守護家の中の対立，抗争が弾圧を招いた。その背景には，**惣領制の解体**，**単独相続にともなう争い**などがあったのでしょう。

▶土岐康行の乱

義満というのは，そういう権謀術数(けんぼうじゅっすう)には非常に長(た)けていた人だった。そこでまず，1390年，豊かな濃尾(のうび)平野の富を背景にしていた有力な守護，**土岐康行**(ときやすゆき)が内部の紛争を利用され，謀叛(むほん)に追い込まれて，つぶされます。**土岐康行の乱**。

▶明徳の乱

さらに翌1391年，日本全国は66カ国，そのうちの11カ国を兼(か)ね，「**六分一衆**(ろくぶんのいちしゅう)(六分一殿)」と呼ばれた山名(やまな)氏の当主，**山名氏清**(うじきよ)がつぶされてしまう**明徳**(めいとく)**の乱**が起こっています。「**六分一**」ときたら**山名氏清**ですよ。

そして，翌年，**南北朝の合体**が実現します。

▶応永の乱

さらに**1399年**，これは1394年に義満が息子の義持(よしもち)に将軍職を譲(ゆず)ったあとですが，**応永**(おうえい)**の乱**が起こり，**大内義弘**(おおうちよしひろ)が幕府軍と**堺で戦って**討死(うちじ)にします。入試では「泉州(せんしゅう)(和泉(いずみ))」とか「堺」で合戦ときたら応永の乱ですよ。

1390	**土岐康行の乱**	← 「美濃」「尾張」「伊勢」
1391	**明徳の乱**	← 「六分一衆(殿)」… 一族で11カ国の守護
1392	**南北朝の合体**	
1399	**応永の乱**	← 「堺」で合戦

■南北朝の合体

義満は明徳の乱の翌年，**1392年**には南北朝の合体を実現した。年号の暗記から。はい，「いざ国は1つ南北朝合体」と。

「**いざ**(13)国(**くに**(92))は1つ」

ゴロ ゴロ ⇒ **1392年，南北朝合体**

系図で確認してください。

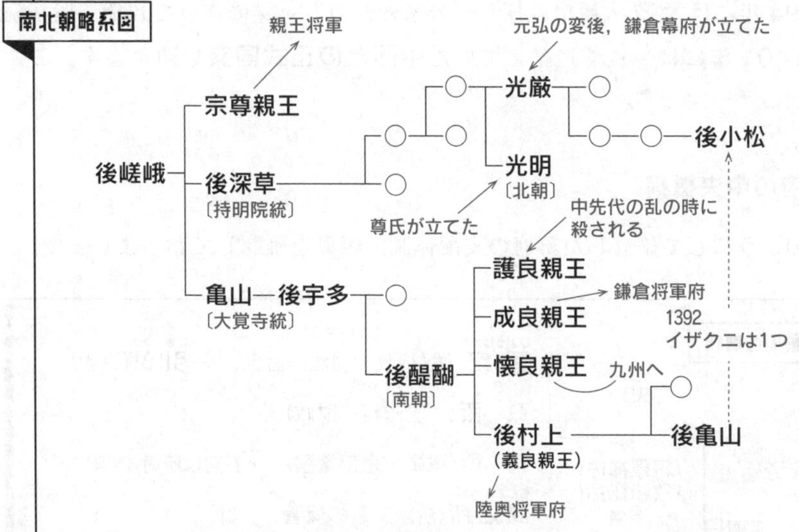

（経済基盤）
持明院統……後深草～後小松（草～松）　長講堂領
大覚寺統……亀　山～後亀山（カメ～カメ）　八条院領

大覚寺統は**亀山天皇**から，**持明院統**は**後深草天皇**から。始めと終わりを確認しましょう。大覚寺統は「亀山」から「**後亀山**」だからカメ～カメで「後」がつくだけ。持明院統は「後深草」から「**後小松**」。「草」から「松」で植物系だ。おのおのの経済基盤も確認。

南北朝の合体というのは，**三種の神器**という天皇の象徴である器が南朝の後亀山天皇から後小松天皇に譲られたということです。それが，「いざ国は1つ」の1392年のこと。頼朝のイイクニ，1192年，征夷大将軍からピッタリ200年後です。義満の説得に応じて，後亀山天皇は山を下りて京都で神器を譲ったんです。その後，後亀山天皇の系統からは天皇が出てこないから，だまされたことになりますが……。

義満は将軍就任の10年後，1378年には室町に「**花の御所**」と呼ばれる壮麗な御所，「**室町殿**」を造営します。そして，有力な守護大名を排除し，南北朝の合体を実現した後，将軍職を息子に譲りました。

1394年には**太政大臣**に就任し，公家社会のトップに立って政権を握り続け，**1401年**には，長く途絶えていた**中国との正式国交**を開きます。ここは次回のテーマです。

■幕府の中央機構

このようにして確立した幕府の支配体制，組織を確認しておきましょう。

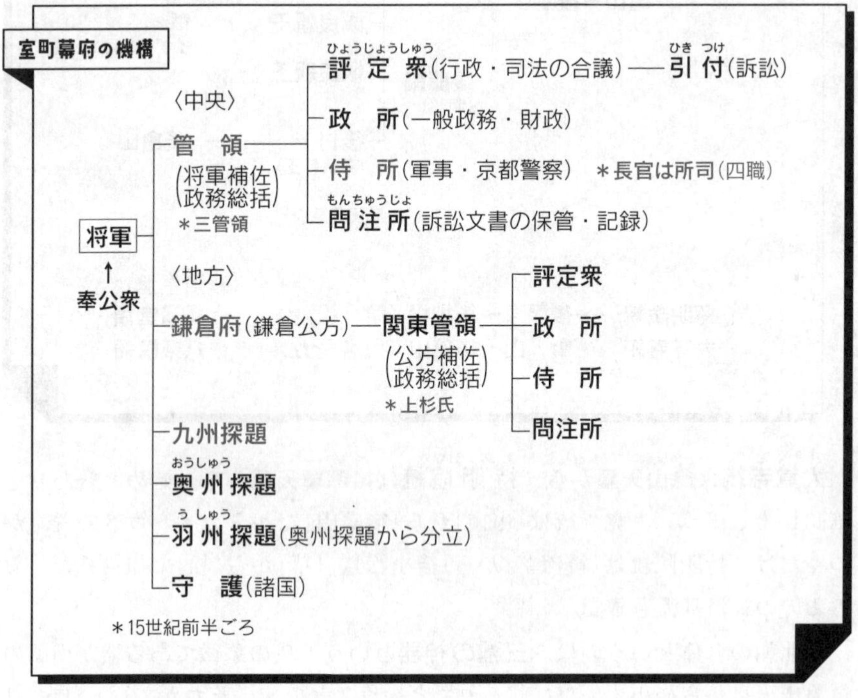

まず，将軍の護衛にあたる直轄軍が**奉公衆**。「番衆」とも言います。有力国人や鎌倉以来の足利氏の家臣など，強力な部隊です。

そして，室町将軍のもとで全国支配を担うのが，**管領**。足利氏の親戚，足利一門の3つの有力な守護家から交替で選ばれました。

Q 「三管領」と呼ばれた3氏をあげなさい。

——**細川・斯波・畠山**(の各氏)

管領とともに幕府の権力を二分する有力なポストが**侍所の所司**(長官)で，これは「**四職**」と呼ばれる4氏から選ばれる。鎌倉幕府における侍所の長官は**別当**といったから，注意。「**所司**」ですよ。

Q 侍所の所司に任命される「四職」と呼ばれるのは？

——**赤松・一色・山名・京極**(の各氏)

侍所所司は京都のある**山城国**の守護を兼ね，管領と並ぶ権力を握っています。

三管領・四職の覚え方。四職は定番ですが。三管領のほうがちょっと苦しい。もっといいのがあったら教えてください。

三管領(畠山・細川・斯波)

——**畠に細いシワ**

四　職(京極・山名・赤松・一色)

——**京都の山は赤一色**

地方行政機構

鎌倉幕府は京都に**六波羅探題**を置きましたが，室町幕府は京都に政権の根拠地があるわけだから逆で，鎌倉に**鎌倉府**を置きます。支配下の国々の守護たちは鎌倉に住む。

▲鎌倉府が統轄する国

Q 鎌倉府の長官は何と呼ばれたか？

——**鎌倉公方**

Q 初代の鎌倉公方はだれ？

——**足利基氏**

鎌倉府は，いわゆる**坂東**(**関東**)**8 カ国**，プラス**伊豆**と**甲斐 2 カ国**を加えて**10 カ国を統轄**しました。超難関大では 8 カ国，**相模**・**武蔵**・**安房**・**上総**・**下総**・**常陸**・**上野**・**下野**も聞いてくることがあります。「**公方**」というのは，要するに将軍の尊称です。これに「鎌倉」をつけた。

鎌倉公方を支えて実際の権力を握っていくのが**関東管領**。関東地方だから関東がついて，関東管領。これは**上杉氏**が世襲します。

そして，先ほど出てきた九州は，今川了俊が平定して，幕府の支配下に入りました。**九州探題**が支配します。ここは何でもないが，要注意。

鎌倉幕府…鎮西奉行　→(モンゴル襲来後)鎮西探題
室町幕府…九州探題

鎌倉幕府の場合は**鎮西奉行**がいて，文永・弘安の役のあと**鎮西探題**(p.83)。いい？　**鎮西**探題だよ。室町幕府の九州統括機関は**九州探題**。しっかりチェックしておこう。

ほかに，東北地方には**奥州探題**，あるいは**羽州探題**。

室町幕府の経済基盤

さあそこで次，幕府財政です。

Q 幕府中央(将軍家)の財政運営を担った機関は？　――政所

鎌倉幕府の場合は，政所の長官は「執権」と呼ばれ，権力の中枢でしたが，室町幕府の場合は，はっきり言って鎌倉幕府に比べるとランクは低い。要するに，**将軍家の財産を，経済を取り扱う**会計係。

で，先ほど出てきた将軍直轄軍の**奉公衆**なんかが，足利将軍の直轄領を管轄します。はい，

Q 足利将軍家の直轄領，直接支配している土地は何と呼ばれたか？　――御料所

御料所。いいね。これは**全国に散在**，バラバラに設定されています。

一方，貨幣経済の中心である京都にいるものだから，財政的にはお金，**貨幣に依存する度合が高く**なっていきます。足利義満は京都の市政権を朝廷から奪い，警察，裁判，あるいは商業に対する課税の権利を確立していきました。

貨幣による課税を見てみよう。**守護や御家人から徴収する分担金**，**五山の禅僧からの献金**。

段銭。これはね，田地１段につきいくらというふうに，田んぼの面積に対して１段ごとにかけていく税。それから，家１軒ごとに課していく税が**棟別銭**。家は１棟・２棟といいますから，棟別銭。

それから，京都には倉庫業者あるいは金融業者がいて，これを**土倉**といいますが，彼らに課したのが**土倉役**。

そして，**酒屋**。これも酒造業者・高利貸し業者になりますが，酒屋に課した税が**酒屋役**。こんなふうに，京都の有力な商人たち，いわば金融資本に課税をしていく。

ほかに，京都に入ってくるおもな街道筋の要所にあたるところに**関所**を置いて，通交税をとる。これが**関銭**。**港**の使用料の場合は**津料**といいます。

ほかに，次回でやる，室町幕府の行った貿易(**勘合貿易**・日明貿易)の利益も大きな財源となります。幕府自身で貿易船を派遣しなくなると，貿易の権利を商人とか有力な守護やお寺なんかに与えて，お金を取ります。日明貿易を許可する代わりに取った税を，**抽分銭**といいます。

その次。やがて幕府はさかんに**徳政令**という法律を出しますが，その徳政令に絡んで，債権を保障してやるとか，債務を破棄してやる代わりに，**分一銭**というのを取るようになります。

今回はかなりハードでした。めげないで復習を！ ここらあたりから気分を入れかえてがんばりましょう。

第25回

中世（8）

室町幕府の外交と琉球・蝦夷ヶ島

室町時代の外交と貿易が今回のメインテーマです。

室町幕府の外交と琉球王国

	1368 朱元璋	1392 李成桂＝南北朝の合体
	明	朝鮮
（東南アジア）……	琉球王国 ……………	日本
	1429 尚巴志	1368 足利義満

朱元璋（しゅげんしょう）による明（みん）の建国は **1368 年**。室町幕府３代将軍足利義満（あしかがよしみつ）が将軍に就任したのも **1368 年**です。ここを，まず覚えてしまう。

1338　足利尊氏，征夷大将軍
↓　３代目は 30 年後
1368　３代足利義満，明の建国（朱元璋）

15 世紀に入って最初の年 1401 年に，足利義満は明に朝貢（ちょうこう）の使者を派遣して**日明国交**（にちみん）が始まり，1404年から貿易，いわゆる「**勘合貿易**（かんごう）」も始まります。また，日朝間の国交も整い，貿易もさかんになります。

琉球（りゅうきゅう）は北山（ほくざん）・中山（ちゅうざん）・南山（なんざん）の３つの勢力がおのおの，明に朝貢（ちょうこう）しますが，1429 年，中山王**尚巴志**（しょうはし）が三山（さんざん）を統一し，**琉球王国**が誕生します。そして，東南アジアと東アジアを結ぶ中継（ちゅうけい）貿易で繁栄（はんえい）します。

おのおのの貿易品目を単純に暗記するのではなく，東アジア全体の国家間の関係と貿易の構造を把握（はあく）しましょう。

1 室町幕府の外交

授業ノート p.28 参照

日元貿易

さて，今回の最初のテーマは外交。足利義満は，**日明外交**に乗り出します。

ちょっとさかのぼりますが，鎌倉時代末期に，**建長寺船**が元に派遣されています。元ですよ。鎌倉幕府が**建長寺**を修復する費用を得るために派遣した貿易船です。当時は，巨額の資金が必要になると，船をつくって中国へ行き，貿易をやる。

東福寺などが派遣した貿易船が帰途，朝鮮半島の新安沖で沈没し，それが海底から引き揚げられて大いに話題になったこともあります(**新安沈船**と呼ぶ)。1323 年に沈没した船そのものが，20 世紀になってから見つかったんです。

次に，足利尊氏も元に貿易船を派遣しています。**後醍醐天皇**が亡くなった後，**夢窓疎石**に勧められて尊氏がお寺をつくることになって，送ったものです。そこで**天龍寺船**と呼ばれています。

日元貿易

〈鎌倉末期〉

1325　建長寺船(得宗**北条高時**)

新安沈船(**東福寺**などが派遣)

〈南北朝〉

1342　天龍寺船(**足利尊氏**)

元とのあいだに国と国との正式の外交関係がない中で貿易は行われていたことに注意してください。

倭寇

もっとも，平和に民間貿易が行われていたというわけではありません。当時の最大の課題，「**倭寇**」という重大問題がありました。

倭寇というのは海賊のような連中です。**対馬・壱岐，肥前の松浦**あたりの土豪や漁民らの日本人を中心にした冒険的商人たちは，しばしば武装して朝鮮半島や中国大陸沿岸で略奪を繰り返していました。**人や食料，米や大豆**などを略奪した。

明

そのような中で，東アジアに新しい王朝が生まれます。はい，それが**1368年の明**の建国です。

Q 明の建国者はだれか？ ──**朱元璋**

よく聞かれますよ。書けるようにしておくこと。

3代将軍足利義満が将軍に就任した1368年です。ただ，このとき義満はまだ九州も抑えてないし，もちろん吉野を中心に**南朝方の勢力は各地に残っていますよ**。

明との国交開始

明は，東アジアの周辺国に朝貢させ，その支配者の地位を認めてやるという，いわゆる「**冊封体制**」を回復していきます。

Q 外交関係を結ぶに際して，明は日本に対して何と何を要求してきたか？ ──**倭寇の禁圧と朝貢です。**

明は倭寇の禁圧と朝貢を要求してくるんですが，九州にやって来たら**懐良親王**がいる。はてな，みたいな話になるよね。これは日本全体の支配者じゃない。かといって，義満が明と外交関係を結ぼうと思って使者を送っても，その力が九州にまではおよんでいないこともあって，国交の開始は容易には実現しない。

しかし，やがて足利義満は有力守護をつぎつぎにつぶし，1392年には**南北朝の合体**に成功して，**今川了俊**の活躍によって九州も支配下に入ってくる。ようやくこれで，足利義満が日本の完全な支配者であるという中身が整ったわけです。

そこで，**1401年**に，ついに明の皇帝は義満の朝貢を受け入れた。大事なのは，これは，**朝貢**だということですよ。義満は，「野蛮人の王様で結構です，私を日本国王にしてください。明が世界の中心です」という，いわゆる**冊封体制**を受け入れた。明もそれを認め，義満は「**日本国王**」に任命され，暦を与えられます。日本国王。いいですね。

義満は出家していたので「**日本国王臣源道義**」ということになります。「臣」は**明の皇帝の「臣」下**という意味になります。

1401年，15世紀とともに日明国交開始

このときの史料です。出典の『**善隣国宝記**』は頻出の史料です。

瑞渓周鳳というこの史料を書いた禅僧の名も覚えておく。日本の外交史をまとめた本です。

史料

25　日明通交：足利義満の国書／『善隣国宝記』

日本准三后某，書を大明皇帝陛下に上る。日本国開闢以来，聘問を
足利義満から明の皇帝に手紙をさしあげます。　日本の国は昔から中国に使者を

上邦に通ぜざる無し。某，幸に国鈞をとり海内虞れ無し。特に往古の
派遣してきました。　私義満は日本国内を完全に支配しております。そこで昔の例

規法に遵ひ，肥富をして祖阿に相副へ，好を通じて方物を献ぜしむ。……
にならって，　肥富を正使の祖阿に添え，朝貢の使いとしました。

応永八年五月十三日
1401年5月13日

内容は意訳でわかるでしょう。明の皇帝陛下に向かって「往古の規法」，昔どおりの形式で朝貢を行います。使者は「**肥富**(A)をして**祖阿**(B)に」添えると。「(A)を(B)に添える」だよ。いい？

福神漬(A)をカレーライス(B)に添えるという表現になっています。どっちが主かと言えば，当然(B)のカレーライスですね。だから，**祖阿**が正使。祖阿というお坊さん，こちらが正式の義満の使いですよ。これに副使として博多の商人**肥富**がともなう。言葉もぺらぺらでしょう，この人たちは。

1401年の遣使
- 正使…祖阿（禅僧）
- 副使…肥富（博多の商人）

勘合貿易が始まる

国交開始にともなっていわゆる**勘合貿易**が始まります。使用された入港許可証を勘合と言うことから，日明貿易を勘合貿易とも呼びます。

皇帝から与えられた勘合を持って指定された港である**寧波**へ持っていく。照合して，オーケーとなって貿易ができる。

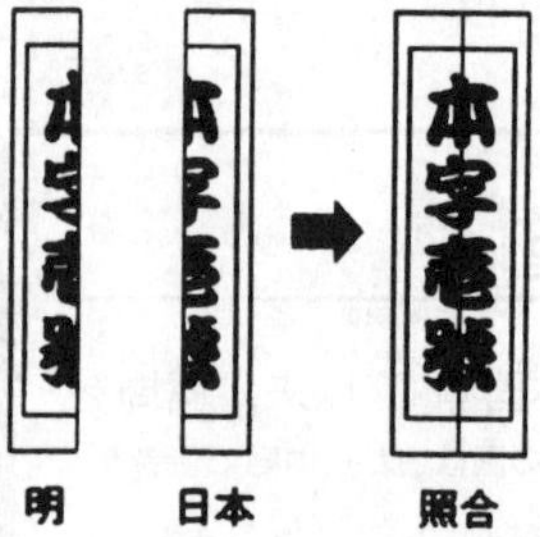

▲勘合

第１回目の派遣は**1404年**です。**国交の開始（1401年）と勘合貿易の開始はズレていますから**注意。

この貿易はもうかります。朝貢という形式だから，滞在費とか全部向こう持ち。「おう，野蛮人よく来たな」と，向こうは大きく出て，全部面倒を見てくれるから。屈辱的なんだけど，もうかることはもうかるわけですよ。

あまりにも屈辱的だというので，４代将軍**足利義持**が**1411年**に中止します。そして，**1432年**に６代将軍**足利義教**が再開します。**勘合貿易の中断**は難関私大の好きなテーマですよ。

勘合貿易の輸出入品

輸入品の主力は，**銅銭**と**生糸**。この明銭が入ってきて，日本のいわゆる貨幣経済はますます発展する。生糸・高級織物，陶磁器・書籍・書画など「**唐物**」と総称されるものが輸入品。

輸出品は**銅**・**硫黄**，そして**刀剣**などの武具。

銅を輸出して，その銅を使った銭は輸入するんですよ。銅を輸出して，銅銭を輸入する。有名な永楽通宝(**永楽銭**)などが大量に入ってくる。売るほど銅があるなら自分でつくれと言いたいところですが，まだ武家政権にはそんな力がなかった。

寧波の乱

この貿易は朝貢にともなうものですから，勘合を与えられた日本国王，すなわち将軍だけが行えるものですが，やがて幕府は自分自身で貿易をするのをやめて，税のところで話したように，「**抽分銭**」という一種の税金を取って，有力な守護や商人にこの権利を売ってしまいます。

そして実際，勘合貿易は，応仁の乱後には**堺**の商人と組んだ**細川氏**や，**博多**商人と組んだ**大内氏**が担い手となります。

勘合貿易	細川氏＝堺商人
	大内氏＝博多商人

ところが，この細川氏と大内氏の派遣した勘合船が，たまたま寧波の港にほぼ同時に入港し，明側の役人も巻き込んで紛争を起こしてしまいます。1523 年，勘合貿易の主導権をめぐって争ったこの事件を**寧波の乱**と呼びます。

結果は大内氏の勝ち。その後の勘合貿易は**大内氏**が独占することになりますが，**1547 年の派遣が最後となり，1551 年に大内氏が滅亡して，勘合貿易は断絶**します。

そして，その後，再び倭寇が現れます。14 世紀の倭寇と区別して，14 世紀のを**前期倭寇**，16 世紀後半のほうを**後期倭寇**と呼びます。

日明貿易

1401	→ 1404	→	1411	→ 1432	→ 1523	→ 1547	→ 1551
国交開始	第1回勘合貿易		停止	再開	寧波の乱	最後	断絶

（幕府直営→守護大名・大社寺）

大内・博多→独占　（細川・堺 →×）

●大内義隆

〈注〉●は死亡。

朝鮮との通交

さて，14 世紀にはお隣の朝鮮半島にも，**高麗**(こうらい)に代わって，新しい王朝，**朝鮮**が登場します。

Q 1392 年，朝鮮を建国した英雄はだれ？ ——**李成桂**(りせいけい)

この年号はダブルで覚える。1392 年ですから，

> 1392 年（イザクニは 1 つ）┬ **南北朝の合体**
> 　　　　　　　　　　　　　└ **朝鮮の建国**

倭寇の撃退で名声を得た**李成桂**は，さっそく，日本に通交を求めるとともに，**倭寇の禁止を要求**してきます。義満はこれに応じて国交が開かれ，以後，朝鮮国王から外交使節団が，室町将軍就任の祝賀などの名目で派遣されてきます。

貿易には幕府だけでなく，守護・国人(こくじん)・商人なども参加します。日明貿易と違ってさまざまな人が参入し，貿易は拡大していきました。そこで，朝鮮政府は対馬(つしま)の**宗氏**(そうし)を通じてこれを統制しようとします。

日本からの貿易船は「**歳遣船**(さいけんせん)」と呼ばれますが，文字どおり，1 年間に派遣することができる船数を協定で決めていきました。常に，日本側は船数をもっと増やしてほしい，朝鮮側は拡大を抑(おさ)えたい，という状況が続きます。朝鮮政府は，歳遣船の入港地を 3 つに制限してきました。これを**三浦**(さんぽ)といいます。

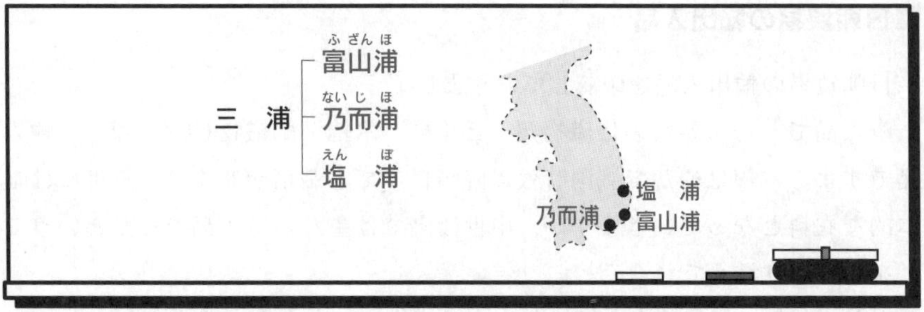

朝鮮半島のこれら三浦には「**倭館**」と呼ばれる日本商人の住む一種の貿易商社の建物があって，商人が常駐していました。

応永の外寇

しかし先ほどちょっと触れたように，勘合貿易が一時中断すると，また**倭寇**が活動を始める。倭寇をしっかり抑えていた対馬の島主宗貞茂が死んだこともあって，倭寇がまた暴れ出した。そこで朝鮮国王が怒って，倭寇の根拠地である**対馬**を攻めてくるという事件が起こります。「**応永の外寇**」と呼ばれる朝鮮軍の侵攻です。年号は，刀伊の入寇からちょうど400年後です。内容はまったく関係ありませんが。

刀伊の入寇（1019年）　応永の外寇（1419年）
（トーイクにから女真族）　ピッタリ400年後！

この応永の外寇の1419年は，藤原道長最盛期の「トーイクにから女真族」の刀伊の入寇からちょうど**400年後**だからね。

応永の外寇は本格的な戦争には発展せず，また貿易が始まります。

あいかわらず日本側は貿易を拡大したい。しかし，朝鮮側はなるべく抑えたい。そこで，日本側がたまった忿懣を爆発させる事件が起こった。

Q 1510年，朝鮮側の貿易統制に反発して，三浦の倭館の商人たちが起こした反乱を何というか？
——三浦の乱

乱は鎮圧され，その後，統制はきびしくなりますが，貿易は続いています。

■日朝貿易の輸出入品

日朝貿易の輸出入品を確認しておきましょう。

輸入品で一番重要なのは織物類。とくに，**木綿**。**綿織物**(**綿布**)など。輸入品ですよ。木綿はやがて戦国時代以降，日本でも栽培が始まり，近世には基本的な衣料となっていきますが，中世段階では主たる輸入品だったということをしっかり覚えておくこと。

あと，仏教の経典の大全集である「**大蔵経**」も，ときどき輸入されます。

輸出品は日明貿易と同様，**銅**・**硫黄**や**工芸品**ですが，もう１点，注目しなければならないのが，琉球との貿易で手に入れた**蘇木**(赤色の染料)・**香木**(香料)など，東南アジア方面の特産物で，「**南海産物**」などと総称されるものです。ほかに，漢方薬の材料となる**薬種**などもあります。

2 琉球・蝦夷ヶ島

授業ノート p.29 参照

琉球王国の成立

さて，ここで，ズーッとさかのぼって，沖縄の文化を思い出しましょう。

Q 本州などが弥生文化に移行していくころ，沖縄を含む南西諸島で発達した文化は？
――貝塚後期文化

Q 同じく，北海道の文化は？
――続(ぞく)縄文文化

そうです，両文化とも，水稲農耕(すいとうのうこう)に移行しなかった。それでは，その後はどうなったか？

沖縄では，鎌倉時代には農耕が始まって集落が発達し，12世紀には**按司(あじ)**と呼ばれる首長が各地に登場してきます。その拠点を「**グスク**」といい，漢字をあてると「**城**」と表記されます。グスクはもともと一種の聖地のような小高い場所だったんですが，やがてその周囲に小さな石を積み上げていき，石垣(いしがき)で囲んだ，それこそ城砦(じょうさい)のような施設になっていきます。

室町時代になると，**按司たちが地域的に連合**して，**北山(ほくざん)・中山(ちゅうざん)・南山(なんざん)**の3つのブロックに分かれ，たがいに対立するようになりました。

彼らは，東南アジア方面と東アジアとのあいだに立って，中継貿易で大きな利益を得るようになります。明が商人の海外渡航を原則として認めない，いわゆる**海禁策**をとったために，それまで中国商人がもたらした「**南海産物**」**を琉球船が運んでくる**こととなったんです。もちろん，琉球船は日本へも南海産物をもちこむわけです。

今，やったばかりの日朝貿易の，日本からの輸出品に**蘇木**・**香木**などがあったのは，琉球からの輸入品をさらに朝鮮に輸出したということです。

そのような中で，中山王**尚巴志(しょうはし)**が**三山(さんざん)**の統一に成功し，**1429年**，**琉球王国**が誕生したのです。琉球王国の王府（首都）は**首里(しゅり)**。その外港(がいこう)は**那覇(なは)**です。

琉　球

三山（＝北山・中山・南山） ➡ 1429年　琉球王国・尚巴志
↓
王府・**首里**
外港・**那覇**

南海産物の流れ

			明		**朝鮮**
			⬆		⬆
〈インドネシア〉	**ジャワ島・スマトラ島**	➡	琉球王国	➡	日本
〈ラオス・カンボジア・ベトナム〉	**インドシナ半島**	↗			

こうして琉球は，15世紀から16世紀にかけて**史上空前の繁栄**を誇りました。東アジアの貿易の最大の国際センターになった。

繁栄を示すもっとも有名な史料が「**万国津梁之鐘銘**」です。首里王府の正殿に，「万国津梁之鐘」と呼ばれる鐘があり，その銘文は，琉球王国の，那覇の港の繁栄を讃美したものです。銘文の大意は次のとおりです。

> 琉球王国は海上交通の要地にあり，**明とは車の両輪**のような関係，日本とは唇と歯のような関係にある（要するに中国・日本とさかんな交流・交易がある）。**琉球王国**はそのような地理的条件から生まれた「**蓬萊島**」，理想郷である。船で世界の港とつながった**那覇**の港には，東アジア，東南アジアなどのあらゆる物資が充満している。

琉球王国の中継貿易における繁栄をうたった銘文です。大学生になったら，一度ぜひ現物を見てほしいものです。

◀**万国津梁之鐘(沖縄県)**
それほど大きな鐘ではありませんが，その銘文は有名(若いころの写真で少々ハズカシイ)。

蝦夷ヶ島

次に，北海道方面。鎌倉末期ごろから，北海道以北を指すのに，**蝦夷ヶ島**という言葉が用いられるようになっています。

さて，先ほど話した**続縄文文化**の次の段階を，**擦文文化・オホーツク文化**と呼んでいます。擦文文化というのは独特の擦文土器が発達した時代で，北海道だけでなく，東北地方の北部，サハリンにまでわたる分布域です。

同時に，オホーツク海沿岸部には別系統のオホーツク文化が発達します。そして，これらが融合して，13世紀に**アイヌ文化**が成立します。

続縄文文化 ➡ 擦文文化・オホーツク文化 ➡ 13世紀 アイヌ文化

14世紀には，畿内と津軽の十三湊を結ぶ**日本海沿岸の航路が発達**し，**サケ**や**昆布**など，北海道の物産が京にも入ってきます。また，本州側の人が北海道南部に進出してきます。彼らは「和人」と呼ばれますが，その多くは津軽の豪族安藤(安東)氏の支配下にあったと考えられています。

彼らは交易の場所となる海岸や港に，つぎつぎに「**館**」という拠点を築いていきます。いわゆる「**道南十二館**」と呼ばれるもので，函館市の**志苔館**付近からは埋納銭――土中に蓄えられた中国銭約39万枚が出土しており，さかんな交易の様子が確認されています。難関大では，この志苔館はよく問われる，定番ですよ。

■コシャマインの戦い

しかし，和人たちの交易はアイヌの人びとにきびしい条件を強要し，反発を招(まね)くものでした。1457年，**コシャマイン**を指導者とする蜂起(ほうき)が発生し，ほとんどの館がコシャマインの軍によって攻め落とされましたが，最終段階で，上之国(かみのくに)の領主蠣崎(かきざき)（武田）氏が謀略(ぼうりゃく)を用いてこれを鎮圧します。

蠣崎氏はその後，道南地方の支配者としての地位を固め，江戸時代には松前氏を名乗って幕府から蝦夷地の支配を認められることになります。

コシャマインの戦いは**1457年**ですよ。**応仁(おうにん)の乱**（応仁・文明(ぶんめい)の乱）勃発(ぼっぱつ)が**1467年**ですから，その**10年前**のことです。

琉球・沖縄史，蝦夷地・北海道史はテーマ史の定番で，確実に高得点を獲得したいところです。しっかり復習してください。

第26回

中世(9)

応仁の乱と一揆

4代将軍**足利義持**の時期，幕政は安定しています。ところが，義持が将軍の後継者を決めないまま没し，なんと，クジ(籤)引きで将軍が決定される。6代将軍**足利義教**が登場します。

さて，ここからは激動期。8代将軍**足利義政**のときに**応仁の乱**が勃発します。一方，15世紀は「**一揆**」の連続する時期でもあります。

応仁の乱と一揆

1428　**正長の徳政一揆**…京都周辺の農民が蜂起，京都に乱入して徳政を要求。

1429　**播磨の土一揆**………播磨国の農民たちが武士を国外に追い出す。

1441　**嘉吉の徳政一揆**……嘉吉の変で将軍義教が「犬死」。土民が徳政を要求して京に乱入。

1467～1477　応仁の乱

1485～1493　**山城の国一揆**…南山城では，約8年間，国人・土民たちによる自治が実現する。

1488～1580　**加賀の一向一揆**…加賀の一向宗の信者たちが，約1世紀間，自治を実現。

1532～1536　**法華一揆**…京都の「町衆」らが日蓮宗を核に団結。

惣の発達，貨幣経済の発達を背景に，**土一揆**・**国人一揆**・**国一揆**が連続した時期です。また，宗教を核とする一揆も起こります。

1 応仁の乱

授業ノート p.30 参照

さて，今回は激動期。重要事件がつぎつぎに出てきます。

足利義持

3代将軍足利義満が死んだのは1408年。4代**義持**の時代がやって来ます。義持は父が始めた**勘合貿易を1411年に中止**します。再開されたのは6代**義教**の**1432年**です。

鎌倉では，1416年，前関東管領上杉禅秀(氏憲)が反乱を起こし，鎌倉公方足利持氏を鎌倉から追い出します。上杉禅秀の力が強大化しそうになったので，幕府，将軍義持は持氏に援軍を送って禅秀を破り，自殺に追い込みます。しかし，禅秀を支持した関東の武士たちは各地で抵抗を続けます(**上杉禅秀の乱**)。

それと，1419年には**応永の外寇**。朝鮮軍の対馬襲撃事件が起こっています。しかし，これは単発的なものでした。

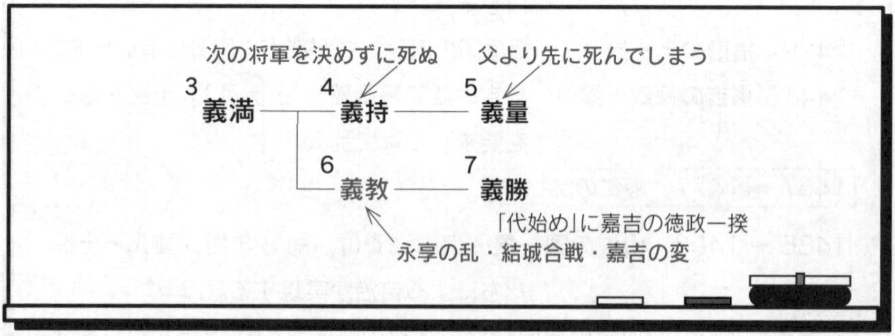

義持の支配自体は比較的安定していました。そして，義持は早々と息子の義量に将軍職を譲りますが，実権を握ったままでした。ところが義量が父に先立って死んでしまった。そこで，義持はそのまま実権を握り続ける。そして，あと継ぎの子供に恵まれないまま死んでしまうのです。しかも，みんながだれを後継者とするか決めてほしいと頼んでも決めずに，死に際になってクジ(籤)で決めてくれと言って死んでしまった。

まあ，当時は，クジというのは神様の意思を確かめる手段だと信じられていたから，ふざけて「クジで」と言ったわけではないのですが，源氏の氏神様でもある石清水八幡宮でクジをひくことにしたんです。

足利義教

そしてクジで当たったのが，このときは僧侶，お坊さんだった**足利義教**だったのです。頭の毛をのばし，俗人に戻って征夷大将軍に就任することになります。

義教は父義満のまねをします。父のような権威を確立したい。しかし，鎌倉公方**足利持氏**は**上杉禅秀の乱**以降，強気になって専制的な姿勢をとり，関東の武士や将軍との対立を招くようになります。とくに，クジで決まった将軍義教をバカにして，なかなか服従の姿勢を見せない。将軍を無視する。関東管領上杉憲実が努力してこの対立を抑えるのがやっとという状況となっていました。しかし，限界。1438 年，将軍義教は**関東管領上杉憲実**と結んで鎌倉公方**足利持氏**を討伐した（**永享の乱**）。

関東管領上杉憲実と鎌倉公方足利持氏が対立していたから，将軍義教は持氏を打倒できたわけです。しかし，持氏を支持していた関東の有力武士たちは抵抗を続けます。

1440 年，下総の結城氏朝が持氏の遺児をかついで，幕府および**関東管領上杉憲実**と戦いますが，敗北し（**結城合戦**），義教らはこの反乱も鎮定します。

この関東管領上杉憲実は，文化史で，**足利学校**を再興した人物としても頻出ですから，ここでしっかり覚えておきましょう。

嘉吉の変

しかし翌1441年，義教は京都で**赤松満祐**邸の宴会に招かれ，謀殺されてしまったんです。「万人恐怖」と言われた義教の弾圧的な姿勢が原因だったらしい。**嘉吉の変**の史料を見ておきましょう。

史料

26　嘉吉の変 /『看聞御記』

（嘉吉元年六月）廿五日，晴。昨日の儀粗聞，……御後の障子
（1441年6月)25日，晴。　昨日の様子を聞いたところ　(赤松邸に招かれ

引あけて武士数輩出て則ち公方を討ち申す。……
た義教が部屋に入ると）後ろの障子を開けて武士が数人乱入して将軍（義教）を斬殺した。

将軍此の如き犬死，古来その例を聞かざる事なり。
将軍ともあろうものが，このように犬死するなんていう例は聞いたこともない。

ハイ。「犬死」ときたら**嘉吉の変**ですよ。そこで，6代義教は「**くじに当たって犬死した**」というわけです。

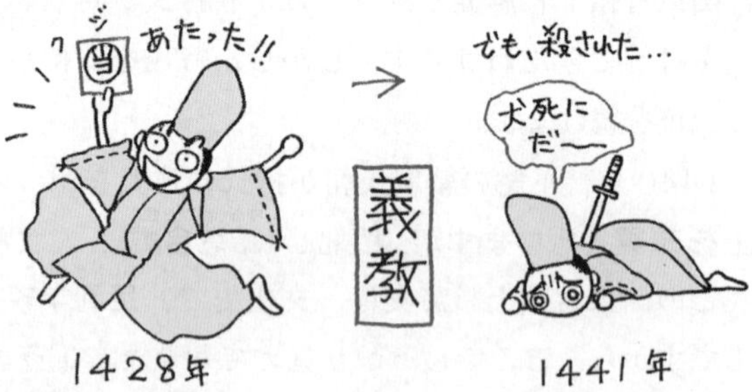

そして将軍はその子の**義勝**となったわけですが，まだ子供。しかも1443年には死んでしまいます。そこで，義勝の弟の**足利義政**が8代目の将軍となります。そして「**応仁の乱**」が起こるんです。

応仁の乱

まあ日本史の中では，大きな戦争がいっぱいあるけど，この**応仁の乱**の特徴というのは**非常に長い**ことね。1467 年から，一応終わる 77 年まで，10 年かかる。いいですか。

ゴロゴロ

「(平和への)意志(**いし**〔14〕)も**むな**〔67〕しく応仁の乱」

➡ **1467 年，応仁の乱**

応仁の乱の背景

要点をチェックしていきましょう。まず，将軍**足利義政**がちゃんと指導力を発揮できない。**義政の失政**でしょうね。

子供もいないし，次の将軍は弟の**義視**にしようかなどと思っていた。ところが，奥さんがやたらと強烈。足利義政の夫人といえば，**日野富子**です。

その日野富子が男子を産んだ。**義尚**です。当然，将軍にしたいと思いますよね。そこで将軍の「継嗣」，**あと継ぎをめぐる対立**が生まれます。

それから，そのころ，管領家の**畠山氏**，**斯波氏**にも家督争いが起こっています。要するに**単独相続**は相続をめぐって，家督の地位をめぐって争いが絶えません。おまけに，家督の決定に，将軍や家臣団の意向が強い影響を与えるようになってくるので，複雑なことになってくる。

将軍義政は文化事業には熱心で，能力もあるんですが，決断力が不足。政治権力は弱い。こういうとき，権力を握っている管領がしっかりしていればいいが，実力者が 2 人いた。それが，**細川勝元**と**山名持豊**(**宗全**)です。

畠山氏では**畠山政長**と**義就**が争っていましたが，おのおのが実力者である細川勝元と山名持豊を頼って，ついに，戦争を始めちゃいました。それが 1467 年のことです。

将軍家のあと継ぎがだれになろうと，実際は関係ないわけよ，ほとんどの人は。簡単に言えば，自分の敵が東軍だったら自分は西軍に加わろうということです。

東西両軍の陣容

さて，応仁の乱の東軍，細川勝元・畠山政長と西軍，山名持豊と畠山義就の区別をまずは覚えてしまいましょう。

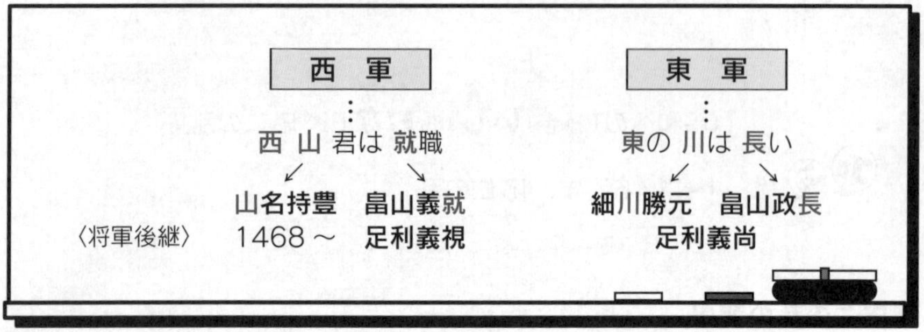

ともかく，

ひがしのかわはながい
ひがしのかわはながい

東軍・**細川勝元**・**畠山政長**。できれば，メモ用紙に書きながら覚えてしまう。こちらだけ覚えておいても，かなり役に立ちますよ。

残ったほうが西軍。

にしやまくんはしゅうしょく
にしやまくんはしゅうしょく

次に，やっかいなのは，おのおのがかついだ将軍とその候補です。教科書を見てみると，こう書いてある。

┌東軍が…足利義政（よしまさ）—義尚（よしひさ）
└西軍が…足利義視（よしみ）

主要な教科書の注を見てみると，

「1467(応仁元)年5月，東軍は将軍邸を占拠して，いったん義政・義尚・義視を手中にしたが，翌68(応仁2)年11月，義視が西軍に移り，東西二つの幕府が成立した」

と書いてあります。義政夫人の日野富子(ひのとみこ)が義尚を産む前，将軍候補だった義政の弟，義視が，東軍側から脱出して山名方にまわってしまった。西軍には大内(おおうち)・一色(いっしき)などがつきますから，東軍も簡単(かんたん)には西軍を潰(つぶ)せない。東軍には赤松(あかまつ)・京極(きょうごく)などがつく。

三管領(さんかんれい)・四職(ししき)が家督争いで対立したり，東軍についたり西軍についたりということになってしまったので決着がつかず，**東西の2つの幕府が京都に存在する**形となったわけです。互(たが)いに，相手側にまわった守護の領国を攻撃したため，戦乱は全国に広がり，1473年に**細川勝元(かつもと)・山名持豊**が死んだ後も決着はつかない。

京都はもうほとんど焼け野原。そして，全員が京都に集まって戦うわけにはいかないから，お互いにどうするかというと，簡単。お金で兵隊を雇(やと)っちゃう。

Q このような傭兵(ようへい)(雇(やと)い兵)は何と呼ばれたか？ ——**足軽(あしがる)**

足軽は徒党(ととう)を組んで，**破壊活動**，**略奪(りゃくだつ)**を繰(く)り返す。京都の大きなお寺や神社は身ぐるみはがされたり，火をつけられたりして文化財がどんどん燃えていっちゃった。

地方からの年貢(ねんぐ)が京都までなかなか届かなくなってくる。**伝統的な皇室・公家**，それからお坊さんたちは家を焼かれ，経済的にも没落(ぼつらく)していきます。

応仁の乱の結果

1477年，ようやく両軍が和睦（わぼく）。守護たちはおのおのの領国に戻っていきました。

応仁の乱はどのような結果を招（まね）いたか？

応仁の乱の結果

① **将軍の権威が失墜（しっつい）**……将軍は名目だけの存在となり，細川氏が京都の政権を握った。

② 守護の在京の原則が崩（くず）れた……領国の支配権を守護代などに奪われて多くの**名門守護が没落**した。

③ **荘園制の崩壊**が進んだ……皇室・公家は経済力を奪われた。

④「**下剋上（げこくじょう）**」の風潮（ふうちょう）が広がった……いわゆる「**戦国時代**」となっていった。

忘れてはならないのは，関東も同じような状態になってしまったことです。

享徳の乱

東日本，鎌倉公方のほうも同じような状態です。永享（えいきょう）の乱・結城合戦（ゆうきかっせん）の後も支配は安定しません。**享徳（きょうとく）の乱**が起こります。

応仁の乱・享徳の乱

1467……………………**応仁の乱**……………………1477

1454…………………………**享徳の乱**…………………………1482

古河公方（成氏）　vs　**関東管領上杉氏**
堀越公方（政知）←幕府の支持

1438年，永享の乱で鎌倉公方（くぼう）足利持氏（もちうじ）は死んだのですが（p.159），1447

年，持氏の子，**足利成氏**が幕府に許されて鎌倉公方となり，鎌倉府を再建します。

ところが，その後成氏は，幕府・関東管領上杉氏と再び対立，**関東管領上杉憲忠**を謀殺する。ここから，**享徳の乱**が始まります。

成氏は鎌倉を脱出し，北関東の豪族層を頼って下総**古河**に移ります。これに対して，幕府は1458年，**古河公方足利成氏**に対抗するために足利義教の子（義政・義視の兄弟）**政知**を鎌倉に派遣するんですが，**鎌倉には入れず，伊豆の堀越**に拠点を築きます。そこで，こちらは「**堀越公方**」と呼びます。

応仁の乱では東西の幕府が対立しますが，鎌倉公方も**古河公方と堀越公方が対立**する。そして，同じように長いあいだ決着はつかず，1482年にようやく和睦。長さでは**享徳の乱のほうが長い**。

応仁の乱も享徳の乱も，乱そのものの細かい経過については覚える必要はありません。板書の範囲をしっかり暗記しましょう。

2 惣の形成

授業ノート p.32 参照

さて，15世紀。3代足利義満から8代義政の時期は「一揆」の世紀です。土一揆，国人一揆，国一揆などが頻発した。ここをまとめていきましょう。まず，その背景から。

「惣」とは？

「惣」あるいは「惣村」というのは，ひとことで言うと，**農民の自治的な村落**です。鎌倉後期ごろから惣が発達する。「自治的」というのは，上から命令されたり上から法律で縛られるんじゃなくて，**自分たち自身の意思で自分たちを治める**こと。惣を構成した農民を**惣百姓**と呼びます。

彼らはなんといっても弱い立場ですから，自分たちで団結をする。あちこちで戦争が起こる時代を生き抜いていかなきゃならない。そして，そういう惣村が団結して，**地域的な村々の連合**ができます。これを「**郷村**」あるいは「**郷村制**」といいます。いいですね。

その中心は「**おとな**」「**沙汰人**」などと呼ばれた名主層ですが，彼らの中には武装する者も多く，「**地侍**」と呼ばれ，中には守護などと主従関係を結ぶ者も現れます。

一般的な中世の農民——**作人**といいますが，その作人の中には，農業経営を現場で拡大して**名主層**に身分を上昇させる者が出てくる。また，**下人・所従**と呼ばれる最下層，末端の農民たちの中にも，商品作物などをつくって小農経営に成功して身分を上昇させ，**作人**のような身分を獲得する者も現れる。そして，**名主**はこれらの作人から土地の使用料のような形の税，「**加地子**」を**取る地主のような存在**になっていきます。

日宋，日元，そして日明貿易で大量の貨幣が流入し続けたことが，こうした農村の変化の背景にあります。**貨幣経済がしだいに都市周辺の農村にも広がっていった**。とくに，権力者が住む京都，大寺院のある奈良などでは，貨幣経済が発達します。そこで，惣は自然発生的に京の周辺，近畿地方から，南北朝以降，全国に広がっていきました。

惣百姓の団結

惣百姓たちは自分たちの生活を守り，用水の管理や用水施設を維持するために，みんなで協力する。

Q 村の山野で，共同利用する土地を何といったか？　——入会地

入会地はみんなで公平に利用しないともめ事が起こる。また，領主やその代官の不当な支配に対応する必要がある。

もちろん一番直接的な被害は，農民たちにとってなんの関係もない武士の戦闘で，耕地を踏み荒らされること。そういう**戦乱から地域を自衛**するためには１人１人孤立しているのではどうにもならないから，団結する。

このような状況が畿内先進地域から，全国に広がっていくんですよ。

惣の組織

では，**惣の組織**ですが，その指導者は**おとな**・**沙汰人**などと呼ばれる農民の代表です。

そして，地域の問題を相談したり，規則を決めるために，みんなで集まって会議を開きます。その会議を**寄合**といいます。きびしいんですよ，これは。めんどうくさい，「今日はパスしとこう」なんていうのは許されません。欠席すると罰金を取られたりする。

惣百姓らは，村の神社などのお祭りもみんなで運営する。祭礼などを運営する組織が**宮座**です。学校で言えば文化祭の実行委員会みたいなものです。お祭りになるとウキウキと心が騒ぐ。一体感で盛り上がる。

そして，重要な課題について，たとえば入会地の管理とか，犯罪が起こったり，よそ者が入ってきたり……といった場合にどうするか？　その処理の方法などを決めてそれを文章化します。これを**惣掟**（**村法**・**村掟**・**地下掟**）といいます。

代表的なものを見てみましょうか。

史料

27 地下掟(1)/「菅浦文書」

当所壁書之事，守護不入，自検断之所也，……

菅浦の壁書，この地域には守護(の使者など)が入って来ることはできない。
犯罪の取り締りや処罰は自分たちで行う。

永禄十一年十二月拾四日
1568年12月14日

惣掟(1)「菅浦文書」

この掟は「当所壁書」とありますから，たぶんみんなで集まった集会場の壁にでも貼っておいたんでしょうか。内容は単純です。われわれの地域には，守護もしくは守護の使いは入らないことになっている。武士が入ってくることは拒否できる。

「検断」というのは，殺人・傷害などの犯罪を取り締まることです。要するに警察・裁判ですが，犯罪者を捕まえて処罰して，罰を科すのは自分たちだ。自分たちで地域の警察権は行使するぞ，と言っている。**自検断**，または**地下検断**ともいいます。**守護による警察権を拒否**しているわけです。

惣掟(2)「今堀日吉神社文書」

史料をもう1つ(次ページ)。今堀も，前の菅浦も近江国，今の滋賀県です。これも，地下掟。

2条目，3条目，惣の地域内の屋敷に，村人じゃない者を住まわせてはいけないと言っている。また，「他所の人」──地域外の人を，「地下に請人候わで」──ちゃんとした保証人がいないのに住まわせてはいけない。

4条目。「惣の地」と「私の地」──惣の地というのは，大ざっぱにいえば，さっき言った**入会地**です。惣全体で使う土地と自分の土地，私の土地の境目をめぐって，「ここまではおれの土地だ」，「いや，ここまでは惣の土地だ」とかもめたときは，お金で解決しましょうと。

6条目は，家を勝手に売った者に対する**罰金の規定**です。数字は覚えなく

史料

28 地下掟(2)/「今堀日吉神社文書」

定　今堀地下掟の事　　合　延徳元年己酉十一月四日

定める　今堀の地下掟　　1489年11月4日

一，薪・すみ(炭)は，惣のをた(焚)くべし。

薪・炭は惣のものを使うこと。

一，惣より屋敷請候て，村人にて無き物置くべからざる事。

惣から家を借りて，他所の者をそこに住まわせてはいけない。

一，他所の人を地下に請人候わで，置くべからず候事。

他所の者を保証人を立てずに住まわせてはいけない。

一，惣の地と私の地と，さいめ相論は，金にてすますべし。

惣の土地と，個人の土地との境目についての紛争は，金で解決すること。

一，惣森にて青木はとカ葉かきたる物(者)は，村人は村を落すべし。

惣の森で木や葉を勝手に取る者は村のメンバーからはずせ。

村人にて無物(者)は地下をはらうべし。

村人以外は追い出すこと。

一，家売たる人の方より，百文には三文ずつ，壱貫文には卅文ずつ，

家を売った者からは，100文につき3文，1貫文につき30文の金を惣に対して出さ

惣へ出すべきものなり。

せることとする。

此旨を背く村人は，座をぬくべきなり。

この掟を破った者は，(宮)座の構成メンバーからはずすこととする。

一，家売たる代，かく(隠)したる人をば，罰状をすべし。

家の売却代金を隠した者は処罰を加えること。

一，堀より東をば，屋敷にすべからず者なり。

堀より東側には屋敷を建ててはいけない。

ていい。家を勝手に売った人からは罰金を取る。それを惣に出しなさいと。

で，「此旨を背く」者，このような自分たちで決めた規則に背く場合は，「座

をぬく」，要するに宮座の構成員の資格を剥奪するということです。

このような，惣の百姓たちが，寄合で話し合い，惣の自治を維持するために決めた規則が**惣掟**とか**地下掟**と呼ばれるものです。規則の細かい中身や数字を覚える必要はありませんから，復習のときはサーッと読み返しておけばOKです。

地下請

このように農民の団結が強固になってくると，荘園領主との関係にも変化が現れ，現地を自分たちで支配する惣村が領主に納める年貢などを請け負うようになっていきます。領主側は，現地には口を出せなくなる。これが**地下請**です。「**百姓請**」「**村請**」とも呼びます。

農民の抵抗

また，年貢を過重にかけられるとか，臨時の税金を取られるようなときに，どうしても納得がいかないと，惣が結合し，団体で交渉に行って，「反対！」とデモをやる。

Q 惣が団結して，領主に年貢の減免などを強圧的に要求することを何というか？
──「強訴」

あるいは，

Q みんなで耕作を放棄してどっかへ逃げてしまうのは？ ──「逃散」

強訴や逃散といった抵抗の最後の段階，もっとも強烈な手段が**土一揆**です。

「**一味神水**(**一味同心**)」の儀式を行って，一致団結を誓う。みんなで決議文を書いて署名し，要求を貫徹するまでは絶対に引き下がらないぞと，起請文，決議文を書いた紙を燃やして，その灰を水に溶かし，その水を順番にまわし飲みをする──こういう儀式を「一味神水」といいます。特定の目的のために一致団結するのが「一揆」です。

3 土一揆

授業ノート p.33 参照

さて，このような惣の成長を背景に，広い範囲の惣の農民＝「土民」たちが，何らかの目的をもって一致団結したのが**土一揆**です。

専業の武士たち，「**国人**」も地域的に団結することがあります。守護や守護代に対抗する必要が生じた場合や，農民支配などの目的のために，国人たちが一種の契約を結んで結束するのが**国人一揆**です。

さらに，国人だけでなく土民・地侍も一緒になって幕府や守護に対抗しようとする大規模な一揆が**国一揆**です。

それらの代表的な具体例を確認しておきましょう。**応仁の乱の前**の，**正長の徳政一揆**，**播磨の土一揆**，**嘉吉の徳政一揆**。**応仁の乱後**の，**山城の国一揆**，**加賀の一向一揆**など。

おもな一揆

土民・地侍…………	**土一揆**	1428	**正長の徳政**一揆
		1429	**播磨の土**一揆
		1441	**嘉吉の徳政**一揆
		1467 ～ 1477	応仁の乱
国人…………………	**国人一揆**		
国人・地侍・土民…	**国一揆**	1485 ～ 1493	**山城の国**一揆
(浄土真宗本願寺派＝一向宗)		1488 ～ 1580	**加賀の一向**一揆
(日蓮宗)		1532 ～ 1536	**法華**一揆

正長の徳政一揆

さて，最初は**正長の徳政一揆**です。まず，年号から暗記。

Q 琉球王国の成立は何年？ ――1429 年

ハイ。正長の徳政一揆はその前年，**1428年**。土一揆ですが，農民が徳政を要求したので，徳政一揆。1428年→29年。いい？　このあたりは年表でしっかり復習すること。念のため，ゴロ合わせも。

「**い**っ**しょ**に**や**ろう，正長の徳政一揆」
（い＝1，しょ＝4，に＝2，や＝8）

ゴロゴロ
➡1428年，正長の徳政一揆

さあ，正長の徳政一揆，史料も頻出。

史料

29　正長の徳政一揆／『大乗院日記目録』

正長元年九月　日，一，天下の土民蜂起す。徳政と号し，酒屋・
1428年9月　京都周辺の土民が蜂起した。彼らは「徳政」だと叫んで

土倉・寺院等を破却せしめ，雑物等恣に之を取り，借銭等悉く之
酒屋・土倉・寺院などを襲撃し，物を奪ったり，借金証文を破り捨て

を破る。管領之を成敗す。凡そ亡国の基，之に過ぐべからず。日本
たりした。管領畠山満家がこれを鎮圧した。国が亡ぶ一番の原因となるにちがいない。日本の

開白以来，土民蜂起是れ初めなり。
歴史が始まって以来，農民の大規模な反乱はこれが初めてのことだ。

▶最初の大規模な徳政一揆

「天下」，日本じゅう——まあ，日本じゅうはオーバーですが，**近畿地方の土民**が蜂起したと。「徳政だ，徳政だ」と，みんなで騒ぎ立てた。**酒屋・土倉・寺院**は代表的な**金融業**です。

禅宗の寺院なども，信者などから得たお金などを金融にまわして利益を得ています。「**祠堂銭**」などと呼ばれるものです。お寺もね，高利貸し業者なんです。信者から集めたお金を増やそうと，金融業を始めてる。お酒を売って

いたり倉庫を貸していた連中も高利貸し，高い利率でお金を貸す金融業者になっている。

庶民からすれば，いつも利子(りし)ばっかり取ってる連中だ。酒屋・土倉・寺院などをみんなでぶっこわして，自分たちの借金証文(しょうもん)なんかを引っぱり出しては，破り捨てていった。そして，管領(かんれい)の**畠山満家**(はたけやまみついえ)が，「之(これ)を成敗(せいばい)す」——これを**鎮圧**(ちんあつ)したんだと。

今回はそれで終わったんだけども，「凡(およ)そ亡国(ぼうこく)の基(もとい)，之(これ)に過(す)ぐべからず」——およそ国が滅ぶもとだ。「**日本開白**(かいびゃく)**以来，土民蜂起**(どみんほうきこ)**是れ初めなり**」——日本の歴史が始まって以来，農民の大規模な反乱はこれが初めてのことだ。ここがキーワードね。

土一揆はそれ以前からもありますが，「徳政だ，徳政だ」と多くの土民たちが蜂起した大規模な一揆はこれが最初だと。

で，この出典『**大乗院日記目録**(だいじょういんにっきもくろく)』というのは絶対に覚えて。書いたのは，**尋尊**(じんそん)という，摂関家(せっかんけ)出身の大乗院の院主。大乗院というのはどこにあったかというと，奈良の興福寺(こうふくじ)にあったお寺です。なんで興福寺の中にまたお寺があるのか。これは，「○△デパート」の中にあるルイヴィトン，グッチの店みたいなものです。こういうのを**塔頭**(たっちゅう)といって，デパートの中にまたテナントが入っているみたいなもんです。

興福寺というのはめちゃめちゃでかいから，その中にまた，なんとか院，なんとか院というのがいっぱいある。そして興福寺・春日神社は**摂関家の氏寺**(うじでら)**・氏社**(うじしゃ)ですから，その有力な塔頭のトップには摂関家の出身者がなっているんです。

この尋尊の父は，摂関を歴任した**一条兼良**(いちじょうかねよし／かねら)という室町文化で一番よく出る人です。その息子の尋尊が大乗院の日記の中から，もっとも重要な記事だけを抜き書きしたものが，この史料です。ところで，

Q 正長の徳政一揆で，きっかけとなる最初の蜂起を行ったのはどういう連中だったか？

——**馬借**(ばしゃく)です。

この馬借たちもまた零細(れいさい)な**交通業者**だから，やっぱり高利貸し業者に対する反感を持っている。馬借は機動力があるから，情報がアッという間に仲間

へ伝わっていくんです。その結果，正長の徳政一揆がガーッと盛り上がっちゃった。

「私徳政」とは？

もっとも，このとき幕府から**「徳政令」は出ていません**。しかし，地域的には「徳政」が実現しているんです。幕府が公的に「徳政」を認めたのではないが，実際に「徳政」が実施されることも多いんです。これを**「私徳政」**と呼びますが，次の史料はその典型です。

> **史料**
>
> **30　私徳政 / 「大和国添上郡柳生郷徳政碑文」**
>
> 正長元年ヨリサキ者カンへ四カンカウ(神戸四ケ郷)ニヲヰメ(負目)
>
> 1428 年以前のこの地域(神戸四カ郷)の借金などの負債は，もはや消滅した。
>
> アルヘカラス

大和国の「神戸四ヶ郷」の土民たちは，大和国の支配者である興福寺に「徳政」を認めさせて，「正長元年」以前の「負目」，すなわち借金などの**負債はなくなった**ぞ，と宣言しているんです。

これが石に刻まれている。地域の入口の道のかたわらにこれを建てた。そこで，1428 年のゴロ合わせの別バージョンができます。

1 4 2 8
「石(**いし**)**には**刻む私徳政」

→ **1428 年，正長の徳政一揆**

播磨の土一揆

さて，その次。正長の徳政一揆の翌年，今度は播磨国でやはり農民たちが蜂起します。これを**「播磨の土一揆」**といいます。翌年だから **1429 年**。ということは，琉球王国の成立の年。尚巴志だね。

史料を見てみましょう。

史料

31　播磨の土一揆／『薩戒記』

(正長二年)正月廿九日，播磨国の土民，旧冬の京辺の如く蜂起す。国中の侍悉く攻むるの間，諸庄園代これに加はる。……凡そ土民，侍をして国中に在らしむべからざる所と云々。乱世の至なり。仍りて赤松入道発向し了ぬ者。

(1429年)1月29日　播磨国の農民が，去年の冬の京都周辺の正長の徳政一揆と同じように蜂起した。彼らは播磨国中の侍を襲い，荘園の代官などもこれに加わっている。土民たちは「侍たちはこの国の中には住ませないぞ」と言っている。世の中も乱れたものだ。そこで守護の赤松満祐が京都から鎮圧に向かった。

「旧冬」というのは「去年の冬」ですから，1428年。京都のあたりの土民が蜂起したというんだから，当然，「正長の徳政一揆」のことを言ってる。翌年がこの播磨の土一揆ということになる。

注意しなきゃいけないのは，これは**借金をちゃらにしろという徳政要求ではない**という点。「**侍をして国中に在らしむべからざる**」――「侍はもう播磨の国には住まわせないぞ」と言ってる。要するに，「侍，出ていけ」という要求です。この「侍」は赤松氏の家臣などを指します。

理由は簡単だよ。「ヤツらは自分たちに役に立たない勝手な戦争のために，やたらと税金を取っていく。取られた税金が，自分たちの生活の役に立ってねえじゃねえか。武士なんか要らねえ」と，土民たちが騒いで追い出しにかかったんだと。まあ，この『薩戒記』の著者によれば，「乱世」の至りだと。

で，あわてて守護の「赤松入道」，**赤松満祐**が京都から部下を連れて鎮圧に向かいましたよ。はい，赤松満祐は**播磨**の守護。これが播磨の土一揆です。いいね。1429年ですよ。

Q 赤松満祐が1441年に起こした事件は？　――**嘉吉の変**

はい，4のサンドイッチ，1441は嘉吉の変。とくれば，史料のキーワードは「犬死」。犬死にしたのは6代将軍足利義教ですよね。さっき，やったばかり。

1221…承久の乱
1331…元弘の変
1441…嘉吉の変
1551…大内(義隆)滅亡
勘合貿易断絶

嘉吉の徳政一揆

義教が暗殺され新将軍は義勝。そこで大規模な一揆が起こったんです。史料からいこう。

史料

32　嘉吉の徳政一揆／『建内記』

三日，近日四辺の土民蜂起す。土一揆と号し御徳政と称して借物を破り，少分を以て押して質物を請く。……侍所多勢を以て防戦するもなお承引せず。土民数万の間防ぎえずと云々。……今土民等代始めに此の沙汰先例と称す。……

(1441年9月)3日，京都周辺で土民が蜂起した。「土一揆ダ」，「徳政ダ」と言って(金融業者を襲い)借金証文を破り捨てたり，質物を取り戻したりしている。侍所の武士がみんなで防ごうとしたが，土民はなお言うことを聞かない。土民は数万人にも膨れ上がって止めることができない。土民たちは，新しい将軍の治世が始まるのだから，お祝いに徳政令を出すべきだろうと主張している。

十三日，……土一揆申請う徳政の事，大略許さるべきの由沙汰あり。土蔵等歎き申すの旨あるかと云々。

13日，土一揆の要求する徳政について，ほぼその要求を認めるしかないと決まったらしい。土倉などは嘆いて，いろいろと苦情を言うに違いない。

十四日，……定む徳政の事。

14日，徳政令が出た。

右，一国平均の沙汰たるべきの旨，触れ仰せられおわんぬ。……

徳政の対象は，山城国内の武士・公家・農民すべての借金を対象とする旨，発表された。

京都の周辺の土民が蜂起して，**徳政**を要求した。侍所の部隊が防戦しようとしたが，数万人の土民が京都に乱入してきたため，防止できない。

土民たちは「**代始め**に此の沙汰先例」だと言っている。庶民が喜ぶ政治をせよ。もちろん「代始め」は，7代将軍**足利義勝**の代始めです。土倉などが献金して幕府に徳政令を出さないよう工作したりしますが，土民の圧力は強く，結局，「**大略許さるべき**」ということになったわけです。

ついに幕府は「**一国平均**」——日本全国じゃないの。**山城国に限って**，「平均」というのは押しなべて，土民だけじゃなくて，公家も武家も，そして農民も，ともかくそれ以前の借金は解消されることとした。**山城一国の徳政令**が初めて出たんです。

「一国」は日本ではなく**山城国**。「平均」は**すべての身分**を指すんですよ。

そして，将軍との関係。

（足利義教が）クジで当たって ➡ 正長の徳政一揆
犬死に（義勝が新将軍） ➡ 嘉吉の徳政一揆

というタイミングをしっかり覚えておくこと。

4　国一揆・一向一揆

授業ノート p.34 参照

応仁の乱は決着がつかないまま，1477 年以降も社会は変化し続けますが，結局，両軍とも疲れ果てて，1477 年に停戦が実現します。守護たちは自分の支配地に戻っていった。

山城の国一揆

ところが応仁の乱が終わったあとも，山城国では**畠山政長**と**義就**の対立は続いているんです。さすがに，「もうええかげんにせいよ」と，山城の人々が怒っちゃった。これが1485 年，**山城の国一揆**です。

そこで史料。出典は『**大乗院寺社雑事記**』。

史料

33　山城の国一揆 /『大乗院寺社雑事記』

(文明十七年十二月)十一日，一，今日山城国人集会す。上は六十歳，
(1485 年 12 月)11 日，　今日山城の国人たちの集会があったという。

下は十五六歳と云々。同じく一国中の土民等群集す。今度両陣の時宜
そこへ国中の土民たちも集まった。　そして，畠山政長軍と

を申し定めんが為の故と云々。然るべきか，但し又下極上の至なり。
畠山義就軍の戦闘をやめさせる相談をしたということだ。もっともなことだが，下剋上もここまでいったのだなあ。

十七日，一，……自今以後に於ては両畠山方は国中に入るべからず。
17 日，　今後は両畠山軍が国内に入ることを禁止する。

(文明十八年二月)十三日，今日山城国人，平等院に会合す。国中の
(1486 年 2 月)13 日，　山城の国人が宇治の平等院に集まり，自治のための規則

掟法猶以て之を定むべしと云々。およそ神妙。但し興成せしめば，天下
を決めたということだ。　神妙なことではあるが，これ以上騒ぎが大きくなる

のため，しかるべからざる事か。
のはよろしくない。

これまた興福寺大乗院の**尋尊**の記録。山城の国人が集会した。そこへ，土民も集まってきた。**国人**というのは専業的な武士です。土民はもちろん一般の農民。

「**両陣**」は「両畠山方」，**政長と義就**だということをしっかり覚えること。国人たちは，対立する政長軍・義就軍のあいだに入って戦闘をやめさせようとした。

尋尊は「然るべきか」，そりゃもっともだ。だけど，よく考えたら国人や土民が名門の畠山に向かって，戦争をやめろとか下の者が要求するのは「**下極**(剋)**上**」，下剋上の極みだと。史料本文では「下極上」ですが，一般的には「下剋上」ですよ。

下 **剋** 上

17日になると，国一揆側は「両畠山方は両方とも出ていけ」と宣告し，実際に，「両畠山」軍は山城国から出ていきました。

そして翌年の記事では，国人たちが平等院にみんな集まって，自分たちの地域を守るための自分たちの法律を決めている。

尋尊は，国人たちの行動を「神妙」だと評価するとともに，国人たちの勢いがこれ以上強くなることは，「天下」のために危険だとしています。国人たちの決めた自治のための「掟法」は妥当なものだと尋尊は見ているんです。さて，

Q 山城の国人と土民による自治は何年つづいたか？　——8年間

約8年間，自治を維持した。ちょっと注意しておくのは，この一揆を起こしたのは「南山城」の国人・土民たちであって，彼らが支配したのは，**山城一国すべてじゃない**ということ。この自治は「山城国一揆」と呼ばれますが,「山城国」全体が国人らの自治によって支配されたわけではありません。

山城一国だと京都も全部入っちゃう。**南山城**だけ，山城の南半分です。

加賀の一向一揆

次は**加賀の一向一揆**。国人や一向宗の僧侶に農民たちが加わって，これまた非常に広い地域を支配します。なんとこちらは，加賀一国が約100年間，この一向宗を中核とする**国人や農民たちによって支配されました**。

史料

34　加賀の一向一揆 (1) /『蔭涼軒日録』

今月五日，越前府中に行く。　其以前越前合力勢，賀州に
(1488年6月)今月5日，越前の府中に行った。これ以前に越前の武士は加賀の守護を

赴く。然りと雖も，一揆衆二十万人，富樫城を取り巻く。
助けるために出発していた。しかし，加賀では一揆の軍勢20万人が守護の富樫の城を包囲し，

故を以て同九日，城を攻め落され，皆生害す。
9日にはついに城を攻め落とされ，守護方はみんな自殺に追い込まれた。

而るに富樫一家の者一人之を取り立つ。
そして，一揆勢は富樫氏の血をひく人物を代わりの守護に立てた。

はい，これも基本的な史料。京都のお寺の記録。北陸方面の情報を書き留めた部分です。

越前の守護の軍隊が加賀に応援に行ったが，「一揆衆二十万人」に城を囲まれ，加賀の守護富樫は城を攻め落とされ，みんな自殺して果てたと。

Q 加賀の一向一揆勢に滅ぼされた守護の名は？　――富樫政親です。

そこで一揆勢は「富樫一家」，富樫一族の中から富樫泰高という人物を見つけてきて，守護にした。守護が殺されて排除されたんですが，一揆側は一応，新しい守護を立てています。ちょっと無理なゴロ合わせですが，

「**イヨ**ー，母(**はは**)もいっしょに一向一揆」
(14 = イヨ，88 = はは)

ゴロゴロ ➡ 1488年，加賀の一向一揆

もう1点，史料『実悟記拾遺』には有名なフレーズが出てきます。

史料

35　加賀の一向一揆 (2) /『実悟記拾遺』

泰高を守護としてより，百姓とり立て富樫にて候間，百姓のうち
富樫泰高が守護となってからは，農民たちによって立てられた守護なので，百姓の力が強く

つよく成て，近年は百姓の持ちたる国のやうになり行き候。
なり，　まるで百姓たちの支配する国のようになっていった。

加賀は**百姓の支配する国**になっていったと書いてある。

百姓が取り立てた富樫だから，百姓が強くなった。「**百姓の持ちたる国**」という表現は，自治を示す言葉として有名な部分です。

Q 加賀の一向一揆による自治支配は何年つづいたか？　――約 100 年

そこで，「山城８年，加賀 100 年」ね。「桃栗３年，柿８年」というのがありますけど，山城の国一揆は約８年間の自治，ところが加賀の一向一揆は，織田信長の軍事力に屈服するまで，約 100 年続くんです。

山城の国一揆	加賀の一向一揆
1485 ～ 1493（自治）8 年	1488 ～ 1580 約 100 年
国人・土民	一向宗（浄土真宗本願寺派）の信徒
畠山政長・畠山義就	×（守護）富樫政親 → 泰高を擁立
（応仁の乱では）東軍　西軍	

あと，加賀以外でも一向一揆が起こっていることに注意しておきましょう。戦国時代で出題されることがありますから。**三河の一向一揆**と**伊勢長島の一向一揆**です。

伊勢長島の一向一揆は，織田信長と本願寺の戦争，石山合戦に呼応して起こったものです。信長の統一戦争のところでもう一度出てきます。

● **三河の一向一揆**（1563）

➡徳川家康に対する本願寺門徒の一揆。戦闘は一揆方の敗北。

● **伊勢長島の一向一揆**（1570 ～ 1574）

➡織田信長に対する本願寺門徒の抵抗。74 年壊滅。

＊石山合戦（1570～80）➡織田信長と石山本願寺･顕如との戦争。

法華一揆

さて，次に一向宗ではなく**日蓮宗**(にちれんしゅう)が母体となった「**法華一揆**(ほっけいっき)」にも注目しておいてください。応仁の乱後の京都で，日蓮宗の布教を契機に一揆が結ばれます。応仁の乱後，荒廃(こうはい)した町を再建していったのは商人たち，**町衆**(ちょうしゅう)ですが，自分たちの町を自分たちで守ろうとした。

京都には土民(どみん)が流れ込んでくるわけでしょう。鎌倉時代には**東国中心**だった日蓮宗が京都に入って来る。足利義教(よしのり)に法華信仰を勧(すす)め，拷問(ごうもん)にかけられた**日親**(にっしん)などが有名な例です。熱い鍋(なべ)を頭にかぶせられたというので「鍋かぶり上人(しょうにん)」「鍋かぶり日親」なんて呼ばれた僧侶ですが，京から西日本に布教が進んだ。町衆たちに信者が増加し，日蓮宗の寺院も増えていった。

1532 年，その日蓮宗，法華宗を中心に団結したのが**法華一揆**で，一向一揆や土一揆に対抗して，自分たちの利益，生活を守ろうとします。

彼らは 1532 年，一向宗の拠点である**山科本願寺**(やましなほんがんじ)を焼打ちしたため，一向宗はその拠点を今の大阪へ，**石山本願寺**(いしやま)に移します。

ところが，法華一揆は天台宗，比叡山(ひえいざん)や近江(おうみ)の守護六角(ろっかく)氏などとの対立を激化させ，今度は**比叡山延暦寺**(えんりゃくじ)の僧兵や守護方の武士の軍勢によって京都に攻め込まれ，20 以上あった日蓮宗寺院は壊滅(かいめつ)してしまいます。1536 年に起こったこの事件は，「**天文法華の乱**(てんぶんほっけ)」と呼びます。16 世紀の前期の話です。

今回はここまで。激動期ですから，何が何やら，ゴチャゴチャになる。ともかく，今回はすぐに年表で確認してください。1401 年あたりから。

第27回

中世(10)

経済の発展と戦国大名

今回はいよいよ戦国時代ですが，まずは**室町時代の経済発展**から。

退屈(たいくつ)なテーマですが，ここは**鎌倉時代の経済と比較(ひかく)して覚えていく**のがポイントです。たとえば農業なら，鎌倉時代には二毛作(にもうさく)が始まりますが，室町時代になると**三毛作も現れる**。定期市では鎌倉時代の三斎市(さんさいいち)(三度の市)から室町時代には**六斎市が現れる**。

そのような経済の成長を背景に，応仁の乱後，実力で1国を支配する**戦国大名(だいみょう)**が登場してきます。

鎌倉時代の「大犯(だいぼん)三ヵ条」に加えて，南北朝期以降，「刈田狼藉(かりたろうぜき)の取締り」や「使節遵行(しせつじゅんぎょう)」など新たな権限や職務を加えて支配権を強化した守護を「**守護大名**」と呼ぶことがありますが，その守護大名の多くが没落(ぼつらく)し，**守護代**などが1国の支配者に成長してくるのです。

名門の武田氏・今川氏などは生き残りますが，伝統的な権威(けんい)によって1国の支配を維持したのではなく，実力で支配するようになっていきました。

戦国大名の成立過程

〈鎌倉〉	〈南北朝～〉	〈応仁の乱～〉	〈太閤検地〉
守護 ➡	守護大名 ➡	戦国大名 ➡	近世大名
大犯三ヵ条	刈田狼藉の取締り	分国法	
	使節遵行	実力による1国支配	

代表的な**戦国大名**と**分国法**をチェックしていきます。

1 経済の発展

授業ノート p.35 参照

室町時代，戦国時代は戦争が絶えなかった時代ですが，経済は戦争のために打撃を受けるというわけではなく，逆に，しっかり成長していきます。

農業

諸産業のうち，農業から。

経営の多角化，**集約化**が先進地域などで進みます。技術的には水車の利用が広がる。用水を引いて田や畑が広がりますし，精米や製粉，搾油などのための動力としても**水車**が活躍する。

そして，**二毛作**が一般化するとともに，畿内などでは**三毛作**が始まります。

この三毛作についての史料として，外国人が書いた貴重なものがあります。朝鮮から日本へやってきた外交使節**宋希璟**という人の書いた**『老松堂日本行録』**という紀行文です。

今の兵庫県尼崎に宿泊したときに，日本の農村の様子を記録しているんですが，「日本の農家」は1年に水田を3度使う。米と**麦**と**そば**をつくっていると書いているんです。この宋希璟という人は有名な外交官で，日本に来たのは1420年のことです。ハイ，1420年といえば，その前年，

Q 1419年に日本と朝鮮とのあいだで生じた事件は何だった？

――応永の外寇

そうです，宋希璟は，応永の外寇が大規模な戦争に拡大しないように交渉しにやって来たんです。幕府との交渉で，紛争が拡大しないように話をまとめて，ホッとして帰国する途中，摂津国尼崎に泊まったときに，この三毛作について書いているんです。

稲作の改良

さて，続き。鎌倉時代に始まった**大唐米**という多収穫米は，15世紀の農地の開発を支えています。そして，室町時代になると**米の品種改良**も進んで

いくとともに，田植えの時期が３パターンに分かれてきます。

Q 早い時期に種もみをまき，収穫する品種を何というか？ ——**早稲**(わせ)

Q 一般的な時期にまく品種は？ ——**中稲**(なかて)

Q 一番最後にまいて晩秋(ばんしゅう)に刈り取るのは？ ——**晩稲**(おくて)

わせ・なかて・おくて
わせ・なかて・おくて

わせ・なかて・おくて。読み方が大事よ。

ほかに，水を汲(く)み上げる，揚水具(ようすいぐ)としての**竜骨車**(りゅうこっしゃ)なんていう道具が伝わっています。

次，蔬菜(そさい)。野菜のことです。さらに，加工業の材料である**原料作物**もさかんに栽培されるようになりました。とくに，大消費都市京都をひかえて，近畿地方などで**商品作物**が発達していきます。

肥料も，鎌倉時代までの**刈敷**(かりしき)・**草木灰**(そうもくばい)に加えて，人糞尿(じんふんにょう)などを利用した**下肥**(しもごえ)が登場します。有機肥料が登場したということです。これによって，商品作物の栽培など，**農業の集約化が可能**になるんです。

代表的な商品作物としては，紙の材料となる**楮**(こうぞ)，塗(ぬ)り物のための**漆**(うるし)，染料(せんりょう)の**藍**(あい)，衣料の材料となる**苧**(お)など。これにともなって手工業も発達し，特産地が誕生しますし，それぞれの**座**(ざ)も登場します。

製塩業

製塩業(せいえんぎょう)では，それまでの**自然浜**(しぜんはま)（**揚浜**(あげはま)）に加えて，**入浜**(いりはま)（**古式入浜**(こしきいりはま)）と呼ばれる方式が一部の地域で始まります。人が，桶(おけ)などで海水を汲んできて塩田に撒(ま)く，「自然浜」「揚浜」が一般的だったのですが，簡単な堤防(ていぼう)を築(きず)き，**潮の干満を利用**(かんまん)して，満潮時に海水を塩田に自動的に取り込んでいく方式が生まれる。**揚浜式から入浜式に**代わっていく。本格的には近世に成立するので，中世の入浜式は「古式入浜」と呼んでいます。

手工業の発達

手工業でもっとも早くから発達していたのは，**刀剣**などをつくる**鍛冶**や，釜などをつくる**鋳物**の技術です。これらは鎌倉時代にすでに相当進歩していた。

それから，日明貿易で**生糸**が入ってくると，**西陣織**が始まるんですね。この西陣というのは，応仁の乱で西軍の陣地のあったあたりという意味ですよ。そこに，新しい**絹織物業**の技術が定着した。

次，**紙**。ここは全部覚えます。日本史の先生は古文書を扱うから，みんな紙にはこだわります。美濃でつくられた紙はなんですか。答え，**美濃紙**というのは，出ませんと言っちゃいけないけど，単純だよ。だから，一番よく出るのは，

Q 播磨国産の紙は何と呼ばれたか？ ——杉原紙

これ，杉原と書いて「**すいばら**」，「すいわら」となまる場合もある。これは武士なんかが手紙を書くときの高級紙です。では，

Q 越前国でつくられた超高級紙は？ ——鳥子紙

これは，ほら，芸能人がサインなんかするものすごい固い紙。目の詰まった高級紙が**越前**の鳥子紙です。

それから，分厚くて，ちょっと墨で書くとサーッと墨が染み込むような紙。これが，**土佐**とか**讃岐**，四国でつくられた**檀紙**というやつです。ともかく，地域名から紙の種類が出てこなければいけません。

地方の特産品をまとめておきましょう。

地方の特産品

- **絹織物** … 加賀・丹後（応仁の乱後には京都で**西陣織**が始まる）
- **紙** ………（美濃）**美濃紙**・（播磨）**杉原紙**・（土佐・讃岐）**檀紙**
- **陶器** …… 美濃・尾張
- **刀剣** …… 備前　　　＊刀剣は輸出品の代表でもある。
- **釜** ……… 能登・筑前

商業

鎌倉時代の定期市は**三斎市**，月に「**三度の市**」だった。

室町時代になると，月６回開かれる**六斎市**も現れます。また，鎌倉時代からある**見世棚**という常設の小売店も増加します。

次。鎌倉時代の**問**（**問丸**）は覚えていますね。この問から専門の**卸売商人**が室町時代には出てくる。大量に商品を買っておいて，それを小売り業者に売っていくわけね。**卸売業**で，**問屋**と言います。

ほかに，頭の上に，薪とか，いろんな商品を乗っけて売り歩く，**大原女**・**桂女**という女性の商人も有名ですね。**桂川の鮎**などを売るのが**桂女**。**炭**や**薪**をおもに売るのが**大原女**。

同じ**行商人**で，**振売**といって，棒の先に荷をつけて振りながら，売り歩く商人もいます。あるいは**連雀商人**といったような，かなり遠方に出かける行商人たちもいます。こちらは男性。

座の発達

そして，これは第21回でもやりましたが，平安時代からあるんだけども，特定の商品を独占的に扱う**特権的な同業者組合の座**。これも発達します。新しい業者を排除して自分たちの特権を守ろうという団体です。蔵人所を本所とした鋳物師の団体は灯炉供御人と呼ばれて，朝廷の権威を背景に関銭を免除され，全国的な活動をしました。もちろん，一番有名なのは，

Q 石清水八幡宮の末社である離宮八幡宮に所属する座といえば？

——大山崎の油座

代表的な座を確認してください。

〈商品〉	【本所】	←座役—	【座】
〈油〉	石清水八幡宮		大山崎の油座（離宮八幡宮・油神人）
〈鋳物師〉	蔵人所		灯炉供御人
〈麹〉	北野社		麹座神人
〈綿〉	祇園社		綿座神人

史料を見ておこう。

史料

36 座の発達／「離宮八幡宮文書」

石清水八幡宮大山崎神人等，公事幷びに土倉役の事，免除せらるる

石清水八幡宮の支配下にある大山崎の（離宮八幡宮の）神人たちの，公事・土倉役などは

所なり。将又摂州道祖小路……………，　　　　　悉に荏胡麻を売買せ

免除する。また，摂津国の道祖小路……………などの農民が，勝手に荏胡麻を売買している

しむと云々。向後は彼の油器を破却すべきの由，仰せ下さるる所なり。

ようだったら，　今後は彼らの油を入れた器を破壊してもよい。

仍って下知件の如し。

このように将軍の命令が出たので，これを知らせる。

応永四年五月廿六日　　　　　　　　　　　沙弥（花押）

1397年5月26日　　　　　　　　　　　　管領斯波義将

石清水八幡宮の支配下にある**離宮八幡宮**，大山崎の**神人**たちは，さまざまな税金を払わなくてもいい。そして，**荏胡麻**を独占的に売買できるんだと。今後は，大山崎の神人以外の者が油を売っていたら，その器をぶっこわしていいと。「油器を破却すべき」という将軍の命令が出た。

石清水八幡宮は，**源氏の氏神**として足利将軍家が尊崇する有力な神社です。室町将軍家は源氏ですから。

大山崎にある離宮八幡宮の神人は，「**本所**」である石清水八幡宮に油を納入します。地頭が荘園領主に対して年貢を負担するのといっしょです。座の場合は「**座役**」といいます。荘園領主が国司の課税を抑えるように，石清水八幡宮はその権威によって幕府の許可を得て，大山崎の神人たちの荏胡麻の売買，油の売買の独占や，免税を保証してやるわけです。

油は「荏胡麻」油で，照明用です。座はそれこそ星の数ほどありますが，ほかに，菅原道真をまつる**北野社**の**酒麹座**，**祇園社**の**綿座**ぐらいは覚えておきましょう。

戦国大名などによってこのような座の特権が否定されていくことは，のちほど見ていきます(p.204)。

貨幣の流通

次に貨幣。輸入銭の大量流入によって商業の発達が可能となるわけですが，さまざまな輸入銭が流通し，とくに，明銭の大量流入以降は「**私鋳銭**」，すなわちニセ金も出まわります。

取引に際して，だれでも上等の銭を選ぼうとします。あるいは質の悪い銭を相手に渡そうとする。相手は薄くなっちゃったとか，欠けてるやつを拒否する。そのような行為を「**撰銭**」といいます。あまり撰銭が行われると売買，流通がとどこおります。そこで，**銭を選ぶのを制限する**，あるいは良銭と悪銭の混入比率を指定したりしました。

史料

37　撰銭令 /「建武以来追加」

一，商売の輩以下撰銭の事，明応九・十

商売する者などの撰銭について，1500 年 10 月

近年恣に銭を撰ぶの段，太だ然るべからず。所詮日本新鋳の料足

近年，自由勝手に撰銭を行っているのはよくないことだ。　いろいろな場合があろうが，

に於ては堅く之を撰ぶべし。　根本渡唐銭永楽・洪武・宣徳

日本で新しく鋳造した私鋳銭は受け取りを拒否してよい。中国からもたらされた銭，永楽通宝・

等に至りては，向後之を取り渡すべし。……

洪武通宝・宣徳通宝などは撰んではいけない。ちゃんと受け渡ししなさい。

撰銭の禁止

日本で新しく鋳た「料足」——料足とは銭のことです。江戸時代でも貨幣のことを「おあし」なんて言います。一般には**私鋳銭**と呼ばれるニセ金。変な話だよな。中世は変な時代ですよ。正式の銭が輸入した銭で，日本でつくるのはニセ金だ。

輸入銭については，「これは受け取るけれど，これはいやだ」とかいったような**撰銭はしてはいけません**。

Q 輸入された明銭中，もっとも流通し，標準貨幣とされたものは？

——**永楽通宝**

ほかに，**洪武通宝**・**宣徳通宝**を加えた 3 種類の貨幣が代表的な明銭です。

いま見た史料にも出てきた「永楽（通宝）・洪武（通宝）・宣徳（通宝）」——これらは代表的な明銭として覚えておきましょう。発行の順からいうと，明の建国者，初代**洪武帝**（**朱元璋**）の洪武通宝が最初。次に 3 代皇帝永楽帝の永楽通宝。

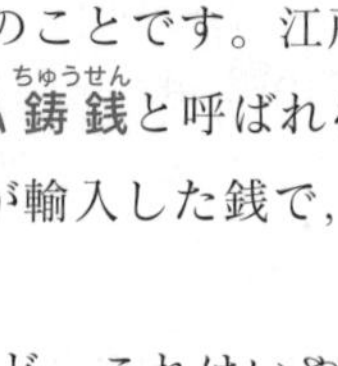

▲永楽通宝

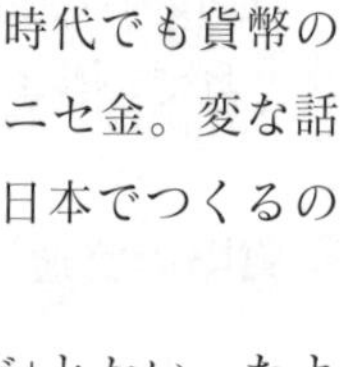

▲洪武通宝

そして，5代皇帝宣徳帝の宣徳通宝の順となる。

洪武通宝 ➡ 永楽通宝 ➡ 宣徳通宝

こうぶ・えいらく・せんとく
こうぶ・えいらく・せんとく

と順番を覚えておこう。

ところで，永楽通宝などのような，ちゃんとした輸入銭，良質の銭貨は「精銭」などと呼びますが，使用しているうちに一部が欠けたり，薄っぺらになったりしてくる。あるいは入れておいた壷が火事に遭うなど，だんだん悪銭になっていく。

その一方で，商業が発達し，銭の使用はますますさかんになってきて，銭の輸入量が不足してくる。そこで，16世紀後半になると，西日本では**米や銀も貨幣**として使用されるようになったといいます。

■金融業の発達

さて，貨幣経済が発達すると，**金融業**が発達します。鎌倉時代にすでに**借上**というのがいましたね。室町時代になると**土倉**・**酒屋**。また，庶民たちがみんなで少しずつ，少額，今なら100円，1000円ずつとか出し合って積み立てて，お互いに融通し合うような庶民金融――**頼母子**(**講**)とか**無尽**というのも，このころから発達します。

あと，大寺院なども金融業を営んでいたことに注意しておいてください。幕府の保護を受けた**禅宗寺院**などが，信者による死者の供養のための寄付金を高利貸し資本として運用します。これを「**祠堂銭**」といいます。土民の徳政一揆などのときに，酒屋・土倉とともに「寺院」も襲撃の対象となっていたことを思い出してください (p.172)。

■交通はどうなっていたか

次に遠隔地(えんかくち)との**海上輸送**は，鎌倉以来の**廻船(かいせん)**。そして，

Q 大津(おおつ)・坂本(さかもと)などの琵琶湖畔(びわこはん)の港町で発達した陸上輸送を行う業者を2つあげなさい。

――馬借(ばしゃく)，車借(しゃしゃく)

馬借は馬を使い，車借は牛馬が車を引くもので，京などとのあいだの輸送を行いました。馬借は「石山寺縁起絵巻(いしやまでらえんぎえまき)」で有名。

▲馬借(石山寺縁起絵巻)

このような交通の発達に目をつけて，幕府や大社寺(だいしゃじ)，公家などが自分の支配する地域の交通の要地に**関所(せきしょ)**を設(もう)けて，**関銭(せきせん)**を取ります。港などの水上交通の要地では，「**津料(つりょう)**」を徴収します。古代の「**三関(さんげん)**」などは治安の維持が目的ですが，**中世の関所は営利目的**ですよ。

ちょっと復習。

Q 古代の東海道・東山道・北陸道に置かれた「三関」と呼ばれる関所の名称を答えなさい。

――(東海道)**鈴鹿関(すずかのせき)**・(東山道)**不破関(ふわ)**・(北陸道)**愛発関(あらち)**

■都市の発達

さて，次は中世のさまざまな都市ですが，その機能からこれをいくつかに

区別します。**京都・奈良・鎌倉**は前代から続く大都市ですからいいでしょう。さて，

Q 有名なお寺や神社の僧侶や，信仰目的で訪れる人々が増加したことによって形成されていった町を何と呼ぶか？ ——門前町

これは，寺社の名と都市の名をセットで覚えてください。

門前町
- **伊勢神宮** …**宇治・山田**
- **延暦寺**……**坂本**
- **善光寺** ……**長野**

3つ目が一番よく出る。信州**長野**の善光寺。

Q 浄土真宗(一向宗)，あるいは時宗の信者たちが，商売をやりながら小さなお堂を中心に住みついてつくった町は？ ——寺内町

これは，住民によって自治的に運営される場合が多い。

一向宗徒の寺内町…吉崎，石山(後の大坂)，今井，富田林

次は廻船の根拠地，海上交通の要地に発達したのが**港町**。これはいっぱいあるからいやでしょうが，まず，

貿易で発展した港町…博多・堺

これはだいじょうぶでしょう。そして，

瀬戸内海の港町…尾道，草戸千軒，兵庫

そして，絶対においしいのが**十三湊**と**坊津**です。北と南のこの2つは差のつくところです。マーカーで地図をチェックしておいてください。

次に**城下町**。これはもう皆さんの近所に必ずありますよ。城下町。これはあとで戦国大名のほうでもチェックしましょう。

あと注意しなければならないのは，**坂本**なんかです。**門前町**でもあるけれども，重要な交通の拠点で，**港町**としても出てくる。これはしょうがないですよね。両方出てきますよ。**片方の機能だけではいけません**。

▲草戸千軒町（広島県）
発掘の成果により精密に復原された草戸千軒の町並。1フロアーが中世の村になっている。
（広島県歴史博物館）

そして貿易で栄えた堺や博多は，その**自治**の中核となった「**会合衆**」と「**年行司**」という合議体の名称の別がポイント。

自治の中核	堺……会合衆
	博多…年行司

有力商人たちを**町衆**と呼びますが，京都の町衆は，応仁の乱後の京都をふたたび活性化させ，**法華一揆**を結んだりして団結します(p.182)。そして**月行事**という，ちゃんとした執行機関を持っており，彼らが中心となって**祇園祭**を復興します。だから祇園祭は，基本的に京都の町衆の祭りです。

また，**京都**では見世棚も一般化し，さらに「**米場**」や，郊外の**淀の魚市**などの**特定の商品を扱う市場**，専門の市場も現れてきます。これは近世の市場と区別するためにも，しっかり確認しておいてください。

では，ここまでのところを整理しておきましょう。

	室町時代以前		室町時代
〈農業〉		➡	**水車**
	二毛作	➡	**三毛作**
	刈敷・草木灰	➡	**下肥**
	自然浜（揚浜）	➡	（古式）**入浜**
〈商業〉	三度の市（三斎市）	➡	**六斎市**，（京都）**米場**，（淀）**魚市**
〈流通〉	問丸(問)	➡	**問屋**
〈金融〉	借上	➡	**土倉**・**酒屋**，（寺院）**祠堂銭**

2 戦国大名

授業ノート p.37 参照

さて，次は戦国大名の登場です。まずは京都と鎌倉の状況から。

将軍権威の失墜

まず，応仁の乱後の京都。ひとことで言えば，将軍がしばしば京都からいなくなる。将軍の権威は衰え，管領**細川氏**が権力を握ります。

1493年，細川政元が将軍足利義材(義稙)を廃して，新将軍足利義澄を擁立する，「**明応の政変**」と呼ばれる事件が起こります。以後，将軍の権力は分裂し，その財政基盤も弱体化していきます。

ところが，その細川氏の権力を家臣の**三好長慶**が奪い，その三好長慶も権力をその家臣の**松永久秀**に奪われ，下剋上の下剋上ということになってしまう。

時の将軍**足利義輝**はなかなか京都にすらいられない状況です。ようやく京都の御所に落ち着いたと思ったら，1565年，御所を**松永久秀**らに取り囲まれて奮戦したあげく，自害。なんていう情けない結果になってしまいます。

下剋上は鎌倉でも進行しています。足利尊氏の息子，**基氏**から続いていた**鎌倉公方**が，永享の乱で**持氏**が自殺に追い込まれてからはガタガタ。「応仁の乱」に対して「**享徳の乱**」と呼ばれる抗争が続きます。

ここは前回やりましたよ。享徳の乱以降，関東は事実上「戦国時代」です。

Q 享徳の乱で下総の古河に移った公方は？　――**足利成氏**

Q 古河公方に対して幕府が送り込んだ鎌倉公方足利政知は何と呼ばれたか？　――**堀越公方**

享徳の乱は1482年に両派が和睦して一応終息したのですが，関東管領上杉氏も分裂してしまいます。そして，1493年には**堀越公方が滅亡**してしまう。これは有名な事件だから知っているよね。

Q 1493年，堀越公方足利政知の子を倒して伊豆(いず)を実力で奪ったのは？
──北条早雲(そううん)（伊勢宗瑞(いせそうずい)）

北条早雲は室町幕府の役人で今川氏のもとに来ていたと言います。彼は伊勢宗瑞と呼ばれていて，「北条」氏を名乗るのは次の氏綱(うじつな)の時代です。鎌倉幕府の北条氏とは関係がないので，小田原の北条氏は「後(ご)北条」「後北条氏」と「後」をつけて呼びます。

戦国時代の始まりは「～年」からというようなものではないのですが，この，伊豆を北条早雲が領有することとなった1493年からは，まさに戦国時代です。

北条早雲は伊豆に続いて**相模(さがみ)**も支配下に置き，**小田原**を本拠(ほんきょ)とします。さらに，その子氏綱，孫の氏康(うじやす)も領土を拡大し，武蔵も支配して，関東地方最大の大名に成長します。

もちろん全国で同じような下剋上が進みます。名門守護が没落していく。守護**大内義隆(おおうちよしたか)**が家臣の**陶晴賢(すえはるかた)**に殺され，その陶晴賢を今度は安芸(あき)の**国人(こくじん)出身の毛利元就(もうりもとなり)**がやっつけて，戦国大名毛利氏が誕生しますが，これは典型的(てんけいてき)な下剋上の例です。

戦国大名の出身

地域の人々に支持され，戦争に勝つ実力。その国を実力で治(おさ)めて，独立を守り，住民の生活と経済を発展させることのできる者が1国の支配権を得る。それが戦国大名です。

戦国大名の出身はさまざまです。たとえば京都に常駐(じょうちゅう)するのが一般的な守護に代わって現地の支配を担(にな)っていた**守護代(だい)**。あるいは守護代レベルの有力な家臣が，守護を排除して現地を握ってしまう。**上杉(うえすぎ)**，**朝倉(あさくら)**，**織田(おだ)**がその典型。

さらにもっと下の階層，「**国人**」やそれ以下の階層からのし上がってくる例もあります。中国地方，安芸の国人，**毛利氏**がそうですね。

三河(みかわ)から出た**徳川(とくがわ)**，美濃(みの)の**斎藤(さいとう)**，土佐(とさ)の**長宗我部(ちょうそかべ)**なども，国人や国人レベルの階層から出てきた戦国大名です。

もちろん，守護大名の子孫が優秀なら，そのまま実力で1国を支配して戦国大名に転換(てんかん)することもあります。そのような名門**守護大名**出身の代表と言えば，**武田**，**島津**などです。

鎌倉以来の甲斐国の源氏の御家人，守護だった武田氏。東海地方最大の**今川氏**も名門中の名門。それから滅びる前，義隆までの**大内**。九州に行くと**大友**，**島津**。いずれも鎌倉御家人の系譜を引く名門です。これらの中で最後まで生き残るのは**島津**です。島津氏は幕末の薩長土肥の薩摩だからね。

3 おもな戦国大名

授業ノート p.38 参照

戦国大名というのは，基本的に**地域的な権力**だから，何と言っても場所が大事です。そこで，当然これは地図を見ておかなければならない。

また，有力な戦国大名の中には，**分国法**(家法)を制定するものもいますから，同時にこれも覚えていきます。

ハイ，地図の1から順に，大名の名と分国法がある場合は分国法の名称を確認していきます。

戦国大名配置図（16世紀半ばころ）

1伊達氏…「塵芥集」
2上杉氏
3結城氏…「結城氏新法度」
4武田氏…「甲州法度之次第」
5北条氏…「早雲寺殿二十一箇条」
6今川氏…「今川仮名目録」
7織田氏
8浅井氏

9六角氏…「六角氏式目」
10朝倉氏…「朝倉孝景条々」
11三好氏…「新加制式」
12長宗我部氏…「長宗我部氏掟書」
13毛利氏　14大友氏
15相良氏…「相良氏法度」　16島津氏

1は**伊達氏**。分国法は「**塵芥集**」。2は**上杉氏**。根拠地はだいたい越後，今の新潟県のあたり。上杉景虎。のちに出家して**上杉謙信**と名乗ります。もとは**長尾景虎**です。これは関東管領上杉氏から名字だけを譲り受けたんです。

[3]は下総の**結城氏**。分国法は「**結城氏新法度**」。

[2]の上杉氏と，有名な**川中島の戦い**で何度も何度も領土争いを繰り返した騎馬軍団で有名なのが，[4]の甲斐の武田氏，**武田晴信**(**信玄**)，分国法として「**甲州法度之次第**」。ここは別称，「**信玄家法**」も覚えておく。

関東地方では，伊豆からどんどん領土を広げていった最大の戦国大名が[5]の**北条氏**。

[6]は駿河・遠江・三河にかけて権力を握っていた，「**海道一の弓取**」。この「海道」というのは東海道です。東海道最大の「弓取」，要するに「武士」。**今川氏**です。**今川義元**。分国法は「**今川仮名目録**」。

[7]，尾張は**織田氏**。もともと越前の織田庄という荘園の荘官だったと言われています。もちろん**信長**が出てきます。その北にいるのが，美濃の**斎藤氏**。**斎藤道三**は，もと油売商人から成り上がったとウワサのある下剋上の代表的な人物。

次は近江，今の滋賀県ですが，近江国は室町時代になると，守護が北と南に2つに分かれており，「**半国守護**」と言って，北半分の北近江は守護京極氏の家臣だった[8] **浅井氏**が，南近江は[9]の**六角氏**で，こちらは名門の源氏です。実力で南近江を支配し，ちょっと変わった「**六角氏式目**」という分国法を残しています。

越前，福井県[10]は朝倉氏です。**朝倉孝景**。分国法は「**朝倉孝景条々**」。

近畿地方は実は有力な守護大名，戦国大名が成長しない。寺社・本所，それから室町幕府の力がさすがに近畿地方は強いものだから，はじめから守護大名そのものがあまり成長しない。大和は，地図には出ていませんが，**興福寺**が支配しています。

さあ，今度は四国。[11]は阿波の**三好氏**。分国法は「**新加制式**」。[12]は土佐で，長宗我部氏，**長宗我部元親**。分国法は「**長宗我部氏掟書**」。

中国地方，[13]は大内氏の家臣の陶晴賢をやっつけた毛利氏。**毛利元就**。

九州では[14]，豊後，大分県の**大友氏**，**大友義鎮**。[15]は肥後，熊本県の**相良氏**，「**相良氏法度**」です。

[16]はもちろん鹿児島で島津氏です。**島津貴久**。

覚えられたでしょうか。そんな簡単に覚えられるわけはないね。どうする？繰り返す。これしかない。

頻出の主要大名

入試頻出の主要大名をチェックしておきましょう。

▶伊達氏

伊達は地頭，国人レベルの出身ですが，室町時代に強大化し，戦国時代には奥羽最大の戦国大名。**伊達稙宗**のときに「**塵芥集**」という有名な，非常に量の多い分国法を出します。「塵芥集」の「芥」を間違えて，「塵介集」と書かない。いいね，草冠を載せる。「塵芥」は「ゴミ」という意味。塵やゴミを集めたという意味だからね。豊臣秀吉に屈服するのは**伊達政宗**。

塵 **芥** 集

▶北条氏

関東最大の大名は**北条早雲**。北条早雲が倒したのは，伊豆の**堀越公方**ですよ。そして，息子の**氏綱**が武蔵に進出する。さらに氏綱の子**氏康**のときに，今度は下総の**古河公方**を倒して，下総まで領土が延びていった。

▶武田氏・上杉氏

甲斐の**武田晴信**は出家して**信玄**を名乗ります。**上杉謙信**とのたび重なる**川中島の戦い**はいいですね。上杉謙信はもともとは守護代で，**長尾景虎**ですよ。

▶今川氏

続いて「駿・遠・三」――駿河・遠江・三河の３国を支配した今川氏。**今川氏親**のころに「**今川仮名目録**」。その後，これは追加されていきます。**今川義元**が織田信長にやられて衰退します。

▶朝倉氏

次，越前の**朝倉孝景**。守護は**斯波氏**です。「斯波」としっかり書けるように。朝倉孝景は，**守護代**として守護を追い出しちゃった。城下町の**一乗谷**は文字どおり頻出。

▶大内氏・毛利氏

続いて中国の**毛利氏**です。地図ではもう毛利になっているわけですが，毛利の前の大内氏には「**大内家壁書**」(「大内氏掟書」とも呼ぶ）という分国法があります。注意しておく。

4 戦国大名の分国支配

授業ノート p.39 参照

戦国大名の軍事体制

戦国大名の**家臣団の構成**はどのようになっていたでしょうか。

守護大名の段階で国内の国人たちの家臣化が進んでいる場合もありましたが，戦国大名になると，**国人**・**地侍**をちゃんと支配下に組み込んでいきます。

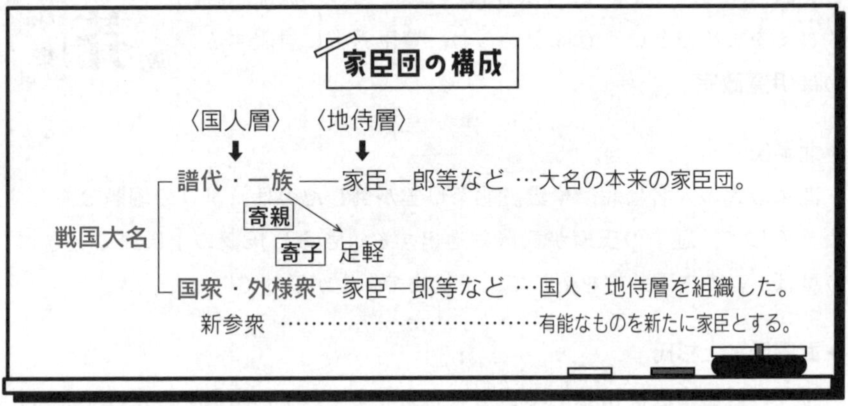

さて，戦国大名の家臣団を上から見ていくと，まず，織田一門とか毛利氏の一族とか，**一族衆**がいます。それから古くからの家臣，**譜代衆**。もう一系統は，地元の有力武士を組織した**国衆**。このあたりは，国人レベル，専業武士たちです。さらに，積極的に戦力補強をするために，有能な連中「**新参衆**」を雇います。

その下に，地侍レベルの家臣が組織されていきます。さらに，**郎等**とか**足軽**とか，**小者**，**仲間**といったような下級の武家奉公人，従業員がいる。

「寄親・寄子制」

ちょっと理解しにくいのが「**寄親・寄子制**」というやつです。「**擬制的**」**な親子関係**なんて説明するんですが，ちょっと表現が難しいでしょうか。

他人なのに親と子のような関係を結ぶ。「寄」というのは「身を寄せる」，その保護支配下に入るという意味です。要するに，**親分・子分の関係**。親分が本当の親ではありません。一種の主従関係です。

そして，この有力な家臣である**寄親**のおのおのに，地侍たちの集団を**寄子として組織した**ことによって，彼らに長槍や鉄砲を持たせる集団戦が可能になった。鉄砲の普及にともない，戦いにおける鉄砲隊の役割が重要になったことは言うまでもないでしょう。戦いの中心が代わっていった。

騎馬戦（弓矢の戦い）から ➡ 足軽鉄砲隊の集団戦へ

ということです。

富国強兵――農産業の振興

では，そういう組織を維持するのに何が必要か。「**富国強兵**」――国を富ますことが求められる。そうしなければ強兵を養えない。何が一番いいか。お金持ちになる一番のいい方法は，**金・銀鉱山**を発見することだ。これはわかりやすいね，文字どおり金持ちになることができる。

たとえば上杉の**佐渡金山**。武田の甲斐**黒川金山**，駿河の今川も金山を持っています。それから，大内とか毛利の中国地方最大の銀山，**石見銀山**。この銀山をめぐって戦国大名同士が戦争をやりますからね。石見銀山では，博多商人**神谷寿禎が朝鮮から伝えた灰吹法**という新しい銀の精錬法により，大量の銀を産出できるようになったことを覚えておきましょう。

甲斐の武田の**甲州金**というのは有名で，戦国時代の段階で，もう甲斐の武田は**金貨**を発行しています。

もちろん**農業**も発展させなきゃならない。これも甲斐の武田が有名ですが，「**信玄堤**」という堤防を築いた。金銀鉱山の開発だけではなく，食糧も増産しなきゃならない。食糧の蓄えがなければ長期の戦に堪えられない。信玄はそれまで洪水が起こっても防げなかった川を堤防で統御して，平野部を水田地帯にしていく。農民だって喜ぶわけです。**新田開発**。

城下町の政治的・経済的役割

そして，最初のうちは山間部とか山の上に城を築いていますが，だんだん平野部に築くようになる。山の段階を**山城**，平野部のちょっとこんもり高まったところにつくると，**平山城**。完全に平らな平野部につくると**平城**といいます。

平城や平山城を築き，そこに家臣団や，やる気のある豊かな商人たちを集めて城下町を充実させる。近隣地域や遠くの産品をどんどん**市場**に持ってくる。

こうやって城下町をさかんにし，経済を活発化しておかないと，いざ戦争というときに，食糧とかいろいろな軍事物資を買おうと思っても，うまく調達できない。戦争に行けない。だから，**城下町経営**は政治的にも，経済的にも重要です。

そして，中世的な，いわゆる「**座**」といった独占的，排他的な業者だけが維持している市場を全部否定して，**自由な商売**，自由な取引場というものを確保していきます。

Q この商業の振興策を何というか？ ——「**楽市・楽座**」

さらに，理由もないのに商人とか運送業者から金を取る**関所**も，できるだけ自分の領土内から**撤廃**していこう。こうやってスムーズな流通を保証し，やる気のある商人たちを集め，領内の経済を発達させていくことも領国経営，分国経営にとってきわめて大事なことでした。

交通・通信

大名は城下町を中心に，領国内の経済圏を豊かなものとするためにも，交通制度，通信制度を整備します。通交の障害となる**関所の廃止**。要所に宿駅を設け，**伝馬**を置いて，通交と通信網を整備する者もいた。商業についても，従来からの特権を持つ座を否定するとともに，自由な市場としてこれを公認して保護したり，必要な場所に**新たな市場**を開設したりします。商業取引が円滑に，発展していくための施策です。

もちろん，領域外との関係は別で，戦略上，**重要な物資が領外へ出て行くことは禁止**しますし，通信については領域外への通信は制限し，領域外の情報は積極的に導入しようとします。

「指出検地」と「貫高制」

そして，自分の支配している土地を正確に把握するために，いよいよ土地調査に乗り出す。「**検地**」です。ただ，戦国大名の段階は，部下に命じて，「私の支配している土地は～です」と**自己申告**させる。このような，

Q 戦国大名が実施した土地調査を何というか？　——指出検地

「検地帳」を差し出させるので，こう呼ばれます。豊臣秀吉のように自分の部下を直接現地に派遣して，みずから調べるのではなくて，差し出させる。これはすべての大名がやったわけではありません。長宗我部とか小田原の北条とか，いくつかの大名です。では，

Q 家臣に与えた土地の価値を銭の量に換算して表示する方法を何と呼ぶか？　——貫高制

自分の部下に与えている土地，これはもちろん**御恩と奉公**の関係で，御恩として与えた土地ですが，その土地の価値を「**貫高制**」と言って，その土地から取ることのできるさまざまな税を，お金に換算して表すものです。

Aに与えた所領は銭500貫，Bは1000貫という具合に表示していく。そして貫高は，合戦のときに大名が家臣に**軍役を課すときの基準**となるわけです。

さて，今回はこれらの語句を把握できればOKです。あとは分国法をチェックして終わりです。出るとこは決まってるから，ここは**点を落とせないところ**ですよ。

では，分国法をいくつか見ていきましょう(次ページ)。

分国法(1)「朝倉孝景条々」

有力な戦国大名などは，その**支配地を対象とする法**を制定しています。主要なものをまとめておきましょう。

史料

38　分国法(1)/「朝倉孝景条々」

一，朝倉が館之外，国内□城郭を為レ構ましく候。惣別分限あらん者，一乗谷へ引越，郷村には代官計可レ被レ置事。

朝倉氏の館以外，国内に城を構えてはいけない。主要な家臣は朝倉氏の一乗谷に集住し，地元には代官を置くようにせよ。

「**一乗谷**」が朝倉氏の城下町であることは覚えておきましょう。この一乗谷の朝倉氏の「館」，要するに城下町以外のところには「城郭」を構えてはいけない。家臣が自分の領地に城を構えることは禁止で，みんな，「一乗谷」に「引越してこい」というわけです。そこで，**城下町集住令**などと呼ばれる規定です。ただ，ちょっと注意しておかなければならないのは，この一乗谷は山間部に開かれた城下町です。一般の，平野部に築かれた城，城下町ではありません。

次は甲斐の武田氏。

◀一乗谷(福井県)
越前朝倉氏の城下町一乗谷は城下町集住令で有名。写真は復原された町並。

分国法（2）「甲州法度之次第」

史料

39　分国法（2）／「甲州法度次第」

一，喧嘩の事，是非に及ばず成敗を加ふべし。但し，取り懸ると雖も，堪忍せしむるの輩に於ては，罪科に処すべからず。

喧嘩は，どちらがいい悪いにかかわらず，両方とも処罰する。ただし，喧嘩をしかけられても，ガマンして喧嘩をしない努力をした者は無罪とする。

これは有名な**喧嘩両成敗法**。内容にかかわらず，家臣団の喧嘩そのものを禁止している。ただ例外的に，喧嘩を仕掛けられても，反撃せず「堪忍」，我慢した場合は罪に問われない。もちろん，仕掛けたほうは処罰されるんでしょう。

家臣団の中で紛争が起こった場合は，主君である武田氏に報告し，その指示を仰げということです。自分のことは自分で解決するという中世的な原則を否定し，家臣団の中に対立，抗争が起こることを抑えようという意図。喧嘩をしたこと自体が，処罰の対象となるわけです。

分国法（3）「今川仮名目録」

史料

40　分国法（3）／「今川仮名目録」

一，駿・遠両国の輩，或はわたくしとして他国より嫁をとり，或は婿にとり，娘をつかはす事，自今已後停止し畢ぬ。

駿河・遠江の者は，自分勝手に他国から嫁を迎えたり，聟（むこ）を迎えたり，娘を他国の者の嫁として送ったりしてはならない。

これはわかりやすい。今川氏の領国内の者が，勝手に他国の者と結婚することを禁止しているんですね。

主君が知らないうちに，家臣が他国の者と親戚になってしまったり，他国の者が家臣などの嫁となって駿河・遠江，領国内や城下町に住んだりするようなことがあると，他国の実家に情報が漏れる。

家臣が他国と結びついて反乱を起こすなどの危険を避けなければならないわけです。「**私的婚姻の禁止**」などと呼ばれる条項です。

分国法（4）「塵芥集」

史料

41　分国法（4）／「塵芥集」

一，百姓，地頭の年貢所当相つとめず，他領へ罷り去る事，盗人の罪科たるべし。

百姓の中には年貢などの税を納めず，他地域に逃げ出そうとする者もいるが，これは盗人として処罰する。

百姓が税，年貢を納入しない，他国に逃げ出す。――これは当然ながら処罰しなければならないでしょう。

ところで，ときどき，年表を見ていますか？ 年表を見ると，ポイントとなる年が見えてきますよ。今回の範囲だと，

1493年に着目！

次ページの黒板を見ておいてください。

応仁の乱 1467――――1477　　　1493 **明応の政変**

1485 ～ 1493 **山城の国一揆**

享徳の乱 1454―――――――1482

1488 ～ 加賀の一向一揆

1493 **北条早雲**　伊豆支配

今回はここまでにします。

第28回

中世（11）

室町文化・戦国期の文化

室町時代の文化です。次の表を見て，知っている語句を確認してください。本書では，室町時代の文化を「南北朝文化」「北山文化」「東山文化」「戦国期の文化」の４つの区分で説明していきます。

室町文化

南北朝文化	北山文化	東山文化	戦国期
後醍醐天皇・足利尊氏	**足利義満**	**足利義政**	
武家文化・禅宗文化	金閣（壮麗）	銀閣	
公家文化・民衆文化		**書院造**	**地方の文化**
↓	↓	↓	↓
歴史書・軍記物語	**五山文学**		（御伽草子）
	水墨画・猿楽能	狩野派	
バサラ（婆娑羅）		**侘茶**	**山口「西の京」**
集団の芸能			

まずは，仏教の多様な展開から。禅宗と五山制度から一向宗などの浄土教系の発展。そのうえで，各時期の文化を学習していきます。

南北朝文化 ➡ 後醍醐天皇・足利尊氏　歴史書・軍記物語

北山文化 ➡ 足利義満　金閣　猿楽能

東山文化 ➡ 足利義政と応仁の乱　銀閣　書院造　侘茶

戦国期の文化 ➡ 現代につながる伝統文化の成立

上の表をザーッと見て，最後まで学習したら，もう一度，この表に戻ってください。

1 室町時代の宗教

授業ノート p.41 参照

室町時代の宗教からいきますが，まずは，復習から。

Q 夢窓疎石の勧めで足利尊氏が元に貿易船を派遣するなどして建立した寺院は？ ──**天龍寺**

ハイ，この夢窓疎石は後醍醐天皇からも足利尊氏からも尊崇された超大物の僧侶です。もちろん臨済宗。

「むそうそせき」は正確に書けるようにしておきましょう。

夢窓疎石

禅宗（臨済宗・曹洞宗）

さて，禅宗の発展から。

臨済宗は，室町幕府の成立とともに最盛期を迎えます。3代将軍足利義満のときに**南宋**の官寺の制度を取り入れて，「**五山・十刹の制**」が整えられていった。「五山」を最上位にして，次が「**十刹**」，さらにその下に「**諸山**」というふうにお寺にランクをつけてピラミッド型に組織していきました。

誤字に注意しようね。「五山・十殺」って書いてる生徒がいました。ごさんじゅっころし！「殺」してはいけない。「刹」ですよ。

刹

五山を統括するために設けられた役所は，相国寺の鹿苑院に置かれた**僧録**。そして，

Q 初代の僧録となった禅僧は？ ──**春屋妙葩**

このように室町幕府と結びついていったのが**臨済宗**の主要な寺院ですが，統制を受けなかった寺院もあります。臨済宗の一部および**曹洞宗**などの禅宗寺院で「**林下**」と呼ばれます。権力者の保護を受けることを嫌って，独自の宗教活動を行っていった。そこで禅宗は大きく**五山派**と**林下**に分かれます。

禅宗の各派と寺院

- **五山派**（臨済宗）
  - ＊〈五山の上〉南禅寺
  - （京都）五山…天龍寺→相国寺→建仁寺→東福寺→万寿寺
  - （鎌倉）五山…建長寺→円覚寺→寿福寺→浄智寺→浄妙寺
- **林　下**
  - 臨済宗………大徳寺・妙心寺
  - 曹洞宗………永平寺（越前）・総持寺（能登）

五山派のほうは**南禅寺**を「五山の上」とし，京都五山は順次，**天龍寺**，**相国寺**，**建仁寺**，**東福寺**，**万寿寺**。鎌倉五山は**建長寺**を筆頭に，**円覚寺**，**寿福寺**，**浄智寺**，**浄妙寺**と，このへんはいわゆる単純暗記の好きな大学のためには覚えなきゃいけません。

相国寺は足利義満が創建した寺院で，名目上，開山は夢窓疎石ということになっていますが，すでに夢窓疎石は死んでいますので，実際は春屋妙葩です。そして，鹿苑院に**僧録**が置かれた。

さらに，義満は，この相国寺を五山に入れたいというので，五山の第 1，トップとされていた南禅寺を「五山の上」ということにし，天龍寺の次に相国寺を入れたんです。**南禅寺**は亀山天皇（法皇）が建てた寺で，後醍醐天皇によって五山の第 1 位とされていました。

「五山」の寺は，当たり前だけど 5 つですから，六寺にするわけにはいかない。そこで，**南禅寺を五山の上として格上げし**，空いたところへ相国寺を入れた。ただし，天龍寺は後醍醐天皇の没後，菩提を弔うために足利尊氏が建立した寺だから，その上に相国寺を置くわけにはいかない。そこで相国寺は第 2 ということになり，建仁寺・東福寺・万寿寺の上とした。

京都五山

〈五山の上〉南禅寺　(鎌倉末期) 亀山天皇

第1 天龍寺 (1345)…夢窓疎石　→足利尊氏

第2 相国寺 (1382)…足利義満　(夢窓疎石)　春屋妙葩

第3 建仁寺 (1202)…源頼家　栄西　＊俵屋宗達「風神雷神図屛風」を所蔵する。

第4 東福寺 (1236)…九条道家 (将軍頼経の父)

＊九条兼実らの墓所もある。新安沈船。

第5 万寿寺 (1358)…五山に列する。←東福寺から分立。

なんぜんじはござんのうえ　てんりゅう　しょうこく
けんにん　とうふく　まんじゅ
なんぜんじはござんのうえ　てんりゅう　しょうこく
けんにん　とうふく　まんじゅ

ついでに，鎌倉五山もチェックしておこう。

鎌倉五山は次の空欄が埋められればOK。ラララ建長寺，ムムム円覚寺ですよ (p.109)。

Q 次の空欄①②③④を埋めなさい。

建長寺…北条 ① ・(開山) ②
円覚寺…北条 ③ ・(開山) ④

── ①時頼 ②蘭溪道隆 ③時宗 ④無学祖元

ただ，鎌倉五山第3位の寿福寺はときどき出題されますから，覚えておきましょう。

寿福寺 → 1200　明庵栄西(開山)・北条政子・源頼家(開基)
栄西『喫茶養生記』(1211)

栄西，ていねいにいえば，明庵栄西。栄西といえば，『**喫茶養生記**』の著者。この本は 喫茶の歴史で最初に出てきます。栄西はこれを将軍源実朝に献上したと言われます。内容は薬としての茶の効用を説明したものです。京都五山の建仁寺も栄西ですよ。

臨済宗の林下としては，**大徳寺**，**妙心寺**，曹洞宗は越前の**永平寺**に加えて能登の**総持寺**。

浄土真宗本願寺派の台頭

次に浄土教。こちらは浄土宗，浄土真宗などは各派に分かれていきます。その中で親鸞の直系を教主とする**浄土真宗**(真宗)の**本願寺派**が台頭し，**一向宗**と呼ばれて強大化していきます。

「山門衆徒」と呼ばれる比叡山延暦寺の僧兵に，東山の本願寺を破壊されたあと，**蓮如**が越前の**吉崎道場**を拠点として北陸方面に信者(門徒)を組織し，惣村を背景として**講**を結ばせていったんですね。

Q 本願寺８世蓮如が布教のために書いた手紙を何というか？　──御文

一向宗は東海，近畿地方にも広がっていった。
畿内にもどった蓮如は京都の山科に本願寺を建てます。

日蓮宗

次に，日蓮宗。東日本に信者が多かった日蓮宗が西へ，京都に進出してきます。**日親**が京都にお寺を建て，『**立正治国論**』を著してさかんな活動をしますが，彼は将軍**足利義教**に弾圧を受け，焼けた鍋を頭にかぶせられたというので，「**鍋かぶり日親**」なんていう伝説が生まれたお坊さんです。前にも言いましたね。

ちなみに，日親に鍋をかぶらせた義教は，その翌年，嘉吉の変で「犬死に」

しちゃった。

日蓮の『**立正安国論**』と，この日親の『立正治国論』はくれぐれも区別してください。

日蓮…『立正安国論』➡ 北条時頼へ
日親…『立正治国論』➡ 足利義教に弾圧される

その後，**応仁の乱**で京都は荒廃。しかし，**町衆**たち，商工業者などが中心になって京都は復興していく。彼らに日蓮宗が広まっていって，やがて**法華一揆**を結ぶんです。

時宗

次に，**時宗**。これがいわゆる**阿弥文化**と呼ばれる日本の文化の担い手として登場してきます。

Q 将軍や大名に芸能で仕えた時宗などの僧侶たちは何と呼ばれたか？

——同朋衆

このあたりは後でもう一度出てきます(p.222)。

ここで，ちょっと黒板を見てください(次ページ)。だいぶややこしくなってきたから，整理しておきます。

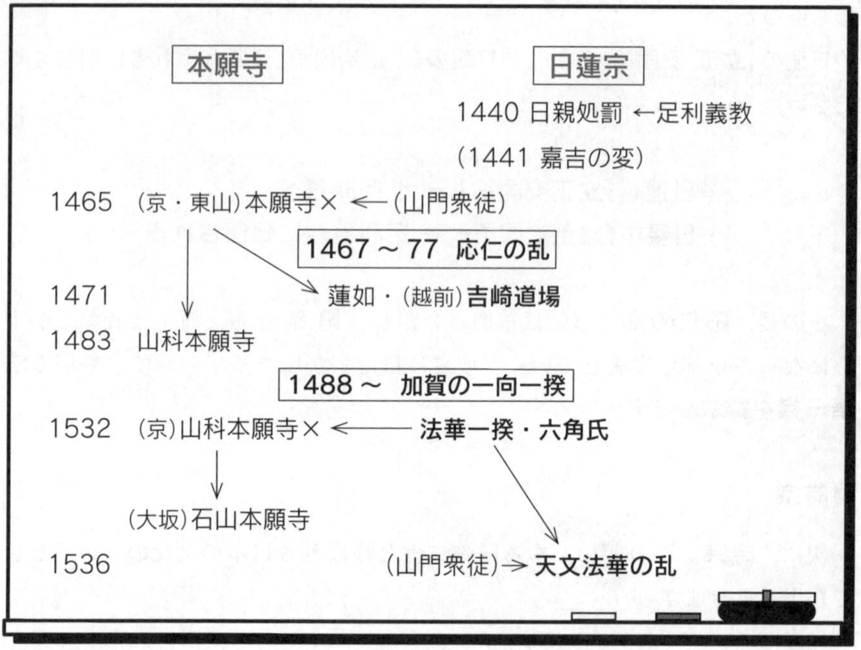

いいですか。**親鸞**の「廟堂」である**本願寺**は京都の東山にあった。ところが，比叡山延暦寺の僧兵や法華一揆に攻撃されて壊滅してしまうわけです。**蓮如**は**越前**の**吉崎道場**などを拠点に布教。そして京都に**山科本願寺**を建立します。しかし，その後，法華一揆や六角氏の攻撃を受けて山科本願寺が壊滅。大坂の**石山本願寺**へと移っていく。

この石山本願寺は長い戦争の末，織田信長に屈服することになります。そして，法華一揆のほうは**天文法華の乱**で壊滅。京中の日蓮宗寺院も焼かれてしまった。

神道

あと，神道では，神道を中心に儒教や仏教を統合した，**反本地垂迹説**の**唯一神道**という神道説が出てきます。

Q 唯一神道の創唱者は？ ——**吉田兼倶**

2 室町文化

授業ノート p.42 参照

室町文化の時代区分

では，室町文化の時代区分を見ていきましょう(p.210)。「**南北朝文化**」，「**北山文化**」，「**東山文化**」，そして「**戦国期の文化**」。

「北山」のネーミングは，足利義満が営んだ**北山山荘**(のちの**鹿苑寺金閣**)に由来します。相国寺にあった鹿苑院と混乱しそうですが，「鹿苑院・道義」は義満の法号，仏教上の名前です。鹿苑寺は北山第(北山殿)のあとに成立した寺ですよ。

「東山文化」は**足利義政**が東山に営んだ**東山山荘**(のちの**慈照寺銀閣**)に象徴されるので，その名がついています。これは単純ですね。そして，北条早雲らが台頭して来るころからが「戦国期の文化」ということになります。

室町文化の特徴

室町文化の特徴をまとめておきます。

室町文化の特徴

① 武家文化と公家文化の融合 … 寝殿造風＋禅宗様 ＝ 金閣
② 大陸文化と伝統文化の融合 … 水墨画＋大和絵 ＝ 狩野派
③ 中央文化と地方文化の融合
④ 惣村・都市民衆の文化と①・②の交流 … 喫茶＋禅宗 ＝ 侘茶
＊南北朝～戦国期～桃山文化
⑤ 民衆が参加し，楽しむ文化
集団の芸能
↓
洗練・調和
↓
(広い基盤) **日本固有の文化 ＝ 能・狂言・茶の湯・生け花・建築**
＊現代につながる伝統文化

文学・学問・思想

では，具体的に見ていきましょう。学問・思想から。

学問・思想で特筆すべきは，まず**南北朝期**です。世の中が大きく変わると，歴史に対する興味が高まる。時代の転換期です。「なんでこんなになっちゃったんだろう」と原因を探りたい。そこで**歴史書・軍記物語**が現れる。

一方で公家の学問のほうは懐古的・神秘的になってくる。開かれない，自分たちだけで伝え，育んでいく**閉鎖的な傾向**が強まってきて，武士が絶対にまねできないような儀式・伝統，古典の研究がさかんになる。**有職故実・古典研究**。あるいは和歌についての学問，**歌学**などが発達していきます。オープンに論争するようなものではなくて，**閉鎖的に伝わっていく**のが中世の学問の特徴です。とくにそれが「**古今伝授**」なんかに現れてきます。**東常縁**を祖とし，**宗祇**に伝えられたとされる『古今和歌集』の解釈などを中心とする学問ですが，これが**秘伝**として伝えられていく。

文学の中心は**五山文学**で，五山の**禅僧**による**漢詩文**の創作・鑑賞。ついでに**朱子学**のような儒学の研究なども進んでいきますし，**五山版**のような出版も禅宗中心に行われていきます。

このあたり，古今伝授の成立，五山文学の最盛期は，時期区分でいうと**北山文化**ということになります。ついでに，禅僧による漢詩文，五山文学の双璧といわれるのは**絶海中津・義堂周信**です。

▶歴史書・軍記物語など

史論書，一定の論理から書かれた史書としては，常陸の**小田城**で**北畠親房**が書いた，南朝正統を主張する『**神皇正統記**』。そして鎌倉時代を描いた四鏡の最後の『**増鏡**』。南北朝期の最大の軍記『**太平記**』，北朝側から南北朝期を描いた『**梅松論**』。そして『太平記』の誤りを指摘し，今川家の歴史を著した**今川了俊**の『**難太平記**』。今川了俊は**九州探題**でやったよね(p.137)。

入試でポイントとなるのは**史論書**。これは絶対に落とさない。『**神皇正統記**』は書かれた場所，**常陸**の**小田城**まで答えさせることがありました。さすがにこれはヤリスギでしょうが。

史論書

鎌倉時代	南北朝期
慈円	北畠親房
『愚管抄』(1220ごろ)	(南朝)『**神皇正統記**』(1339・常陸の小田城)
道理・末法思想	伊勢神道・神国思想・大義名分論
	(北朝)『**梅松論**』

朝廷の制度や儀式についての研究書である**有職書**では，鎌倉時代の順徳天皇の『**禁秘抄**』に続いて，後醍醐天皇自身が書いた『**建武年中行事**』，北畠親房の『**職原抄**』などをまず覚える。

さらに，室町期最大の学者とされる**一条兼良**の『**公事根源**』。

一条兼良は関白もやったエリート中のエリート。息子が**尋尊**という大乗院の院主で，**正長の徳政一揆**の史料でも出てきますので，一条兼良と息子の尋尊のからみはしっかり覚えておいて。この一条兼良あたりがちょうど応仁の乱前後の人物ですから，文化でいけば**東山文化**の時期。

一条兼良 ①著書：『**公事根源**』，『**花鳥余情**』，『**樵談治要**』
②息子が尋尊→**大乗院院主**
→『**大乗院日記目録**』（「**正長の徳政一揆**」を記録）

日野富子に頼まれて書いた**足利義尚**のための政治の意見書が『**樵談治要**』。史料としては，「足軽を禁止しなさい」というところが有名。古典研究のほうでは，『源氏物語』の研究で『**花鳥余情**』。

有職故実

鎌倉	南北朝	北山	東山
順徳天皇『禁秘抄』	後醍醐天皇『**建武年中行事**』		一条兼良『**公事根源**』
	北畠親房『**職原抄**』		

室町文化の美術――建築

▶金閣

次は建築。北山文化とくれば，**金閣**です。1階，初層が**寝殿造**風ですから，**公家文化の伝統**を引いていますよね。

ところが上層，3階は**禅宗様**ですから，まさに足利義満が公家世界を完全に支配下に置き，そして武家の代表としても君臨しているさまを示すものだと言えます。

▶銀閣

東山文化期になりますと，今度は**足利義政**の東山山荘，すなわち**銀閣**です。この銀閣になると，1階部分に**書院造**が現れてくる。この書院造が，**明障子**，**床の間**，**違い棚**といったような，いわゆる襖があって障子があって床の間があるという，われわれが一般的に考える**和風建築の基本構造**となっていきます。

伝統的な和風建築の基になる**書院造**が1階。しかし，上層，2階はやっぱり武家文化の基本である**禅宗様**ということになります。

▲(鹿苑寺)金閣

▲(慈照寺)銀閣

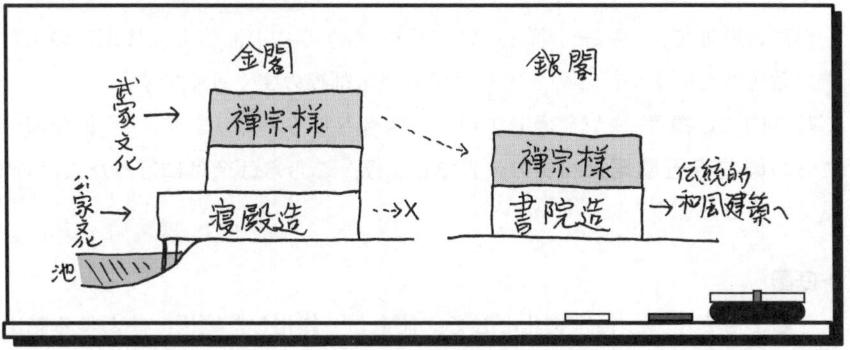

▶東求堂同仁斎

もちろん書院造としては，銀閣に向かい合って建てられている**慈照寺**の**東求堂同仁斎**も大事。

東求堂同仁斎の写真を教科書などで確かめてください。**畳**が敷きつめられている。棚――「**違い棚**」，つくり付けの机――「**付書院**」。そして，**明障子**，部屋を仕切る**襖**など。近年は，一般家庭では洋間が増え，床の間なんかもなくなりつつありますが，古い日本旅館の部屋などは，この書院造の系統のものですね。

そして，この書院造にともなって，「**座敷飾り**」などと呼ばれる室内の装飾も発達します。今でも生け花はさかんですね。瓶に草花を入れて飾る。「**立花**」と呼ばれる生け花を始めたお坊さんが**池坊専慶**です。

15 世紀後半の人ですから，東山文化の時期ということになります。立花の成立と池坊については教科書が注で扱ってますので，難関私大受験者は順序をしっかり覚えておきましょう。

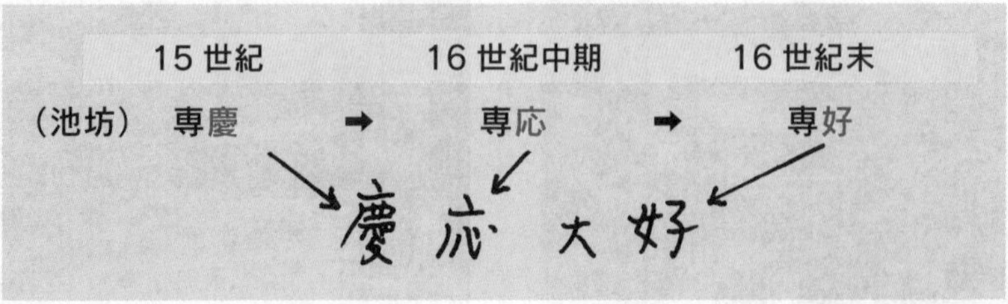

暗記のフレーズは「慶応大好き」。「大」は要らないから，「慶応好き」でもいいです。

「専」は共通で，「慶」→「応」→「好」の順。ちなみに，池坊専慶は京都の六角堂のお坊さんですが，この六角堂は河合塾京都校のすぐ近くです。

基本的には**禅宗様**が全盛ですが，和様ももちろんあります。15世紀前半ころの**興福寺五重塔**は和様の代表でしょう。こちらは奈良に行った人は皆，見ているでしょう。

▶庭園

そしてもう1つ，禅宗文化として，住宅と一体化した庭園，いわゆる**枯山水**。水を使わないで，岩石と砂で自然の海や川の流れなどを表現した庭園が発達します。これはたくさんあるんですが，**龍安寺**や**大徳寺大仙院**の庭園などは覚えておいたほうがよろしい。

Q 東山山荘の庭をつくり，将軍足利義政から天下第一とたたえられた作庭師は？

――善阿弥

ここまで覚えていたら拍手です。

善阿弥などの作庭だけでなく，将軍義政の文化的活動を支えた，花道・茶道などの芸能に秀でた人びとは**同朋衆**と呼ばれます。美術工芸品の鑑定なども行ったこの同朋衆の多くは，**時宗**の僧侶でした。彼らは，「○○阿弥」「△△阿弥」など，「阿弥」号で呼ばれる下級の僧侶だったのです。そこで，このような文化を「**阿弥文化**」などと表現することもあります。

絵画・工芸

▶水墨画

絵画は禅宗とともに発達した**水墨画**です。**明兆**・**如拙**・**周文**という初期の禅宗のお坊さんたちによる，単色の墨一色の絵画です。代表作は，**如拙**の『**瓢鮎図**』。これは4代足利義持の命で如拙が描いたもので，妙心寺の退蔵院に伝わった。ということですから，これは北山文化。

そして東山文化の時期に**雪舟**が現れ，禅宗的な制約を越えて日本の風景を描く水墨画が完成します。雪舟の『**天橋立図**』とか『**四季山水図巻**』は，そのような絵画としての独立性を獲得した作品ということになります。

雪舟は**山口**に行って大内氏の保護を受け，明に渡っています。「**西の京**」の山口ですよ。

▶狩野派

さらに，この**水墨画**の技法と，平安以来の**大和絵**の技法が融合して，近世につながる**狩野派**が誕生してきます。伝統文化，公家文化と武家の禅宗文化が合体，融合した。**狩野正信**・**元信**に始まり，**永徳**で頂点に達し，安土桃山文化期に最盛期を迎えるのが狩野派。

▶土佐派(大和絵)

その一方で，大和絵をさらにリニューアルしたのが**土佐派**です。**土佐光信**に始まる土佐派が大和絵の再興を果たした。

▶工芸

次，工芸の分野で，

Q 将軍足利義政に仕え，金工，金の細工師として有名な人物は？

──後藤祐乗

文芸

▶連歌

次，文芸では，院政期ころから流行し始めた**連歌**。5・7・5に別の人が7・

7を，さらに別の人が5・7・5と連ねていく**集団の文芸**です。

この連歌がどんどん広がって，**連歌師**と呼ばれる専門の文学者も現れてきます。

連　歌

		〈正風連歌〉		〈俳諧連歌〉
二条良基	➡	**宗祇**	➡	**(山崎)宗鑑**
『菟玖波集』 (準勅撰)	➡	『新撰菟玖波集』	➡	『犬筑波集』
『応安新式』 (規則書)		＊宗長・肖柏とともに 『水無瀬三吟百韻』		

ここはもうワンパターンでいきますよ。**二条良基**，**宗祇**，**(山崎)宗鑑**。これはもう耳に残るまで覚える。まず**二条良基**が従来からの和歌と同等の文学的価値を確立するために連歌の方式を整備します。

はい，二条良基がまとめたのが準勅撰の**『菟玖波集』**，そして連歌の規則を定めたのが**『応安新式』**。

次は**宗祇**。**『新撰菟玖波集』**によって，**「正風連歌」**という芸術的な深みのある連歌を確立した。宗祇がほかの2人と詠んだ**『水無瀬三吟百韻』**は連歌の最高傑作と評価されています。

それが16世紀前半になって，**(山崎)宗鑑**が庶民的な**「俳諧連歌」**を始める。宗鑑は山崎に住んでいたので，山崎宗鑑と呼んでもOKです。編集したのが**『犬筑波集』**。「筑波」という漢字が違うところに注意しておいてくださいよ。これが江戸時代の松尾芭蕉につながっていく。

▶御伽草子

庶民向けの物語も現れてきます。それが室町時代の後期に通俗的短編小説として成立した**『一寸法師』**や**『物ぐさ太郎』**など。**御伽草子**と呼ばれるものです。おなじみの昔話です。

芸能

▶能・謡曲・狂言

次に伝統芸能の代表である**能**が生まれ，発展します。奈良時代に中国から伝わった**散楽**とか，平安中期以降，民間から広がった**田楽**とか，さまざまな雑芸の中から，劇としての構成を持った芸能として能を確立したのが**観阿弥・世阿弥**親子で，大和の**猿楽四座**の中から現れてきます。

大和猿楽四座
観世座・宝生座・金春座・金剛座

そして，能のセリフ，脚本である**謡曲**や**能面**など，能にともなう文学，彫刻も発達してくる。

また，能の合い間に演じられた**狂言**も確立し，こちらは金持ちや権力者を遠慮なく批判する**風刺劇**として発達します。とくに近代になってから，権力者批判という面から非常に評価されるようになっています。能と狂言の文化もこのころに始まるわけです。はい，

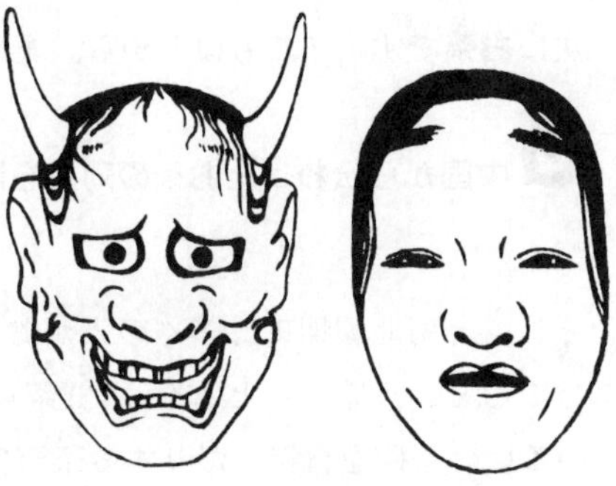

▲能面

Q 観阿弥・世阿弥を保護した将軍は？ ——**足利義満**

▶小歌

次に，中世後期の歌謡といえば「**小歌**」。

Q 小歌を集めた作品は？ ——**『閑吟集』**

後白河法皇が今様を集めた『**梁塵秘抄**』としっかり区別しておくこと。

┌院政期……今様 ➡『梁塵秘抄』
└室町時代…小歌 ➡『閑吟集』

▶**盆踊り**

庶民中心の芸能としては，今でもさかんな**盆踊り**も室町時代に始まったとされます。院政期に流行した，華美な姿での踊りである**風流**と念仏踊りが結びついて「盆踊り」となったとされている。もちろん，これは「**集団の芸能**」の代表ということになります。

茶道

次に**お茶**です。ここも復習から。まず，鎌倉時代。

Q 中国から伝わったお茶の効能を説いた栄西の著作は？

――『喫茶養生記』

そして，南北朝期には多くの人がお茶を楽しむようになって，お茶の銘柄を当てるという賭けをともなう「**闘茶**」がさかんになる。それから自分の持っているいい茶碗を自慢したりする**茶寄合**などが流行します。

惣の農民たちの集会も「寄合」。要するにみんなで集まる。この南北朝期を中心とする文化のキーワードの１つがこの「**寄合**」です。連歌だってみんなで集まらなければ成り立たない。そこで，この時期の芸能を「**集団の芸能**」と表現するわけです。

こうしたお茶の流行の中から禅宗の精神を取り入れて，今につながるお「茶」の「道」，**茶道**を開いていった人物が３人います。

はい，茶道の確立は**村田珠光**，**武野紹鷗**，**千利休**。ともかくこの３人の順序を覚える。村田珠光は**一休宗純**に禅を学び，その精神を茶にとりいれた。

ついでに，**豊臣秀吉**が 1587 年に京都の北野天満宮で催した，最大規模の「**北野大茶湯（大茶会）**」も覚えてしまおう。

村田珠光の「村」，武野紹鷗の「武」，それから千利休の「千」，この３つに北野大茶湯もいっしょに，「**村に武士が千人やってきたの**」と覚える。

茶道の成立

村に武士が千人やって来たの

↓ 村田珠光

↓ 武野紹鷗

↓ 千利休

↓ 北野大茶会（湯）（1587年）

15世紀後半に**村田珠光**が**侘茶**（わびちゃ）を創始（そうし）し，それを**武野紹鷗**が引き継（つ）いで，ちょうど100年くらいたった**16世紀後半**に現在のお茶につながる形に完成させたのは，もちろん**千利休**です。

ハイ，板書を見ながら声を出して，

> 連歌は，にじょうよしもと，そうぎ，そうかん
> お茶は，むらたじゅこう，たけのじょうおう，
> せんのりきゅう

時期にも注意してください。北山文化のところではなくて，東山文化から戦国期に集中しています。

連歌と茶道

鎌倉	南北朝	北山	東山	戦国期	桃山文化
	二条良基		→ 宗祇	→(山崎)宗鑑	
栄西			(一休宗純) 村田珠光	→ 武野紹鷗	→ 千利休

3 戦国期の文化

授業ノート p.44 参照

さて，次は戦国期の文化。庶民文化が発達していったことと，戦国大名の成長にともなって発達した文化がその中心です。近世文化，桃山文化に繋がっていくという意味では過渡期の文化ということになりますが，**現在につながる中世文化が生活文化として完成，成立する**重要な時期として注目されています。

■戦国大名の文化事業

さあ，そこで代表的なものをいきましょう。

▶大内氏(周防)

なんといっても中国地方最大の大名，**大内氏**。日明貿易で富をたくわえて，城下町の**山口**は「**西の京**」と呼ばれるように，あたかも京都のように栄え，文化人がつぎつぎにここを訪れます。

はい，先ほど言った日本の水墨画の完成者，**雪舟**。さらに**宗祇**も行っています。宗祇，連歌師ですよ。

Q 大内氏が刊行した書籍は何と呼ばれたか？ ──**大内版**

▶菊池氏(肥後)/島津氏(薩摩)/吉良氏(土佐)

肥後(今の熊本)の**菊池氏**は，**桂庵玄樹**という儒学者(朱子学)を招いて**孔子廟**をつくったことで有名です。

薩摩(今の鹿児島)の**島津氏**も同じく桂庵玄樹を招き，ここには**薩南学派**と呼ばれる朱子学の一派が近世に起こります。

さらに土佐(今の高知)の**吉良氏**。こちらのほうはくわしい履歴はわからないんですが，**南村梅軒**という学者を招いたと言われていて，近世にここから**南学派**(**海南学派**)と呼ばれる，やはり朱子学の一派が生まれてきます。こんなふうに，学問が京都じゃなくて九州や四国で学ばれていった。

桂庵玄樹 ➡ 薩南学派 … 薩摩・島津氏
南村梅軒 ➡ 南学派（海南学派）… 土佐・吉良氏

▶上杉氏（上野）

次に関東地方では**上杉氏**。上杉**憲実**が下野国にあった**足利学校**を再興します。この足利学校というのは今でも建物が残っています。鎌倉時代からあったんですが，一時荒れ果てていたのを再建したのが上杉憲実です。**永享の乱**のところで出てきた**関東管領上杉憲実**ですから（p.159），文化史でいえば北山文化の後半あたりです。足利学校は武家文化の象徴として，のちに戦国大名の雄である小田原**北条氏**も，徳川幕府も保護しますので，「**坂東の大学**」と呼ばれ，東日本における学問の中心になっていきます。

また，中部から関東を巡歴し，**太田道灌**などと交わって詩文を残した**万里集九**なども，文化の地方への波及の１例です。

■出版・教育

出版事業としては，先ほどお話しした京都五山などの**五山版**，そして大内版。また，町人階級からも学者が出てきます。

Q 町人出身の学者饅頭屋宗二が出版した日常語句をまとめた辞書とは？
――『節用集』

一方でまだまだ宗教の時代，地方の**寺院が武士の子弟などの教育に従事**するようになり，初等教育のための読み書きの教科書とされるものが出版されます。

Q このころ教科書として流布した，手紙文をまとめた本は？
――『庭訓往来』

あるいは簡単な漢文教育のための教科書として『**御成敗式目**』（『**貞永式目**』の別称）などが使われるようになるのも，この戦国期にはっきりしてくる傾向です。

第29回

近世(1)

南蛮人の来航・織豊政権

鉄砲伝来，フランシスコ=ザビエルに始まる**キリスト教の布教**と**南蛮貿易**。そして，いよいよ織田信長・豊臣秀吉が登場し，**天下統一**が実現します。

南蛮人の来航・織豊政権

1543	鉄砲伝来
1547	最後の勘合船
1549	ザビエルが来日 ➡ キリスト教の布教
1550	ポルトガル船が平戸に来航 ➡ 南蛮貿易
1551	ザビエル離日　大内義隆滅亡 = 勘合貿易断絶
1560	桶狭間の戦い
1575	長篠の戦い
1582	天正遣欧使節　本能寺の変　山崎の戦い
1590	天正遣欧使節帰国
	秀吉，天下統一

鉄砲の伝来から32年後には，鉄砲を大量に用いた**長篠の戦い**が起こっています。

天下統一の過程は，信長の1560年の**桶狭間の戦い**から，1590年の秀吉による**天下統一**まで**30年**。そのど真ん中，**1575年**が長篠の戦いです。

このあたりの大枠は，いつでも出てくるようにしましょう。

1 南蛮人の来航

授業ノート p.47 参照

■鉄砲の伝来

さて，「**大航海時代**」などと呼ばれた時代。遠洋航海が活発になり，ポルトガル，スペイン（イスパニア）が世界の各地域に進出してくる。

ポルトガルのアジア進出はインドの**ゴア**，それからマラッカを経て中国の**マカオ**に根拠地を設け，さかんな貿易活動を行います。

やや遅れて，スペインもやってきますが，これは1584年だから，本能寺の変の2年後，織田信長が死んだ後になります。

このポルトガル人，スペイン人を当時の人は**南蛮人**と呼びました。そこで，彼らとの貿易は**南蛮貿易**と言うわけですね。はい，マラッカ・マカオとマニラ。混同しないように。

	（インドの西岸）	（マレー半島）	（中国）	ザビエル	商船
ポルトガル	ゴア ➡	**マラッカ** ➡	**マカオ** →	1549（鹿児島）・	50（**平戸**）

	（メキシコなど）	（太平洋横断）	（フイリピン諸島）	
スペイン	アメリカ大陸	➡	マニラ	→ 1584（**平戸**）

さて，

Q 1543年，ポルトガル人が漂着した島は？ ――種子島

これが，ポルトガルが日本に来るきっかけ。そして，このときに**鉄砲**が伝わった。種子島は，いま，宇宙センターのある大きな島です。その南端の岬に船が漂着した。ちょうどこのとき，日本は**戦国時代**の真っ最中だよね。そのポルトガル人が鉄砲を持っていた。「これはいけるぞ」と島の支配者**種子島時堯**は考えて，鉄砲を2丁買った。

『鉄炮記』という史料に，種子島に漂着した船に乗っていた人物，おそらくポルトガル人が，「手に一物を携ふ。長さ二三尺。其体たるや中通り外直にして，重きを以て質と為す」――手に長さ 2，3 尺の，まっすぐで中に穴が空いていてとても重い物（鉄砲）を持っていた。要するに鉄砲を持っていたので，「**時堯**，其の価の高くして及び難きを言はずして，**蛮種の二鉄炮を求め**」――島主の種子島時堯は，高い値段だったが，鉄砲を 2 丁買ったというのです。

種子島に漂着したポルトガル人が乗っていたこの船はポルトガル船ではなく，倭寇の船だったらしい。それも，倭寇のボスとして有名な**王直**が支配していた船だった可能性が高い。いわゆる**後期倭寇**が活動していた時期です。鉄砲を見た島主の種子島時堯は，めちゃくちゃ高い値段だったが，黙ってその値で買っちゃった。

1543 年，鉄砲伝来。種子島の領主としては予算オーバーの買い物だったということで，年号を暗記です。

　　1 5　　　4 3
「**いーご**予算（**よさん**），鉄砲 2 丁」

ゴロゴロ ➡ **1543 年，鉄砲伝来**

鉄砲の普及

最近，この年次については，1542 年だとする異説もあります。しかし大事なのは，刀鍛冶の技術などを生かして，あっという間にこの鉄砲が**国産化**されていったことです。早い。あっという間に広がっていった。

Q 鉄砲の国産地は？　――**（和泉）堺，（紀伊）根来・雑賀，（近江）国友**

7 年後には，早くも近畿地方の戦闘に鉄砲が登場したといいます。

さて，鉄砲の普及は，馬に乗って弓を射るという中世の伝統的な戦いに大きな変更を迫ります。ある意味では，一般の人が戦争に巻き込まれる時代がやってきます。

戦国大名によって組織された農民中心の**足軽**。応仁の乱のころから目立ってきた，庶民の兵隊。この足軽を訓練して鉄砲を持たせるんです。そうすると，

根本的に戦争のやり方が変わっていくわけです。

そして，**築城法**，城のつくり方も変わってきます。鉄砲で狙撃されないような城のつくり方をしなければいけません。中世の山城から**平山城**，**平城**が戦国大名たちによって築かれるようになっていきます。また，幅の広い**堀**を設け，石で**城壁**を高く積み上げるようになります。

南蛮貿易

そして鉄砲伝来を契機に，ポルトガル船が**平戸**などにやって来て，貿易が始まります。ポルトガル人が積極的な**中継貿易**を始めた。

明は，いわゆる海禁策をとっていますが，このころは中国・日本・朝鮮・琉球・アンナン(ベトナム)などの商人による貿易のネットワークができていた。そこへ，南蛮人が参加してくるのです。

ここで絶対に思い出すのが，**琉球王国**です。それまでの琉球王国の繁栄を支えた中継貿易の利益が，巨大なポルトガル船の出現で奪われていった。

また，貿易と同時に，**キリスト教**の布教が始まります。宗教改革で生まれたプロテスタント，新教に対して，**旧教**，カトリックが体制立て直しのために世界的に布教に乗り出す。宣教師の布教活動は貿易と一体化して展開されるのが特徴です。

輸出入品と貿易港

さあそこで，**貿易品**を覚えましょう。まず，

Q 中国との貿易で日本が一番欲しがっていた品，輸入品は？　——生糸

生糸，**絹織物**，このへんは中国産ね。それからもちろん**鉄砲**，**火薬**のような戦国時代に特有のもの。

それから**皮革**，**香料**。香料は琉球貿易で胡椒とかが東南アジアからやってきていたのが，これもポルトガル船が持ってくるようになります。

輸出品のほうは？ 戦国時代は，第27回でやったように，日本は実は鉱産物，鉱山開発が一挙に進んだ時期です(p.203)。そこで，

Q 日本からの輸出品のトップは？　　——銀

銀の産出がさかんになる。世界の銀市場に対して，日本は**最大の銀供給国**になります。ポルトガル船は銀を求めてやって来たんです。この銀がたくさん採れれば，貿易で鉄砲が買える。

それまでは輸出品の主力は**銅**だったね。銅を輸出して銅銭を輸入するというのが，中世の日中貿易のポイントだった。

日本の輸出品…銅から銀へ

そして，ポルトガル人がやってきたおもな港は，肥前**松浦氏**の支配する平戸，**大村氏**の支配する長崎，そして豊後**大友氏**の府内など。

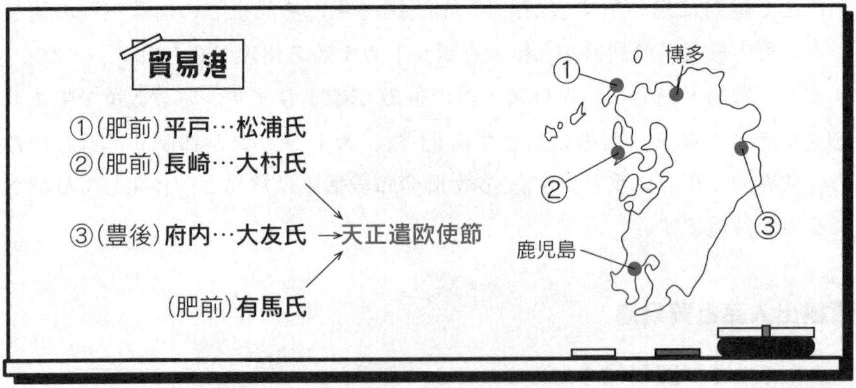

ここに京都・堺・博多などの商人が参加していく。布教にやってきた宣教師は日本の様子を本国に報告しますが，その「耶蘇会士日本通信」の中に堺などの様子を書いたものがあります。

史料

42　堺の繁栄 / 「耶蘇会士日本通信」(1562年ヴィレラ書簡)

日本全国(にほんぜんこく)，当堺(とうさかい)の町(まち)より安全(あんぜん)なる所(ところ)なく，……市街(しがい)においては紛擾(ふんじょう)起(おこ)ることなく，敵味方(てきみかた)の差別(さべつ)なく，皆大(みなだい)なる愛情(あいじょう)と礼儀(れいぎ)を以(もっ)て応待(おうたい)せり。市街(しがい)には悉(ことごと)く門(もん)ありて番人(ばんにん)を附(ふ)し，紛擾(ふんじょう)あれば直(ただち)に之(これ)を閉(と)づることも一(いち)の理由(りゆう)なるべし。……町(まち)は甚(はなは)だ堅固(けんご)にして，西方(さいほう)は海(うみ)を以(もっ)て，又(また)他(た)の側(がわ)は深(ふか)き堀(ほり)を以(もっ)て囲(かこ)まれ，常(つね)に水充満(みずじゅうまん)せり。……

日本中でこの堺は最も治安がいい。他所では戦争などがあっても，この町は平和が保たれている。町の入り口には門があって番人がおり，騒ぎが起こったりするとすぐこの門を閉じることになっているのも，治安が保たれている一因であろうか。町の防衛体制はしっかりしていて，西側は海，他は深い堀で囲まれており，いつも水が満たされている。

宣教師が見た「堺の繁栄」

ガスパル=ヴィレラによれば，日本全国を見まわしても，堺の町は一番安全で平和で，活発な商取引の中心であった。外国人の手によって書かれているというところに意義があります。多少美化されたところはもちろんあるでしょうがね。このあたりは，中世の都市のところを当然思い出しておかなければいけません(p.193)。

南蛮貿易の輸出入品

南蛮貿易の輸出入品を，それ以前の中世貿易と比較しておきましょう。

中世貿易から南蛮貿易へ

	輸出	輸入
宋	金・水銀・硫黄 木材・刀剣・漆器・扇	銅銭(宋銭) 陶磁器・香料・薬品・書籍
明	銅・硫黄 刀剣・槍・鎧・扇・屏風	銅銭(明銭) 生糸・高級織物・陶磁器・書籍・書画
朝鮮	銅・硫黄 蘇木・香木(香料)	木綿(織物類)・大蔵経
琉球	中継貿易	
南蛮貿易	銀	生糸 鉄砲・火薬

輸出品の鉱産物は，

金 ➡ 銅 ➡ 銀

と変わっている。そして，同じ鉱産物でも硫黄(いおう)は宋(そう)へも明へも輸出されていることに注意しましょう。

また，「南海産物(なんかいさんぶつ)」と呼ばれる東南アジア方面からの蘇木(そぼく)・胡椒(こしょう)などは，琉球から輸入し，さらに，その一部は朝鮮に輸出しています。

キリスト教の伝来

キリスト教も伝わってきます。ただし，これは**旧教**(きゅうきょう)ですよ。プロテスタントではありませんよ。念のため。

Q 旧教側の宗教改革で生まれ，日本での布教の中心となったのは？

――イエズス会

Q 1549年，島津貴久に鹿児島上陸を許された，最初の宣教師は？

――フランシスコ=ザビエル

正式の名前はフランシスコ=ジャッコア=アルピルクエルタ=エチェベリーアという長いものだそうです。長いので，これを聞いた日本人はシャビエルとかサベリオとか呼んだ。

◀フランシスコ=ザビエル(右)
ザビエルはマラッカで日本人アンジロウに会い，日本での布教を決意した。そのマラッカのザビエル記念の教会の庭にザビエルとアンジロウ(左)の像が立っていたので，手をつないでとった写真。

ザビエルは1534年，イグナティウス=ロヨラとともにパリでイエズス会を結成したメンバーの1人。1547年，マラッカで日本人アンジロウと出会い，日本での布教を思い立ったといいます。

アンジロウは故郷の鹿児島から国外に脱出した人物らしいのですが，くわしい経歴はわからない。ザビエルはアンジロウに洗礼を受けさせ，案内役兼通訳として**鹿児島**にやって来たのです。上陸を許可したのは**島津貴久**です。

その後，多くの宣教師が日本にやってきます。そこでゴロ合わせ。

ゴロゴロ
1 5 4 9
「以後(**いご**)**よく**やってくる宣教師」
➡ **1549年，ザビエル鹿児島に上陸**

ザビエルは**鹿児島**に上陸したんですよ。そして，平戸をとおり，山口をとおって京都に行きます。ところが京都で布教の許可が得られない。日本のトップに会って布教を一挙に進めようとしたが，うまくいかなかった。

そこで，再び**山口**にもどってきました。山口というところは，もちろん中国地方最大の守護大名，戦国大名に成長した**大内氏**の城下町で，「**西の京**」という別称があるくらい（p.228）。その山口にザビエルがやってきました。そして大内義隆の館を訪ねて，布教の許可をもらいます。

ザビエルは山口の町でキリスト教の伝道を始めたわけですが，**大内義隆**は住む者がいなくなったお寺を宿舎兼布教の場として与えたということです。

もっともザビエルは，その後，弟子を残して，豊後の**府内**から日本を離れて中国に向かいます。**1551年**のことです。ちょっと覚えておいてください。

注目の宣教師

さて，ザビエル以降の重要な宣教師を絞って覚えてしまいます。**ガスパル=ヴィレラ**。これはさっきの堺の様子を報告した「耶蘇会士日本通信」で出てきた人。このヴィレラが，将軍**足利義輝**から布教の許可をもらった人です。義輝は下剋上でやったばかりですよ（p.196）。

Q 織田信長ともたびたび会い，『日本史』の著者としても知られる宣教師は？
――ルイス=フロイス

当時の日本についての詳細な記録，『**日本史**』を残しています。そして，入試で一番よく出るのが**ヴァリニャーノ**。ヴァリニャーノはイエズス会の巡察師として，日本での本格的な布教方針を確立した大物で，**天正遣欧使節**の派遣を実現し，再来日に際して活字印刷術をもたらしています。

そして，ヴァリニャーノの来日を機に，**コレジオ**，**セミナリオ**といったような布教のための教育施設，学校がつくられていきます。宣教師養成のための学校を**コレジオ**と言います。コレジオはカレッジと思えばいい。単科大学。宣教師を養成する専門的な単科大学に対して，**セミナリオ**は下級神学校と訳したりします。初歩的な神学教育のためのもの。

┌コレジオ(コレジヨ)………1580〜1614年 ←豊後府内・大友義鎮(宗麟)の援助
└セミナリオ(セミナリヨ)…1580〜1614年 ←安土・有馬

イエズス会巡察師ヴァリニャーノが**織田信長**の許可を得て設立したのがセミナリオ。場所は,安土城のそばと,肥前の有馬です。豊後府内のコレジオは**大友義鎮(宗麟)**の援助で設立された。その後,弾圧などで場所が移ったりしますが,最終的には徳川幕府の禁教令で廃絶されることになります。

コレジオ,セミナリオの区別,いいですね。では,

Q キリスト教の教会堂の当時の呼び名は? ――**南蛮寺**

教会はお寺の建築様式で建てられたので,こう呼ばれます。

キリシタン大名

さて,大名の中からもキリスト教を受容する者が現れます。キリスト教に入って,「アーメン」と拝んでいると,宣教師と友達になれる。ということは,ポルトガル船と貿易ができる。ということは豊かになれる。豊かになれば,戦争で勝てるという論理も働きますが,信仰に熱心な人も出てきます。

こうして,急速に信者の数は増え続け,1582年には九州で12〜13万人,畿内などで2.5万人にも達したといいます。

キリシタン大名として有名なのは**大友義鎮**,**大村純忠**,**有馬晴信**などです。

日本の布教がうまくいきそうだ,滑り出しはいいなというので,ヴァリニャーノが少年たちをローマ法王のもとにあいさつに行かせようとします。

Q 1582年,九州の3大名(大友・大村・有馬)がローマ法王に送った少年使節を何というか? ――**天正遣欧使節**です。

極東,アジアの東の果てまで信者たちがいて,少年たちが法王に会いにきましたよ,という使節団です。**1582年**に日本を発って,1590年に帰って来ます。ヴァリニャーノも日本を離れていましたが,1590年,使節団の帰

国に合流して再び来日します。

そのとき，布教のためにヨーロッパの**活字印刷機**を持ってくるんです。木の板に文字を浮き彫(ぼ)りにしていく「木版」ではなく，1文字ずつの活字を組み合わせていくものです。こうして出版されたのが**キリシタン版**（**天草版**(あまくさばん)）と呼ばれる印刷物です。

ちょっと年号を整理しておこう。

日明貿易 ➡ 南蛮貿易

1543　鉄砲伝来
1547　最後の勘合船
1549　ザビエル来日
1551　ザビエル山口へ
　　　大内義隆滅亡（勘合貿易断絶）
　　　ザビエル（豊後）府内から離日

↑ 5のサンドイッチ

鉄砲伝来，イーゴヨサン，**1543年**。最後となる勘合船(かんごうせん)が行ったとされるのが**1547年**です。その2年後，**1549年**に，今度はザビエルが鹿児島に上陸した。イゴヨクやって来る。

そのザビエルが京都での布教に失敗し，山口に寄って大内義隆(よしたか)から布教を許される。その後，山口に弟子(でし)を置いて九州に渡り，豊後(ぶんご)の府内(ふない)から離日したのは**1551年**です。

ところがザビエルが山口を去った後，**陶晴賢**(すえはるかた)が大内義隆を滅ぼしてしまう。これは下剋上(げこくじょう)の例でやった。5のサンドイッチで1551年だ。承久の乱1221，元弘の変1331，嘉吉の変1441，そして，

1551年 ｛①大内義隆の滅亡 ②ザビエルの離日

と覚えましょう。いいですか。

さて，ここからはちょっと予習ですが，ヴァリニャーノが**天正遣欧使節**を連れて日本を発ったのは1582年。日本史のヤマ場，**本能寺の変**の年だ。明智光秀が主君の織田信長を殺しちゃった。そして，**豊臣秀吉**がその明智光秀をやっつけて信長の後継者となるチャンスをつかんだ。

そしてヴァリニャーノが帰ってきた1590年は？　そう，秀吉の天下統一だ！　つまり，**天正遣欧使節は，豊臣秀吉がチャンスをつかんでから天下を統一するまでと時間的にピッタリ一致している**んです。

2 織田信長

授業ノート p.49 参照

信長デビュー

さて，そこで**織田信長**の登場といきましょう。**尾張**の守護は**斯波氏**。その**守護代**が織田氏。信長の家はその織田氏の分家です。本家を倒して尾張を統一したのが**織田信秀**，その息子が織田信長です。

さあ，そこで織田信長の統一過程とその挫折，デビューから本能寺の変までの合戦などを整理していきましょう。

▶桶狭間の戦い(1560年) ⚔今川氏

1560年，駿遠三――駿河・遠江・三河を押さえ，「**海道一の弓取**」と称された**今川義元**軍の侵略を桶狭間で迎え撃って，これを討った。永禄3年です。これは有名。

「**桶狭間の戦い**」で信長デビュー。名古屋の近郊です。以後，駿河・遠江は北から東から西からウワーッと蝕ばまれていって，今川は滅んでしまうわけです。

この桶狭間の戦いのとき，**徳川家康**は今川氏の支配下に入っている。三河の支配権を取り上げられていて，若いころから今川氏のもとで人質としての生活を送っていた。その義元が討たれて，ようやくその重しが取れた。徳川家康は自立し，**三河の支配を回復**します。

そして，家康は信長と手を結んで三河の支配者としての地位を固め，さらに遠江へ進出していく。

▶美濃攻め(1567年) ⚔斎藤氏

桶狭間の戦いに勝って，信長も危機を脱したとは言っても，尾張から天下統一に向かってただちに飛躍するというわけではない。信長は隣の強国，美濃の**斎藤道三**の娘を奥さんにもらって，同盟関係を結びました。

ところが，下剋上の申し子のような斎藤道三が息子義竜と争って死んでしまいます。斎藤氏は義竜からその子斎藤**竜興**へと主が代わっていきます。信長はここにつけ込んで，ついに**美濃国を制圧**する。これが**1567年**。1560年の桶狭間の戦いからけっこう時間がかかっているでしょう。1つの国をやっつけるのもたいへんです。

斎藤氏の居城を**岐阜城**と改称し，ここに入った信長は，「**天下布武**」の文字を刻んだ印鑑を使うようになります。すなわち「自分の実力で天下，日本中を武力によって制圧するぞ」という意味だ。

翌年，「将軍家の血筋を引いているのに，ろくに飯も食えない，一発，室町将軍の地位をめざそうや」と，スポンサーを探していた**足利義昭**が転がり込んできました。「私を京都に連れていって」と。要するに，信長に「将軍にして」と依頼してきた。

▶姉川の戦い（1570年） ⚔浅井・朝倉氏

「わかった」と言って，信長はこのおっさんを連れて京都に入り，**1568年**，**義昭**は15代将軍に就任します。**最後の室町将軍**です。ところが信長は美濃・尾張と京都とのあいだをまだ完全に制圧していませんから，帰りがけに**浅井**・**朝倉**とか比叡山の僧兵に追いかけられたりしています。

そこで，北近江の**浅井**と越前の**朝倉**の連合軍を破って琵琶湖の周辺を押さえ，**六角氏**もやっつけて，京都とのあいだの通行の安全を確保するためにがんばった。その結果，起こった戦争が**1570年**の「**姉川の戦い**」です。これに勝ちます。これが，桶狭間の戦いから10年後，ようやく信長は**中部地方**から**京都**までをだいたい押さえた。

翌年には，浅井・朝倉などと協力して，信長に抵抗していた比叡山延暦寺も信長軍が焼打ち（**延暦寺焼打ち**）。全山ほぼ焼失，僧兵たちも全滅してしまいました。

▶石山合戦（1570～1580年） ⚔石山本願寺

しかし，1570年，本願寺の**顕如**（顕如光佐）は諸国の門徒に対して信長との戦争を呼びかけ，**石山合戦**が始まっています。1574年に**伊勢長島の一向一揆**，翌1575年に**越前の一向一揆**が信長勢に屈服しますが，顕如が抵抗を止めて**石山本願寺**から退去するのは1580年のことです。

毛利氏など西国の大名たちも信長を大坂に進出させたくない。そこで，石山本願寺を援助します。1580年まで，信長にとってもっともきびしく長い戦いが続いたんです。

室町幕府の滅亡

さて，1568 年，将軍となった足利義昭は，信長の言いなりになるのがいやになって，あちこちの戦国大名に手紙を書きまくり，いろいろ策動をします。そこで，有力な戦国大名の信長包囲網ができてきます。

その反信長の中心であった甲斐の**武田信玄**が，1572 年，京に向かって動き出します。信長と連合し，これを迎え撃った**徳川家康軍**は遠江の**三方ヶ原の合戦**で武田軍に完敗。ところが，さらに京に向かう途上，武田信玄が病死してしまった。陣中で信玄が死に，武田軍は甲斐に帰ってしまった。

信長を抑えようとして武田などに上洛を促していた将軍義昭にとっては大ショック。1573 年，足利義昭は京を追われて**室町幕府は滅亡**します。

> 　　1　573
> 「一期涙(**いちごなみ**だ)の室町幕府」
>
> ゴロゴロ ››› 　➡ **1573 年，室町幕府滅亡**

翌 1574 年，**伊勢長島の一向一揆**は屈服していますが，本願寺はまだまだがんばってます。そして，信玄のあとを継いだ**武田勝頼**が再び動き出す。

▶長篠の戦い(1575 年)　✕武田氏

信長は**武田勝頼**の騎馬軍団を **1575 年**，「**長篠の戦い**」で鉄砲隊を大量に投入して撃破した。長篠の戦いは入試でどういうふうに出るかというと，1543 年とペアで出ますよ。一番典型的な問題としては，

Q 鉄砲の伝来から，その大量使用まで何年たったか？

答えは 1575 − 1543 = **32 年**ですが，この 2 つはおのおの単独の年号でも覚えておいたほうがいい。

武田勝頼は甲斐に戻りますが，結局，1582 年に滅亡してしまう。

Q 1576 年に，信長が琵琶湖畔に築いた城は？　　――安土城

この城は有名でしょう。五層七重の広大な天守閣は，金をふんだんに使った豪壮華麗なもので，近世のお城の手本となったと言われています。

しかし，まだ**石山本願寺**との戦いは続いている。中国地方の毛利をはじめとする大名たちがみんな本願寺を支援する。そこで，石山本願寺を攻めつつ，信長の部下たちは中国地方に向かって軍隊を進めていき，**1577年**には，**豊臣秀吉**が中国の**毛利氏**征討に派遣されて戦っています。

そして**1580年**，石山本願寺が屈服します。もっとも，**正親町天皇**にあいだに入ってもらい，**顕如**が石山本願寺から退却して，明け渡したんです。信長は武力でこれを打破することはできなかった。しかし，これでようやく**信長の勢力は大坂まで延びた**わけです。あとはいよいよ本格的に中国攻めということです。

▶本能寺の変(1582年)

信長の部下たちは，みんなあちこちで戦っています。信長はみずから中国攻めの指揮をとることにし，わずかの部下を連れて，安土から京都へ入った。そして，宿舎にしていた本能寺に泊まっているところを，家臣の**明智光秀**が襲ったのが**本能寺の変**ですね。

光秀は何を思ったか。いろいろな恨みが重なったのでしょう。「本能寺の変」の原因はよくわかりませんが，奇襲を受けて信長はあえなく死んでしまった。**1582年**。これで信長の時代は終わるわけです。

そこで1582年はまさに天下統一過程の焦点。こういうところはヒンシュクを買っても，ナンセンスと言われようと，記憶させるのが予備校の義務です。ハイ，ここは必須のゴロ合わせ。

暗記でいきます。何年か前，大学生になった生徒が3人横浜校に来て，なんと「先生，プレゼントがあるよ。駅前の店で買ってきたよ」とくれました。こんなもの見せてたいへん失礼ですが，パンツです。よく見ると，イチゴの模様です。

そこで，まったくのつくり話ですよ，断わるまでもないんですが。明智光秀は本能寺を襲うとき，ナント，イチゴ柄のパンツをはいていた。はい，すぐ想像して。

1 5 8 2
「**イチゴパンツ**で本能寺」

➡ **1582年，本能寺の変**

ともかく本能寺の変を覚えてしまって，その前後のできごとをいもづる式に全部覚えていくこと。

信長の商業保護政策

さて，信長政権は戦争の途中で倒れてしまったので，これといった組織は形成されていません。主要な施策を確認しておけばOKです。

強力な家臣団組織を維持するために，城下町への集住を命じています。次に，**堺を直轄化**したことは重要です。**堺の自治は信長に破られます**。

それから信長は，支配地，征服地に**指出検地**を実行していって，戦国大名と同じように報告をさせるかたちでの検地を進めた。

また，戦国大名もやっていたいわゆる**楽市・楽座**と言われる政策を展開します。座の特権を否定して自由な商売を保証する政策です。美濃の**加納市**や，安土城下でのものが知られています。

楽市・楽座令

安土城下に出された楽市令は有名なものです。史料を確認しておこう(次ページ)。

史料

43 楽市・楽座令／「近江八幡市共有文書」

定　　安土山下町中

定　　安土山下町へ

一，当所中，楽市として仰せ付けらるるの上は，諸座・諸役・諸公事等，

ここは楽市とする。そこで座やその負担はいっさい認めない。

悉く免許の事。

一，往還の商人，上海道はこれを相留め，上下とも当町に至り寄宿

上海道を通る商人は，上りも下りも山下町に寄って泊まっていくこと。

すべし。……（中略）

一，分国中徳政，之を行ふと雖も，当所中免除の事。（中略）

徳政令が出されても，この地域は徳政の適用を免れることとする。

天正五年六月　日

1577年6月　日

安土城下の山下町は**楽市**だぞ。座は認めない。**座役**などはいっさい認めない。ことごとく免除。

「往還の商人」――安土城下のそばを行ったり来たりする商人は，必ず「相留め」，一泊していけ。当町に泊まっていけと。要するに商売をしていけと。強引ですね。

この「**上海道**」というのは，江戸時代の中山道にあたる街道です。東海道新幹線が安土城下，琵琶湖のそばをとおっているからといって，決して江戸時代の**東海道に該当するものではありません**。**中山道**ですよ。ここを注意しておきましょう。

次に室町幕府がやたらと出すようになった**徳政令**。これが出されると，金融業者は大損害。貸しておいた金，債権がパーになっちゃう。

そこで，だれが徳政令を出そうと，安土城下は「免除」する。**徳政令は認め**

ない。「安土に来れば金融業者は安心だ。わしが保護して,あんたの債権は守ってあげる」というふうに，金融もちゃんと保証する。ほかにもさまざまな政策を打ち出しています。

新しく城下町を建設していく場合，政策として**楽市**としていくわけです。あるいは，15 世紀以降には座に加わらない新興商人も増えてくるし，本所(ほんじょ)を持たない座や，自由な市場も現れています。戦国大名も，信長もその自由を認め，これを楽市として保護していった。

さらに，当然ながら，支配地の鉱山を直轄(ちょっかつ)する。また，銭を受け取るときにいい銭だけを取ろうとする例の**撰銭**(えりぜに/せんせん)，これも禁止をする。**関所**(せきしょ)もどんどん撤廃(てっぱい)して，交通を整備していく。

仏教弾圧とキリスト教保護

そして，敵対する宗教勢力だけは徹底(てってい)的に弾圧します。**一向一揆**(いっこういっき)とは妥協(だきょう)せざるをえなかったわけですが，**比叡山延暦寺**(ひえいざんえんりゃくじ)は抵抗したので，焼打ち。

一方で，**ルイス=フロイス**に何度も会っていることでもわかるように，信長はキリスト教に対してはわりと寛容(かんよう)です。ハッキリ言って新しいもの，珍しいもの好きです。ワインとか金米糖(こんぺいとう)とかもらうと，喜んでしまいます。

信長に敵対する仏教に対して，キリスト教の布教を認めることで，仏教に打撃を与えようとしたという推測(すいそく)もありえます。

3 豊臣秀吉

授業ノート p.50 参照

天下統一への道のり

さて，織田信長まで来たんだから，続く**豊臣秀吉**もやってしまいます。まずその天下統一の過程を押さえておきましょう。

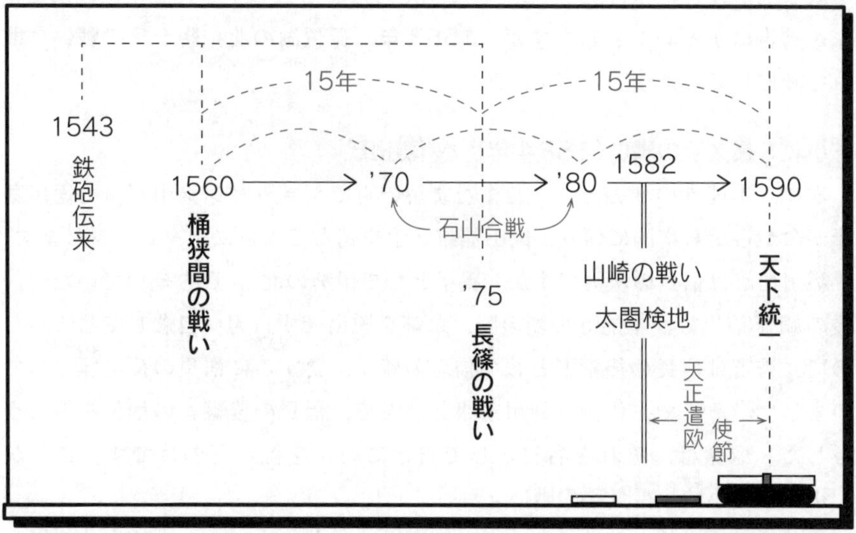

まず，**1582年の本能寺の変**，ここが1つの大きな分かれ目ですよ。1582年に秀吉が信長の継承者の地位を手に入れてから，**1590年に天下統一**を達成するまで，8年間です。

信長のデビューの**1560年**(桶狭間の戦い)から**1590年**まで，ちょうど30年です。しかも0だから，きっちりいっているよね。

そこで，桶狭間の戦いから秀吉の天下統一までの30年を真っ二つに割れば，15年，15年だから，ちょうど真ん中のところで**長篠の戦い(1575年)**が起こっているわけです。

石山合戦が1570年～1580年だから，長篠の戦いは石山合戦のちょうど真ん中でもある。このあたりの年号は絶対覚えなければいけない。

▶山崎の戦い(1582年) ⚔明智氏

1582年，本能寺の変で信長が死ぬ。備中の高松城を攻めていた秀吉は，本能寺の変の情報を得ると，急いで京に向かって帰って来ます。

そこで，**明智光秀**が秀吉軍を防ぐために，摂津と山城の境目まで駆けつけて衝突します。**山崎の戦い**です。明智光秀は敗れ，秀吉は京に入って主導権を握ってしまいます。

成り上がり者の秀吉が！ 信長の重臣たちはおもしろくない。重臣の柴田勝家が秀吉にチャレンジしますが，**1583年**，琵琶湖の北，**賤ヶ岳の戦い**に敗れて滅亡してしまう。

▶小牧・長久手の戦い(1584年) ⚔徳川氏

次に，本能寺の変のとき，たまたま堺の町でショッピング中だった**徳川家康**が命からがら本国に帰り，**織田信雄**と手を結んで秀吉にチャレンジします。

織田信雄は信長の次男ですが，養子として伊勢の北畠氏を継いでいた。信長の嫡子信忠は，本能寺の変の際，京都を脱出せず自刃，自殺してしまったので，秀吉は信長の後継者として信忠の嫡子，要するに信長の孫を擁立していました。そこで，信雄は徳川家康と結んで，信長の後継者の地位を得ようとした。家康は，それを名目として秀吉に戦いを挑んだわけです。これが**1584年の小牧・長久手の戦い**。

これは，決定的な勝敗の決まらない戦いでした。少なくとも秀吉は徳川家康軍を打破できなかった。家康も勝つ自信がない。結局，家康は秀吉と妥協して，協力者となります。

信長の同盟者であった**徳川家康が秀吉の協力者になった**。ここから秀吉の天下統一の作業がスムーズに動き出します。翌年，**関白**に就任し，そして長宗我部元親を破って**四国**平定。さらに**島津義久**を屈服させて**九州**を制圧します。東日本については，関東地方最大の大名，小田原**北条氏**，北条氏政を滅ぼし，東北最大の大名**伊達政宗**も服従することとなり，**1590年**に天下統一が完了するわけです。

秀吉，太政大臣となる

秀吉は天皇を積極的に利用していった。**正親町天皇**から**関白**に任命され，その権威を利用した。何と，このときには藤原氏の養子になっているんです。

そして，代わった**後陽成天皇**から**太政大臣**に任命され，「**豊臣**」という新しい姓を与えられるんです。関白は甥に譲ってしまう。さらに，

Q 1587 年，秀吉が京都につくった広大な城郭風の大邸宅を何と呼ぶか？

——聚楽第

秀吉はここに後陽成天皇を招きます。そして，天皇に対して大名たちがあいさつをする。その横に秀吉がいるという形です。天皇の権威を利用して，完全に支配者という地位を獲得してしまった。では，

Q 1585 年，秀吉が九州に向かって発令した戦争の禁止令を何というか？

——「惣無事令」

これは近年注目されていて，天皇から全国政治を任された関白として停戦命令を出した。**勝手な戦争をすることを許さない**という喧嘩両成敗法の拡大バージョンみたいなやつで，「もめごとがあったら，武力で解決せずにわしに相談せよ。すべて仕切るのはわしじゃ」ということです。

財政政策と政治機構

また，天皇に提出するという名目で，**検地帳**（**御前帳**）とおのおのの支配地の地図（**国絵図**）の提出を命令して，全国の領土を支配する体制を整えます。

そして，**検地**を進めつつ，自分自身の直轄地をちゃんと設定していきます。

Q 秀吉政権の財政基盤となった直轄領は何と呼ばれたか？

——蔵入地

「**太閤蔵入地**」とも言います。約 **200 万石**。この数字は覚えておこう。

そして，信長といっしょですが，都市を直轄し，貿易もすべてコントロールしようとします。京都，大坂，堺，伏見，長崎などを全部直轄します。

もちろん，鉱山も主要なところを全部直轄します。ということは，金銀が手に入る。

Q 秀吉が発行した大判金貨を何というか？ ——**天正大判**

これは大きな金貨で有名。まさに「黄金太閤」だよね。金を全部手中に収めた。

また，秀吉は征服地に検地を実施していきます。**太閤検地**ですね。そして**朝鮮出兵**。ここは次回のテーマにします。

注意するのは，秀吉が石山本願寺の跡に築いた**大坂城**です。聚楽第は京都のどまん中に築城したものですが，後に秀吉の命令で解体されてしまいます。そして大坂城が豊臣政権の最大の拠点となっていきます。

絶大な権力を握ったとはいえ，まだまだ秀吉自身の**政治機構は未熟**なままです。秀吉を支えてきた徳川家康，あるいは昔の仲間，ちょっと先輩格の**前田利家**とか**毛利輝元**とか，**小早川隆景**，**宇喜多秀家**，**上杉景勝**など，いわゆる**五大老**と呼ばれる有力者に重要政務を委託したりするのも晩年のことです。

重要な政務は自分の信頼する，能力のあるいわゆる石田三成などの**五奉行**を手足に使って，進めていきました。

統一過程の最重要年「1582年」

さて，最後に大事なこと。**1582年**をきっちり覚えておく。信長から秀吉へ。この年は覚えることがいっぱいある。**本能寺の変**で信長が死ぬ。そこで中国地方から帰ってきた秀吉が，**山崎の戦い**で明智光秀をやっつけて京都を押さえ，主導権を握る。

そこで，終わっちゃだめ。山城国から**太閤検地**が始まります。さらに，秀吉の力がおよんでいない九州では，ヴァリニャーノの勧めで**天正遣欧使節**がヨーロッパに出発している。そして，先ほど指摘したように，ヴァリニャーノが再来日した1590年，ちょうど，秀吉によって天下は統一されているわけです。もう一度，黒板で確認しましょうね(次ページ)。

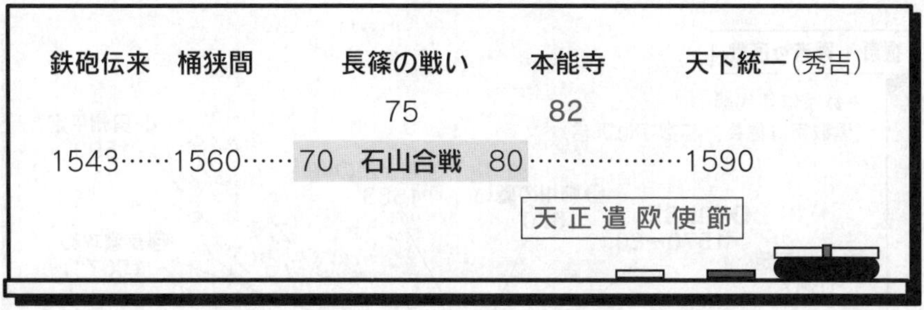

さて問題は，今回出てきた，たくさんの「～合戦」「～の戦い」をどう覚えるか。

やはり，地図で覚えてしまうのが一番いい。言葉，合戦名だけで覚えるのは不可能です。戦国ファン，時代劇が好きな一部の人以外にはとても覚えきれるものじゃない。

そこで，次ページの地図を使って，天下統一の過程を確かめてください。

信長・秀吉の合戦

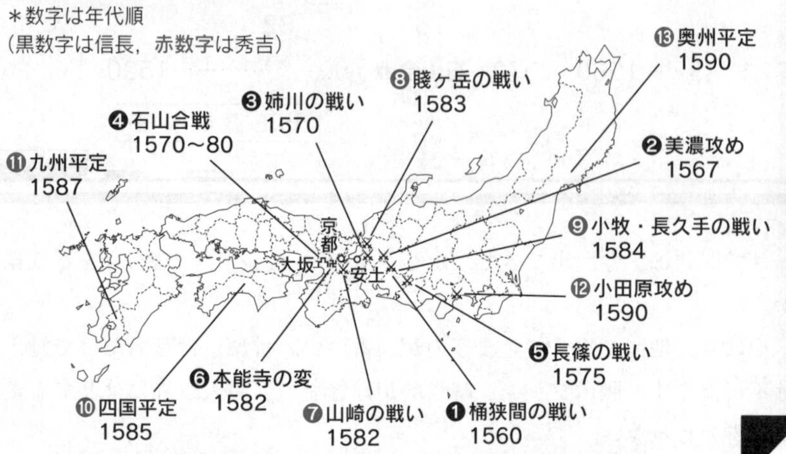

《織田信長》

- 1560　❶桶狭間の戦い(尾張)
  ×今川義元…徳川家康と同盟
- 1567　❷美濃攻め(美濃)　×斎藤氏(竜興) ⇒ 岐阜城・「天下布武」
- 1568　(入京)足利義昭征夷大将軍
- 1570　❸姉川の戦い(近江)
  ×浅井氏(長政)・朝倉氏(義景)
  ❹石山合戦(摂津)
  …本願寺・顕如(光佐)：門徒に信長との戦争を呼びかける
- 1571　**比叡山焼打ち**
- 1573　**室町幕府滅亡(義昭追放)**
- 1574　×伊勢長島の一向一揆
- 1575　❺長篠の戦い(三河)　×武田勝頼
  ×越前の一向一揆
- 1576　安土城の築城始まる
- 1580　❹石山合戦終結…顕如：石山本願寺から退去
- 1582　❻本能寺の変　→山崎の戦い

《豊臣秀吉》

- 1582　本能寺の変
  ❼山崎の戦い(山城)×明智光秀
- 1583　❽賤ヶ岳の戦い(近江)
  ×柴田勝家
  大坂城築城(石山本願寺跡)
- 1584　❾小牧・長久手の戦い(尾張)
  △織田信雄・徳川家康
- 1585　関白 ❿四国平定
  ×長宗我部元親
- 1586　太政大臣・豊臣
- 1587　⓫九州平定　×島津義久
  バテレン追放令
- 1588　聚楽第に後陽成天皇行幸
  刀狩令　海賊取締令
- 1590　⓬小田原攻め(相模)　×北条氏政
  ⓭奥州平定　←伊達政宗降伏

“×印”は敗れた側，“△印”は講和。

第30回

近世(2)

太閤検地・刀狩・朝鮮侵略

豊臣秀吉の施策でもっとも重要なのは，内政では**太閤検地**・**刀狩**。外交では**朝鮮侵略**。**太閤検地**によって，近世の幕藩体制の基礎となる**石高制**の社会が成立した。また，検地と**刀狩**で**兵農分離**が進み，近世の身分制の基礎も固まったのです。

指出検地 ➡ 太閤検地

戦国大名の検地は，土地の支配を認められた者に自己申告させた——「指出させた」土地台帳を集約したもの。ところが，太閤検地は全国を，統一された度量衡によって，村を単位に，検地奉行が実際に調査してまとめたものです。そして刀狩で農民の武器を奪って，いわゆる「兵農分離」が実現します。

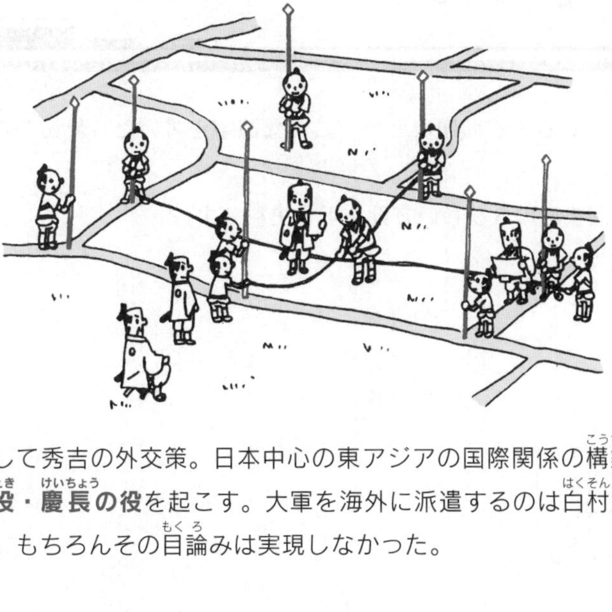

◀太閤検地

そして秀吉の外交策。日本中心の東アジアの国際関係の構築をめざし，**文禄の役**・**慶長の役**を起こす。大軍を海外に派遣するのは白村江の戦い以来のこと。もちろんその目論みは実現しなかった。

1　太閤検地

授業ノート p.52 参照

太閤検地

太閤検地とは，もちろん太閤秀吉による検地という意味です。では，

Q「太閤」とは何か？　　**──前関白，前太政大臣**

「太閤」は古代で１回出てきている。どこで？『小右記』で筆者の藤原実資は藤原道長を「太閤」と呼んでいる（第１巻，p.269）。太閤というのは関白とか太政大臣を辞めた人に対する中国風の一種の称号です。

ところで，太閤検地を「大閣険地」なんて書いたらアウト。

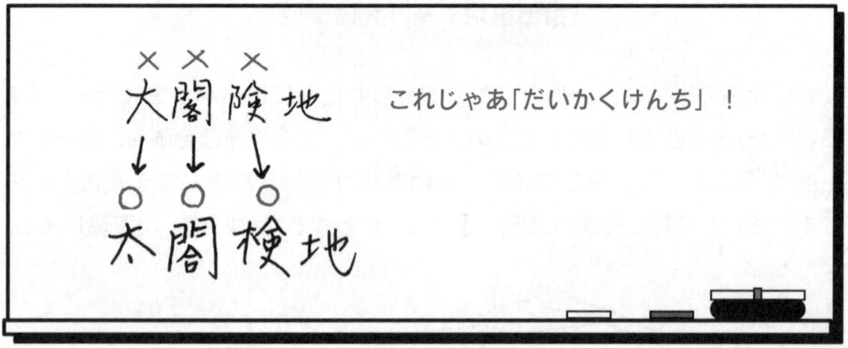

太閤検地にかかわる論述問題などで，こんな誤字を書いたら最初からアウトですよ。

さて，次は太閤検地のきびしい方針を示す史料です。

史料

44　太閤検地 (1) / 「浅野家文書」

仰(おお)せ出(いだ)され候趣(そうろうおもむき)，国人幷百姓共(こくじんならびにひゃくしょうとも)ニ合点行候様(がてんゆきそうろうよう)ニ，能々申(よくよくもう)し

秀吉の命令は次の通りである。国人から百姓まで，検地の趣旨をよく説明すること。

聞(きか)すべく候(そうろう)。自然(しぜん)，相届(あいとど)かざる覚悟(かくご)の輩之在(ともがらこれあ)るに於(おい)ては，城主(じょうしゅ)にて

もし，その趣旨に納得せず，検地の障害になるような不心得者がいたら，

候ハヾ(そうらわば)，其(その)もの城(しろ)へ追入(おいい)れ，各相談(おのおのあいだん)じ，一人(いちにん)も残(のこ)し置(お)かず，なでぎりニ

それが城主などの武士だったら城に監禁し，全員斬り殺してしまえ。

申(もう)し付(つ)くべく候(そうろう)。百姓(ひゃくしょう)以下(いか)ニ至(いた)るまで，相届(あいとど)かざるニ付(つい)てハ，一郷(いちごう)も

百姓まで抵抗するような場合は，全員斬り殺してしまえ。

二郷(にごう)も悉(ことごと)くなでぎり仕(つかまつ)るべく候(そうろう)。

六十余州堅(よしゅうかた)く仰(おお)せ付(つ)けられ，　出羽(でわ)・奥州迄(おうしゅうまで)そさうニハさせらる間(ま)

これは，日本全国を対象とする指示である。東北地方の果てまで徹底した検地を実施せよ。

敷候(じくそうろう)。

(天正十八年)八月十二日(秀吉朱印)

1590年

浅野弾正小弼(だんじょうしょうひつ)とのへ

浅野長政

史料の穴埋め問題で「なでぎり」を答えさせるものがありましたが，内容は単純ですね。大事なのは，宛先(あてさき)。秀吉が検地を命じた「浅野弾正小弼(だんじょうしょうひつ)とのへ」の「浅野弾正小弼」が**浅野長政(ながまさ)**であること。「天正(てんしょう)十八年八月」ということは1590年，**天下統一が実現**した結果，「奥羽」，東北地方の検地を指示するものであり，その総責任者が**五奉行**の１人，浅野長政であったことです。

さて，具体的な内容も確認していきましょう。次ページの史料は，検地に際して，検地奉行に対して与えられた指示です。

史料

45　太閤検地(2)／「西福寺文書」

右，今度御検地を以て相定むる条々

今度の検地についての規定

一，六尺三寸の棹を以て，五間六拾間，三百歩壱反に相極むる事。

6尺3寸を1間とし，たて5間・よこ60間の面積を1反(＝段)と決める。

一，田畠幷に在所の上中下，能々見届け，斗代相定むる事。

田や畑，そしてその地域のランクをよく調査した上で石盛を決定すること。

一，京舛を以て，年貢納所を致すべく候。売買も同じ舛たるべき事。

枡は京枡を使用し，年貢の収納や売買についても京枡で行うこと。

検地というのは文字どおり，土地を検査するわけです。一番大事なのは「**度量衡**」，ものを測る単位をきっちり決めておくことです。

中世というのは，世の中がバラバラだから，たとえば今で言うと，1メートルという長さが場所によって違う。これだと，「おい，何々を1メートルくれよ」といっても，実際の長さはバラバラ。要するに，言葉や数字が同じでも，地域によって実際の長さ・面積・体積は違う。

そこで太閤検地は基準となるメジャーを決め，**6尺3寸**(約191cm)という長さを**1間**とします。だいたいのイメージで畳の縦の長さ。そして，1辺が1間の正方形の面積を**1歩**とします。それまでは，1間は6尺5寸(約197cm)で，1間四方1歩でした。

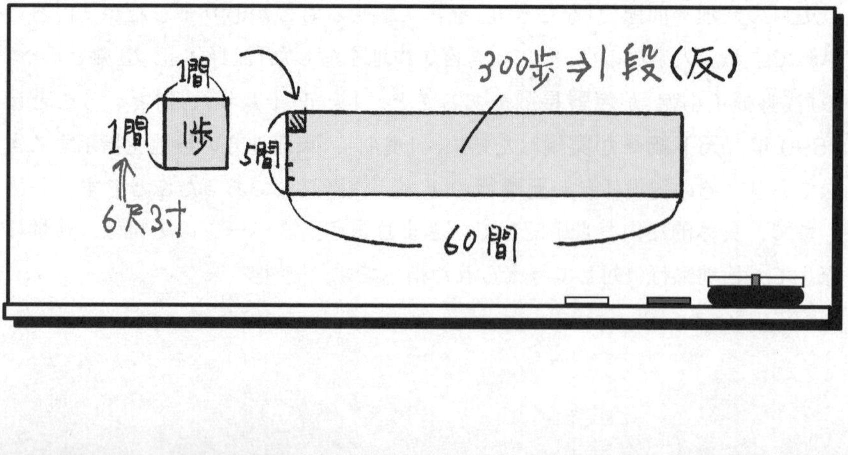

6尺3寸が1間，「5間・60間」というのは，5×60という意味で，5間×60間で，掛けると300歩。これが**面積**。5×60＝**300歩**，これを1**段**(＝反)とせよということです。タテ・ヨコ1間の正方形の面積が1歩だよ。

Q 律令制度では1段は何歩だったか？　――360歩(第1巻，p. 151)

ハイ，それが太閤検地では，1段は**300歩**とされたんです。

太閤検地の面積の単位は，**町・段・畝・歩**です。これは昔から変わっていない。そして300歩で1段というのは「畝」という単位を飛ばしていることに注意してください。

土地の「ランク」づけ

さて，次。田畑，並びに「在所」。在所というのは，その土地，土地。それぞれの地域の実情に従って，田や畑，そして全体の土地柄の上中下をよく見ておけ。同じ村の中でも，こっちの田，隣にある田には違いがある。みんないっしょというわけではない。

場所によって，これを上，これは中，これは最悪のレベルで下々，というふうに**田の等級を分けていく**んです。畑も同様にランクをつけていく。要するに，土地をただ面積だけで評価しないでランクをつけて，上，中，下，下々と4等級に分ける。

「石高制」

次が難しい言葉で，「**斗代**」。一般的には「**石盛**」といいます。検地をするときに田や畑の等級をよくよく見分けて，石盛を決めなさい。石盛とは何か。要するに，**段当たりの標準的な収穫高**です。

たとえば上田だったら，その1段の価値を米の量で評価して1石5斗というふうに，あらかじめ決めておきます。1石5斗のランクなら上田。

畑の場合も，米は取れませんけど，石盛は米の量で表します。屋敷地，すなわち宅地も全部土地の価値を米の量で表していく。今なら土地の値段はお金で表すよね。たとえば1平方メートルあたり10万円というのといっしょです。それを**1段あたりの米の量**で表す。

江戸時代もずっとそうです。土地というものの価値を米の量で表す。たとえば加賀の前田は100万石というのは，100万石の米が取れるわけではなくて，「100万石の米に相当する価値の土地を支配している」という意味です。

Q このように土地の価値を米の量で表す制度を何というか？

——「石高制」

実際の石盛は，文字どおり「在所」，その地域，その村ごとに相違があります。典型的な石盛は，たとえば，

上田＝1石5斗，中田＝1石3斗

下田＝1石1斗，下々田＝9斗

というものです。ランクが1つ下がると「2斗減り」と言って，2斗減っていきます。

畑なら上畑は1石2斗，屋敷地，家の建っているところ，宅地なら1石2斗といったところで，米の取れない畑や宅地も，その価値を米の量，石高で表してしまいます。

なお，米などの量，材木でもなんでも，**体積**の単位は石・斗・升・合です。10進法ですからわかりやすい。

度量衡の統一

① 長　さ…6尺3寸＝1間（約191cm）

② 面　積…町・段・畝・歩

1町＝10段，1段＝10畝，1畝＝30歩

＊1歩＝1間四方，1段＝300歩

③ 体　積…石・斗・升・合（10進法）

1石＝10斗，1斗＝10升，1升＝10合

＊京枡の使用

石盛（斗代）× 面積 ＝ 石高

（1段当たりの米の量で表示）　（その土地の価値）

石高の計算法

さて，上田の石盛を１石５斗としたとき，ある上田の面積が２段だと，石高はどうなるか。ここ全体は１石５斗×２ということになるわけです。

１段について１石５斗ですから，２段はその２倍。

1石(こく)5斗(と)×2(段)＝3石

の石高となります。そうすると，その上田の価値は３石。では，隣(となり)も上田で，面積が５畝(せ)だったら？

1石5斗×0.5(段(たん))＝7斗5升(しょう)

となります。要するに，検地(けんち)に際して，その地域の石盛を決定する。田，畑１つずつ，１区画ごとに，これを「一地(いっち)」と言いますが，あぜ道などで区切られた１区画の土地ごとに面積を測(はか)り，石盛を決めれば，

石盛×面積＝石高(こくだか)

すなわち，その１区画の土地の価値が「米の量＝**石高**」で表されるわけです。いいですか。畑も屋敷地もこうやって石高を決めていくんですよ。この「一地」，すなわち検地の単位となる土地を「一筆」の土地などと呼ぶこともあります。

「体積」の表示法の統一

次，京枡(きょうます)。これ，「マスという字は“升”でもいいですか」という質問がよくくる。マルをもらえるでしょうが，まずは素直(すなお)に教科書に従って「枡」としましょう。

さて，「京枡」というのは京都を中心に使われていたマスという意味です。中世には同じ１升(しょう)といっても大きさの違(ちが)う枡が使われていたから，実際の量はバラバラ。これも度量衡(どりょうこう)だよ。統一しなきゃならない。

米の量を１石だとか２石だとか，米５合(ごう)とか１升とかと言っても，マスの大きさが違ってたら，意味ないよな。それじゃ全国政権にはならない。だから，これをどれかに決めようということで，京枡に決めたんです。これで，油でも材木でも，**体積の表示法が統一**されたわけです。

「一地一作人」の原則

史料でだいたい理解できたでしょうか。そこで，もう一度，基本から。

検地は**「村」を単位**に行います。これは基本中の基本です。

もっとも，村を単位とするといっても，大小さまざまな村がありますし，実際の耕地には複数の村の土地が入り組んでいることも多い。そこで，大きすぎず，小さすぎず，要するに支配単位として適切な大きさの村としたり，入り組んだ耕地を整理し，その境界線を決定する必要がある場合も多かった。

そこで，そのような村を人為的に決めていく，いわゆる「**村切**」という処置が行われました。そのうえで実際の検地が村を単位に行われるわけです。

豊臣秀吉の部下である**検地奉行**が，統一されたメジャー，「**間棹**」――要するに竹やロープでつくった長さを測るモノサシを持って村へ行き，1区画の土地，「一地」ごとに石盛を決定し，面積を実測して，石高を決めていきます。

Q 石高などを記録した土地台帳を何というか？　――検地帳

別称で「**水帳**」などと呼ぶこともあります。

もちろん田だけを調査するのではなく，畑も石盛を決めて測りますよ。家の建っている土地，屋敷地も1つひとつやっていきます。要するに，価値のある土地をすべて対象とする。

そして，その1区画ごとに，その土地が田地なら「だれがこの田を耕している？」「A君ですね」，「この家は？」「B君の家ですね」というふうに，その土地を耕作している人，住んでいる人をすべて確定していきます。

Q 1つの土地に1人ずつ，そこの耕作者(年貢の負担者)を決めていくことを何といったか？　――「一地一作人」の原則

中世の荘園公領制の基本は，名主，作人，地頭がいる，領家がいる，本家がいるというふうに**1つの土地の上に多くの職，権利が重層的に存在**していた。そんなものは「一地一作人」の原則によって否定され，解消されてしまいます。

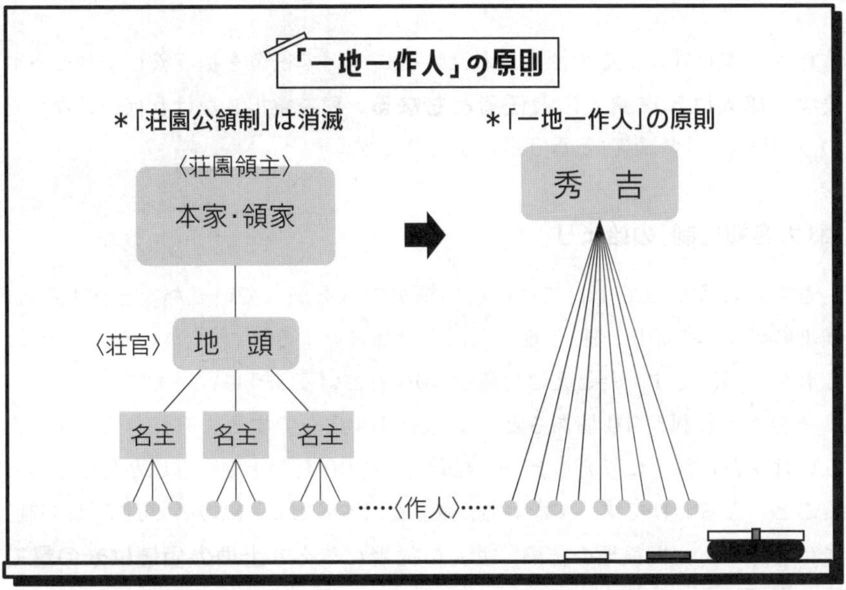

ある1区画の土地，それが田で，作人が四郎兵衛と検地帳に登録されれば，地頭も領家もまったく関係ない。1つの土地に1人の耕作者が決まり，検地帳を通じて直接秀吉が掌握していくことになります。

「一地一作人」の原則によって，荘園公領制は最終的に解消されました。実際に働いている農民と一番の支配者，要するに秀吉が直結しますから，名主職・地頭職・領家職といったその中間の「職」，それにともなう中間搾取が否定される。

この中間の利益を「**作合**」といいます。**「一地一作人」の原則によって「作合」が否定された**ということです。

注意するポイントがもう少しあります。太閤検地が始まったのは，**1582年**，天正10年から。そして，秀吉が死ぬまで続きます。では，

Q 太閤検地が最初に実施された地域はどこか？　――山城国

それから，「一地一作人」の原則についていうと，原則ですから，例外は若干はあります。この検地帳に登録された作人を，近世では「**本百姓**」と呼びますが，より奴隷的な農民，**名子**・**被官**などと呼ばれる農民もまだいますか

らね。

作人，本百姓は，その認められた土地について税金を払う義務が課せられます。**作人は年貢納入の責任者ともなる**。税を負担しなければいけないという意味で，「**名請人**」と言う場合があります。

「大名知行制」の始まり

さて，こうやって1村ごとに検地帳ができあがっていった。そうすると，検地帳のすべての田，畑，宅地の石高を全部合算すると，村全体の石高が出る。これが「**村高**」です。たとえば村高が400石というふうに言います。

そのような村が10個あると，全部で4000石ですね。それを秀吉が，あるいは主君が部下に与えると，その部下は4000石の土地を御恩としてもらったことになるわけです。すなわち，職を安堵するとか，銭の高で表す「貫高制」ではなくて，太閤検地の結果，主人が従者に与える**土地の価値は米の量で表される**ようになった。

のちに徳川将軍が大名たちに知行する地域を与える場合もそうです。一般に徳川将軍から合計1**万石**以上の土地を御恩として与えられた武士を「**大名**」と呼びます。

Q 大名に土地を給付するこのような制度を何と呼ぶか？ ――大名知行制

「石高制」が成り立つと，「大名知行制」という新しい封建制度が始まります。

2 刀狩

授業ノート p.52 参照

「刀狩令」

さてそこで，中世以来の地侍など，武装している連中，名主クラスのボス的な農民はどうするか。

彼らは**武士か農民かのどちらかにならなければならない**わけです。農業で生きていくなら農民。武士になるなら城下町へ来い。そこで，農民を選んだ人，作人を選んだ者からは武器を取り上げていきます。これが**刀狩令**というやつです。

史料をチェックしよう。

史料

46 刀狩令 / 「小早川家文書」

一，諸国百姓，刀・脇指・弓・やり・てつはう，其外武具のたぐひ所持

諸国の百姓は刀などの武器を持ってはならない。

候事，堅御停止候。……右武具悉取あつめ，進上致すべき事。

そのような武器はすべて集めて（秀吉のもとへ）持って来ること。

一，右取をかるべき刀，脇指，ついえにさせらるべき儀にあらず候の

農民から集めた刀などの武器は無駄にするわけではない。

間，今度大仏建立の釘かすがひに仰せ付けらるべし，……

現在，建築中の京の方広寺の大仏の完成のための金具などに使うこととする。

一，百姓は農具さへもち，耕作専らに仕り候へば，子々孫々まで長久

百姓は（武器など持たず）農具だけ持って，耕作だけに専念していれば，子も孫も平和に

に候。……

暮らしていけるだろう。

天正十六年七月八日

1588年7月8日

農民たちの武器を取り上げた。取り上げた刀，脇指は「ついえにさせらるべき儀にあらず」――「ついえ」というのは「むだ」というような意味です。漢字に当てはめると，「費え」。農民たちから取り上げた武器はむだにはしない。大仏建立の材料の釘などに使う。

奈良の大仏ではありません。京都で当時，秀吉がつくろうとしていた**方広寺**という巨大なお寺。その大仏殿のための釘，かすがいに使うというんです。

そして，「百姓は農具さへもち，耕作専らに仕り候へば，子々孫々まで長久に候」――「ああ，お前たち百姓は楽だね。農具だけ持って，武器は何にも持たないで一生懸命働いていれば，永久に幸せに暮らしていけるんだよ。だから，刀はよこしなさい」ということになりました。土一揆とか百姓一揆とかが起こったときに，相手が武器をもっていなければ，鎮圧しやすいからね。

こうして農民たちは刀を取り上げられる。一方，**武士は農村を離れて全部，城下町に集められてしまう**。刀を持っている武士は農村に住んではいけない。そこで，兵隊と農民，武士と農民が分かれるから，これを「**兵農分離**」と言います。**武士と農民を完全に分けた**。

身分を固定する「人掃令」

さらに秀吉は1591年，「**人掃令**」で，「奉公人，侍，中間」など，武士に雇われて，戦闘や日常生活を支える仕事に従事している者が，それをやめて町人や百姓になることを禁止する。あるいは，百姓が農業をやめて町人になったりすることは禁止されます。町人は町人のまま。百姓は農業のまま，転職はいけないということです。

翌年には，関白豊臣秀次の名で「人掃令」を再び発し，職業別の戸数，人数を調査し，それを確定することが命令されます。これも「人掃令」と呼ばれることがあります。あるいは，これらの施策を総称して「**身分統制令**」と呼ぶこともあります。

要するに，身分，職業の変化，流動性を抑えて，兵・町人・百姓といった身分を確定し，おのおのの人数を把握しようとしたんです。

史料を確認しておきましょう(次ページ)。

「去七月」の「奥州え御出勢」というのは，前年，1590年，**伊達政宗**を屈

史料

47　人掃令／「小早川家文書」

一，奉公人・侍・中間・小者・あらし子に至る迄，去七月奥州え御出勢

奉公人・侍からあらし子に至るまで，武士に仕えている者たちのうち，去年の奥州平定

より以後，新儀ニ町人・百姓に成候者これ在らば，其町中地下人

以後，新たに町人や百姓になった者がいるかもしれない。各地域ごとによく調べて，

として相改，一切をくべからず。若かくし置ニ付ては，其一町一在所

このような者を居住させないようにせよ(追い出せ)。もし新しく町人や農民になった者を

御成敗を加へらるべき事。

隠し置いていることがバレたら，その町，その村を処罰することとする。

一，在々百姓等，田畠を打捨，或あきない，或賃仕事ニ罷出る輩

各地の農村の百姓が田畑の耕作を放棄し，商人になったり，町へ働きに出ることは禁止

これ有らば，そのものの事は申すに及ばず，地下中御成敗為るべし。

する。もしそのような者がいたら，本人だけでなく，その村そのものも処罰する。

……

伏させた，**東北地方の平定**を指します。

そこで天下統一以後，「新儀」——新しく町人や百姓になった者がいないかよく調査せよ。**身分を変えることは許さない**。そんな者を隠しておいてはいけない。武家奉公人はあくまで武家に奉公せよ。町人はあくまでも町人のまま，百姓は百姓のままでいろ。武士は武士のままでいろ。

次に，「在々百姓」——各地域に住んでいる百姓たちが田や畑を捨てて，商売，あるいは賃仕事(今で言えばパートの仕事)，お金をもらういろいろな仕事を求めて農村を出ていってはいけない。**農民はあくまでも田畑を耕作しなさい**。商人や手工業者などになってはいけない。

直接的には，朝鮮への出兵に備えて，武家奉公人を確保し，農民からしっかり年貢を取るために土地に縛りつけておこうということでしょう。

さあ，あと1テーマ，やってしまおう。秀吉の対外策です。

キリスト教の禁止

1587年，九州の島津を屈伏させたあと，豊臣秀吉は帰りがけに博多でいきなり「バテレン追放令」を出します。バテレンというのはパードレ，宣教師のことです。「**宣教師は日本から出ていけ**」という命令を出しました。史料です。

史料

48 バテレン追放令 /「松浦家文書」

一，日本ハ神国たる処，きりしたん国より邪法を授候儀，太以然るべからず候事。……
日本は神国である。キリスト教国からいかがわしい宗教を日本に広めようとすることはとんでもないことだ。

一，……日域の仏法を相破事曲事に候条，伴天連の儀，日本の地ニハおかせられ間敷候間，今日より廿日の間に用意仕，帰国すべく候。……
日本の仏教を破壊しようとしていることもよくないことだ。そこで宣教師は日本に滞在することを禁止する。今日から20日間のうちに出国せよ。

一，黒船の儀ハ商売の事に候間，各別に候の条，年月を経，諸事売買いたすべき事。
（ただし）南蛮船は貿易のために来ているのだから，これは今までどおりでよい。今後も商売すること。

「日本ハ神国たる処」，この言葉はやりましたよ。モンゴル襲来（元寇）でモンゴルと高麗などが攻めてきたあと出てきた，「**神国**」思想ですね（p.83）。日本は天照大神をはじめとする神々の国だ。ところがキリシタン国より「邪法」，よこしまな宗教を持ってきた。「太以然るべからず」――とんでもないことだ。

日本にはちゃんと仏教もあるじゃないか。これは「曲事」，よくないことだと。日本の土地に置いておくわけにはいかない。これはすごいよな，「**20日のあいだに出ていけ**」と。それは急でしょうという話です。

ただ，秀吉は一方で金は稼ぎたい。「**黒船**」は南蛮船，貿易船です。商売はしっかりやれよと言っている。

ところが，イエズス会などは貿易と布教をいっしょにやっていたわけです。だから，キリスト教を広めることと貿易は，実態はいっしょなんだけれども，秀吉は「伴天連」だけ出ていけと言う。「黒船」は「商売」に来ているのだから「各別」といっても，それは無理というものです。「私は貿易商です」と言えばいいわけだから，この**バテレン追放令は，あまり効果は上がらなかった。**

キリシタン大名の**大村純忠**が長崎をイエズス会に寄付してしまったため，秀吉は大名たちのキリスト教信仰を許可制にし，長崎の地を没収したりしています。キリスト教を棄てなかった播磨の大名**高山右近**も領地を没収されます。もっとも，**庶民のキリスト教信仰については別段，禁止してはいません。**

「26聖人殉教」事件

ところが，そこへ1つの事件が起こります。土佐に漂着したスペイン(イスパニア)船の乗組員が「スペインっていうのは強い国なんだよ。オレたちを大事に保護しないと，本国から軍隊がやってきて，日本なんか占領しちゃうぞ」と，調べに行った役人に対してデカイことを言った。そこで秀吉はカチンときた。布教をしながら領土を広げていこうとしている。これはけしからんということになった。これが**サン=フェリペ号事件**です。

そこで，とりあえず宣教師やキリスト教信者を26人捕まえて長崎へ送り，全員はりつけで死刑にしちゃった。

Q このフランシスコ会宣教師や信徒に対する弾圧事件を何と呼ぶか？

――「26聖人殉教」です。

注意するのは，このとき**弾圧されたのはイエズス会ではなく，フランシスコ会である**ことです。イエズス会が将軍，大名，織田信長といった支配者層から布教していったのに対して，フランシスコ会は庶民を直接対象として布教していたということです。

秀吉の対外強硬策

さて，秀吉は貿易を奨励しただけでなく，「**海賊取締令**」で海賊を取り締まります。そして，国内の統一を実現すると，ポルトガルやスペインに対して**朝貢してこい**と言い出します。「朝貢する」ではなく「朝貢してこい」ですよ。こりゃスゴイ。

16世紀後半，明を中心とする東アジアの国際秩序，いわゆる冊封体制が崩れつつあった。明の衰退とポルトガル・スペインの進出という状況の中で，秀吉は，明に代わって日本を東アジアの中心とし，各国に対し朝貢してこいと要求したのでしょう。

Q ポルトガルが東方貿易の拠点として政庁を置いていたインド西岸の港町は？
――ゴア

Q スペインが拠点とした都市は？ **――マニラ**

この両国だけでなく，当時，**高山国**と言われた**台湾**，あるいは**琉球王国**といったところ，さらに**中国**や**朝鮮**にも子分になれと要求したわけです。もちろん，朝鮮や中国が日本に朝貢するわけがない。

1587年，秀吉は朝鮮に，入貢と，明を攻撃することへの協力を求めますが，朝鮮はこれを拒絶した。そこで，秀吉は朝鮮に軍隊を送り込んだ。「**文禄・慶長の役**」という侵略戦争を始めてしまったわけです。

文禄の役

秀吉はさすがに大戦争になるというので，**肥前**の**名護屋**に広大な城を築いてそこに移り，全国から大名たちと軍隊を集めて，つぎつぎに朝鮮半島に送り出していきました。**1592年**，ついに**文禄の役**が始まります。15万人余りの大軍で攻め込んだ。中断したあと，また攻め込みます。それが**1597年**からの**慶長の役**。こちらも14万人余りの兵が送り込まれました。

「以後（**いご**）国（**くに**）は苦難（**くなん**）の道へ」
15 92 97

ゴロゴロ ➡ **1592年，文禄の役** ➡ **1597年，慶長の役**

Q 「文禄の役」は朝鮮からは何と呼ばれるか？ ――**壬辰倭乱**

文禄の役のときは，平壌，豆満江あたりまで攻め込みますが，明の援軍や朝鮮水軍の活躍，さらに**義兵**の蜂起などで，朝鮮半島南部まで後退します。

Q 亀甲船という頑強な船を使って日本軍を苦しめた朝鮮水軍の有名な武将は？ ――**李舜臣**

朝鮮の現地では，**小西行長**と明側の**沈惟敬**が交渉を進めます。両者とも，ともかく講和を実現したい。小西行長は**キリシタン大名**としても有名です。一方で，ちょっと怪しい明の使節が来日し，秀吉と講和についての話し合いを行っていて，秀吉も講和の条件を示しています。複雑な，謀略に満ちた交渉という感じなんですが，ともかくはっきりしているのは，現地は停戦，講和を望んでいたことでしょう。しかし，秀吉はあくまで強気。

そこで，小西行長と沈惟敬それぞれが，さまざまな偽装工作を駆使して，どうやら合意ということになって，明の使節が来日します。秀吉は強気の要求を明が受け入れるだろうと思っていた。ところが，明は秀吉を日本の「日本国王」に冊封し，講和を実現するという姿勢だった。要するに，秀吉が明の皇帝に朝貢し，冊封されるという体制です。

▲李舜臣の銅像（韓国・釜山）
李舜臣は今でも英雄。釜山港を見下ろす丘の上に巨大な銅像が建っていた。

東アジアを支配しようと思っていた秀吉はビックリ。というより，激怒。建前と本音が入り混じり，謀略に走る。現状を知らないで強気で建前を崩さない権力者という，まったく不幸な構図で再び戦争になってしまったわけです。

慶長の役

1597 年，戦闘が再開。慶長の役になりますと，**朝鮮**と**明**はもっと頑強に抵抗します。日本軍は上陸はしたが，ほとんど進攻できない。

そんな状況のとき秀吉が死んだんですよ。みんなホッとしたでしょう。秀吉が生きているあいだは絶対にやめられないけれども，死んでくれたというので，**五大老**筆頭の**徳川家康**らは，すぐに日本軍に「戻ってらっしゃい」，撤兵を指示。**秀吉の死によって朝鮮侵略戦争は終わった**わけです。

Q 「慶長の役」の朝鮮からの名称は？ ――**丁酉再乱**です。

朝鮮は甚大な被害を受け，明も国力を費します。豊臣政権も打撃を受けます。秀吉にしてみれば，幼い**秀頼**を残して悔しい死を迎えた。そこで，

> 1 5 9 8
> 「一期(**いちご**)悔(**くや**)しい秀吉没」
>
> ゴロゴロ ➡ **1598 年，秀吉の死**

ちょっと整理しておきます。

文禄の役	➡	(講和交渉)	➡	慶長の役
(壬辰倭乱)				(丁酉再乱)
1592～93		明使来日		1597～98
明の援軍・義兵		小西行長・沈惟敬		秀吉の死⇒撤兵
(水軍)李舜臣				

「**壬辰倭乱・丁酉再乱**」は朝鮮側からの呼称。この「壬辰」は注意。壬申の乱の「壬申」と混同しないように。

朝鮮の抵抗勢力，ゲリラ的な戦闘を繰り返した「**義兵**」も覚えておこう。

○ 壬**辰**　× 壬**申**

朝鮮文化の流入

忘れちゃいけないのは，これらの戦役によって非常に優れた**朝鮮の文化が日本にもたらされた**ことです。芸術家や技術者を大名たちが日本に連れてきちゃうんです。

朝鮮の**活字印刷術**も日本にやってきます。活字を豊臣秀吉が**後陽成天皇**に戦利品として献上し，天皇の命令で活字を使った印刷が行われました。

Q 後陽成天皇の勅命で出版された，最初の木版活字本を何というか？

——慶長勅版

あるいは**慶長版本**ともいいます。**ヴァリニャーノ**の持って来た西洋の活字印刷術とは別に，朝鮮系の活字印刷も伝わったわけです。

さらに**陶芸**。日本の優れた焼物の多くが，やはりこのときに日本に連れて来られた朝鮮陶工によってもたらされる。各大名たちが，自分の地元で窯を開かせて焼物を焼かせます。**お国焼**といいますが，たとえば世界的に有名な**有田焼**は，朝鮮陶工の技術が日本に人間ごと伝わってきて，日本でさらにこれを進化させたものです。ほかに**薩摩焼**，**上野焼**などがあります。

また，日朝貿易の輸入品だった綿布ですが，**綿花栽培**が戦国時代から日本でも始まり，さらに文禄・慶長の役以降，本格化します。

このように，**日本の文化・経済に対しても，朝鮮出兵は大きな影響を与えた**わけです。

このほか，**藤原惺窩**に影響を与えた儒学者，**姜沆**なども，難関大でよく問われる人物です。このあたりは，あとでもう一度学習しましょう(p.339)。

ハイ，今回はここまで。次回からいよいよ江戸時代です。復習をしっかりやっといてください。

第31回

近世(3)

江戸幕府の支配体制

豊臣秀吉は死の直前，有力大名たちを集め，その子秀頼に対する忠誠を誓わせました。しかし，秀頼はまだ子供。結局，次に全国を支配する「天下人」は五大老の筆頭**徳川家康**になる。それを決定づけたのが，日本の合戦の中で一番有名な，1600 年の**関ヶ原の戦い**。徳川方の**東軍**と**石田三成**らの**西軍**。ただし，秀頼が直接戦ったわけではありません。それと，

Q 関ヶ原の戦いの西軍の「盟主」はだれ？　――**毛利輝元**

石田三成は西軍の中心ですが，盟主，リーダーは**五大老**の１人，毛利輝元です。

▲織田信長

▲豊臣秀吉

▲徳川家康

３年後，1603 年，家康は**征夷大将軍**の地位を得て，大名たちへの支配権を獲得するのです。

1605 年には，その征夷大将軍の地位を息子の秀忠に譲り，徳川家の支配が続くことを示します。そして，1614・15 年の**大坂の陣**で豊臣秀頼を滅ぼし，大名だけでなく朝廷，さらに宗教勢力を統制し，いわゆる「**幕藩体制**」が確立します。

1 幕藩体制

授業ノート p.54 参照

さて，ちょっと復習から。

Q 本能寺の変のあと，1584年，徳川家康が織田信雄と組んで豊臣秀吉軍と争った戦いは？
——小牧・長久手の戦い

はい。決着がつかず，講和。家康は秀吉の天下統一を補佐し，1590年，小田原の北条氏が滅亡したんですね。その直後，秀吉は徳川家康を**駿河・遠江・三河**——東海地方から**関東**に移してしまいます。関東に約250万石の地を与え，京・大坂からより遠くに移した。

1590 豊臣秀吉天下統一 ➡ 徳川家康，関東（約250万石）**に移封**

その後，朝鮮出兵。そして，秀吉の死によって朝鮮から撤兵。秀吉は幼い秀頼を五大老・五奉行に託して死んでしまった。
建前上，家康は五大老の筆頭として秀頼を補佐していきますが，実質上の権力を確立していく。

関ヶ原の戦い

全部覚える必要はありませんが，秀吉政権を支えた五大老·五奉行をチェックしておきましょう。

五大老 ➡ 徳川家康・**前田利家**・**宇喜多秀家**・毛利輝元・**上杉景勝**
五奉行 ➡ 前田玄以・浅野長政・**増田長盛**・石田三成・**長束正家**

五大老のほうは，秀吉が死ぬと，翌年には前田利家が死去。そして，筆頭の**徳川家康**と**上杉景勝**が対立。五奉行のほうも**浅野長政**と**石田三成**の対立が起こります。石田三成は近江の居城に帰って引退。徳川家康は上杉景勝を討つために江戸から会津に向かって進撃を開始します。

そのチャンスを捉えて石田三成が，毛利輝元を盟主に仰ぐ形で家康討伐に乗り出すんです。家康は即座に方向転換。東北地方への進撃を止めて大坂へ向かいます。そして，美濃の関ヶ原で合戦となった。

豊臣秀頼を担ぐグループ，石田三成ら西軍と家康の東軍が戦い，家康，**東軍の勝利**で終わったのが「**関ヶ原の戦い**」ですね。これがぴったり **1600 年**。

東軍と西軍のメンバーをすべて覚えることは不可能ですから，教科書本文に載っている東軍の**福島正則**，**黒田長政**，それと，西軍では石田三成といっしょに京で処刑された**小西行長**ぐらいは覚えておきましょう。

豊臣秀頼は，徳川政権下で 60 万石余りの単なる 1 大名の地位に落ちちゃった。

それと，西軍の盟主毛利輝元は 120 万石だったのを，周防・長門の 37 万石に削減されます。西軍に属した大名 93 家が**改易**，領地を没収され，その石高は計 506 万石ということです。

江戸幕府の開設

家康は，源頼朝を模範にし，源氏を名乗って幕府を開いた。1603 年，**征夷大将軍**に任命されます。秀吉のように**関白，太政大臣という地位ではなく，征夷大将軍として「幕府」という体制を選んだ**わけです。

そこで，1603 年は，大事な年号ですが，もっとよく出るのが，2 代徳川**秀忠**の征夷大将軍就任，**1605 年**です。これからは親から子へと，**徳川家が将軍を世襲**していくということを宣言した。それを広く知らせるために，家康は全権を握ったまま，征夷大将軍の地位を子の秀忠に譲った。

家康は前将軍として「**大御所**」と呼ばれ，駿府(今の静岡)に移りますが，全国政治をコントロールし続けます。江戸城の秀忠は名目だけの将軍といったところです。

豊臣氏の滅亡

さて，秀頼のほうはどうだったか？ 60 万石余りといえども，実は秀吉がため込んだ膨大な金が大坂城にはある。金があれば，軍隊はいっぱい集まるし，鉄砲も買えるわけだ。秀吉の恩顧を忘れない大名も多い。家康としては，やっぱりこれはつぶしとかなきゃいけない。

家康というのは割と無理をしない人ですが，このときは無理をします。めちゃくちゃな因縁をつけて，むりやり大坂城を攻めるんです。そのきっかけとなったのが，**方広寺鐘銘事件**。

京都の方広寺，この前やりました。刀狩のときに刀とかを，この寺の大仏の釘，かすがいにするんだと言ったね。秀頼がその方広寺のためにつくった，巨大な鐘の銘文にケチをつけた。

◀方広寺(京都市)
イヤー，これはデカイ。全身を使わないとこの鐘は鳴らせません。

「国家安康」「君臣豊楽」という銘文の一部に目をつけた。家康という字を切り離して呪ったというのを理由に，いわば言いがかりをつけて戦争に持ち込んだ。「豊臣」はちゃんとつながってるのに，「家」「康」はバラバラ。

Q 家康が豊臣氏相手に起こした２度にわたる戦いを何と呼ぶか？

──大坂の陣

そうやって，いちゃもんをつけて大坂城を攻めたのですが，一度では攻め切れず，二度にわたります。１回目が「**冬の陣**」。一度，停戦協定を結んで，「わかった，もう攻めないよ」と言っておきながら，約束を破って，いきなり大坂城の外堀を全部埋めちゃった。さすがに大坂城は強くて，なかなか落城しない。そこでまず外側を埋めて，再び翌年攻めました。**夏の陣**。豊臣氏は滅亡。

これは絶対間違えないでね。**「冬の陣」の次が「夏の陣」**ですよ。1614 年と 15 年。季節の順番でいくとまずいよ。予備校の講習会は夏期講習，冬期講習ですがね。大坂の陣は逆で，**冬→夏**，逆なんだと覚えておこう。

この大坂の陣によって，家康に本格的に抵抗するような武家勢力はなくなりました。さらに言えば，戦国時代からの長い戦争の時代が終わった。元和（げんな）年間に平和が訪（おとず）れたということで，「**元和偃武（げんなえんぶ）**」などと言います。

幕藩体制

さて幕府というのはどういう構造だったか。これは単純。将軍と従者（じゅうしゃ）の**封建的主従関係（ほうけんてきしゅじゅうかんけい）**が基本です。将軍が部下に土地を与える。「**御恩（ごおん）**」です。その土地の価値は**石高（こくだか）**で表示されます。「お前に千石，五百石」と。これが1万石以上になると通称，「**大名（だいみょう）**」と呼ばれる。また，**1万石未満の将軍直属の家臣（かしん）**がいて，

Q 将軍と直接会える，「お目見（めみ）え」を許される連中を何と呼ぶか？

——旗本（はたもと）

Q 身分が低く，直接将軍に会うことはできない「お目見え以下」の武士は？

——御家人（ごけにん）

18世紀初めごろで，**旗本**が約5200名，**御家人**が約1万7400名ということですから，合わせて，2万2600名ほど。注意するのは，鎌倉幕府の征夷大将軍の従者は，みんな，御家人。その他の武士は「非御家人」と呼ばれましたが，徳川将軍家の「御家人」は低いランク，旗本の下のランクの家臣ですよ。

さて，大名も直参（じきさん）の旗本・御家人も，将軍から与えられた「石高」に対して「奉公」を義務づけられます。「奉公」の基本はもちろん**軍役**。平和が訪（おとず）れても，そこが基本です。

2代将軍秀忠は，1623年には将軍職を3代**家光（いえみつ）**に譲り，**大御所（おおごしょ）**となりますが，秀忠の死後，1634年に家光は30万人の軍隊を率（ひき）いて上洛（じょうらく），江戸から京都に行きます。

軍隊を率いて進軍するわけですが，敵がいて，これをやっつけるためではありません。主人として軍役を命じたら，大名も旗本も石高に応じた兵隊と

武器を揃えて従軍するという，家康・秀忠と同じ権力者としての力を，目に見える形で示した。軍役を課すことで封建的主従関係を確認し，これを誇示したのです。ある大名が反乱を起こしたら，膨大な幕府軍が将軍の命によって攻めてくるということを実感させたのです。

大名に課された義務，奉公の代表的なものをまとめておきましょう。

将軍に対する奉公

- **軍役**……〈前提〉石高に応じて兵馬を常備する。
  〈戦時〉戦闘に従事する。
  〈平時〉参勤交代など。
- **普請役**…江戸城などの修築，河川の工事(幕府の命ずる治水事業など)。

このような，将軍家と大名家が石高制に基づいて主従関係を結び，おのおのが領土を統治する全国支配のあり方を「**幕藩体制**」と呼びます。

経済力の基盤

さて，それでは将軍家自身の権力の基盤を見ておきましょう。

Q 将軍家の直轄領を何と呼んだか？ ——**幕領(天領)**

俗に「天領」といいます。その石高が**約 400 万石**。豊臣秀吉の**蔵入地**は約 200 万石でしたね。だから直轄領だけで倍。プラス旗本，1 万石以下の部下たちに与えた土地が **300 万石**。合わせると徳川幕府は，大名レベルでいうと **700 万石**という**巨大な大名**です。

一番規模の大きな大名は加賀の**前田家**の 100 万石。100 万石大名と呼ばれます。加賀・越中・能登にまたがる最大の前田に比べても将軍家は，その約 7 倍という膨大な土地を支配しました。さらに**佐渡金山**とかの鉱山，それから**大坂**，**京都**，**長崎**といった主要な都市も直接支配します。

さらにやがて貨幣を鋳造するようになってきます。いわゆる**慶長金銀**以下の金貨・銀貨，そして**寛永通宝**が大量に鋳造されるようになって，**輸入銭時代は終わり**，**金貨・銀貨・銭貨の「三貨」体制が成立**します。

そして，商人などにもさまざまな税金を課します。貿易も最初のころは利益があります。

親藩・譜代・外様

さて，次に幕府は大名たちをどう統制していったか。大名は大きく３つに区分されます。まず，１つ目，

Q 徳川一門，将軍の親戚筋にあたる大名を何と呼んだか？

——**親藩**という。

親藩は格は高いけど，**権限を与えない**。統治する者にとって，これはいちばん大事なことよ。名誉を与えた場合は金を与えちゃダメ。金を与えたやつに，プラス名誉とか権限を与えちゃいけない。では，

Q 親藩のうちでもっとも格式が高い(御)三家とは？

——**尾張**・**紀伊**・**水戸**の徳川家

Q そのおのおのの初代は？　——(尾張)**義直**・(紀伊)**頼宣**・(水戸)**頼房**

尾張とか紀伊とか水戸の徳川さんは，大老・老中などの重要な役職にはつけない。下剋上で分家が本家を乗っ取るなんてことを，みんなでいっぱいやってきたわけだからね。次，２つ目。

Q 「三河以来」，要するに関ヶ原の戦い以前から家康に従っていた者で１万石以上の大名を何と呼んだか？

——**譜代**(大名)

譜代には**名誉と権限を与える**。その結果，幕府の重要な役職は彼らが独占します。ただし，**経済力は与えない**。そのため，**譜代は中小藩が圧倒的に多い**。そして，３つ目。

Q 関ヶ原の戦いの前後に，徳川家に従った大名の呼び名は？

——**外様**(大名)

関ヶ原の戦いで家康と戦った敵側，許してもらって大名になった連中です。逆に言えばつぶせなかった大名。この**外様**は，大きい藩，**大藩が多い**んです。ちなみに最大の外様大名は，先ほども出てきた**前田家**の100万石。加賀・越中・能登にまたがる加賀(金沢)藩前田家です。

ただし，**全国統治には一切関わることはできません**。外様の領地は**辺境**の地，江戸や京・大坂から遠く離れたところが多い。しかも，幕府は彼らを一切，役職にはつけないわけです。権限を与えず，奉公はさせる。逆に，大事な仕事をやらせて地位・権限を与える譜代には，経済力は与えない。将軍の支配を強固なものにするために，うまくできているわけだ。

大名統制

具体的には，いろいろな手段で大名たちの力を抑え込んでいきます。

1615年，大坂の陣の直後に，「**一国一城令**」で，大名の保有する城を1つに限定してその戦力を削減します。戦国以来，大名たちは中心となる城郭以外に，多くの城を領内に築いていました。主要な家臣の中には，自分自身の城を持っているものも多かった。

これらの城は認めない。居城を除く城は破壊せよ，ということです。城の破壊を「城割」と言いますが，これで，大名たちは反乱を起こしても，拠点は城1つになってしまい，抵抗力が不足する。

もっとも，これを大名の立場からすると，家臣統制が容易になる。家臣は城下町に居住するだけでなく，自分の支配地に軍事拠点がなくなってしまうので，主人である大名の家臣に対する支配が強化されることになります。

さらに同年，大名たちに対して「**武家諸法度**」が発布されます。「すべての武士に対して」ではないよ。大名に対する命令です。

史料をチェック(次ページ)。

最初の武家諸法度：元和令(1615年)

史料

49　武家諸法度(元和令)/『徳川禁令考』

一，文武弓馬の道，専ら相嗜むべき事。
(大名は)文武弓馬の道を極めることに専念しなければならない。

一，諸国の居城修補を為すと雖も，必ず言上すべし。況んや新儀の構営堅く停止せしむる事。
自分の城を修理する場合は，あらかじめ届け出ること。新しく城郭を築くことは厳禁する。

一，私に婚姻を締ぶべからざる事。
将軍に報告せず，勝手に結婚してはならない。

内容は簡単。注意するのは次の点です。武家諸法度は**将軍から大名に対して出される**もので，その後の将軍も出します。そこで，この最初の武家諸法度は「**元和令**」と呼ばれます。

「元和令」は**1615年**。1605年から将軍は家康じゃなくて秀忠だから，秀忠が出してるんです。ただし，つくらせたのは**家康**。

Q 家康の命で，最初の武家諸法度(元和令)を起草したのはだれか？
――崇伝

崇伝は**南禅寺**の**金地院**の禅僧です。このときは，もちろん大御所として家康が全権を握っていますが，武家諸法度は将軍からその従者である大名に出すものだから，**名目的には秀忠**が出してる。こういうところを注意しておきましょう。

武家諸法度(元和令)
家康 ➡ 崇伝(起草) ➡ 秀忠 ➡ 大名

武家諸法度：寛永令(1635年)

さて次は2番目の「寛永令」。3代家光のとき。

史料

50 武家諸法度(寛永令)/『徳川禁令考』

一，文武弓馬の道，専ら相嗜むべき事。

(大名は)文武弓馬の道を極めることに専念しなければならない。

一，大名小名，在江戸の交替相定むる所なり。毎歳夏四月中，

大名は参勤交代で国元から江戸にやって来て奉仕しなければならない。その交代の時期は

参勤致すべし。……

夏4月に行うこと。

一，五百石以上の船停止の事。

500石以上の大船を造ったり所有してはいけない。

参勤交代

寛永令でも第1条，「**文武弓馬**」は同じですよ。次は重要。大名や小名が**参勤交代**をしますね。これを明確に**大名の義務**であると規定しました。「在江戸の交替」，要するに参勤交代について，4月中に「参勤致すべし」。「～すべし」ですから，「～しなくてはならない」ということです(平時の軍役)。それまでも江戸に大名が来ていますが，あくまでも自発的に江戸に参勤していた。それを義務化した。

「**夏4月に交代をすませよ**」としていますね。「夏だから8月にするか」なんてテキトーなのはイケナイ。陰暦(旧暦)では1～3月が春だから，夏は4～6月。「**夏4月**」と覚えておくこと。大名は江戸と国元を**1年交代**で往復する。妻子いっしょに参勤交代するわけではありません。**妻子はずっと江戸に住む**ことが義務づけられています。**大名の家族，妻子は江戸居住**ですよ。

ここではカットしましたが，ほかに「**城を新しくつくるな**」という規定もそのまま繰り返されています。

さらに，寛永令での新しい規定としては，**500石以上**のいわゆる「**大船建**

造の禁止」も注目です。これは家光のときの鎖国に関わります。大きな船をつくらせなきゃ，自動的に外国なんかいけないからという意味です。

武家諸法度と処罰

武家諸法度などに違反すると，大名は処罰されます。

Q 領地を没収され，家を断絶させられる処分を何というか？ ——改易

たとえば２代秀忠のときに，**広島城主福島正則**が改易。３代家光のとき，**肥後の加藤氏**も清正の子で２代目の**忠広**が改易。有力な外様大名でも，西国，九州の大名でも，処罰されていきます。

Q たとえば５万石から２万石というように，石高を減らされる処分は？ ——減封

そのほか，今で言えば転勤にあたる**転封**もさかんに行われます。これは大名の支配地を変更するもの。

大名は，将軍の命令１つで自由に配置換えされた。まるで鉢植えをあっちこっちと入れ替えるようだったので，近世の大名を「**鉢植え大名**」などと表現しますが，**兵農分離**の結果，このようなことになったわけです。

統治組織

徳川幕府の統治組織は，家康のころはほとんど整っていないんです。だいたい３代から４代将軍のころに整備されたものです。

将軍がいて**大老**。この大老は必要なときだけ置かれるものです。律令でいうと，太政大臣みたいなもの。常に置いておくわけではありません。「**非常置**」の**最高職**です。

常に置いておく**常置**のトップが**老中**。だいたい４，５名，要するに**複数置**いておきます。では，

Q 老中を補佐するのは？ ——若年寄

今は死語でしょうけど，まだ20代の半ばなのに，おっさんみたいに落ち着いたやつのことをよく「若年寄」と言ったんですね。江戸幕府の若年寄は，年寄りのくせに若いフリをしてるという意味じゃないですよ。年齢は関係ありません。

大体，老中が**全国政治**，若年寄が徳川家内部の**旗本**（はたもと）**・御家人**（ごけにん）**を統括**（とうかつ）**する**というふうに考えておけば間違いない。若年寄も複数います。

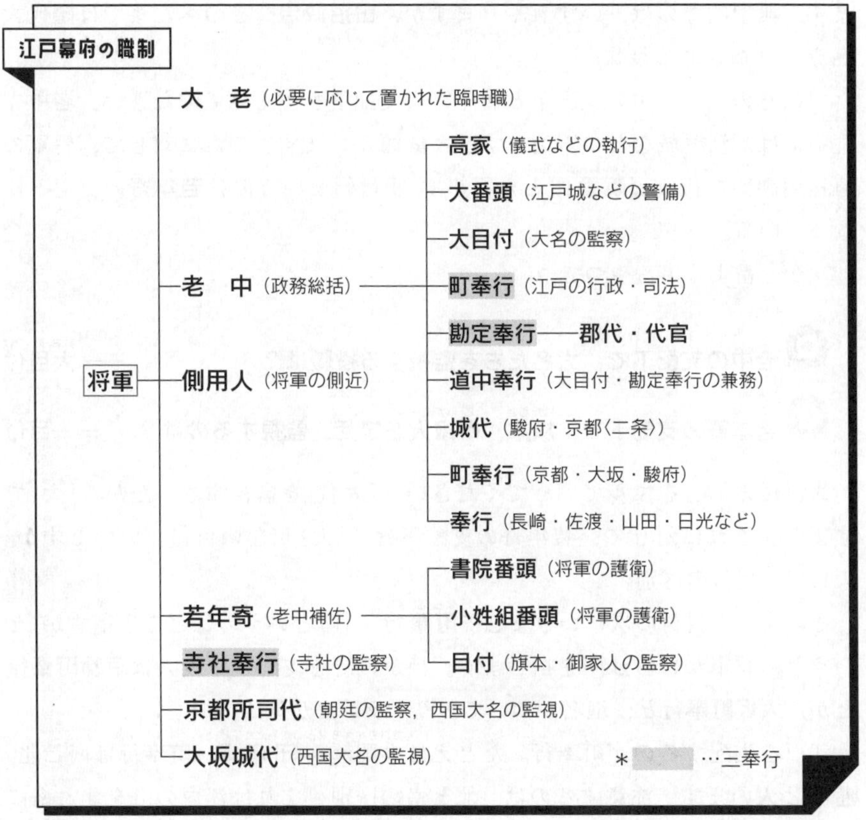

Q 全国の主要な寺や神社を管轄するのは？ ——**寺社奉行**（じしゃぶぎょう）

寺社奉行はまた，**関八州**（かんはっしゅう）（関東の８か国）以外の直轄領の村と村の裁判（さいばん）なども扱（あつか）います。

京都には**京都所司代**（しょしだい），大坂には**大坂城代**（じょうだい）が置かれている。そこまでが，将

軍直属の大老，老中，若年寄，寺社奉行，京都所司代，大坂城代。あと，

Q 将軍の秘書にあたる側近といえば？ **——側用人**

側用人というのは，天皇でいうと**蔵人**みたいなものです。だから，側用人が将軍の信認を受けると，側用人を通じて老中なんかに命令が下りるので，事実上側用人のほうに大きな権力が備わるような現象も出てくることがあります。典型的なのは，いずれやりますが，**田沼政治**。このへんまでは**譜代大名**から任命される役職。

ではその下，老中の支配下と若年寄の支配下をよく見てください。老中支配下には，江戸城などの警備をする**大番頭**がいます。これに対して，将軍の直接の護衛を行う**書院番頭**とか，**小姓組番頭**というのは**若年寄**の支配下になっている。

次が一番よく出るやつで，

Q 老中の支配下で，大名たちを監視する役職は？ **——大目付**

Q 若年寄の支配下で，旗本，御家人を統括，監視するのは？ **——目付**

大目付の「大」をマルで囲ってください。「大名」を監視する。だから「大」ですよと。それに対して，若年寄の支配下は，「大」がない目付。いいですか。大目付と目付の区別。

その次，大目付の次にいきまして**町奉行**。「町というのはどこを指すか」というと，将軍がいる**江戸**を指します。ほかの町を支配する役人は**京都町奉行**とか，**大坂町奉行**と，地名がついており，ランクが低い。

江戸を支配するのが町奉行。たとえば**大岡越前守忠相**。町奉行は南と北，通常２人います。注意するのは，北と南の区別。これは江戸の町を北と南に分けて，それぞれ管轄するという意味じゃなくて，**１か月交替で北と南が江戸全体を支配する**という点です。４月が北町奉行の担当だと，５月は南町奉行，翌月はまた北というふうに。だから今で言うと，東京都知事が２人いて，１か月交替みたいになってる。こういうのを**月番制**といいます。

Q 幕領などを支配する，いわば経済・財政的な面を担当するトップの役職は？ ——**勘定奉行**

それから，徳川直轄の城を守るのは「**城代**」といって，**駿府城代**，**京都城代**ほかがあります。京都の城は**二条城**ね。

あとは，先ほど言った京都，大坂，駿府などの町奉行。外国との関係を管理するのが**長崎奉行**。佐渡金山を管理し，かつ流人などの囚人たちを監視するのが**佐渡奉行**。あと，**山田奉行**というのがいるんですが，これは宇治山田の山田ですから，**伊勢神宮**を監視するために置かれたものです。やがて家康が日光東照宮にまつられるようになると，日光東照宮を管理する**日光奉行**が置かれる。こういう奉行を総称して**遠国奉行**といいます。

統治組織の特徴

さて，江戸幕府の重要な役職は，**譜代大名**や**旗本**から選任されるわけですが，こうした幕府の役職，組織の特徴は，ほとんどの場合，1人の人間に権限が集まらないように，1つのポストに**複数が任命される**ことです。そして**月番**，月交替のかたちをとり，**合議体制**でやっていって，権力を分散させた。ところで，

Q 寺社・町・勘定の3つの奉行を総称して何というか？ ——**三奉行**

三奉行は，日常もっとも重要なポストです。江戸幕府の通常の仕事は，この三奉行が集まれば大体できる。たとえば寺社奉行支配下のお坊さんが，江戸の町人と喧嘩して，町人を殺しちゃったとか，逆にお坊さんが殺されたりすると，これは寺社奉行と町奉行の両方が管轄になる。

こういうのは困るんですよ。お坊さんだけの事件だったら寺社奉行でいいし，江戸の町人同士の事件なら町奉行だけでそれぞれ裁判すればいい。ところが，管轄がまたがった場合は，みんなで集まって相談しなきゃいけない。そこで，

Q 三奉行が独自で決裁できない重要な事柄や裁判を扱う機関を何というか？

——**評定所**です。

さて，このような組織は徐々に形成されたものです。初期は素朴なもので，田舎の大きな農民の組織程度，**名主**レベルでした。名主のことを関西では**庄屋**といいますので，「**庄屋仕立て**」と呼ばれるような，素朴な組織であったものが，３代**家光**から４代**家綱**のころまでに，非常に緻密なものに整備されていったんです。

藩の支配体制

将軍から土地支配を認められた大名，**藩の支配体制**も幕府と似たようなものです。将軍家から藩主が与えられた５万石なら５万石を，主人である大名はまず直轄する分を決め，残りを主要な家臣に分け与えます。初めのうちは具体的に「なんとか村〜石をお前にやるよ」といって与えます。与えられた家臣はその「なんとか村」を直接支配するわけです。

ところが，17 世紀半ばを過ぎると，このような方法は少なくなっていきます。藩の領地を全体的に藩の役人が統治し，税金も藩として集めるようになる。要するに，家臣は今で言う**サラリーマンのような立場**となり，藩の蔵から給料として米を支給されることになった。

知行地を与え，家臣がおのおのの土地を支配する体制を「**地方知行制**」，藩として税金を集め，それを藩の蔵から給料の形で家臣に与える方式を「**俸禄制**」と呼んでいます。多くの藩では，**地方知行制から俸禄制へ**と転換していきました。それだけですが，入試では頻出です。

地方知行制　➡　俸禄制

朝廷統制策

次は朝廷対策。なんていったって征夷大将軍は天皇に任命してもらうんだから，いくら抑え込んでいるとはいうものの，朝廷の権威というものは慎重に扱わなければならない。

徳川家康は1611年，後陽成天皇の譲位，後水尾天皇の即位を実現しますが，2年後の1613年には公家に対して「**公家衆法度**」，1615年には有名な「**禁中並公家諸法度**」を制定します。

公家衆法度では公家の各家に対して，その**家業を務める**ことを義務とし，宮中を警衛する「禁裏小番」を命じます。中世以来，神社の神職などの支配，統制に携わってきた白川家・吉田家は引き続きその任務を務めること。陰陽道は土御門家，蹴鞠は飛鳥井家など，それぞれの家業を守っていくようにということです。そして，**禁中並公家諸法度**では，天皇の役割，朝廷の運営方法などを具体的に指示したのです。

禁中というのは禁裏，つまり**天皇**のこと。公家というのは貴族たちのことですよ。では，史料。

史料

51　禁中並公家諸法度／『徳川禁令考』

一，天子諸芸能事，第一御学問なり。……
天皇はまず第一に学問に励まれるべきである。

一，武家の官位は，公家当官の外為るべき事。
武家に対する官職・位階は，公家とは別のものとする。

一，関白・伝奏並びに奉行・職事等申し渡す儀，堂上地下の輩相背くにおいては流罪たるべき事。
一般の公家は，関白・伝奏の命令に従うこと。違反した場合は処罰する。

一，紫衣の寺は住持職，先規希有の事なり。近年猥に勅許の事，……甚だ然るべからず。
僧侶に紫衣を勅許するということは従来はめったにないことであった。近年はみだりに紫衣を許しておられるが，これはたいへんよくないことである。

「天子」，すなわち天皇は学問だけやってなさい。

武家の官位は，朝廷の官位とは別にせよ。天皇が武士に直接，官職や位階を与えることのないように，武士に与える官位は幕府，将軍がコントロールするというのです。

また，一般の公家を支配するのは**関白**や**伝奏**で，天皇が直接，公家を支配するのではなく，関白や伝奏の命令に従わないものは流罪に処す。すなわち，将軍の刑罰権がおよぶというわけです。

さらに，天皇の権限である，高僧に紫色の衣を着る資格を許可すること，「**紫衣勅許**」が頻繁に行われていることを批判し，安易に紫衣を勅許するなというのです。

ほかにも**元号**を変えるときには自分で考えるな，中国，漢朝の年号から選べ，といったさまざまな規制を加えています。そして**京都所司代**を置いて朝廷を監視し，公家の中から2人の**武家伝奏**を任命して，公家を操作する体制をとります。

ところが，**後水尾天皇**が紫衣を勅許したというので，幕府はこれを取り消し，これに反発した**沢庵**(宗彭)らの禅僧を流罪とする事件が起こります。これに対して，天皇が突然退位。将軍秀忠の娘**和子**が後水尾天皇と結婚していて，その子が生まれていたので，後水尾は娘，すなわち秀忠の孫娘にあたる**明正天皇**に譲位し，幕府はこれを認めざるをえなくなったのです。これが1629年に起こった**紫衣事件**です。以後，幕府の朝廷統制はよりきびしくなります。

よく出題される事件なので，ゴロ合わせで，

「紫の色(**いろ**)が憎(**にく**)いと紫衣事件」（いろ＝16，にく＝29）

➡ **1629年，紫衣事件**

宗教統制

宗教統制は，初めのころは**金地院**の**崇伝**に任されていたので，幕府自身がこれを整備するのは，ほかの分野に比べてかなり遅くなります。また，その最大の課題はキリスト教の禁止です。禁教令については次回，外交と一緒に学習することにして，寺院・神社の統制についてまとめておきましょう。

寺院については「**本山・末寺制度**」が整えられます。各宗派ごとに，たとえば，真言宗なんとか派，**総本山**。これがその宗派の中で一番格が高い寺。その下に**末寺**と呼ばれる個々のお寺が属する。大きな宗派だと，あいだに中本山を置いたりします。要するに封建的主従関係をお寺にも適用したもので，略して「**本末制度**」ともいいます。

各宗の各派ごとに本山と末寺の関係を形成させ，各本山を通して仏教全体を統制していきました。

各宗派の本山となるような大寺院のほとんどは「**門跡寺院**」と呼ばれ，トップに皇子や宮家，摂関家の子弟が出家して入寺する慣例ができあがっていました。「門跡」は天皇家や摂関家の一員が就任するわけですから，いわば朝廷の一員です。幕府は，初期には，宗派ごとにその本寺に寺院法度を出し，本寺の地位を保障し，本寺は末寺を支配しました。

そして，原則として，**すべての日本人はどこかの寺に所属しなさい**と命じた。どこでもいいんです。たとえば１つの村があると，だいたい２つか３つお寺があります。Ａという宗派の末寺，Ｂという宗派の末寺，さらにＣもある。その村の農民の一家は，それぞれ，Ａ・Ｂ・Ｃのどれかに所属します。そして，そのお寺から証明書を発行してもらいます。

すべての人が，どこか特定の寺院，「**檀那寺**」に属すので，これを「**寺檀制度**」などと呼びます。

すべての人を，ともかくどこかの寺に**檀家**として所属させれば，キリスト教徒はいなくなる。寺から言うと，その信者を檀家といいます。そして，檀那寺が，その檀家が「～宗～派」の寺の檀家であることを証明するというシステムです。これが「**寺請制度**」です。幕府が禁止する**キリスト教**や**日蓮宗不受不施派**の禁圧に，非常に便利な制度として生み出されたものです。

具体的には，「**宗門改め**」という宗旨の戸別調査をやり，それをちゃんと帳簿にします。

Q 家族ごとに宗旨とその家が所属する寺（檀那寺）を調べていく帳簿を何というか？

――宗旨人別帳

必要があるときには，今で言ったらわれわれが役場へ行って戸籍謄本をもらうように，お寺から**寺請証文**という身元証明書を出してもらう。これをやらないと旅行にも行けない，結婚もできないというふうに，寺請証文によってキリシタンでないことを証明してもらったわけです。

その結果，すべての家がどこかの寺に所属して，家とお寺という結びつきを強制されたことになる。そして「**先祖供養**」という面が仏教信仰の中で強くなっていくんですよね。

神社関係では，読み方が難しいですが，「**諸社禰宜神主法度**」という，神主に対する統制令もできました。そして神社・神官を，**公家の吉田家を本所**としてその統制下におきました。

あと，特定の寺院に居住するという形をとらない**修験道**，いわゆる「**山伏**」については，天台系の本山派は聖護院門跡，真言系の当山派は醍醐寺門跡を本山として修験者たちを支配しました。

同じく，諸国に散在する民間の**陰陽師**たちは，**公家の土御門家が支配**することとされました。古代以来の陰陽道の安倍氏が名前を変えたのが土御門家です。一般的な僧侶・神官とは違った形態をとる中世以来の宗教者がいたことと，その支配体制もしっかり覚えておくこと。

- **修験道** ………… 天台系・本山派（聖護院門跡）
  真言系・当山派（醍醐寺門跡）
- **陰陽道**〈民間〉… 土御門家（もとの安倍氏）

寺社に対する全般的な法令，「**諸宗寺院法度**」やこの「**諸社禰宜神主法度**」はいずれも**17世紀後半**になってからのものであることに注意しておいてください。

2 農民・町人の身分秩序と税制

授業ノート p.56 参照

身分制

さて，次は江戸時代の社会の構造。いわゆる「士農工商」という言葉でお馴染みの**身分制**です。武士・農民（百姓）・職人・商人という身分の序列があった。武士が一番偉くて，商人がいちばん下というイメージですが，武士がトップというのはいいとして，農・工・商が明確に序列化されていたわけではありません。そこで，支配者と被支配者に分けて整理しておきましょう。

支配者の大部分は「**苗字・帯刀**」を許され，さまざまな特権をもった**武士**。被支配者の中心は**農民**。ただし，林業・漁業に従事する者も含まれます。そして，さまざまな業種の**職人**と**商人**。さらに，その下位の身分として，居住地・衣服・髪型を強制され，賤視の対象とされた「**かわた（長吏）**」・「**非人**」などが存在しました。

こういった，「士農工商」の枠組みには入らない，多様な人びとがいたことが，近年では強調され，教科書ではかなりくわしく身分的な「**周縁部分**」の人びとが存在していたことが紹介されています。

身分制

- 支配者……天皇・公家，（上層の）僧侶・神職
  武士（苗字・帯刀）
- 被支配者…農民（農業・林業・漁業など）
  職人（手工業）
  商人（商業・金融・流通・運輸業），「家持町人」

＊**差別された人びと** ➡ **かわた（長吏・えた）・非人**

＊**身分的周縁**に属する人びと
- 宗教関係 ➡ （一般的な）僧侶・神職・修験者・陰陽師
- 知識人 ➡ 儒者・医者
- 芸能関係 ➡ 人形遣い・役者・講釈師

農民支配

次は農民支配です。まず大原則は，太閤検地以来の「**村**」**が支配の対象**となる基本的な単位であることを確認しておくことが大事です。村の数は17世紀末には，全国で**約６万３千**ほどになっています。全国の総石高は**約2500万石**なので，**１村平均は約400石**ということになる。

その村を，**幕領**ならば勘定奉行の配下の**郡代**・**代官**と呼ばれる役人が管理しますが，村には武士がいません。そこで，

Q 郡代・代官の指示のもとに村の運営にあたった農民を何というか？

――村方三役（地方三役）

こう呼ばれる村の農民の中から選ばれた役人が管理します。三役の中心は**名主**，関西では**庄屋**。肝煎と呼ぶ地域もあります。これを補佐するのが**組頭**。一般百姓の代表として，名主・組頭をチェックしながら農民代表としてこれに加わるのが**百姓代**。

村方三役
- **名主（関西では庄屋）**
- **組頭**
- **百姓代**

どこの藩もそうですが，村自体は村人が自分たちで運営していく。村方三役を中心として運営していく村は，基本的には「**一地一作人**」**の原則**で，土地の保有を認められた，検地帳に名前ののっている**本百姓**たちによって運営されます。

本百姓というのは検地帳に名前がのっている「**名請人**」，要するに**納税負担者**ですよ。そして，村全体で必要な「**村入用**」という費用なんかは，みんなで合議し，みんなで分担してお金を出し合う。

そして，村を維持していくために，中世の惣といっしょで，村の法，「**村法**」を自分たちで決める。村社会の維持を破壊するような行為をすると，**村八分**という制裁，いわゆるいじめをみんなで加えたりします。

さらに村は惣と同様，**入会地**や用水を管理し，屋根を葺き替えるといった

大きな仕事は，自分の家だけでできないから，助け合って村みんなでやります。

Q 屋根葺き，田植えなどの村民助け合いの共同作業を何と呼ぶか？

――「結(ゆい)」または「もやい」

そして何といっても一番大事なのは，**年貢(ねんぐ)は村として一括して払(はら)う**ということです。幕府としては，農民1人ひとりに細かく税金を持ってこられても，チェックするのが大変だから，村全体でまとめて持ってこいと。これが一番大事なことです。

Q 名主が納入責任者となって，年貢を村で一括納入するこの制度を何というか？

――村請制(むらうけせい)

「五人組」制度

農民の中には，もちろん，だらけたやつもいるわけで，仕事がいやなやつとか，芸能人に憧(あこが)れて町へ出ていっちゃうやつとかがいるんだね。そうすると，だれそれのうちの長男がいなくなって，おとっつぁんは病気だから，あいつんちの田畑(たはた)は荒(あ)れ果(は)ててる。しかし，当然そこは石高があるわけですから，税金がかかってきます。困るよね。

そういう場合は，まわりの人が代わりに耕作して，ちゃんと税金を納めろよということで，そのために**5軒ずつが1組**になってるんです。1軒いなくなったら，残りの4軒で何とかしなけりゃいけない。これを**「五人組(ごにんぐみ)」制度**といいます。

連帯責任をとらせて，お互いに監視する。「あいつんちの息子あぶねえぞ。なんか最近，鏡(かがみ)見て，踊りを練習してるぞ。あれはどっか行っちゃいそうだ。みんなで監視すべえ」なんて話になって相互(そうご)に監視する。逆に，病人が出たりしたときは，助け合うわけだ。

村の運営は**本百姓(ほんびゃくしょう)**が中心ですが，すべてが本百姓というわけではありません。

Q 検地帳に記載されず田畑を持たない小作農は何と呼ばれたか？

——**水呑百姓**

この下に有力な本百姓に隷属する**名子**・**被官**といった農民も存在しますし，借金のカタに事実上土地をとられちゃって，土地を失う者だって出てきます。

村の構成

＊村の構成 ➡ 農民(漁民) ＋ 僧侶・神職など

村法(村掟)，村請制(本途物成・小物成・国役・伝馬役)

●農民
- **本百姓**(石高を持つ男子の戸主) ← 名子・被官・譜代
  - → 村方三役・五人組
- **水呑(百姓)**… 無高の百姓・小作や日用

●漁村
- **網元**… 網・船を持つ経営者
- **網子**… 労働者

もっとも，村といっても，城下町の近くや街道沿いなどの村の中には「**在郷町**」と呼ばれる都市化した村もありました。また，村は農民，漁民が中心ですが，それだけというわけではありません。寺や神社があって僧侶・神職がいますし，商人や職人も少数ですが，住んでいました。それと，漁村の場合，網・船を所有する**網元**と，労働を提供する**網子**という区別もあったことを覚えておきましょう。

農民への課税

税金。まず基本は米で払う**本途物成**。**本年貢**ともいいます。では，

Q 本途物成に対して，副業などに課される雑税・付加税は？

——「**小物成**」または「**小年貢**」

年貢などの額は，毎年，豊凶によって決定されます。農作物のでき具合を

毎年検査して年貢を徴収する方式で，これを「**検見法**」と呼びますが，やがて，一定期間は税額を固定する「**定免法**」が一般化していきます。この点は，いずれ「**享保の改革**」でまた勉強します。

Q 村高に対して課せられる付加税を何というか？　　——高掛物

ある村が400石だったら，400石の村高に対して1石につき銭1文というふうにかかる税があります。これを「**高掛物**」といいます。村にかかる税金ですが，村人は自分の持っている石高に応じて分担金を払う。

それから大きな川の大工事とか，橋をかけるというような，ものすごく大きな事業とか，国家的なイベントを助けるために，どかーんと上から掛かってくる，**国役**というのがあります。これは幕府が命令した大事業のときなんかに，臨時に**1国単位でかかってくる**税金です。

ほかに，大きな街道沿いの村々には，**伝馬役**・**助郷役**といって，幕府の指定する荷物の運搬や役人の旅行を助けるために，馬や人足を提供するという，交通に関わる税金もかかってきます。これは律令制度の**駅制**なんかといっしょです。

農民統制

さて，このような土地・税制の基本は，本百姓が農村の基本的な単位として安定していないと困ります。ところが，1641～42年，**寛永の飢饉**と呼ばれる，江戸の最初の凶作がやってきます。ここで，予定していた土地制度がなかなかうまくいかないということがわかってくる。

経営難に陥る農民が発生する。農村から逃げ出して都市に流入する農民が増えると，社会構造そのものが崩れてしまう。何よりも税が取れなくなってしまう。そこで，幕府は農民に対して，生活の細部にまできびしい命令を出します。

史料

52　寛永19年(1642年)の農村法令／『御当家令条』

一　祭礼・仏事など結構に仕るまじき事。
祭りや法事は簡素なものとすること。

一　男女衣類の事，これ以前より御法度の如く，庄屋は絹紬・布・木綿を着すべし。わき百姓は布・もめんたるべし。右のほかは，えり，帯などにも仕るまじき事。
（農民の）衣服は，以前からの指示どおり　庄屋（名主）は絹紬など，一般百姓は布（麻）・木綿（絹などは禁止）。

一　御料・私領共に，本田畑にたばこ作らざるように申しつくべき事。
直轄領も私領も，田畑でタバコを栽培してはならない。

このほかにも，立派な家は禁止，嫁入りのときに乗り物を使ってはいけないなど，ともかく**質素な生活を強制する**わけです。もっとも，名主クラスの有力農民は絹の着物もOKですが，一般の農民は，衣服は**布（麻布）・木綿の筒袖**が普通ですし，食事も，米はめったに食べることはなかった。

じゅうぶん質素な生活でした。普段は，**麦・粟・稗などの雑穀が主**で，住居だって，「萱葺き」，「藁葺き」屋根の質素な建物でした。

農民たちに対して，なんとか農業を維持させるために，幕府は非常に苦労するようになります。そして，翌年。

Q 1643年，「土地を売って農業をやめちゃだめだよ」と，本百姓の維持を目的として出された法令は？　――田畑永代売買の禁止令

史料

53　田畑永代売買の禁止令／『御触書寛保集成』

一，身上よき百姓は田地を買取り，いよいよよろしく成り，
豊かな百姓は田地を買い取ってますます豊かになり，

身体成らざる者は田畠沽却せしめ，猶々身上成るべからざるの間，
経営難の百姓は田畑を売り払って，ますます生活に困窮する。

向後田畑売買停止たるべき事。……
（そこで）今後は田畑の（永代）売買は停止することとする。

寛永二十年三月
1643年3月

「向後田畑売買停止」で田畑永代売買の禁止令とわかればOK。ただしこれは永代ですから，**永久に売っちゃいけない**という話です。土地を担保にして**お金を借りてはいけないというわけではありません。**

それから米をつくっている田に，ほかの作物をつくってもっと儲けようとする農民も出てくる。米年貢が減るのは困るので，

Q 「田畑に勝手に自分の好きな作物をつくるのはやめろ」と禁止した法令は？
──田畑勝手作りの禁

水田ではあくまでも米をつくれということです。「本田畑」，すなわち年貢徴収の対象である田畑では，

たばこ・木綿・菜種

などの商品作物の栽培を禁止した。

さらに，わずかな土地しか持っていない農民に子供が2人，3人といるとき，それを分けちゃうと小さくなっちゃうから，一定限度を切ったら分割相続をしちゃいけませんという，**分地制限令**。農民の土地保有とその生活について，さまざまな法律や統制が加えられていくんです。

分地制限令も史料をチェックしましょう。**寛文令**と**正徳令**の２つを見ておきます。

史料

54　分地制限令（寛文十三年令，1673）／『徳川禁令考』

名主・百姓，各田畑持候大積，名主弐拾石以上，百姓は拾石以上，夫より内持候ものは，石高猥に分け申間敷旨仰せ渡され畏り奉り候。……

名主，百姓などの所持する田畑の基準は，名主の場合 20 石以上，一般の百姓の場合で 10 石以上とする。それより少ない場合は，分割して相続してはいけないとの命令が出された。

1673 年の「寛文令」では，名主とそれ以外の一般の百姓に分けて，名主は石高 20 石，百姓はその半分の 10 石以上をその所持する石高の最低ラインとし，これより少なくなった場合は**分割はしてはならない**という指示です。

次は 1713 年「正徳令」。

史料

55　分地制限令（正徳三年令，1713）

一，田畑配分の儀御書付

田畑の分割についての命令

高拾石　地面壱町

石高 10 石　面積，1 町

右の定より少く分ケ候儀停止たり。尤分方ニ限らず，残り高も此定より少し残べからず。然ル上は弐拾石地面弐町より少き田地持ち，子供を初め諸親類の内江，田地

右の基準を守り，これより少なくなるような分割相続はしてはならない。分割の方法というだけでなく，分割した結果としてこの基準を下まわるようなこともないようにせよ。そこで，（分割相続できるのは）20 石・２町（以上で，それ）以下の場合は分割相続は一切できない。

配分相成らず候間，厄介人有る者ハ，在所ニて耕作の働ニて渡世致
そこで，石高のない者も生ずるであろうが，そのような者は，

させ，或は相応の奉公ニ差し出すべき事。
本百姓の手伝いをして生きていくか，商人のもとへ奉公に出すようにせよ。

さっきの名主と一般百姓の区別がなく，一律に石高10石，面積で1町，**それ以上小さくするような分割相続は一切いけない**というふうに変わっています。

町人の支配

さて，あとひと息。町人の支配です。

城下町は**武家地・寺社地・町人地・かわた町村**と，身分ごとに居住地が分かれ，**主要な部分を武家地**が占めていました。町人地はたくさんの「町」に分かれており，村と同様，家を所有する「町人」が自治的に運営していきます。

土地を持っている者や家を持っている者――**地主・家持**が本百姓にあたります。土地を借りて店を出す**地借**や，家屋を借りて商売をする**店借**は町政に参加できません。

念のためちょっと補足。この場合の「町人」という言葉です。都市に住んでいる武士や僧侶などを除く人びとを「町人」ということがあります。一般的に「江戸時代の町人は……」などと言う場合の「町人」です。当然，この場合の「町人」は「家持ち」かそうでないかといった区別があるわけではありません。だから，地主・家持を「町人」と限定するのは，幕府の支配体制上の用語だということです。

さて，多くの「町」はどのように運営されていたか？ これは村といっしょです。役人が直接支配したわけではなくて，自治的に運営されました。ポイントはそれだけ。あとは名称を確認しておけばOKです。

町の構成

＊町法（町掟），**町人足役**…地子は免除

●町人…家持ちの住民

└→ **名主（庄屋）・月行事**

●地借（宅地を借りて家屋を建てる）…………（町人に）地代

●借家・店借（家屋や長屋の一部を借りる）…（町人に）店賃

●奉公人（商家に住み込む従業員）

町人の代表は**名主**，**庄屋**，あるいは**月行事**などと呼ばれる。自分たちでつくった規則は**町法**，**町掟**です。基本的に村と同じ。

ところが，税負担は村，百姓に比べて圧倒的に軽い。消費生活を送らなければならない武士たちにとって，商人や職人がいなくてはたいへんですから，商人を招いて定着させるために，土地税の「**地子**」**は免除**です。

税としてかかるのは，上下水道や濠，道・橋の維持，防火・治安維持など都市機能を維持するため，要するに土木工事などに労働力を提供させられる「**町人足役**」です。ただし，実際には貨幣で支払うことが多かった。

はい，幕藩体制と呼ばれる江戸時代の基本的な構造はこのあたりまで。しっかり，用語さえ覚えればOKです。

第32回

近世(4)

江戸初期の外交と政治

江戸時代の外交といえば「**鎖国**」ですね。日本人の海外渡航を禁止し，オランダ以外のヨーロッパの船の来航を認めなかった。ただし，道南部に進出していた**松前氏**(蠣崎氏)が**アイヌ**との交易権を認められ，対馬藩**宗氏**は**朝鮮**との交易の独占権を与えられた。

琉球王国は島津氏の支配下に置かれることとなります。こうして，鎖国中も，長崎だけでなく，松前・対馬・薩摩の四つの窓口が開いていました。

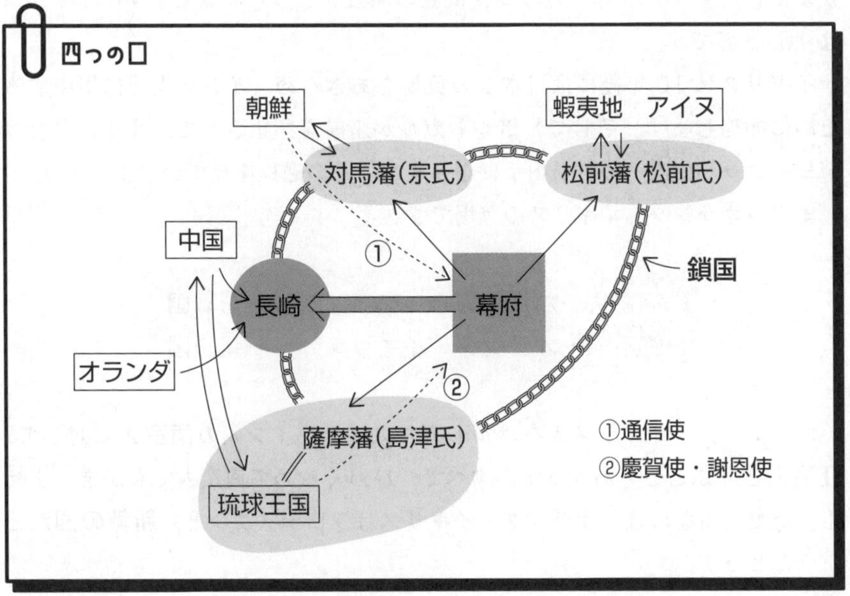

そして，幕政は，家康・秀忠・家光のきびしい政治，「**武断政治**」から，「**文治政治**」に転換していきます。

1 初期の外交

授業ノート p.59 参照

オランダ・イギリスとの通商関係

さて 1600 年，関ヶ原の戦いの年に**リーフデ号事件**という，オランダ船の漂着(ひょうちゃく)事件が起こります。漂着したのは豊後(ぶんご)の**臼杵(うすき)湾**。関ヶ原の戦いの前，3月のことです。

Q リーフデ号に乗っていたイギリス人航海士の名は？

——ウィリアム=アダムズ

このウィリアム=アダムズとオランダ人の**ヤン=ヨーステン**を家康が招(まね)いて，外交顧問(こもん)にします。その結果，**オランダ**と**イギリス**がポルトガル・スペイン(イスパニア)の後を追っかけるように，**平戸(ひらど)**に商館を開設することになります。まず **1609 年**，**オランダ商館**の開設。しっかり覚えます。イギリスは **1613 年**です。

イギリスは 10 年後には日本との貿易をあきらめ，インド支配に集中するために撤退(てったい)します。そして，ポルトガルが来航を禁止されて，オランダだけがヨーロッパで唯一(ゆいいつ)の貿易相手になります。その過程(かてい)を見ていきましょう。

まず，オランダ・イギリスの登場です。

南蛮人(なんばんじん)…ポルトガル・スペイン ←**旧教国**
紅毛人(こうもうじん)…オランダ・イギリス ←**新教国**

オランダ人・イギリス人をポルトガル人・スペイン人の**南蛮人**に対して，**紅毛人**と呼ぶこともあります。すべて，ひっくるめて南蛮人でもかまいません。ただ大事なのは，オランダ・イギリスは**プロテスタント**，**新教の国**だということです。

一方，徳川家康は，上総(かずさ)に漂着したルソンの前総督**ドン=ロドリゴ**を送り返すこととし，京都の商人**田中勝介(たなかしょうすけ)**を同行させて，ノビスパン，今のメキシコに派遣します。サン=フェリペ号事件以来絶(た)えていた**スペイン(イスパニア)**

との新しい通商関係の可能性を探ったのです。ただし，通商関係は実現しなかった。

さらに家康の許可を得て，

Q 伊達政宗がヨーロッパに使節として派遣したのはだれか？

——支倉常長

「**慶長遣欧使節**」といいますが，これもはかばかしい結果を得られないまま，結局は帰ってきます。このように新たな外国貿易のルートを求めて，いろんな動きがありました。

基本的には**ポルトガル**が貿易の中心を占めたままの状態がつづいています。当時はド派手な時代です。信長も秀吉も派手。**金・銀の時代**です。中国産の上質の**生糸**を使った織物の需要が増えていく。ポルトガルは中国産の上質の生糸，「**白糸**」を日本に持ち込んで，巨額の利益を上げていた。そして，どんどん日本から金銀が出ていく。これを何とか抑えたい。

日本国内には生糸が欲しいという人がいっぱいいる。そうすると値段が上がっていっちゃうわけだよね。あるやつが１万円で買うと言うと，いや，オレは１万１千円，１万２千円，１万３千円というふうに，ポルトガル船の持ち込む白糸の値段がどんどん上がっていった。そこでこれを抑えようという政策をとります。これが**1604年**に幕府がとった「**糸割符制度**」というやつです。史料をみてみましょう(次ページ)。

糸割符制度とは？

史料中の「黒船」は**ポルトガル船**を指すと考えておくこと。長崎に着いたとき, 特定の指定された商人, 年寄たちが, そのときの生糸の輸入価格を決める。その前は, 諸国の商人は長崎へ自由に入ってはいけない。要するに, 船の荷物, 生糸をまとめて糸割符仲間の商人が一括して購入してしまうわけです。

つまり，**輸入価格を統制し，抑えてしまおう**ということ。ポルトガル船がその設定価格より高く売りつけようとしたら，買わないから持って帰ってくれと言えばよい。持ち帰ったら，向こうは損しますからね。だから，こちら側で値段を決めて，**金銀の大量流出を防ごう**という方法です。

史料

56　糸割符制度の創設／「糸割符由緒」

黒船着岸の時，定め置く年寄共，糸の直いたさざる以前に，諸国商人
ポルトガル船などが入港した時には，幕府の指定した商人たちが購入価格を決めるから，

長崎へ入るべからず候。　　　　糸の直，相定候上は，万望
それ以前に，一般の商人は長崎に入ってはいけない。（糸割符仲間が）価格を決めたら，その後は

次第商売致すべき者也。
一般の商人が必要なだけ買ってもよい。

右の節	御定の題糸高 入港の際の生糸の分配量	京	百丸 100 丸
		堺	百弐拾丸 120 丸
		長崎	百丸 100 丸

慶長九年五月三日
1604 年 5 月 3 日

Q 生糸の輸入価格の設定をする幕府指定の輸入商を何と呼ぶか？

——糸割符仲間

糸割符仲間は，史料にあるように京都・堺・長崎の３カ所の商人ですが，のちに江戸，大坂商人が加わって，**五カ所商人**と呼ばれます。

- 三カ所商人　➡京都・堺・長崎
- 五カ所商人　➡**京都・堺・長崎・江戸・大坂**

ちょっと変なゴロ合わせですが，「**京のサカは長い**」――「きょう」は京都，「さか」は堺，そして，長崎ですよ。「京都の坂は長い」ということにして。これに江戸・大坂を加えれば五カ所です。京都・大坂・江戸は三都ですから，京都にあと２つ，江戸・大坂を加えると覚えます。

朱印船貿易商の海外進出

一方，徳川家康は自分のコントロール下にある商人たちや大名に貿易をやらせようとします。そこで，家康が**朱印**(しゅいん)を押して許可した商人たちが，貿易を行うため，海外に出ていくわけです。

琉球・**台湾**・**ルソン**(呂宋)・**アンナン**(安南)・**シャム**(暹羅(シャムロウ))などに，このような**朱印船貿易商**がさかんに出ていきました。ルソンはフィリピン最大の島。アンナンは今のベトナム，シャムは現在のタイです。**島津家久**(いえひさ)，**松浦鎮信**(まつらしげのぶ)，**有馬晴信**(ありまはるのぶ)，さらに**末次平蔵**(すえつぐへいぞう)，**茶屋四郎次郎**(ちゃやしろうじろう)，**角倉了以**(すみのくらりょうい)，**末吉孫左衛門**(すえよしまござえもん)といった冒険的な貿易商たちが，これにより巨万(きょまん)の富(とみ)を築(きず)いていく。

貿易品は南蛮貿易とほとんどいっしょです。輸入品が**生糸**，**絹織物**，あとは胡椒(こしょう)とか，香木(こうぼく)などの**南海産物**。輸出品はもちろん金銀の時代ですから**銀**，さらには**銅**，**刀剣**(とうけん)というパターンです。

東南アジア各地に日本の商人たちが進出していくと，今で言う常駐(じょうちゅう)の商社マンみたいな人びとが，どんどん各地に増えていって，そこで結婚し，子供が産まれたりして，日本人同士が集まったリトルトーキョーみたいなものができます。日本人を中心とする町，**日本町**(にほんまち)が，東南アジア各地に生まれていくんですね。

教科書には朱印船の渡航地や日本町の地図が載(の)ってますが，これが悩(なや)みの種。東南アジア各地に朱印船が行っていたことは確認できますが，たくさんありすぎて，覚えきれない……。そこで，思い切って**ルソン**，**アンナン**，**シャム**。日本町はルソンの**マニラ**とシャムの**アユタヤ**にしぼってしまいましょう。

朱印船の渡航先	日本町
ルソン（フイリピン最大の島）「呂宋」………………	マニラ
アンナン（ベトナム）　「安南」	
シャム（タイ）　「暹羅(シャムロウ)」　………	アユタヤ　山田長政

その中でも，絶対，落としてはいけないのは**アユタヤ**と**山田長政**。

山田長政は17世紀初め，シャムに渡り，アユタヤ国王に仕えて出世し，同国の最高位にまで昇進してリゴール(六崑)太守になったのですが，政争に巻き込まれて毒殺された人物です。教科書の地図にリゴールがありますから確認しておいてください。

朝鮮との国交

次に，朝鮮との関係。朝鮮との関係は**壬辰倭乱**・**丁酉再乱**(文禄・慶長の役)で，ずたずたです。そこで，鎌倉時代以来ずっと対馬を支配している対馬藩**宗氏**をあいだに入れて，何とか日朝間の国交をもう一度復活させたい。とくに宗氏は経済的にも朝鮮との交易をぜひ復活させたい。

文禄・慶長の役のとき，日本側はたくさんの捕虜を連れてきていた。これを朝鮮本国へ送還しますので受け取りに来てくださいということで，朝鮮王朝側を説得して日本への使節の派遣を納得させました。

こうして，宗氏の努力で，**1607年**に**朝鮮使節**がやってくるんです。ここで国交が回復した。そして，2年後，

Q 1609年，宗氏と朝鮮とのあいだで結ばれた貿易協定を何というか？

——己酉約条

「己酉」はその年の干支です。日本の元号で「**慶長条約(約条)**」でもかまいません。大事なのは対馬藩**宗氏が日朝外交を事実上とりしきっていた**ということです。

宗氏は**釜山(ブサン)に倭館(わかん)**を設置し，朝鮮から許可された数の貿易船，「歳遣船(さいけんせん)」20隻(せき)を派遣します。

いいですか，朝鮮との戦争状態が終わり，国交が回復したのは1607年。己酉約条は1609年ですよ。そして，この条約は日本(幕府)と朝鮮とのあいだで結ばれた条約ではありませんよ。**宗氏・対馬藩と朝鮮政府が結んだ。**

朝鮮との国交

文禄・慶長の役(壬辰倭乱・丁酉再乱)

⬇

1607　**回答兼刷還使**(日朝国交回復)

1609　**己酉約条**… 宗義智(対馬藩)と朝鮮政府。交易は釜山で，歳遣船を20隻。

×巳

対馬は大きな島ですが，田畑は僅(わず)かしかない。交易(こうえき)によって生きていかなければならない。これは，『魏志倭人伝(ぎしわじんでん)』にも書いてある。弥生時代以来の話です。そこで，石高(こくだか)のほうはわずかで，朝鮮貿易の利潤(りじゅん)で財政が成り立っている。

朝鮮使節

朝鮮国王からの使節は1607年以降も続きます。計12回。そのうち，最初の3回，1607・1617・1624年の使節は，「**回答兼刷還使(かいとうけんさつかんし)**」という名称で来日します。日本からの国交を求める使節にこたえるとともに，文禄・慶長の役で日本に連行された捕虜(ほりょ)を受けとるための使節ということです。捕虜を引き取りにやってきた。

最初の3回で帰国した朝鮮人捕虜の数は1700名余りということですから，かなりの数ですね。そして，3回でほぼ全員が帰国できた。

そこで，4回目からは「刷還使」という名称ではなく，仲良くつき合っていきましょうという意味を込めて「**(朝鮮)通信使**」という昔からの名称に変更します。室町時代，15 世紀前半に始まる朝鮮国王の使節が「朝鮮通信使」だったので，それに戻したということです。

おもに，徳川将軍の代替りに，新将軍への祝賀などの目的で使節が送られてきました。実務は対馬藩宗氏が担います。外交を担当するので 10 万石格ということになるんです。

明・清との貿易

次は**明**。こっちのほうはちゃんとした国交が結べませんでした。明側が拒否し続けたので，**民間レベルの交易**が幕末まで続きます。明は滅んで**清**に代わっていきますが，そのままです。

中国商人は生糸・絹織物・書籍だけでなく，ヨーロッパの綿織物・毛織物や東南アジア産の砂糖・蘇木(染料)・香木などの「南海産物」をもたらし，日本から銀・銅などを買っていきました。

やがて，中国船の来航は長崎に限定されますが，輸入額は増え続け，銀の流出がほうっておけない規模になったため，1685 年には，オランダ船・中国船合わせてですが，輸入額が制限されます。また，1688 年には，清船の来航は 1 年間に 70 隻に限定されます。

日中貿易

輸入品…(中国産)**生糸・絹織物・書籍**・(ヨーロッパ産)**綿織物・毛織物**・(東南アジア産) **砂糖・蘇木**(染料)・**香木**

輸出品… **銀・銅**

1685　貿易額(銀換算)6000 貫… オランダ船は 3000 貫

1688　来航する中国船…年間 70 隻

琉球王国と島津氏

琉球王国との関係はどうなったか？ これは複雑な関係になります。

キーになるのは 1609 年です。**1609 年**，家康の許可を得て，**島津家久が**

琉球王国を武力で征服してしまいます。そして薩摩藩は琉球国王の**尚氏**を石高８万9000石余りの王位につかせて，独立国のままで中国との朝貢貿易を続けさせ，その利益の一部を吸い上げます。

中国に向けて派遣された朝貢のための琉球使節は福建の港に上陸し，陸路北京に行ったのです。そして，**中国皇帝から琉球国王に冊封される**ことになります。

ザビエルに鹿児島への入港を許可したのは**島津貴久**。豊臣秀吉に屈服したのは**島津義久**。琉球に侵攻し，江戸時代を通じて沖縄を薩摩藩が支配する，その琉球侵略をやったのは**島津家久**です。

そして徳川将軍が代わるごとに，薩摩藩島津氏は，琉球国王に将軍就任の祝いの使節団を江戸に派遣させます。これを**慶賀使**といいます。また，中国から琉球国王に任命されると，その報告とお礼ということで江戸に使節を派遣します。こちらは**謝恩使**と呼ばれます。将軍様には外国からも挨拶に来るんだというふうに，琉球は徳川幕府の権威づけのために利用され，実際には薩摩藩**島津氏**の経済的な支配を受けるという状態になってしまいました。

琉球使節は服装・髪型も異国風のものを強制され，異民族が将軍に対して服属している形をとらせたのです。

このように，琉球は外交的には「**日中両属**」，日本と中国の両方に服属させられるという苛酷な扱いを受け続けるわけです。

将軍に対して派遣された使節については，絶対に点を落としてはダメ。必須知識です。琉球国王の送る謝恩使はちょっと変ですからね。明・清の皇帝から琉球国王に冊封されたお礼を徳川将軍に言うためにやってくるんです。

- **朝鮮国王**… 回答兼刷還使 → 朝鮮通信使
- **琉球国王**… 徳川新将軍への祝賀：慶賀使
  琉球国王就任を感謝：謝恩使

蝦夷地との関係

次に北海道方面との関係。

蠣崎氏という，室町時代後期に北海道南部に進出した日本人の武家勢力が，近世には松前氏を名乗るようになります。松前氏は松前藩として一応大名扱いです。石高は1万石ということになっていますが，松前藩の主たる経済は，蝦夷地のアイヌの人びととの交易です。アイヌとの交易の独占権を幕府に認められたのです。

そこで家臣に，石高で500石とか200石とかやれないもんだから，アイヌの人びととの交易をする権利，商売をする権利を家臣団に与えていくわけ。「ここのマーケットはお前にまかせる」というふうに与えていった。これを「商場知行制」といいます。

ところが，あくどい商売ばっかりするもんだから，アイヌの人々が反乱を起こしました。室町時代にも，道南でコシャマインの乱が起こりましたね。

Q **1669年，松前氏に反抗してアイヌの人々が起こした反乱は？**

──シャクシャインの戦い

鎮圧はされますが，このシャクシャインの戦いを1つの教訓とし，武士たちが直接商売をするのはいけない，やっぱり商売は商人に任せよう。すなわちアイヌの人々との蝦夷地交易を，本土から来た商人に任せて，その連中から税金を取る形にしようということになっていきます。

武士が前面に出る交易ではなく，商人に，一定の場所を請け負わせ，商売の権利を認めてやる代わりに税金をとるというやり方，「**場所請負制**」に変わっていったのだということを覚えておいてください。

対馬藩宗氏は朝鮮との貿易，松前藩（松前氏）はアイヌとの交易の独占権を認められ，その利潤で藩の財政がまかなわれたというわけです。

商場知行制 ➡ 場所請負制

外国との窓「四つの口」

さて，以上のようにして，江戸時代の近隣地域との関係が一応，形を整えます。その状況を「**四つの口**」と表現します。

長崎は幕府直轄で，中国商人がおり，オランダ商館があります。ほかの“口”は，幕府が直接，近隣地域と外交関係を結んだわけではありません。

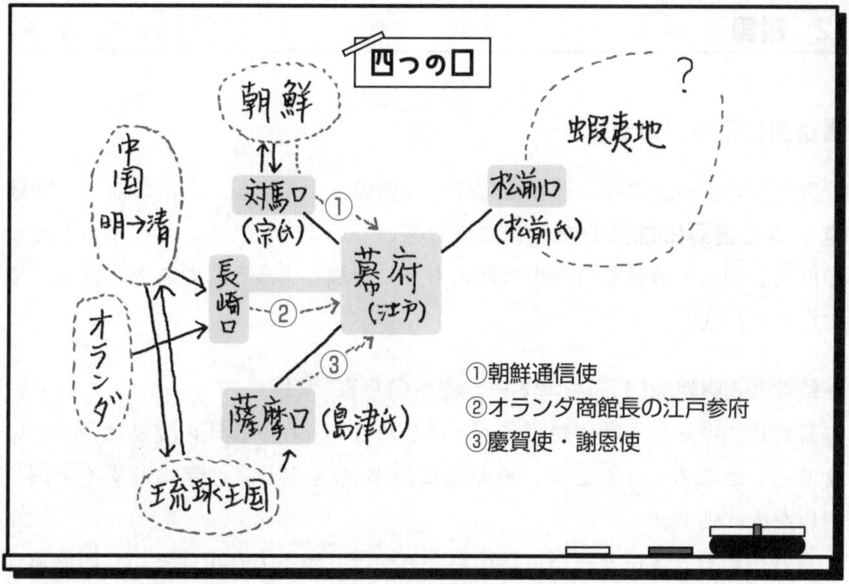

図のように外国との通交の窓口が４つありました。**長崎口**は幕府が直接統制し，**対馬口**は対馬藩宗氏，**松前口**は松前藩が担当。**薩摩口**は**島津氏**です。

中世以来の武家勢力である宗氏，松前氏，島津氏が，交易を認められていた。そして，対馬藩宗氏をとおして，朝鮮からは**通信使**が，島津氏を介して，琉球王国からは**慶賀使**・**謝恩使**という外交使節が江戸にやって来たわけです。また，長崎の出島の**オランダ商館長**も江戸に挨拶にやって来ます。

江戸時代，「日本は鎖国だった」と言いますが，現実には長崎で中国とオランダの来航が許されていたほか，合わせて４つの口を通して，窓は開いていた。**閉ざされた状態だったというイメージは間違い**だということです。

「鎖国」という語句は，ドイツ人ケンペルの著作『**日本誌**』を長崎通詞の**志筑忠雄**が抄訳，部分的に翻訳したときに，タイトルを『**鎖国論**』としたことから広がったのですが，志筑の『鎖国論』が訳出されたのは 1801 年。つまり 19 世紀になってから生まれた言葉なのです。このあたり難関私大でよく聞かれるところですよ。

2 鎖国

授業ノート p.61 参照

鎖国に至るプロセス

さて，いよいよ次はいわゆる「鎖国」の過程です。しかし，その前に，**家康はずっと貿易には熱心だった**ことは忘れないように。そして，ポルトガルの巨利を抑え，貿易を自分の統制のもとに組織しようとしたことに注意しておいてください。

▶禁教令：直轄地(1612 年) →全国へ(1613 年)

幕府は，キリスト教に対しても，はじめはハッキリ弾圧の姿勢はとっていません。ところが 1612 年，直轄地に禁教令を出し，翌年にはすぐ全国に対象を広げます。

幕府が禁教政策をとった直接のキッカケは，岡本大八事件という賄賂事件だと言われます。家康の側近本多正純の家臣の岡本大八と有馬晴信が死罪となったのですが，取調べの過程で両者がキリシタンであったことがわかったのが，幕府としては衝撃だったとされます。

禁教に踏み切った理由としては，

＊キリスト教の布教がきっかけとなり，スペイン・ポルトガルの侵略を招くのではないか？

＊信者たちが団結して抵抗するような事態が生ずるのではないか？

といったところでしょう。事実，布教と貿易は一体化して発展していましたし，その後起こった**島原の乱**では，多くのキリスト教信者が含まれています。そこで，放置できなくなって，直轄領を対象にしたが，それでは意味がないので，翌年には全国を対象にし，弾圧が本格化したということです。

1614 年には，改宗を拒んだ**高山右近**ら 300 人余りをマニラ・マカオに追放しています。高山右近は有名な**キリシタン大名**であり，千利休の高弟で，茶人としても有名な人物ですが，豊臣秀吉のバテレン追放令で改易となったあとも，小西行長や前田利家に仕えていた。要するに，禁教はそれほど徹底されてはいなかった。家康も黙認していたということです。

家康の没後，1622 年，2 代秀忠のときにも，長崎で 55 名の宣教師・信徒が処刑される，「**元和の大殉教**」が起こっています。

有名な**絵踏**――キリスト，マリアの絵像を足で踏ませ，これを拒んだ者を摘発する絵踏も，1620 年代から長崎で始まっています。

▲絵踏

■イギリス・スペイン・ポルトガル

さて，その元和の大殉教の翌年，1623 年。秀忠は征夷大将軍の地位を家光に譲り，大御所となりますが，この年，**イギリス**が平戸商館を閉めて，日本から撤退します。オランダとの争いに負け，インドの支配に専念するためです。

その翌年，1624 年，幕府は**スペイン船の来航を禁止**しました。ついで 1639 年には，ついに**ポルトガル船の来航を禁止**し，残ったのはオランダだけというわけです。

禁教の流れと通商関係の変化がごちゃごちゃになってしまいますので，年表で整理しておきましょう(次ページ)。

禁教の流れと通商関係の変化

1609　オランダ　平戸商館

1612　岡本大八事件 → 禁教令(幕府直轄地)

1613　禁教令(全国)，イギリス　平戸商館

1614　高山右近らマニラ・マカオに追放

1616　大御所家康没 ➡ ②秀忠　**ヨーロッパ船の寄港地を長崎・平戸に限定**

1622　元和の大殉教

1623　秀忠 ➡ ③家光　**イギリス退去**

1624　**スペイン船の来航禁止**

1639　**ポルトガル船の来航禁止**

最終的には，授業ノートの年表で覚えていく。いいですか。

この流れのうち，ヨーロッパの商館に焦点(しょうてん)をあてると，

平戸商館

ポルトガル 1550 …（1571 長崎）……………………………1639

スペイン 1584 ……………………1624

オランダ 1609……………………………1641……

イギリス 1613………1623（退去）

1543年，ポルトガル人の種子島(たねがしま)漂着，鉄砲伝来。ザビエルがやって来たのは1549年。「イゴヨクやってくる」。そして翌年にはポルトガルとの貿易が始まる。スペインが貿易に参入してくるのは，本能寺の変の2年後。そして，1600年のリーフデ号事件を契機に，オランダが1609年，イギリスは1613年。いいですか。

イギリスは最後にやって来て，最初に撤退。10年後に撤退する。その翌年がスペイン船の来航禁止。ここまでは，いつでも出てくるように暗記してし

まう。さらに，旧教と新教の区別も，もう一度確認しておこう。

- **旧教国**（ポルトガル・スペイン）… **貿易と布教は一体化**
- **新教国**（オランダ・イギリス）…… **貿易のみ**

最終的にオランダが残ったのは，キリスト教の布教をしないから。宗教的に，幕府にとって安全な国だったからですね。

もう1点。将軍をしっかり区別しておくこと。1605年に秀忠に将軍職を譲った家康が死んだのは，1616年。そして**秀忠**の政治が始まった直後に，ヨーロッパ船の寄港地を**長崎**・**平戸**に限定します。

1616
「**いろいろ**あったネー，家康は」

➡ 1616年，家康没　➡ヨーロッパ船の来航
長崎・平戸

その後元和8年に，長崎で55人の宣教師や信者が火あぶりにされた**元和の大殉教**が起こります。元和8年は**1622年**。秀忠はまだ将軍ですよ。

その翌年，**1623年に秀忠は家光に将軍職を譲って大御所**となります。同年，イギリスが日本から撤退。イギリスは追っ払われたんじゃなく，わずか10年で自分から出ていったのです。

▶スペイン船の来航禁止（1624年，寛永元年）

そして，翌**1624年**，**寛永元年**に，**スペイン船**の来航が禁止されます。ここは日本年号も覚える。イギリスの日本からの撤退，翌年スペイン船の来航禁止と，連続して覚えよう。

残ったのは**オランダ**と**ポルトガル**だ。

■鎖国令

▶奉書船以外の海外渡航禁止(1633年，寛永十年令)

結局オランダだけが残って，ポルトガルが追い出されて行く過程で出されたのが，いわゆる**鎖国令**です。鎖国令と呼ばれるものはいくつかありますが，重要なのは３つ。これだけでOKです。最初が**1633年**，「**寛永十年令**」。将軍は３代徳川家光ですよ。まず「十年令」から。

> **史料**
>
> **57　鎖国令(寛永十年令，1633)/『徳川禁令考』**
>
> 一，異国え奉書船のほか，舟遣し候儀，堅く停止の事。
>
> 外国への奉書船以外の渡航は厳禁する。
>
> (中略)
>
> 一，異国船につみ来り候白糸，直段を立候て，残らず五か所へ割符可レ仕事。
>
> 外国船が船に積んで来た生糸については，価格を決定し，すべて五ヵ所商人が扱うこと。

「異国え奉書船のほか，舟遣し候儀，堅く停止の事」――さっきやった，赤いハンコ，朱印(p.307)を押した許可状を与えられたのが**朱印船**。その朱印状プラス「**奉書**」で海外渡航を許されたのが**奉書船**です。

「奉書」とは，将軍の命令を受けた幕府の**老中**が発行した証明書です。これを「奉書船制度」といって，朱印船制度をさらにきびしくしたもので，**1631年**から始まっています。

奉書船以外は海外に行ってはいけない。覚えるのはこの部分だけですが，この後に，密航した場合は死刑だとか，海外に住む日本人が帰ってきても死刑だとか，細かい規定が続いています。

次に「異国船につみ来り候白糸」――**生糸の輸入については，必ず五カ所商人の手を経て取引せよ**と言っています。

Q ハイ，五カ所をあげなさい。　　　　**――京都・堺・長崎・江戸・大坂**

▶日本人の海外渡航の全面禁止(1635年，寛永十二年令)

次は「寛永十二年令」。

史料

58　鎖国令(寛永十二年令，1635)/『徳川禁令考』

一，異国へ日本の船之を遣すの儀，堅く停止の事。

外国へ日本の船が行くことは厳禁する。

これが難しいんです。「異国へ日本の船之を遣すの儀，堅く停止の事」。たったこれだけなんで，かえって印象に残らない。これは入試とか，一般的な表現では「**日本人の海外渡航の全面禁止**」ということになります。なんで全面禁止とわかるのか。要するに奉書船制度について何も書いてない。「日本の船は，異国へは一切行ってはいけない」って書いてあるから，日本人の海外渡航は完全に禁止されたということになります。

大事なのは，ここだけで，この後に，やはり海外からの帰国も禁止されていること。そのあとには処罰規定が続いています。これが「寛永十二年令」で，**1635年**。日本人の海外渡航の全面禁止。ついに**日本人はまったく外国へ行けない**という時代がやってきました。

そして，それまで九州各地に来航していた中国船に対し，その寄港地を長崎だけに限定します。1616年に中国船以外，要するにヨーロッパ船の来航は平戸・長崎に限定されていたわけですが，**中国船の来航が長崎に限定**された。

1616	ヨーロッパ船の寄港地を平戸・長崎の2港に限定。
1635	中国船の寄港地を長崎に限定する。

さらに翌**1636年**には，貿易に無関係のポルトガル人やその妻子を国外追放とし，さらに，長崎港に造成された人工の島，「**出島**」に**ポルトガル人**を移します。

島原の乱

ところが，その翌年，「**島原の乱**」が勃発した。なんと農民の大反乱が起こって，なかなか鎮圧できない。

肥前の島原，肥後の天草の**農民**が，島原城主**松倉氏**と天草領主寺沢氏の過酷な徴税に反発し，宗教色を帯びた大反乱となった。ここはキリシタン大名の有馬氏・小西氏の旧領だったから，キリスト教徒がたくさんいた。農民の中に多くのキリシタンがいた。

幕府は**板倉重昌**を派遣し，九州の諸藩にも命じて，反乱軍が占拠した**原城**を攻めるのですが，板倉が戦死するほどの激戦となってしまいます。

Q 反乱軍のリーダーはだれか？ ――**益田（天草四郎）時貞**

老中**松平信綱**が派遣され，一揆勢3万人近くを殺して，ようやく，翌1638年に鎮圧されます。幕府のショックは大きかった。そりゃそうでしょう。多くのキリスト教信者がいたこともあって，当然，**禁教政策**，対外政策はきびしくなります。そこで，翌年，ついに幕府は**ポルトガル**を排除することを決断します。

▶ポルトガル船の来航禁止（1639年，寛永十六年令）

寛永16年，**1639年**。史料です（次ページ）。

キリスト教の布教がまだ行われている。今後は絶対取り締まるぞ。そこで最後に，「かれうた」――ガレー船はポルトガル船のことです。「かれうた渡海の儀……」――**ポルトガル船の来航を禁止**する。

この**1639年**の命令こそ，本当の意味で鎖国令と呼べるものだという見解もあります。全国を対象とする本格的な決定として重視するわけです。

「此上若差渡るにおゐては」，船はぶっ壊して，乗ってるヤツはみんな斬罪，斬り殺すぞと。

実際，その後，大胆にも日本にやってきたポルトガル人がいるんですが，幕府は本当に斬り殺してしまいます。これがいわゆる「寛永十六年令」。

史料

59　鎖国令（寛永十六年令，1639）/『徳川禁令考』

一，日本国御制禁成され候切支丹宗門の儀，其趣を存じ乍ら，彼宗を弘るの者，今に密々差渡るの事。（中略）

日本ではキリスト教は禁止されている。それを知りながら，なおキリスト教を広めようと，いまだに潜入して来る者がいる。

右，茲に因て，自今以後，かれうた渡海の儀，之を停止せられ畢。

そこで，今後はポルトガル船の日本への来航は禁止する。

此上若差渡るにおゐては，其船を破却し，并乗来る者速に斬罪に処せらるべきの旨，仰出さるる所也。仍執達件の如し。

もし，なお日本に来ようとして近づいて来たら，船は破壊し，乗組員などは斬り殺すこととする。このように将軍の命令が出たので，よく守るように。

▶オランダ人を平戸から出島へ移す（1641年）

さて，これで残ったのはオランダだけになったということですよ。もっとも，この1639年段階で，オランダ人はまだ平戸にいるわけです。

その前に，ポルトガル人は出島に移されていたが，この年，出島から追い出された。ということは，出島は空き地になった。そこへ2年後，平戸のオランダ人を移すんです。これが1641年。

だから長崎の出島にオランダ人がいて，長崎の町には中国人がいて，それ以外，日本は公式には外国とつきあわないよという意味での「鎖国」は1641年に完成ということになります。ヨーロッパの国の中で，貿易を許されるのは唯一，オランダだけになったよ，という意味では，1639年に「鎖国」という状態は完成ということになる。

1639年と1641年の違いをはっきりさせておけばOKです。

では，ここで整理しておきましょう。

1633	寛永十年令	サ	「鎖国が良い」
35	寛永十二年令	コ	
1637〜38	島原の乱		
1639	寛永十六年令	ク	
41	オランダ（平戸→出島）	ヨイ	

「寛永十年令」,「同十二年令」,「同十六年令」は，おのおの，西暦でいくと1633年・1635年・1639年ということで，1の位(くらい)だけ覚えて，「**サコク**」:**3・5・9**。そして，1641年の**41**を「**ヨイ**」ということにして，「サコク(が)ヨイ」。禁教のためには「鎖国が良い」「サコクがヨイ」。“3→5→9→41”と整理しておいてください。

中国人の居住地

さて，出島の**オランダ商館長**は，年に1回，幕府にヨーロッパ情勢を報告します。

Q 幕府にヨーロッパや世界情勢の情報が正式に伝わるルートとなったこの報告書を何というか？
——オランダ風説書(ふうせつがき)

気をつけないといけないのは，**出島に中国人はいない**ということです。中国の人びとは，長崎の町の中に日本人などといっしょに住んでる。初めのうちは自由に住んでいたんですが，1689年には，管理しやすいように居住地を設定して，そこに集住(しゅうじゅう)させます。

Q 長崎の中に設けられた中国人の居住地は何と呼ばれたか？
——唐人屋敷(とうじんやしき)

3　武断政治から文治政治へ

授業ノート p.61 参照

次は政治史です。今回のメインは17世紀前半ですが，この時期の幕政を「**武断政治**」と呼びます。

1600年のリーフデ号事件，関ヶ原の戦いから，家康，秀忠，家光。徳川将軍の3代まで。その3代将軍家光が没したのが，ちょうど**1651年**，17世紀後半に入った年ですから，ほぼ半世紀，初代家康から3代家光までを「**武断政治**」。そして，4代**家綱**から幕府は「**文治政治**」に転換していきます。

武断政治

「武断政治」というのは，要するに**きびしい政治**。些細な失敗でも大名はクビ，**改易**されちゃう。するとどうなるか。家臣たちは**牢人**になっちゃう。

改易だけでなく**減封**，あるいは**転封**も**3代将軍のころまでが多い**。転封は**国替**，**移封**などともいいますが，領地が替わって移動すること。注意点ですが，石高が増加して，いわば**恩賞として新しいところへ移るのも転封**です。行政上の理由で移動する場合もあります。

改易などの理由としては，些細なことでもいいんです。武家諸法度などの法令に違反した場合，**法令違反**によるもの。あるいは，「**無嗣**」による改易──「嗣」はあと継ぎで，男の子のあと継ぎがいないと改易になる。

大御所家康の没後，秀忠は1619年，関ヶ原の戦いの東軍の主力として功績をあげた**福島正則**，安芸・備後で約50万石を与えられていた大物を，広島城を無断で修復したという理由で改易。3代家光も，加藤清正の子，熊本藩主**加藤忠広**を，1632年，突然，改易します。九州の名門大名もいきなり，はっきりしない理由で改易している。

名門だろうが功労者であろうが，容赦なく改易。もちろん，将軍家の威力を見せつけた，まさに「武断政治」を象徴する出来事というわけです。ここは武断政治が出題されると定番ですから，しっかり頭に入れておいてください。

2代秀忠	➡	改易（広島）福島正則
3代家光	➡	改易（熊本）加藤忠広

末期養子の禁止

末期養子の禁止も同じような効果，将軍権力を高めるものとなります。

たとえば私がどっかの殿様で,男の子供が産まれない。「何とかなるだろう」と思ってるうちに，心臓麻痺で死んじゃった。「**無嗣改易**」で，アウトです。

そのときに，「**末期養子**」といって，死の直前に家老などがあわてて，たとえば親戚筋から養子をもらう。「末期」は死に際で，死ぬ間際の養子。それを急に幕府に願い出ても**認められません**。

それなら，あらかじめ養子を決めて許可を得ておけばいいわけだけど，男の子のいない大名が「そろそろ養子を用意しよう」なんてうっかり口にすると，余ってる徳川家の子供を，「うんわかった。ワシの息子を養子にやろう」とか言われて，事実上徳川家に乗っ取られるようなこともある。ぎりぎりまで頑張っちゃうから，まにあわなくて「**無嗣**」**による改易**が起こる。これも多い。改易の原因としては，次の２つが多かったと覚えておくこと。

① (武家諸法度などの) **法令違反**
② **無嗣**

改易による牢人の増加

しかし，改易を連発すると，どんどん**牢人が増加**する。食べる手段を失ってしまった武士が大量に発生するということです。

また，二男，三男でなかなか職につけない連中も増えてくる。「**かぶき者**」という無法者が増えてきます。武士なので，ちゃんと刀は持ってますから，町を歩きながら，「オリャーッ」とか言って，とおりすがりの犬をたたっ斬るやつなんかがいっぱいいるんですよ。

あるいは町人が失礼な態度をとると，「無礼者！」といって，無礼討ち。武士は「**切捨御免**」という特権をもってますから。新しい刀を買った，試したい，バサッ。「かぶき者」の「かぶく」は，もともと「傾く」っていう意味です。

都市などで治安が悪化する。こんな平和な世の中じゃ就職の可能性もないし，面白くない。幕府支配が強固になっていって，戦争もなくなってくる。

慶安の変

そのような中で3代将軍家光が没します。ハイ，ちょうど**17世紀後半に入った年**ですよ。新将軍は子の**家綱**。

「そうだ，昔に戻ればいいんだ。戦国時代に戻ればオレたちは元気出るぜ」みたいな気運もあったんでしょう。3代将軍家光が死んだところを狙って，幕府をひっくり返そうというとんでもない計画が発覚します。

Q 1651年，幕府転覆を企てた事件は？ ——由井正雪の乱

これは未遂に終わりますが，もちろん客観的に考えて幕府が動揺するようなことにはならないんだけどね。これは「**慶安の変**」とか「**慶安事件**」っていうんです。

武断政治から文治政治へ

幕府支配が確立し，世の中も落ち着いてきた。そこへ慶安の変が起こった。締めつけすぎてもよくない。改易，減封ばっかりじゃ限界だというので，いわゆる**文治政治**に転換していくのです。

国際情勢も安定してきた時期です。明から清への交代にともなう混乱がようやくおさまった時期でもあったわけです。

若い4代将軍，徳川家綱を**叔父**にあたる**会津藩主保科正之**が支え，武断政治から文治政治への転換が進みます。

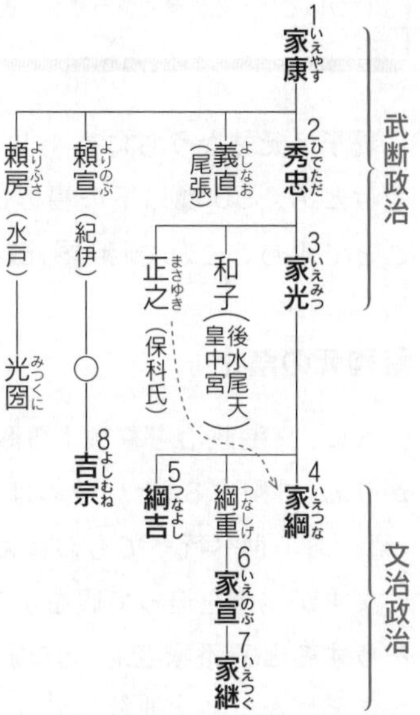

〈注〉数字は将軍就任の順。

右の将軍家の系図を見てください。家光，和子，正之。**和子**と**後水尾天皇**のあいだに生まれた娘が，紫衣事件のときの**明正天皇**ですよ。そして家光の弟の**正之**は，絶対にマルで囲っておかなきゃ。徳川家の一員，将軍の息子だったんだけど，会津の保科家の養子になってますから，徳川系図の中に載っているけれども，

「徳川〜」では出てこない。**保科正之**が，甥の４代将軍**家綱**を補佐する。

「末期養子の禁止」の緩和

まず，**末期養子の禁止**を**緩和**しよう，**50歳以下**なら末期養子を認めましょうという話になります。史料は簡単ですから，要点のみでだいじょうぶ。

史料

60　末期養子の禁止の緩和／『御触書寛保集成』

跡目の儀，養子は存生の内言上致すべし。末期に及びこれを
跡継ぎについて，養子は元気なうちに願い出なければならない。死に際になって養子による

申すといへども，これを用うるべからず。然りといへども，其父五十
相続を願い出ても，これは許可されない。　しかしながら，父が50歳以下の者

以下の輩は末期たりといへども，その品によりこれを立つべし。……
については，死に際であっても，通常の場合は許可して養子を認めることとする。

養子は元気なうちに言上しなさい。末期におよんでから言ってもだめだと。だけども，**50歳以下**の場合は，ちょっと審査はありますが，許そうということですね。これで「**無嗣**」**改易**は**激減**する。

殉死の禁止

次に，文治政治を象徴する政策として有名なのが，**殉死の禁止**。漢字をしっかりね。「殉ずる」というのは，たとえば殿様が死んだ。そうすると，家老が「殿，あの世へ行ってもお仕えします」とか言いながら切腹する。「追腹」といいますが，後を追って腹を切る。すると二番家老が，「私も」とか言って続く。そうすると三番家老も，立場がないから「私も殿の元へ。さようなら」みたいなことになって，連続してみんなで腹を切っちゃうんですね。

平和な世の中で，そりゃやめようよということで，これを禁止しました。死んだ主人に死後も仕えるという論理なんですが，それはいけない。石川○○という主人に仕えるのではなく，お前は石川家の家臣なのだから，あとを

継いだ新しい主君石川○△に仕えなければならない。「主家」，主人の家，石川家に仕えるべきだということになる。大名も将軍個人に従うのではなく，**大名家**として**将軍家**に仕えるのだということになる。

史料

61　殉死の禁止／『御触書寛保集成』

殉死ハ古より不義無益の事なりといましめ置といへども，仰せ出され
殉死は以前から意味のない無駄なことであると注意してきたが，明確な命令を出さなかった

これ無き故，近年，追腹之者余多これ有り，向後左様之存念これある
ため，近年は殉死する者が多い。　今後は，そのような可能性のある

べき者には，常々其主人より殉死仕らざる様に堅くこれを申し含む
家臣に対しては，主人として生前から殉死などしないよう強く注意を与えておくこと。

べし。……

史料は「**殉死**」というところだけ着目しておけばいい。

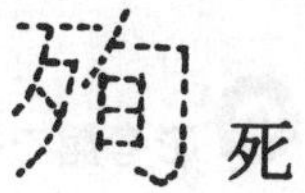

ほとんど漢字の書き取りの問題。たとえば，おまわりさんが強盗を追っかけて，逆に殺されると，殉職っていうね。職に殉ずる。いいですか。ちゃんと漢字の練習してね。

続いて，人質を義務として差し出す，「**大名証人制**」も廃止。

大名の妻子は常に江戸にいなきゃならない。これは，もともと，大原則ですが，さらに，その大名の重臣，家老なども，自分の息子などを人質として幕府に差し出さなければならないことになっていた。これを「大名証人制」などと呼びますが，これが廃止になった。もう，このころにはそんな必要はなくなったということです。

徳治主義

このように政治が安定に向かう。道徳，思想重視でやろうという方向に転換すると，**儒教道徳**が統治の前面に出てくる。上に立つもの，為政者は天の理想とする平和な世の中を実現する責務があるという，儒教的な**徳治主義**で

す。そのような学問，思想を重視したことで有名な，4人の大名の名前が出てきます。

まず，さっき言った，会津の**保科正之**，家光の弟で四代家綱を補佐した人ですよ。秀忠の息子で，家光の兄弟ね。

Q 保科正之が招いた有名な学者は？　――山崎闇斎

山崎闇斎を招いて，**稽古堂**という一種の大学，高等教育機関のようなものをつくりました。

岡山藩の**池田光政**。この人も学問大好き。17世紀後半ではなく，前半に，学問重視策をとっています。たとえば**熊沢蕃山**という有名な学者を一時期，家老に登用したりした。

次は水戸藩の**徳川光圀**。「圀」の字はだいじょうぶ？ クニガマエの中に“八方”と書く。

光 

この光圀は**朱舜水**という明から亡命してきた儒学者を登用し，その影響もあって日本史研究のための史局，**彰考館**を江戸に設けます。

Q 彰考館で徳川光圀が編纂を開始した史書は？　――『大日本史』

それから，将軍家を別とすれば最大規模の大名が，外様の加賀の前田。100万石大名，金沢（加賀）藩主**前田綱紀**がいます。日本史の先生はみんな世話になっている人です。

ずっと前の話なんだけど，「東寺百合文書」って出たね（第1巻，p.280）。肥後国鹿子木荘の史料。この東寺百合文書を桐の箱100個にビシーッと整理した。そういう文化事業をいっぱいやった人です。

このように，17世紀のちょうどまん中あたり，3代から4代への将軍の交替を機に，**幕政は転換し，世の中は落ち着いてくる**わけです。これで，ようやく**近世社会の枠組みが確立**してきました。

第33回

近世(5)

桃山文化・寛永期の文化

安土・桃山時代とも呼ばれる織田信長・豊臣秀吉の天下統一事業の進展を背景に生まれた，**世俗的**で**豪華**・**壮麗**な文化が**桃山文化**。豊臣秀吉の伏見城の跡に桃の木がたくさん植えられ，「桃山」と称されたことから，織豊期の文化を**桃山文化**と呼んでいます。

そして，幕藩体制が確立する17世紀前半の文化を，この時期の代表的な元号から**寛永文化**とか**寛永期の文化**と呼びます。

桃山文化・寛永期の文化

桃山文化・南蛮文化		寛永期の文化		
織田信長・豊臣秀吉		**徳川家康・秀忠・家光**		
新鮮・現実的，豪華・壮大		洗練・安定		
城郭建築		**権現造・数寄屋造**		
障壁画・濃絵　欄間彫刻		装飾画		
茶道(侘茶)		陶磁器　赤絵		
阿国歌舞伎(女歌舞伎)	➡	若衆歌舞伎	➡	野郎歌舞伎
人形浄瑠璃				
南蛮屏風　キリシタン版(天草版)		貞門俳諧		

桃山文化を象徴するのはなんと言っても**城郭建築**。

次の**寛永期の文化**になると，躍動的な桃山文化が安定し，洗練されていく。そして，禁教令によって南蛮文化の要素は消え，**朱子学**が隆盛となります。

1 桃山文化

授業ノートp.63参照

桃山文化の特徴

桃山文化の基本的な特徴は，**新鮮味**にあふれて**豪華**で**壮大**な文化というのが1つです。古い中世的な枠が崩れていって新しい要素が出てくる。

織田信長，豊臣秀吉による全国統一政権，**巨大な権力の誕生**とともに，**非常に壮大な，そして豪華な文化が現れる**んです。

2番目，同じような理由で，**新興の大名・豪商**たちの気風が文化に反映される。新興の大名に加えて，貿易によって巨利を得た，自治都市の豪商たち。彼らの気風，姿勢も文化に現れてきます。

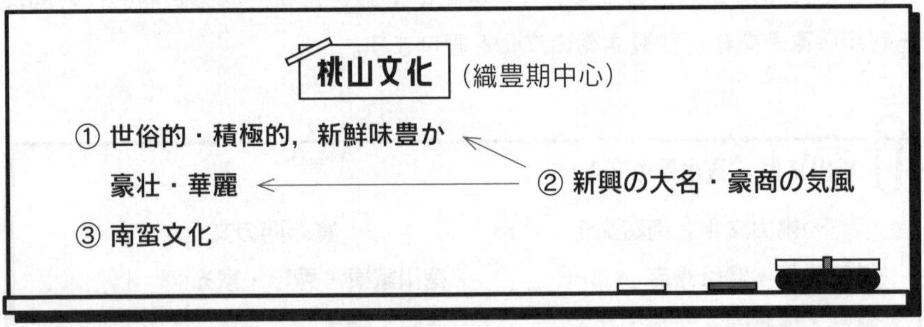
桃山文化（織豊期中心）
① 世俗的・積極的，新鮮味豊か
豪壮・華麗
② 新興の大名・豪商の気風
③ 南蛮文化

薄れる宗教色と南蛮文化

要するに，**仏教の影響が薄れた現実的・世俗的な文化**です。織田信長の**比叡山延暦寺焼打ち**に象徴されるように，統一政権に抵抗する宗教勢力が実力で打破されていく。その結果，仏教が社会に与える影響が格段に低下する。

こうして，現実・世俗の，**現世を肯定していくような文化**が起こってきます。鎌倉・室町幕府が保護していた，**禅宗**，とくに**臨済宗が室町幕府の権威の失墜とともに力を失っていく**。

そして，この時期のもう1つの要素が**南蛮文化**。すなわちヨーロッパの文物が流入し，今までアジアになかった新鮮な文化が入ってきた。**キリスト教の布教と南蛮貿易**によるヨーロッパの文物の流入が新鮮味をもたらします。

建築・美術

▶城郭建築

そこで具体的に，まず建築から。なぜ建築からいくかというと，これはなんといっても**巨大な建築**が統一政権の強大な権力と富を象徴するからです。

城郭建築は美術にも大きな影響を与えます。城郭建築は**書院造**が基本になっています。大名の居館(日常の住まい)および政治をする場である政庁が城郭建築として**書院造**でつくられていった。巨大ですから「大書院造」という場合もあります。

現存する城郭建築と言えば，**姫路城**。池田輝政によって建てられた連立式天守閣で有名です。法隆寺と並んで，日本で最初に世界文化遺産に登録された城ですね。

ほかにも，複数の建物を合体したような，見る角度でいろいろな建物に見える**西本願寺飛雲閣**や**大徳寺唐門**。この2つは「伝聚楽第遺構」，豊臣秀吉によって解体された聚楽第の一部を使ったものではないかという建物。

▲西本願寺飛雲閣

琵琶湖に浮かぶ竹生島にある**都久夫須麻神社本殿**は伏見城の殿舎を移築したもので，桃山文化の華やかさを今に伝える建築，彫刻として有名です。

◀**姫路城**
1600年から池田輝政によって建築が始まる。「白鷺城」と呼ばれる。連立式天守閣で有名。世界文化遺産。

▶障壁画

大きな建物が出てくると，きわめて広い空間ができ，襖とか壁が無地だと無味乾燥で寂しいですよね。そこを飾る**巨大な絵**が現れる。このような襖とか壁にかかれた絵のことを**障壁画**といいます。そこで城郭建築にともなって障壁画が発達する。

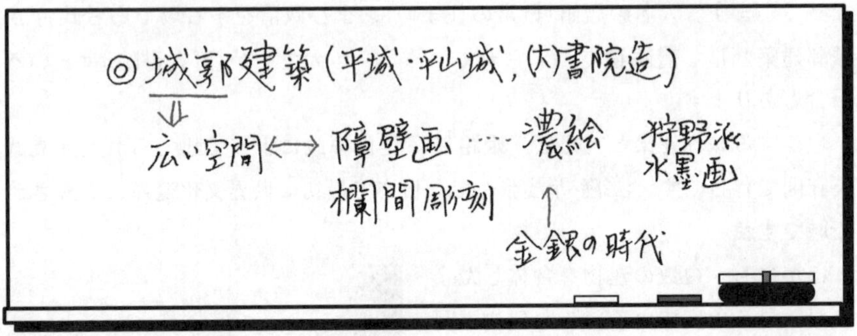

また，戦国時代というのは「**金銀の時代**」と呼ばれるように，鉱山開発が進んだ時代ですね。金や銀のみならず，さまざまな顔料（岩絵具）が使用され，非常に派手な色，**華やかな色を特徴とする濃い色彩の絵画**が現れてくる。

Q 障壁画を中心として発達した，この色彩あざやかな絵を何というか？

——**濃絵**

読み方と漢字，注意ですよ。

▶狩野派の隆盛

雪舟によって完成の域に達した日本の**水墨画**ですが，これも大きな画面に大きな絵が描かれるようになる。しかも大事なことは，宗教色が薄れますから宗教目的の絵ではなくて一般的な**風景**であるとか，都市の様相などの**風俗画**が描かれる。

そして水墨画と大和絵が合体してできあがったのが**狩野派**。これは室町文化で出てきましたよ。

Q 豪快な金碧極彩色の障壁画で狩野派の頂点に立つのは？
——狩野永徳

そのあとを継いだ弟子が**狩野山楽**です。狩野永徳の「**洛中洛外図屏風**」や「**唐獅子図屏風**」は写真で見ても大胆な構図というものがよくわかります。「洛中洛外図屏風」は織田信長が上杉謙信に贈ったもの。

ほかに障壁画を中心に活躍した画家ですが，

Q 滅亡した近江浅井家の家臣だった，海北派の祖として個性的作品を残した人物は？
——海北友松

Q 長谷川派の祖として，「智積院襖絵」，「松林図屏風」などで有名なのは？
——長谷川等伯

長谷川等伯は，日本の過去の画家の人気投票で堂々の第1位になったことがあります。

▶欄間彫刻

さらに城郭建築は，部屋と部屋との境目の欄間(天井と襖の間の空間)が，非常に細密な彫刻，「**欄間彫刻**」で飾られます。このあたり，城郭建築にともなって一連のこの時期独特の美術が発達したことを理解しておいてください。

▶工芸

工芸では，長次郎(楽長次郎)が，千利休の指導によって侘茶にふさわしい**楽焼**を創始したとされます。楽焼は今でも人気があります。あと蒔絵では，**高台寺蒔絵**。高台寺は，豊臣秀吉の奥さんの「ねね」の寺です。

出版

それからもう1つ，文禄・慶長の役に関わるものとして，朝鮮で発達していた**活字印刷**が日本に伝わります。木製の活字です。

一種の戦利品として秀吉の派遣した軍隊がもたらしたもので，これが時の天皇の**後陽成天皇**に献上され，これがきっかけとなって活字印刷が行われます。この出版物を**慶長勅版**と総称します。

芸能

▶茶道

芸能は，京都の応仁の乱後の繁栄をもたらした**町衆**，自治都市**堺の豪商**のような，有力商人たちが関わってきたことが最大の特徴です。日本の伝統的な文化となる「**茶道**」の確立がその代表でしょう。

もう一度お茶の発達。キーワードは「**村に武士が千人やって来たの**」と。覚えていますね。村田珠光，武野紹鷗，千利休に「北野」を加えて覚えたよね(p.226)。

千利休が**侘茶**を大成し，これが豪商・大名に普及していく。豊臣秀吉が開いた過去の日本最大の茶会，これを**北野大茶湯**(北野大茶会)といいます。北野神社を中心とする広い地域を全部会場として行われた最大の茶会。

注意しておかなくてはいけないのは，千利休が確立した「侘茶」は，「**簡素・閑寂の精神**」を重んじたという点です。なかなか難しい表現ですが，ゴテゴテしていない，「ひっそりとして落ち着いている」といった意味だそうです。豪華・壮麗といった桃山文化の一般的な特徴にはあてはまらない。というより，豪華・壮麗，金銀の輝きといった中でこそ，そのような精神が生まれたんでしょうね。

そこで，建築も**茶室建築**は，まさにその精神を表現したんでしょう。教科書の写真や図録で，秀吉の命を受けて千利休がつくった**妙喜庵待庵**という茶室を確認しておいてください。床の間の掛軸に「妙喜」と書いてありますよ。

それから，千利休と並ぶ有名な茶人として，**今井宗久・津田宗及**。いずれも堺の商人で，この３人を「天下の三宗匠」などと呼びます。信長・秀吉に茶の湯で仕えた人物です。また,大名からも有名な茶人が現れます。信長の弟，**織田有楽斎**(長益)，**古田織部**，そして作庭でも有名な**小堀遠州**など。小堀遠州は３代将軍家光の茶の湯の指南役で，寛永文化の中心として活躍します。

天下の三宗匠 … **今井宗久・津田宗及・千利休**
大名茶人 ……… **織田有楽斎・古田織部・小堀遠州**(寛永期)

▶歌舞伎・浄瑠璃など

また，能と並ぶ伝統芸能といえば，**歌舞伎**と**浄瑠璃**ですが，そのうち歌舞伎がこのころから始まります。出雲お国(阿国)が始めた**阿国歌舞伎**ですね。

人形浄瑠璃のほうは，琉球から伝来した三線という楽器が「**三味線**」という形に改良され，これに古くからあった操り人形を使った劇が合体して**人形浄瑠璃**が始まっています。

あと，中世のいわば歌謡曲，一般にはやった歌は**小歌**ですが，

Q 桃山時代，小歌に新しい節をつけて大流行したのは？ ——隆達節

高三隆達という人が始めた小歌の一種です。このように**庶民芸能**が登場してくるのも，この時期の新しい傾向ということになります。

生活上の新傾向

次は生活面での新傾向ですが，今の和服の源流の**小袖**が確立する。それから髪をいろんな形に結う。今でも若い人は髪型に非常に興味がありますが，**結髪**，つまり髪を結うようになる。

それと，だいぶ前に話をしたんですが，平安時代の貴族というか，中世までの人々は1日2食だった。朝と夜に食べるだけ。それが，このころになると昼も食べるようになる。1日**3食**。これもだいたい近世初頭のころだと言われています。もっとも，公家や武士は常食として米を食べますが，庶民の多くは粟などの雑穀が常食でした。

次は住居の変化ですが，従来は茅葺き，板葺きの平屋建で，瓦葺きはお寺などの特殊な巨大な建物だけでしたが，一般の豪商の家なんかにも**瓦葺き**が出てくる。さらに**2階建**の家も京都などに現れてきます。

南蛮文化の流入

次に**南蛮文化**。ヴァリニャーノが天正遣欧使節を連れて日本を発ったのは**1582年**。「いちごパンツで本能寺」の天正10年(1582年)でしたね。

再び**ヴァリニャーノ**が来日したのは**1590年**。豊臣秀吉が天下統一を達成した年。このときヴァリニャーノは布教用，あるいは宣教師たちの日本語学

習用の本を出版するために，**西洋の活字印刷機**を持ってきます。活字印刷機が西洋から入ってきた。

朝鮮の活字が戦利品として日本に入ってきて，後陽成天皇に献上され，出版されたのが**慶長勅版**。それに対してこちらは**キリシタン版（天草版）**といいまして，金属活字。キリスト教の宣教師たちが中心になって行った活字印刷です。キリシタン版の実例としては，**天草版『平家物語』**，**天草版『伊曽保物語』**，そして，日本語・ポルトガル語辞書の**『日葡辞書』**あたりは暗記しておくこと。

慶長勅版 ……… 後陽成天皇，朝鮮活字（木製活字）印刷
キリシタン版 … ヴァリニャーノ，西洋活字（金属活字）印刷
（天草版）　　　（1590，再来日）

西洋の学問・技術も入ってきます。天文学・地理学・医学・造船術・航海術・鉱山技術。個々に内容まで覚えるものはありません。

生活面では衣服，食物。そしてなんといっても**喫煙**，タバコを吸う習慣が広がります。しかもこのタバコというポルトガル語はその後，日本に定着し，今でもシガレットとかシガーとか英語で呼ばないで，タバコという一般的な言葉が使われている。ほかにも，「カッパ（合羽）」，「カステラ」，「カルタ」なども南蛮風俗で，その後も生き続けたものです。この南蛮人たちのいわばど派手な服装は，織田信長なんか大好きですね。

Q 仏教寺院の建築様式でつくられた教会堂を何と呼ぶか？　――南蛮寺

代表的な南蛮寺は京都のもので，**オルガンチーノ**が**高山右近**らの協力で建てたものです。

そのような南蛮人の新奇な風俗や人や物を描いたのが「**南蛮屏風**」です。南蛮人が描いたのではありませんよ。**日本人の画家が西洋画の影響を受けて描いたもの**です。ちょっと注意しておこう。

2 寛永期の文化

授業ノート p.65 参照

寛永文化(17 世紀前半)

さて次は，**江戸初期の文化**。関ヶ原の戦い(1600 年)で徳川家康が勝ち，1603 年には征夷大将軍となって幕府が開かれる。1605 年には息子の秀忠に征夷大将軍職を譲る。そして，3 代将軍**家光**とくれば，代表する年号は**寛永**，寛永とくれば寛永の**鎖国令**，と連鎖反応で出てこなきゃいけません。そこで江戸初期の文化を「**寛永文化**」と呼ぶことがあります。

政治史でいう武断政治の時期，3 代家光のころまでの文化ということになりますから，17 世紀前半。

文化の特徴

もちろん，先ほどやった桃山文化が急に変わるわけがないですから，当然，この江戸初期の文化というのは，**桃山文化を継承**している。これがまず 1 番目の基本です。まあ，当たり前と言えば当たり前ですが。

じゃあ 2 番目は，どこに特徴があるか。「**元和偃武**」というのは難しい言葉ですが覚えていますね。長い戦乱の時代が終わって平和が訪れた。戦争がなくなって，社会が安定し，落ち着いてきます。

寛永期の文化 (17 世紀前半)

① **桃山文化を継承。**
② **社会の安定，落ち着き。**
③ **幕府支配(禁教など)を反映。**

そこで**社会の安定に応じた落ち着いた文化**であると同時に，もう 1 つ，桃山文化の躍動感のある**派手な文化が洗練されてくる**。まあブラッシュアップされるというか，センスが良くなってくるという感じです。

３番目，ただし幕藩体制の強化にともなって幕府の支配を反映した文化にならざるをえない。とくに**禁教**という政策の影響が大きい。すなわちキリスト教が徹底的に取り締まられていく。

その結果，**キリスト教の直接的な影響が文化から消えてしまう**。キリスト教の布教のために建てられていった，セミナリオ，コレジオといったような神学校，あるいは宣教師養成のための上級学校も当然，全部消え去っていくし，キリスト教の要素の入っている風俗を描くようなことも不可能な時期になります。

朱子学

一方では，安定期を反映して学問というものが再び徐々にさかんになってきます。まず**朱子学**が幕府に取り入れられた。ここが寛永期の次のポイントということになります。それまで幕府は，武力による威嚇，制裁によって統一を保っていこうとしてきた。これは戦乱期を収拾する段階でやむをえない面があるでしょう。武家政権はなんといっても軍事力でほかを抑えつけることで成り立つわけですから。

ところが平和な時代になってくると，脅しだけで世の中を統制するのはなかなか難しくなってきますし，国内に敵がいればそいつをやっつけることで政権の求心力を維持しやすいんだけれど，戦いがなくなったときの武家政権というのはやっかいですね。鎌倉幕府も文永·弘安の役以降，戦争がなくなってつらくなっちゃった。

そこで徳川家康は武力·権威によって抑えつける一方で，**支配体制を思想，理念で補強**しようとします。簡単に言えば，思想，理屈で世の中を縛っていこうとする。

そこで取り入れられたのが**大義名分論**です。主君と臣下は違うんだという君臣の別，上下の秩序を守る。すなわち下剋上のように，下の者が遠慮会釈なく上の者を凌駕して倒していくのをもうやめさせようということですね。

その大義名分論を緻密に組み立てていったのが儒学の中の**朱子学**という学問です。これは，鎌倉時代に中国でおこり，後醍醐天皇に始まる南朝の正統論にも影響を与えた儒学の有力な一派です。

“学問としての”朱子学

中世では禅僧がこれを併せて学んでいましたが，やがて禅宗から離れて，学問として朱子学を学ぶようになります。では，

Q 相国寺の僧だったが，還俗(俗人に戻ること)し，儒学を禅宗から解放した京学の祖はだれか？
——藤原惺窩

藤原惺窩が家康の顧問のようになります。では，その惺窩の推薦で，

Q 徳川家康のアドバイザーになった，もと建仁寺の僧は？
——林羅山(道春)

この林羅山の系統を**林家**と呼びますが，羅山は江戸に下り，その息子も将軍家に仕えるようになります。このあたりはいずれやる近世の最大のテーマとなる学問史の出だしのところですから，頭に入れておく。

それと，難関大でときどき出題されるのが，朝鮮から連行されて来て藤原惺窩に影響を与えた朱子学者**姜沆**です。あとから出てくる**李参平**(p.341)とともに，覚えてください。

建築

建築では，徳川家康をまつる**日光東照宮**。**権現造**という，日本の建築史上もっとも派手で壮麗な建築が始まります。

家康は死後，「東照大権現」という神様の名を与えられているので，「権現造」といいます。そして，家康の霊をまつる建物なので，**霊廟建築**とも呼びます。これが大名たちに影響を与え，全国に広がっていきました。

▲日光東照宮・陽明門

一方，お茶の影響を受けて，草庵の素朴な茶室建築と書院造が影響し合って，まさに江

戸初期の文化の洗練された面をもっとも象徴する**数寄屋造**という建築様式が始まります。

数寄屋造の例としては，後陽成天皇の弟，智仁親王（桂宮）の別邸，**桂離宮**が代表です。もう１例，難関私大受験者は，後水尾院の山荘，**修学院離宮**も覚えておきましょう。こちらは，京都所司代などの武家や，京都の上層町人も集まる文化人のサロンのようになり，まさに寛永文化の中心の１つとなった建築物です。

絵画

絵画のほうは，狩野永徳以下の**狩野派**がやっぱり隆盛でして，先ほど言った長谷川等伯などは結局，狩野派に負けて抹殺されてしまったんじゃないかと言われています。

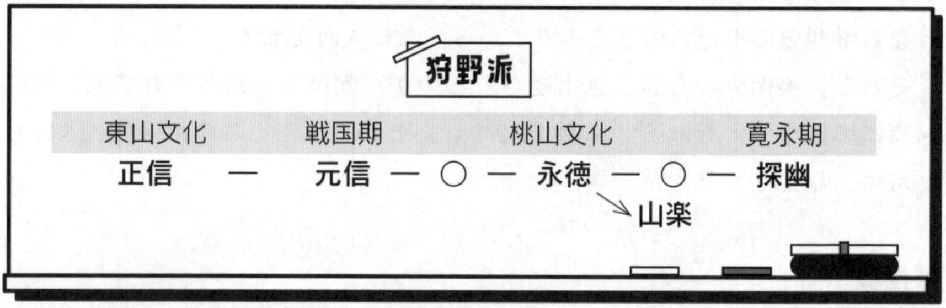

狩野派の祖が狩野正信。その子元信が狩野派の基礎を固め，孫の永徳が頂点に立った。その弟子で豊臣家に仕えたのが山楽。永徳の孫で江戸に下って幕府の御用絵師となったのが**探幽**です。探幽は瀟洒で軽妙な画風を確立し，以後，江戸の狩野家が，幕末まで，将軍家だけでなく諸大名家の絵師を務めます。そこで，狩野派は日本の絵画史上，最大，最長の流派ということになります。

狩野派の隆盛が続く一方，朝廷絵師として狩野派に対抗し，

Q 大和絵の土佐派を復興させた画家は？　　——土佐光起

土佐派のほうは**京都**で活動します。そして，

Q 町人出身で非常にユニークな構図で有名な「風神雷神図屛風」を残した画家は？
——俵屋宗達

これはいわゆる障壁画ではありません。そこから抜け出し，独立した絵画として非常に優れ，大胆な構図で有名です。真ん中に空間をおき，ユーモラスな鬼が向き合って，風を起こし，雷を起こしているという図です。それから，

Q 工芸・書道のほか，万能の芸術家として徳川家康から京都の北，洛北の鷹ヶ峰の地を賜った人物は？
——本阿弥光悦

陶芸

陶芸は，豊臣秀吉による**文禄・慶長の役**の影響が大きい。

優れた**朝鮮の陶工**たちを，朝鮮に出兵した日本の武将たちが連れてきてしまいます。そして，おのおのの地元で優れた焼き物を焼かせた。

その中でいちばん有名なのはやっぱり**有田焼**でしょう。これは肥前の鍋島直茂の家臣が日本に連れて来た**李参平**に始まる磁器で，伊万里港から積み出されたので**伊万里焼**ともいいます。

Q 李参平以後，さかんになった色絵から赤絵という技法を完成させた有田焼の名工は？
——酒井田柿右衛門

有田焼は輸出されてヨーロッパで大好評。幕末，1867年のパリの万国博覧会でも注目を浴びて，「ジャポニズム」と呼ばれる日本ブームを生んだことでも知られています。

色絵というのは，焼き上げた陶磁器の表面に絵具で絵や文様を描いて，窯で焼付けたものです。陶器での色絵で有名なのが京都の**野々村仁清**，磁器の色絵は「赤絵」とも言いますが，こちらは**柿右衛門**によって完成されたものです。

陶芸の系統

- お国焼(朝鮮系)
  - 有田焼…鍋島氏，**薩摩焼**…島津氏
  - 萩焼……毛利氏，**平戸焼**…松浦氏，**高取焼**…黒田氏
- 在来の系統
  - **楽焼**…楽長次郎，京都(桃山文化の時期)
  - **京焼**(**清水焼**)…京都･東山，清水寺付近(桃山文化の時期)

＊**色絵**
- 陶器 …………**野々村仁清**(京都)
- 磁器(赤絵) …**酒井田柿右衛門**(有田)

有田焼だけでなく，**薩摩焼**と**島津氏**，**萩焼**と**毛利氏**という組み合わせもしっかり覚えておいてください。そして，これらの朝鮮系統と，在来の陶芸の系統である**楽焼**，**清水焼**などの新しい陶磁器との区別をしっかりつけておく。

芸能・文芸

▶歌舞伎

歌舞伎のほうは**阿国歌舞伎**からやがて**女歌舞伎**が生まれますが，これは風俗上の問題で禁止され，それなら男がやればいいだろうというので，**若衆歌舞伎**というのが出てきます。一方，人形**浄瑠璃**も人気が出てくる。

▶仮名草子

文芸のほうでは**仮名草子**が現れます。ここはよく出るのにみんな点をとれない。

Q 室町時代後期の世俗的な一般向けの簡単な読み物はなんだったか？

――御伽草子

仮名草子は，これの近世バージョン。筋は簡単な教訓，道徳的なものです。御伽草子，仮名草子を覚えておいてもらわないと，**浮世草子**という元禄文化のメインの井原西鶴が出てきませんから，御伽草子・仮名草子……と，とりあえずチェックしておいてください。

▶俳諧

俳諧のほうは南北朝期，連歌の**二条良基**，**宗祇**から，俳諧連歌の（山崎）宗鑑ときましたね。やがて俳諧は主流派として**松永貞徳**の**貞門俳諧**，これに対して**西山宗因**の**談林俳諧**が現れてきます。

連歌から派生した俳諧もやがて**松尾芭蕉**につながる次の段階に移っている。とりあえず，ここまでを覚えておいてください。

はい，お疲れさまでした。

これで，半分終わりです。すぐに，授業ノートの年表を開けて，音声でチェックしてください。そして，授業ノートをザーッと見てください。そのとき，できれば，赤字のところだけでもいいから声に出して確認していってください。

そして，いよいよ第３巻……，ではなくて，第30～32回をもう一度，丁寧に読む。そして，そのまますぐに，第３巻・第34回に進んでください。

がんばりましょう。

索　引

【あ】

【い】

【か】

【き】

【さ】

【し】

【す】

【せ】

【そ】

【た】

【ち】

【つ】

【て】

【と】

【な】

【に】

【ね】

【の】

【は】

【む】

【め】

【も】

【や】

石川 晶康 *Akiyasu ISHIKAWA*

人に頼まれると否と言えない親分気質で，現役高校生クラスから東大・早慶大クラスまで担当する，河合塾日本史科の中心的存在として活躍。学生に超人気の秘密は，歴史を捉えるいろいろな視点からのアプローチで，生徒の頭に上手に汗をかかせる手腕に隠されていたようだ。

河合塾サテライト講座などの映像事業のパイオニアでもある著者は，日本はもちろん，アジア各地まで足を伸ばし，「歴史の現場に立つ」ことを重視する。その成果は，本書にも歴史の現場の史料として活かされている。

〈おもな著書〉

『日本史探究授業の実況中継１～４』『石川晶康日本史Ｂテーマ史講義の実況中継』『トークで攻略する日本史Ｂノート①・②』（語学春秋社），『マーク式基礎問題集・日本史Ｂ（正誤問題）』『誤字で泣かない日本史』『ウソで固めた日本史』（河合出版），『結論！日本史１・2』『結論！日本史史料』（学研），『日本史Ｂ標準問題精講』『みんなのセンター教科書日本史Ｂ』『一問一答日本史Ｂターゲット 4000』（旺文社），〈共著〉『教科書よりやさしい日本史』（旺文社），『早慶大・日本史』『“考える”日本史論述』（河合出版），『日本史の考え方』（講談社現代新書）ほか。

〈写真提供〉

(学)河合塾メディア教育事業本部

日本史探究授業の実況中継２

2024 年 2 月 1 日　初版発行
2024 年 5 月 30 日　初版第 3 刷発行
著　者　石川 晶康
発行人　井村　敦
編集人　藤原 和則
発　行　(株)語学春秋社
東京都新宿区新宿 1-10-3
TEL 03-5315-4210
本文・カバーデザイン　(株)アイム
印刷・製本　壮光舎印刷

ISBN 978-4-87568-833-4

ここからブレイクスルー

日本史探究
授業の実況中継
［中世～近世］ 2

授業ノート

日本史年表

語学春秋社

日本史探究
授業の実況中継 2

授業ノート
日本史年表

語学春秋社

目　次

日本史年表（トーク）

授業ノート

授業音声『日本史年表トーク』ダウンロードのご案内

別冊 p. iv～xixに掲載「日本史年表」の音声ファイル（mp3 形式）を無料ダウンロードできます（パソコンでのご利用を推奨いたします）。

手順① 語学春秋社ホームページ（https://www.goshun.com/）にアクセスし，「実況中継 音声ダウンロード」のページからダウンロードしてください。

手順② 音声ファイル（mp3 形式）は，パスワード付きの zip ファイルに圧縮されていますので，ダウンロード後，お手元の解凍ソフトにて，解凍してご利用ください。なお，解凍時にはパスワード kL9xn6XM をご入力ください。

※お使いのパソコン環境によって，フォルダ名・ファイル名が文字化けする場合がありますが，音声は正しく再生されますので，ご安心ください。

日本史年表トーク

時代	年	天皇	院政	将軍	政治・社会・経済
平安時代	1068	後三条			後三条即位
	1069				延久の荘園整理令　記録荘園券契所を設置
					史料1　史料2
	1083	白河			後三年合戦(～1087)
	1086	堀河	白河		白河譲位　史料3
	1108	鳥羽			源義親の乱
		崇徳	鳥羽		
	1156	後白河			**保元の乱**　史料5
	1159	二条			**平治の乱**
	1167	六条	後白河		清盛太政大臣　史料6
	1177	高倉			鹿ヶ谷の陰謀
	1179				治承の政変
	1180	安徳			安徳即位　以仁王・源頼政ら挙兵
					福原遷都(6～11月遷都)
					源頼朝，伊豆で挙兵，石橋山で敗れる
			(高倉)		源頼朝，鎌倉に入る　(駿河)富士川の戦い
					侍所
					清盛，法皇の幽閉を解く
					平重衡，南都焼打ち
	1181				清盛没　養和の飢饉
	1183				(越中)砺波山の戦い　平家都落ち…源義仲入京
					寿永2年10月宣旨
鎌倉時代	1184	後鳥羽			(近江)粟津の戦い　公文所・問注所
	1185		後白河		(讃岐)屋島の戦い　(長門)壇の浦の戦い
					頼朝に守護・地頭の任命権　史料7　史料8
	1189				奥州藤原氏(泰衡)滅亡
	1190				頼朝，右近衛大将
	1191				政所を開設
	1192				後白河法皇没
				頼朝	**頼朝，征夷大将軍**

文化・史料・ゴロ覚えなど	中国	朝鮮
	北宋	高麗
1069 登録(とうろく)しよう券契所		
“寛徳二年以後の新立荘園を停止すべし…記録荘園券契所”		
“延久ノ記録所…受領ノツトメタヘガタシ”		
10 86 父(とう)ちゃんがやろう，白河院政		
平泉文化	1115 金	
1156 1159 いいゴロ合わせは保元の乱，ひっくり返ると平治の乱	1127 南宋	
“鳥羽院ウセサセ給ヒテ後…ムサ(武者)ノ世ニナリニケル也”		
11 67 いい胸毛(むなげ)平清盛太政大臣		
“此一門にあらざらむ人は皆人非人なるべし”		
院政期の文化		
“兵粮米段別五升を宛て課すべきの由，今夜北条殿，…”		
“頼朝の代官北条丸，……兵粮段別五升…”		
11 92 いい国(くに)つくろう頼朝さん		

時代	年	天皇	院政	将軍	執権	政治・社会・経済
鎌倉時代		後鳥羽		頼朝		
	1198					後鳥羽譲位…後鳥羽院政はじまる
	1199					頼朝没
				頼家		頼家親裁を停止，北条時政ら 13 人の合議
	1200	土御門				梶原景時の乱
	1203					比企能員の乱　(1204 頼家謀殺)
	1205					畠山重忠の乱
						時政失脚(平賀朝雅の乱)　義時執権
	1213		後鳥羽	実朝		和田合戦
						…北条義時，侍所別当を兼ねる
		順徳				
	1219				義時	実朝暗殺
						九条頼経東下
	1221	仲恭				**承久の乱**　史料9　史料10
						北条泰時・時房入京，六波羅探題設置
	1223					新補率法　史料11
			後高倉			
	1225	後堀河				大江広元没　政子没　北条時房，連署となる
					泰時	評定衆の設置
	1232					**御成敗式目**制定　史料12　史料13
			後堀河	頼経		
		後嵯峨				
					経時	
	1247	後深草		頼嗣	時頼	宝治合戦(三浦泰村の乱)
	1249		後嵯峨			引付を設置
	1252					将軍頼嗣を廃し，宗尊親王を迎える
		亀山		宗尊親王	長時	
	1260					日蓮，『立正安国論』を時頼に献上　史料18

文化・史料・ゴロ覚えなど	中国		朝鮮
東大寺大仏殿再建(1195)	金	南	高
法然『選択本願念仏集』　栄西『興禅護国論』		宋	麗
藤原定家『新古今和歌集』(1205)			
「興福寺奏状」			
鴨長明『方丈記』			
じゅうにじゅうさん和田合戦			
源実朝『金槐和歌集』			
慈円『愚管抄』 **史料20“物ノ道理ヲノミ思ツヅケテ…”**			
2のサンドウィッチは承久の乱			
“…凡そ三千余箇所なり。二品禅尼，件の没収地を以って，…”			
“加徴は段別五升を充て行はるべしと云々”			
親鸞『教行信証』			
道元，帰国し曹洞宗ひらく(1227) **史料19“示云，只管打坐也…”**			
1，2，3(1段もどって)2	1234 モンゴル		
“武家の人へのはからひのため…京都の御沙汰，律令のおきて…”			
鎌倉文化			
蘭溪道隆来日(1246)			
“…他国侵逼の難，自界叛逆の難なり。…”			

時代	年	天皇	院政	将軍	執権	政治・社会・経済
鎌倉時代		亀山	後嵯峨	惟康親王	政村	
	1274	後宇多	亀山		時宗	**文永の役**
	1275					紀伊国阿氏河荘民訴状　史料14
	1281					**弘安の役**
	1285				貞時	霜月騒動
	1293			久明親王		鎮西探題　平禅門の乱
	1297					永仁の徳政令　史料15
		伏見・後伏見・後二条・花園			師時	
				守邦親王		
	1321	後醍醐			高時	後醍醐，院政を停め天皇親政とする
						記録所を再興
	1324					正中の変
	1325					建長寺船
					守時	
	1331	後醍醐・光厳				元弘の変　天皇笠置山に逃れる
	1332					幕府，後醍醐を隠岐に配流
	1333					後醍醐隠岐脱出
						鎌倉幕府滅亡
		後醍醐				後醍醐帰京　史料21
						記録所・雑訴決断所
	1334					二条河原落書　史料22
	1335					中先代の乱　尊氏離反
	1336					湊川の戦い…楠木正成敗死
		光明　後醍醐				光明即位　建武式目　史料23
						後醍醐，吉野へ移る…**南北朝分立**

文化・史料・ゴロ覚えなど	中国	朝鮮
	南	高
日蓮，佐渡に流される	1271 元 宋	麗
生き残るもの一人（いちにん）なし (1 2 7 4)		
“阿テ河ノ上村百姓ラ…チトウノキヤウシヤウ…”		
一遍，時宗を唱える		
無学祖元来日（1279）	1279	
“以前沽却の分に至りては，本主，領掌せしむべし”		
言いにくいな永仁の徳政令 (1 2 9 7)		
度会家行『類聚神祇本源』（1320）		
虎関師錬『元亨釈書』（1322）		
『徒然草』（1327）		
3のサンドウィッチは元弘の変 (1 3 3 1)		
いちみさんざん北条氏 (1 3 3 3)		
“元弘三年の今は天下統一に成しこそめづらしけれ”		
南北朝期の文化		
“此比都ニハヤル物，夜討強盗謀綸旨…”		
“鎌倉元の如く柳営たるべきか…”		

時代	年	天皇	将軍	政治・社会・経済
南北朝	1338	光明 後醍醐	尊氏	尊氏，征夷大将軍
	1339	光明 後村上		後醍醐没
	1342			天竜寺船派遣
	1350			観応の擾乱(～1352)
	1352			半済令(観応令)　史料24
			義詮	
	1368	後小松 後亀山	義満	**明(朱元璋)建国**
				半済令(応安令)　足利義満，将軍となる
	1378			義満，室町殿(花の御所)に移る
	1390			土岐康行の乱
	1391			明徳の乱
	1392			**南北朝合体　朝鮮(李成桂)建国**
室町時代	1394	後小松		義満，太政大臣となる
	1399			応永の乱
	1401		義持	**日明国交開始**　史料25
	1404			勘合貿易はじまる
	1408			義満没
	1411			勘合貿易中絶(～1432)
	1416	称光		上杉禅秀の乱
	1419			応永の外寇
	1428		義量	青蓮院義円(義教)を将軍後嗣に決定
				正長の徳政一揆　史料29
	1429	後花園	義教	播磨の土一揆　史料31
				琉球王国成立
	1432			勘合貿易再開
	1438			永享の乱

文化・史料・ゴロ覚えなど	中国	朝鮮
	元	高麗
北畠親房『神皇正統記』(1339)		
北畠親房『職原抄』(1340)		
“次に近江・美濃・尾張三箇国，本所領半分の事，兵粮料所と”		
二条良基『菟玖波集』		
	1368 明	
二条良基『応安新式』		
義満，相国寺建立(1382)		
いざ国(くに)は１つ南北朝合体 (1392)		1392 朝鮮
北山殿(金閣)		
“肥富をして祖阿に相副へ，好を通じて方物を献ぜしむ。…”		
北山文化		
いっしょにやろう，正長の徳政一揆 (1428)		
“酒屋・土倉・寺院等を破却せしめ，…日本開白以来，土民蜂起是れ初めなり。”		
“播磨国の土民，旧冬の京辺の如く蜂起す”		
上杉憲実，足利学校再興(1439)		

時代	年	天皇	将軍	政治・社会・経済
室町時代	1440	後花園	義教	結城合戦
	1441			嘉吉の変 史料26
				嘉吉の徳政一揆 史料32
				山城一国平均の徳政令発布
			義勝	
	1454		義政	**享徳の乱(～1482)**
	1455			足利成氏，下総古河に移る(古河公方)
	1457			コシャマインの戦い
				足利政知を関東に派遣(堀越公方)
	1467	後土御門		**応仁の乱(～1477)**
	1473		義尚	山名持豊没　細川勝元没
				義政，将軍職を子義尚に譲る
	1477			応仁の乱終息
	1482			享徳の乱終息
	1485			山城の国一揆(～1493) 史料33
	1488			加賀の一向一揆(～1580) 史料34 史料35
	1493		義稙	明応の政変
			義澄	堀越公方滅亡
	1510	後柏原	義稙	三浦の乱
	1523			寧波の乱
	1532	後奈良	義晴	法華一揆，山科本願寺焼打ち
	1536			天文法華の乱
	1543			**鉄砲伝来**
	1547		義輝	最後の勘合船
	1549			**フランシスコ=ザビエル，鹿児島に上陸**
	1550			ポルトガル船，平戸来航
	1551			大内氏滅亡　勘合貿易断絶
	1554			古河公方滅亡

文化・史料・ゴロ覚えなど	中国	朝鮮
	明	朝
“将軍此の如き犬死，古来その例を聞かざる事なり”		鮮
“今土民等代始めに此の沙汰先例と称す”		
4のサ[1]ンド[4]ウィ[4]ッチ[1]は嘉吉の変・徳政一揆		
意志(い[1]し[4])もむ[6]な[7]しく応仁の乱		
蓮如，越前吉崎		
東山文化		
義政，東山山荘		
“山城国人…土民…但し又下極上の至なり…両畠山方は…”		
イ[1]ヨ[4]ー，母(は[8]は[8])も一緒に一向一揆		
“近年は百姓の持ちたる国のやうになり行き候”		
宗祇『新撰菟玖波集』		
山崎宗鑑『犬筑波集』		
い[1]ーご[5]予算(よ[4]さ[3]ん)鉄砲2丁		
戦国期の文化		
5のサ[1]ンド[5]ウィ[5]ッチ[1]は大内氏滅亡，勘合貿易断絶・ザビエル離日		

時代	年	天皇	将軍	政治・社会・経済
室町時代	1560	正親町	義輝	**桶狭間の戦い**
	1567		義栄	織田信長，美濃攻略，岐阜入城
	1568		義昭	織田信長，足利義昭を奉じて入京
	1570			(近江)姉川の戦い　石山合戦(～1580)
	1571			延暦寺焼打ち
	1573			将軍義昭，京を追われる(室町幕府滅亡)
安土・桃山時代	1574			長島の一向一揆鎮定
	1575			(三河)長篠の戦い
	1576			安土城築城
	1577			信長，安土城下に楽市令　史料 43
	1580			石山合戦終わる
	1582			**本能寺の変**　山崎の戦い
				秀吉，山城を検地　史料 45
	1583			(近江)賤ヶ岳の戦い
				大坂城を築く
	1584			(尾張)小牧・長久手の戦い
				スペイン，平戸商館
	1585			秀吉，根来・雑賀一揆を破る
				秀吉，関白，長宗我部元親降伏(四国平定)
	1586	後陽成		秀吉，太政大臣，豊臣姓を賜る
	1587			島津義久降伏(九州平定)
				バテレン追放令を発令　史料 48
				北野大茶湯
	1588			後陽成天皇，聚楽第行幸
				刀狩令　史料 46
				海賊取締令
	1590			北条氏政降伏…家康関東移封
				伊達政宗，秀吉に服属…**天下統一**　史料 44
	1591			身分統制令(人掃令)　史料 47
	1592			**文禄の役**(1593 停戦)
				関白豊臣秀次，人掃令で戸口調査
	1594			伏見城に移る

文化・史料・ゴロ覚えなど	中国	朝鮮
	明	朝鮮

1 573
一期涙(いちごなみだ)の室町幕府

桃山文化

“当所中，楽市として仰せ付けらるるの上は，…”

1 5 8 2
イチゴパンツで本能寺　天正遣欧使節派遣(1590 帰国)

“六尺三寸の棹を以て，…三百歩壱反…斗代…京舛”

“日本ハ神国たる処，きりしたん国より邪法を授候儀，…”

“百姓は農具さへもち，耕作専らに仕り候へば，…”

ヴァリニャーノ，天正遣欧使節を伴い帰国，印刷機をもたらす(1590)

“一人も残し置かず，なでぎり…六十余州堅く仰せ付けられ…”

“奉公人・侍・中間・小者・あらし子に至る迄，”

1 5　9 2　9 7
以後(いご)国(くに)は苦難の道へ

時代	年	天皇	将軍	政治・社会・経済
安土・桃山時代	1596			スペイン船サン=フェリペ号，土佐に漂着
				26 聖人殉教
	1597			**慶長の役**
	1598			秀吉没…朝鮮から撤兵
	1600			オランダ船リーフデ号，豊後漂着
				関ヶ原の戦い
江戸時代	1603	後陽成	家康	家康，征夷大将軍
	1604			糸割符制始まる 史料 56
	1605		秀忠	秀忠，征夷大将軍
	1607			朝鮮使節，初めて江戸に来る
				角倉了以，富士川の舟運を開く
	1609			島津家久，琉球制圧
				慶長条約(己酉約条)
				オランダ，平戸商館
				有馬晴信，長崎でポルトガル船を撃沈する
	1610			家康，田中勝介をノビスパンに派遣
	1612	後水尾		天領に禁教令
	1613			伊達政宗，支倉常長を欧州に派遣(1620 帰国)
				全国禁教令　イギリス平戸商館
	1614			幕府，高山右近らをマニラ・マカオに追放
				大坂冬の陣
	1615			**大坂夏の陣**　一国一城令
				武家諸法度(元和令) 史料 49
				禁中並公家諸法度 史料 51
	1616			家康，太政大臣となる…翌月没
				中国船以外の外国船の来航を長崎・平戸に限定
	1622			元和の大殉教
	1623		家光	イギリス人，平戸商館を閉鎖・退去
	1624			スペイン(イスパニア)船の来航禁止
	1629	明正		紫衣事件
	1631			海外渡航に，朱印状のほか老中奉書の交付を定める

文化・史料・ゴロ覚えなど	中国	朝鮮
	明	朝鮮
一期(いちご)悔(くや)しい秀吉没 (1598)		
阿国歌舞伎		
“黒船着岸…諸国商人長崎へ入るべからず候。糸の直，…”		
“文武弓馬の道，専ら相嗜むべき事”		
“天子諸芸能事，第一御学問なり。…紫衣の寺は…”		
いろいろあったネー，家康没 (1616)	1616 後金	
女歌舞伎禁止		

時代	年	天皇	将軍	政治・社会・経済
江戸時代	1633	明正	家光	鎖国令…奉書船以外の海外渡航を禁ずる 史料57
	1635			鎖国令…日本人の海外渡航・帰国を禁止 史料58
				中国船の入港を長崎に限定
				武家諸法度(寛永令) 史料50
	1636			ポルトガル人を長崎出島に移す
	1637			島原の乱(～1638)
	1639			**鎖国令…ポルトガル船の来航禁止** 史料59
	1641			オランダ商館を平戸から長崎出島に移す
	1643	後光明		田畑永代売買の禁止令 史料53
	1651		家綱	家光没　慶安の変
				末期養子の禁止を緩和 史料60
		後西		
	1655			糸割符制を廃止，相対貿易とする(1685復活)
	1657			明暦の大火
	1663	霊元		武家諸法度改訂(寛文令)…殉死を禁ずる 史料61
	1665			大名の人質を廃止
				諸宗寺院法度・諸社禰宜神主法度
	1669			シャクシャインの戦い
	1673			分地制限令(寛文13年令) 史料54
	1680		綱吉	家綱没→綱吉

文化・史料・ゴロ覚えなど	中国	朝鮮
“異国え奉書船のほか，舟遣し候儀，堅く停止の事。”	後　明	朝
“異国へ日本の船之を遣すの儀，堅く停止の事”	金	鮮
“毎歳夏四月中，参勤致すべし，…五百石以上の船停止の事”		
寛永期の文化	1636 清	
“自今以後，かれうた渡海の儀，之を停止”		
“…向後田畑売買停止たるべき事。…”		
	1644	
“…養子は…末期に及び…其父五十以下の輩は末期たりと…”		
若衆歌舞伎禁止		
明僧隠元来日，黄檗宗を伝える		
“…常々其主人より殉死仕らざる様に堅くこれを申し含むべし”		
“…名主弐拾石以上，百姓は拾石以上，夫より内持候ものは，…”		

〈注〉天皇名を一部省略しているところがあります。

第18回

後三条親政と院政

1 後三条天皇の親政

本編解説 p.2～7 参照

後三条天皇

摂関家を外戚(がいせき)とせず。

自由な立場で政治を刷新。 ➡人材登用(**大江匡房**(おおえのまさふさ)ら)

受領(ずりょう)層の支持。

延久の荘園整理令(1069)

史料 1 史料 2

内容…寛徳２年(**1045**)以降の新立(しんりつ)荘園停止。

- 同年以前でも国務の妨げとなるもの，立券不明なものを停止。
- **記録荘園券契所**(けんけいじょ)（記録所(きろくしょ)）の設置。

意義…国衙領の回復(受領層の台頭)。

- 摂関家領も整理の対象(天皇権威の回復)。
- 荘域の確定(**荘園公領制**の確立)。

延久の宣旨枡(せんじます)

2 院政

本編解説 p.8～17 参照

院政の始まり

白河天皇，天皇親政の継続 ➡堀河天皇に譲位，政務後見(1086)。

太上天皇＝上皇＝(出家)法皇

後三年(ごさんねん)合戦(1083～1087)

- 奥州(おうしゅう)の清原氏の内紛。
- **源義家**(陸奥守兼鎮守府将軍)が**藤原清衡**(きよひら)と協力して平定。
  ➡**奥州藤原氏**の繁栄(清衡・基衡(もとひら)・秀衡(ひでひら))

展開

白河院政……1086 ～ 1129　史料 3

鳥羽院政……1129 ～ 1156

後白河院政…1158 ～ 1192(1179 ～ 1180 停止)

特徴

権力…院(上皇)が天皇家の家長として国政の実権掌握。

➡「治天の君」として絶対的な権力を振るう。

組織
- 院庁，院司 ➡院宣・院庁下文
- 院の近臣(受領や乳母の一族など)
- 北面の武士(11 世紀末設置，院の警護に当たる)

経済基盤

- 皇室領荘園…院に荘園の寄進集中。
  - 鳥羽上皇……八条院領 ➡(鎌倉)大覚寺統
  - 後白河上皇…長講堂領 ➡(鎌倉)持明院統
- 院分国…院が知行国主。

知行国制

皇族・貴族・寺社などに 1 国の国司推薦権と収益権を分与。

知行国主は近親者を国司に推薦し，目代を派遣して知行国を支配。

国衙領は知行国主の私領化。成功・重任の盛行。

3　院政期の社会

本編解説 p.18 ～ 20 参照

法皇の仏教保護

造寺造仏…法勝寺など**六勝寺**建立。

熊野詣・高野詣

僧兵の強訴…南都北嶺の僧兵

- 南都…興福寺，奈良法師，春日神社の**神木**。➡強訴
- 北嶺…延暦寺，山法師，日吉神社の**神輿**。➡強訴

白河法皇の三不如意　史料 4

天台宗内部の勢力争い
- 山門…**延暦寺**・円仁の系統。
- 寺門…**園城寺**・円珍の系統。

第19回 平氏政権と鎌倉幕府の成立

1 平氏政権

本編解説 p.22 ～ 30 参照

院政と伊勢平氏

平正盛(まさもり)…**白河院**の北面(ほくめん)の武士 ➡源義親(よしちか)を追討(ついとう)(1108)。
平忠盛(ただもり)…**鳥羽院**の近臣(きんしん) ➡海賊の平定，日宋貿易(にっそう)。
平清盛(きよもり)…保元(ほうげん)・平治(へいじ)の乱に勝利 ➡平氏政権の成立。

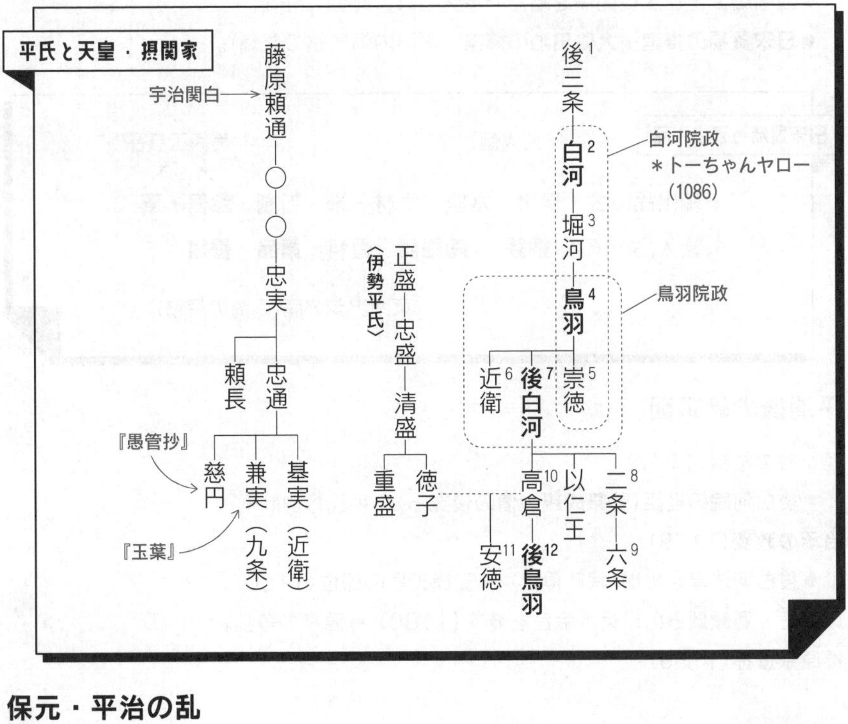

保元・平治の乱

保元の乱(1156)

史料 5

● 皇室・摂関家の内部対立(鳥羽法皇の死が契機) ➡天皇方の勝利。
- (勝) 後白河(ごしらかわ)天皇…**藤原忠通**(ただみち)(兄)・**源義朝**(よしとも)(子)・**平清盛**
- (敗) 崇徳(すとく)上皇……**藤原頼長**(よりなが)(弟)・**源為義**(ためよし)(父)・源為朝(ためとも)(子)・平忠正(ただまさ)(叔父)

平治の乱(1159)

● 院の近臣の対立，武家の棟梁間の対立 ➡平清盛の覇権。

┌(勝) 藤原通憲(信西)・平清盛
└(敗) 藤原信頼・源義朝

平氏政権(六波羅政権)

公家政権的性格 　　史料 6

● **平清盛**，**太政大臣**に就任(1167)。

● 高位高官の独占。

● 外戚政策…娘徳子(建礼門院)入内(高倉天皇の中宮)，**安徳天皇**の外戚。

● 経済基盤…荘園と知行国を基盤。

武家政権的性格

● 西国の武士と主従関係を結んで家人とし，地頭に任命。

● **日宋貿易**の推進…**大輪田泊**の修築（瀬戸内海航路の整備)。

日宋貿易の輸出入品

発火剤 ↗ (硫黄)　　美術工芸品 ↗↖ (漆器・扇)

┌輸出品…金・硫黄・**水銀**・**木材**・**米**・**刀剣**・漆器・扇
└輸入品…宋銭(**銅銭**)・陶磁器・**香料**・**薬品**・**書籍**

↘↙ (香料・薬品) 東南アジア産(南海の産物)

平清盛の絶頂期

鹿ケ谷の陰謀(1177)

● 後白河院の近臣(藤原成親・僧の俊寛ら)の平氏打倒計画。

治承の政変(1179)

● 後白河法皇を幽閉(院政停止) ➡安徳天皇の即位(1180)

以仁王・**源頼政**らの挙兵，令旨を発す(1180) ➡源平の争乱。

福原京遷都(1180)

2 鎌倉幕府の成立

本編解説 p.31 ～ 38 参照

治承・寿永の乱～幕府の成立

	反平氏勢力・**源氏**の動き	**平氏**・反頼朝勢力の動き
1177	6　鹿ヶ谷の陰謀	
1178	延暦寺衆徒蜂起	
1179		11　平清盛，院政停止，後白河法皇幽閉(治承の政変)
1180	5　以仁王・源頼政ら挙兵，敗死 8　源頼朝伊豆で挙兵，目代山木兼隆を討つ。石橋山で敗れる 9　源義仲信濃で挙兵 10　頼朝鎌倉に入る	2　安徳天皇即位 6～11　福原遷都
	〈10　富士川の戦い〉	
	11　**侍所設置**	12　清盛，法皇の幽閉解除 平重衡，南都焼打ち
1181		②　清盛没
1183	〈5　倶利伽羅峠(砺波山)の戦い〉	
	7　義仲入京 9　後鳥羽天皇即位 10　**頼朝，東海・東山両道の進止権獲得(寿永二年十月宣旨)** 11　義仲，後白河法皇を襲撃	
1184	1　源範頼・義経，近江の粟津で義仲を討つ	
	〈2　一の谷の戦い〉	
	10　**頼朝，公文所・問注所設置**	
1185	〈3　**壇の浦の戦い**〉→平氏滅亡	
	11　**頼朝，守護・地頭設置の権限獲得**(文治勅許) 12　議奏公卿設置	10　義経，頼朝追討の院宣を得る
1189	9　頼朝，奥州藤原氏(泰衡)を滅ぼす	④　義経殺される
1190	11　頼朝入京，右近衛大将に任ぜられる	
1191	1　政所設置	
1192	7　**頼朝，征夷大将軍に任せられる**←	3　後白河法皇没

〈注〉(1)数字は月を示す　(2)○印は閏月(うるうづき)を示す

治承(じしょう)・寿永(じゅえい)の乱

- 源氏挙兵(1180，以仁王(もちひとおう)の令旨に呼応) ➡平氏滅亡(1185，**壇の浦の戦い**)

幕府の創設

中央機関
- 侍所(別当：和田義盛)1180……御家人統制
- 公文所(別当：大江広元)1184…一般政務 ➡政所(1191)
- 問注所(執事：三善康信)1184…裁判事務

地方機関
- 京都守護(1185)
- 鎮西奉行(1185)
- 奥州総奉行(1189)

守護・地頭の設置(1185)…義経追討・反乱防止を口実 ⬅大江広元の建議。

↑(当初は)惣追捕使・国地頭　　**史料 7**　**史料 8**

- **守護**…1国1人，有力御家人 ➡得分なし
  - ●大犯三カ条：**大番催促**，**謀叛人の逮捕**，**殺害人の逮捕**
- **地頭**…荘園・国衙領に設置，御家人を任命 ➡荘官・郷司的性格
  - ●任務：田地管理，年貢・公事徴収，治安維持。
  - ●得分：以前の慣例による荘官としての収益。
  - **反別5升の兵粮米**(1185年のみ)

朝廷対策…**議奏公卿**(九条兼実ら10名)

3　鎌倉幕府の支配体制

本編解説 p.39 ～ 41 参照

幕府支配の特色

公武二元的支配

- 鎌倉幕府…東国の軍事政権として成立　➡全国支配の政権へ発展。
- 公家政権…京都の朝廷：国司を任命し国衙領を支配，新制を制定。

封建的主従関係の確立…在地領主層を**御家人**に組織化。

御　恩
(地頭職補任の形で**本領安堵**・新恩給与)

鎌倉殿 ―― 御家人

奉　公
(戦時の軍役・**京都大番役**・鎌倉番役・関東御公事)

幕府の経済的基盤…公家政権と同様に荘園公領制を基盤。

- **関東御領**……頼朝の所有した荘園(平家没官領など)
- **関東知行国**…頼朝が与えられた知行国(関東御分国ともいう)

第20回 執権政治・御成敗式目

1 執権政治

本編解説 p.43 ～ 44 参照

北条(ほうじょう)氏の台頭…北条時政(ときまさ)・政子(まさこ)・義時(よしとき)

頼朝死(1199) ➡将軍**頼家(よりいえ)**の親裁(しんさい)停止…有力御家人 13 人の合議制。

- **梶原景時(かじわらかげとき)の乱**(1200)
- **比企能員(ひきよしかず)の乱**(1203)…頼家を廃して弟の**実朝(さねとも)**を将軍に立て，頼家を伊豆修禅寺(いずしゅぜんじ)に幽閉(1204，頼家暗殺)。
- **畠山重忠(はたけやましげただ)の乱**(1205)
- **平賀朝雅(ひらがともまさ)の乱**［牧氏(まきし)の乱］(1205)…時政失脚，義時政所別当。
- **和田(わだ)合戦**(1213)…北条義時，**政所・侍所別当を兼ねる。**

2 承久の乱

本編解説 p.45 ～ 54 参照

源家(げんけ)将軍の断絶

- 3 代将軍実朝，**公暁(くぎょう)**に暗殺される(1219)。
- **摂家(せっけ)**(藤原)将軍擁立…**藤原(九条(くじょう))頼経(よりつね)**

承久の乱(1221)

後鳥羽(ごとば)上皇…**西面(さいめん)の武士**

- 1205，『新古今和歌集』

実朝暗殺 ➡上皇，**義時追討(ついとう)**の命令。

⬅泰時・時房の率いる幕府軍が京に進撃。

➡上皇方敗北。　　**史料 9**　**史料 10**

結果…公家(くげ)政権に対する幕府の優位確立。

➡幕府支配権の拡大。

- 3 上皇配流(はいる)…後鳥羽(隠岐(おき))・順徳(じゅんとく)(佐渡(さど))・土御門(つちみかど)(土佐(とさ))

➡仲恭(ちゅうきょう)天皇廃位(後堀河(ごほりかわ)天皇即位)　＊順徳天皇『禁秘抄』

源氏系図

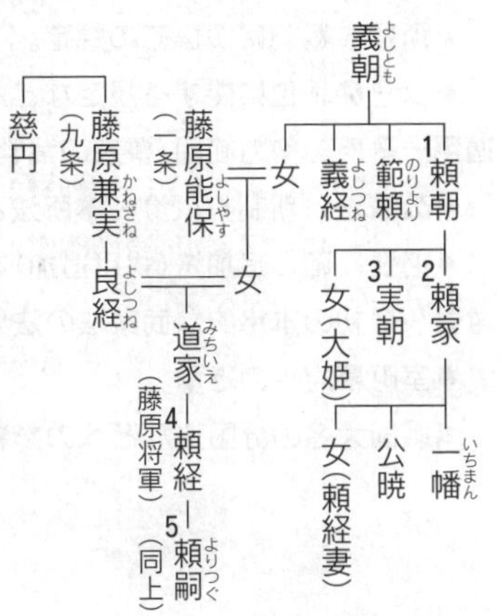

＊数字は将軍就任の順

●上皇方の所領没収…3000 **余箇所**

➡**新補地頭**設置…**新補率法**制定（11 **町**ごとに 1 町の直営地，段別 5 升の**加徴米**など）　史料 11

●**六波羅探題**設置…北条泰時・時房 ➡朝廷監視，西国御家人統轄。

●**大田文**の作成（1223）

執権政治の確立

●**北条泰時**
- 連署の設置（1225）…初代**時房**
- 評定衆の設置（1225）…合議体制の制度化
- 御成敗式目（貞永式目）の制定（1232）　史料 12

3 御成敗式目

本編解説 p.55 ～ 62 参照

1232 年制定…全 51 箇条

目的…土地紛争を公平に裁判する基準の確立（承久の乱後の地頭と荘園領主の土地紛争の増加に対応）など。

基準…頼朝以来の先例，武家社会の慣習・道徳（道理）を成文化。

内容　史料 13

●守護・地頭の権限と義務。

●御家人身分・財産などの規定。

●所領・裁判についての規定。

●女子の地位に関する規定など。

適用…幕府の勢力範囲（幕府の裁判権に属するもの）のみ。

●**公家法**（「新制」など）・**本所法**と併存。

●必要に応じ追加法（**式目追加**）を制定。

意義…最初の本格的な武家法の法典。

●室町幕府への継承。

●戦国大名の分国法などへの影響。

第21回 鎌倉時代の社会と経済

1 鎌倉時代の社会

本編解説 p.64 ～ 71 参照

中世武士の生活

開発領主の子孫…所領内に館を構える。

　＊武士の館「一遍上人絵伝」

荘官・郷司として在地支配。

　➡年貢・公事を徴収し，国司・荘園領主に納入（加徴米などの得分）。

直営地（佃・門田・正作）の経営。

武芸の修練…**騎射三物**（**犬追物・笠懸・流鏑馬**）・巻狩

　●武家のならい…兵の道・弓馬の道 ⬅武士道の起源。

惣領制

一門・一家の構成…一族の**惣領**を中心に**庶子**が血縁的に結合。

惣領の役割…一門の統率・指揮，貢納の割当・一括納入，

　　　　　　氏寺・氏神の祭祀。

所領の分割相続…女子も相続権をもつ，嫁入婚，**一期分**（後期）。

中世の農民

農民の構成

- **名主**…名田経営。**年貢**・**公事**・**夫役**を負担。
- 作人…小百姓，名田の請作。
　　　加地子を納入（後期以降）。
- 下人・所従…隷属民，領主直営地の耕作。

農民の動向

- 名主中心に宮座で寄合，祭礼の執行。
- 百姓申状で年貢の減免，地頭の非法を訴える。
　…「**紀伊国阿氐河荘上村百姓等言上状**」　史料 14
- 逃散・強訴

地頭の荘園侵略

荘園侵略の進行。

- 承久の乱ののち地頭の不法行為激増。
- 年貢の滞納・押領，農民に対する不当支配。

┌地頭請……毎年一定額の年貢納入を地頭が請け負う。
└下地中分…荘園の下地(土地)を折半。

地頭の領主化進行。

地頭と名主・農民の対立激化。

2 鎌倉時代の経済

本編解説 p.72 ～ 75 参照

農業

二毛作(米と麦)…畿内・西国に普及。

自給肥料…**刈敷**・**草木灰**。

牛馬耕，鉄付鍬・鎌の普及。

原料作物の栽培…荏胡麻(灯油)・藍(染料)・楮(紙)・苧(麻布)

手工業

- 専門の手工業者(職人)の分化…鍛冶・鋳物師・紙漉き・紺屋

商業

定期市(三斎市)の出現…年貢米・特産物の売買。

＊備前福岡市「一遍上人絵伝」

行商人の出現…連雀商人・振売

都市には常設の**見世棚**。

座の結成。

問(**問丸**)…運送業者

貨幣経済の発達

宋銭流通…日宋貿易の輸入品。

為替(かわせ)…割符と呼ばれる手形の使用。

借上…高利貸

年貢の銭納化(代銭納)

第22回 モンゴル襲来・得宗専制政治

1 北条時頼の政治

本編解説 p.77 ～ 78 参照

宝治合戦[三浦泰村の乱](1247)

- 三浦泰村一族を討伐。

引付の設置(1249)

- 所領に関する訴訟の公正・迅速化をはかる。
- 評定衆が頭人となって引付衆が審理を行う。

皇族[親王]将軍(1252)

- 藤原頼嗣を廃し，宗尊親王(後嵯峨天皇の皇子)を擁立。

北条氏の独裁化傾向

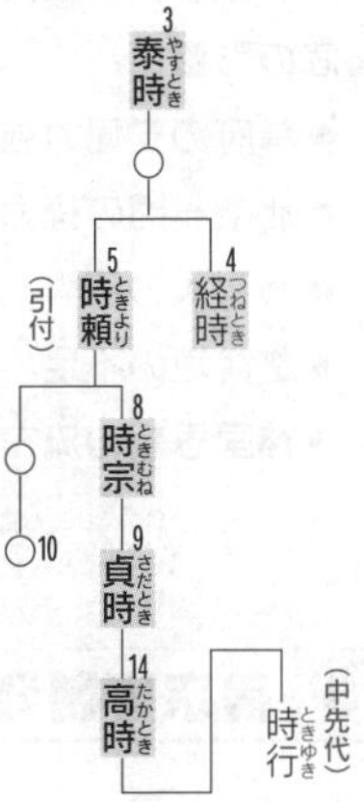

〈注〉数字は執権就任の順，▒は得宗

2 モンゴル襲来(元寇)

本編解説 p.79 ～ 83 参照

モンゴル襲来(蒙古襲来，元寇)

蒙古の強大化

- チンギス=ハン，モンゴル統一。
- オゴタイ=ハン，金を討滅(1234)。
- 日蓮『立正安国論』(1260) ➡時頼へ。
- **三別抄の乱**(1270 ～ 1273)
- **フビライ=ハン**，**大都**(北京)を都とし，**元を建国**(1271)。
- フビライ，高麗を通じて日本に服属を要求(1268 ～)。
- **北条時宗**，数回にわたる要求を拒否。

文永の役(1274)

- 元・**高麗**軍，対馬・壱岐・博多に侵攻。

●元軍の集団戦法に対して日本軍の一騎打ち ➡暴風雨により撤退。

●**防衛体制強化** ➡**石塁**(防塁・「石築地」)構築。

➡**異国警固番役**の整備強化(1276)。

元，**南宋を討滅**(1279)。

●**弘安の役**(1281)┬**東路軍**(元・高麗軍)
　　　　　　　　　└**江南軍**(元・旧南宋軍)

➡大暴風雨により撤退。

➡警戒体制維持…**北条貞時**のとき**鎮西探題**の設置(1293)。

元寇の影響

●幕府の支配力強化…**非御家人**の動員権，**本所一円地**からの物資徴発権。

●北条一門の権力強大化…幕府の要職・守護職独占。

●御家人の疲弊と不満…戦費・警備負担と不十分な恩賞。

●恩賞地の不足。

●神国思想の流布。

3 得宗専制政治

本編解説 p.84～91 参照

得宗専制体制

北条氏の専制化

●幕府の要職・守護職独占。

●得宗(北条氏の嫡流で家督を継いだもの)の勢力強大化。

●御家人と**御内人**(得宗家の家臣)の対立。

霜月騒動(1285)…**北条貞時**のとき。

●有力御家人・外戚の**安達泰盛**が**内管領平頼綱**に滅ぼされる。

●得宗と**内管領**・御内人による独裁政治(**得宗専制政治**)。

御家人の窮乏化と社会の変化

御家人窮乏化の原因

●分割相続による所領の細分化。

●貨幣経済の発達による出費の増大。

●元寇の出費，恩賞の不足。

幕府の対策

- 永仁の徳政令(1297) 史料15
- 売却・質入地の無償取り戻し。
  ＊例外…買得者も御家人で，20年以上前に買得していた所領。
  (非御家人・凡下の輩の買得地は無条件で取り戻せる)
- 翌年，越訴・所領売買・質入れの禁止は撤回。

御家人社会の変容

- 惣領制の動揺
  - 分割相続 ➡**単独相続**：庶子・女性の地位低下
  - 血縁的結合 ➡**地縁的結合**
- **悪党の出現**…荘園侵略
- **有力武将の台頭**…地方武士団の地域的統合形成。

第23回

院政期～鎌倉時代の文化

1 院政期の文化

本編解説 p.93～99 参照

特徴

国風文化の進展。

文化の**地方普及**…**聖**による浄土教の拡大。

地方性・庶民性。

院政と仏教の世俗化

院の仏教事業…六勝寺，社寺参詣

大寺院の世俗化…僧兵，強訴

地方文化

平泉文化

国東半島(豊後)

阿弥陀堂建築…**中尊寺金色堂**・白水阿弥陀堂・富貴寺大堂

文学

歴史物語…『栄花(華)物語』・『大鏡』(四鏡のはじめ)・『今鏡』

軍記物語…『将門記』・『陸奥話記』

説話集(庶民生活向上)…**『今昔物語集』**

歌謡(今様・催馬楽)…**『梁塵秘抄』**(後白河法皇撰) 史料16

田楽・猿楽

絵画

絵巻物(大和絵と詞書)…「**源氏物語絵巻**」・「**伴大納言絵巻**」

装飾経…「**平家納経**」(厳島神社)・「扇面古写経」

四鏡一覧

書名	記述年代	成立期
大鏡	文徳～後一条（850～1025）	平安末期
今鏡	後一条～高倉（1025～1170）	1170 年
水鏡	神代～仁明　（未詳～850）	鎌倉時代
増鏡	後鳥羽～後醍醐（1180～1333）	室町初期

院政期の文化

【歴史物語】栄花（華）物語（赤染衛門？）/ 大鏡（未詳）
今鏡（藤原為経）

【軍記物】将門記（未詳）/ 陸奥話記（未詳）

【談話集】今昔物語集（源隆国？）

【歌謡】梁塵秘抄（後白河法皇撰）

【建築】

①**中尊寺金色堂**…藤原清衡。岩手県平泉。「光堂」とも呼ばれる。

②**富貴寺大堂**…豊後（大分県豊後高田市）。天台宗の寺の阿弥陀堂。

③**白水阿弥陀堂**…福島県いわき市。願成寺内にある阿弥陀堂。

④**三仏寺投入堂**…鳥取県三朝町。山腹の岩窟内に建つ懸造の建物。

【絵画・工芸】

①**源氏物語絵巻**…平安時代を代表するもの。「源氏物語」を絵巻物にした絵巻物の代表作。

②**鳥獣戯画**…高山寺蔵（京都）。「詞書」はなく，動物を擬人化し，風刺をきかせて描いた。鳥羽僧正覚猷の作と伝える。

③**信貴山縁起絵巻**…上巻の「飛倉の巻」が有名。大和国の信貴山で修業した命蓮上人に関する説話を絵巻物に。

④**伴大納言絵巻**…866 年の**応天門の変**を題材とする。

⑤**扇面古写経**…扇形の紙に法華経を写経。下絵の風俗画が貴重な装飾経。

⑥**平家納経**…平氏の尊崇。瀬戸内海の要地（広島県）にある**厳島神社**に平清盛一族が献納した装飾経。

2 鎌倉文化

本編解説 p.100～119 参照

文化の特徴

伝統的**公家**(くげ)**文化の刷新**。

新鮮で雄健(ゆうけん)な**武家文化**の創造。

民衆仏教の成立。

宋文化の摂取。

鎌倉新仏教の成立

宗	浄土教系			法華経	禅宗	
派	**浄土宗** (1175)	**浄土真宗** (1224)	**時宗** (1276)	**日蓮宗** (1253)	**臨済宗** (1191)	**曹洞宗** (1227)
開祖	法然(源空) 美作出身	親鸞 京都出身	一遍(智真) 伊予出身	日蓮 安房出身	栄西(明庵) 備中出身	道元 山城出身
主著など	選択本願念仏集 一枚起請文	教行信証 (歎異抄～唯円著)	(一遍上人語録～死後編纂)	立正安国論	興禅護国論	正法眼蔵 (正法眼蔵随聞記～懐弉著)
特色	専修念仏 旧仏教より迫害される 土佐に流罪	悪人正機説 絶対他力 越後に流罪	念仏札(賦算) 踊念仏 遊行上人・時衆	題目唱和，辻説・他宗排斥 伊豆，佐渡に流罪	入宋 不立文字 坐禅・公案 幕府の保護	入宋 只管打坐 世俗的権力をしりぞける
関係寺院	知恩院 (京都)	本願寺 (京都)	(清浄光寺＝遊行寺) (神奈川)	久遠寺 (山梨)	建仁寺 (京都)	永平寺 (福井)

成立の背景

- 戦乱・飢饉(ききん)による社会不安。
- 末法(まっぽう)到来の無常感深刻化。
- 旧仏教の腐敗・堕落(破戒無戒(はかいむかい))・世俗化。
- 台頭する武士・庶民の信仰への要求。

新仏教の誕生(上の表参照)

史料 17　史料 18　史料 19

新仏教の特徴

- 救いの道…一行を選択してそれに専念(**選択**(せんじゃく)・**専修**(せんじゅ))。
- 教理が平易…修行方法が容易(**易行**(いぎょう))。
- 広く武士・庶民に布教。

禅僧の来日

- 南宋の禅僧が幕府の招きで来日。
  - **蘭溪道隆**…北条時頼の帰依，**建長寺**
  - **無学祖元**…北条時宗の帰依，**円覚寺**

旧仏教の革新

- 新仏教の興隆による反省…**戒律**尊重，新仏教への批判。
  - 法相宗…**貞慶**（解脱）➡「興福寺奏状」
  - 華厳宗…**高弁**（明恵）➡高山寺，『摧邪輪』
  - 律　宗
    - **俊芿**　➡泉涌寺（御寺）
    - **叡尊**（思円）➡西大寺，社会事業
    - **忍性**（良観）➡極楽寺，北山十八間戸

神道の形成

山王神道…天台宗系の神道
両部神道…真言宗系の神道
｝本地垂迹説の立場。

伊勢神道…度会家行，反本地垂迹説の立場。
➡『類聚神祇本源』

学問・思想・文学

公家の学問…古典研究，有職故実の研究（懐古的）。

武家の学問…武家は一般に学問への関心は薄い。
➡**金沢実時**，**金沢文庫**（武蔵国）

宋学（朱子学）伝来…禅僧により朝廷で講述，**大義名分論**。

歴史

- 歴史書…『**愚管抄**』（慈円）　史料20
  『**吾妻鏡**』
- 仏教史…『元亨釈書』（虎関師錬）

文学

- 和歌・随筆・紀行文
- 軍記物語・説話集…『**平家物語**』　➡**平曲**・琵琶法師

美術・工芸

建築

- **大仏様**…豪放・構造美　➡東大寺再建（**重源**・**陳和卿**）
- **禅宗様**…清楚・技巧美　➡禅宗寺院

- **和様**……伝統的様式，おだやかさ。
- **折衷様**…和様に大仏様や禅宗様をとり入れた新和様。

彫刻

- 仏像・肖像…**写実性**・剛健・人間味，**慶派**の仏師。

絵画

- **絵巻物**…寺社の縁起，高僧の伝記，戦記。
- **似絵**……藤原隆信・信実，個性を表現。
- **頂相**……禅僧の肖像画。

書道

- **法性寺流**…藤原忠通の系統。
- **世尊寺流**…藤原行成の系統。
- **青蓮院流**…尊円入道親王，宋の書風をとり入れる。

工芸

- **刀剣**
  - 京都(粟田口)…藤四郎吉光
  - 鎌倉…正宗
  - 備前…長光
- **甲冑**…明珍(京都)
- **陶器**…瀬戸焼・常滑焼(尾張)，備前焼(備前)

鎌倉文化のおもな著作物

【**和歌集**】山家集(西行)／**新古今和歌集**(藤原定家・家隆)
金槐和歌集(源実朝)
【**説話集**】十訓抄(未詳)／**古今著聞集**(橘成季)
宇治拾遺物語(未詳)／**沙石集**(無住)
【**随筆**】**方丈記**(鴨長明)／**徒然草**(吉田兼好)
【**日記**】玉葉(九条兼実)／**明月記**(藤原定家)／**十六夜日記**(阿仏尼)
【**紀行**】海道記(未詳)／**東関紀行**(源親行？)
【**軍記物**】保元物語(未詳)／**平治物語**(未詳)
平家物語(信濃前司行長？)／**源平盛衰記**(未詳)
【**歴史書**】水鏡(中山忠親？)／**愚管抄**(慈円)
吾妻鏡(未詳)／**元亨釈書**(虎関師錬)
【**注釈書**】万葉集註釈(仙覚)／**釈日本紀**(卜部兼方)
【**有職故実書**】禁秘抄(順徳天皇)

鎌倉文化のおもな美術作品

【建築】

①**東大寺南大門**…「大仏様」の代表。重源が勧進の中心。陳和卿の技術。後白河や頼朝も協力。

②**円覚寺舎利殿**…「禅宗様」の代表。円覚寺は北条時宗が無学祖元を招き，開かれた（舎利殿は室町末期に移築された）。

③**観心寺金堂**…**河内**に現存する「折衷様」の代表。

④**石山寺多宝塔**…「和様」建築の代表。琵琶湖畔。この寺の縁起についての絵巻物（絵画の⑦）も著名。

⑤**蓮華王院本堂（三十三間堂）**…「和様」。後白河法皇が平清盛に命じて建立させたが，まもなく焼失。**鎌倉時代に再建**されたものが現存。通称「三十三間堂」。

【彫刻】

①**東大寺南大門金剛力士像**…運慶・快慶らの作。慶派の代表作。

②**興福寺無著・世親像**…運慶の作。インドの法相宗の高僧だった兄弟の肖像彫刻（もちろん実際のモデルがあっての「肖像」彫刻ではない）。

③**興福寺天灯鬼像・竜灯鬼像**…康弁の作。ユーモラスな表清の邪鬼の像。

④**明月院上杉重房像**…鎌倉肖像彫刻の傑作の１つで，上杉氏の祖の像。俗人の肖像彫刻の珍しい例。

⑤**六波羅蜜寺空也上人像**…康勝の作。「市聖」，「阿弥陀聖」と呼ばれた僧侶の肖像彫刻。10世紀半ばの空也の像が鎌倉時代に造立されている。時期に注意。

⑥**東大寺僧形八幡神像**…快慶の作。神仏習合を示す仏像彫刻。

⑦**高徳院阿弥陀像**…通称「鎌倉大仏」。建物は失われ，野外にあるため「露坐の大仏」として有名。

【絵画】

①**源頼朝像・平重盛像**…藤原隆信による「似絵」の代表作。神護寺蔵。

②**後鳥羽上皇像**…藤原信実（隆信の子），水無瀬神宮蔵。

③**北野天神縁起絵巻**…京都北野神社蔵。菅原道真をまつる神社と道真の伝記を描いた絵巻物。

④**一遍上人絵伝**…「遊行上人」と呼ばれた時宗の開祖の布教を描いた絵巻。踊念仏や武士の館，備前福岡市の場面が有名。

⑤蒙古襲来絵詞…「元寇」に際しての竹崎季長の活躍などを描いた絵巻。「竹崎季長絵巻」ともいう。

⑥男衾三郎絵巻…武蔵国の武士の兄弟をめぐる物語。後世の御伽草子の先駆の要素がある。東国武士の日常を描いたものとして貴重。

⑦石山寺縁起絵巻…琵琶湖畔の交通の要地にある寺院の縁起絵巻。関所をとおる馬借の場面が有名。

⑧法然上人絵伝

⑨明恵上人樹上坐禅図(成忍)

⑩春日権現験記(高階隆兼)

⑪平治物語絵巻

【書道】

鷹巣帖…尊円入道親王の作品。宋の書風を採り入れた「青蓮院流」。

【陶芸】

①瀬戸焼…尾張(愛知県)で生産される，中国の陶磁器の製法を採り入れた代表的な焼き物。

②常滑焼(尾張)

③備前焼(備前)

第24回 南北朝と室町幕府の成立

1 鎌倉幕府の滅亡

本編解説 p.121 ～ 124 参照

両統迭立…皇統の分裂

● **後嵯峨上皇**の死後，皇位と皇室領荘園をめぐって争う。

┌持明院統…後深草天皇系 ➡長講堂領
└大覚寺統…亀山天皇系 ➡八条院領

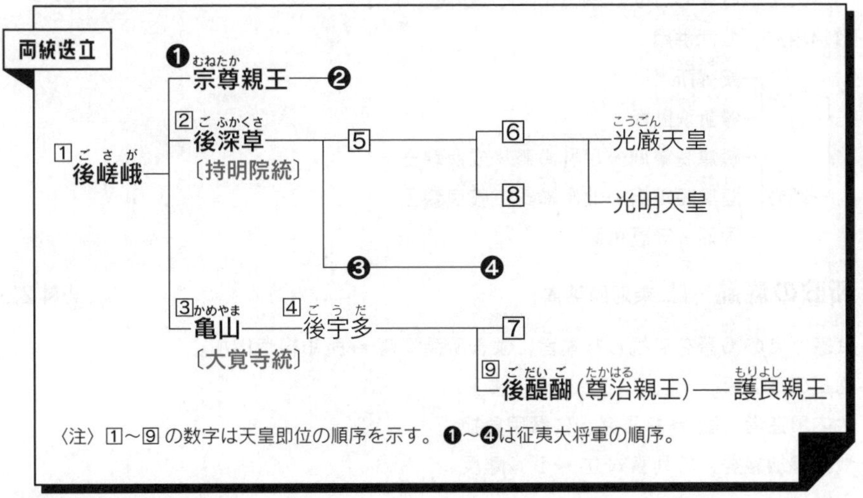

〈注〉1～9 の数字は天皇即位の順序を示す。❶～❹は征夷大将軍の順序。

後醍醐天皇即位(1318)

● 天皇親政(院政停止)…記録所の再興，人材登用。

後醍醐天皇の討幕計画

得宗北条高時の失政…内管領長崎高資の専横。

反幕勢力の形成
┌後醍醐天皇周辺…寺社勢力
├悪党…畿内近国の新興武士
└御家人(外様)の反発

正中の変(1324)…日野資朝・俊基

元弘(げんこう)**の変**(1331)…後醍醐天皇，**隠岐**(おき)に配流 ➡**光厳天皇**(こうごん)即位。

護良親王(もりよし)・**楠木正成**(くすのきまさしげ)**らの挙兵**…諸国武士の蜂起。

足利高氏(あしかがたかうじ)，**六波羅探題**(ろくはらたんだい)**攻略**
新田義貞(にったよしさだ)，**鎌倉攻略**
} ➡**幕府滅亡**(1333)

2 建武の新政

本編解説 p.125～130 参照

新政の特徴

後醍醐天皇の親政 史料 21

- 光厳天皇廃位，院政・摂関廃止。
- 天皇親政をめざす。**綸旨**(りんじ)による裁断。

政治組織…公武併用

- 中央
  - **記録所**(きろくしょ)
  - **雑訴決断所**(ざっそけつだんしょ)
- 地方
  - 鎌倉将軍府…足利直義(ただよし)・成良親王(なりよし)
  - 陸奥(むつ)将軍府…北畠顕家(あきいえ)・義良親王(のりよし)
  - 国司・守護併置

新政の混乱…「二条河原落書」　史料 22

武家社会の慣習を無視した**綸旨**(りんじ)による所領安堵(あんど) ➡所領紛争増加。

恩賞の不公平。

大内裏(だいだいり)造営計画 ➡諸国武士に費用負担。

新政参加諸勢力の利害対立 ➡武家離反。

新政の崩壊

護良親王・足利尊氏(たかうじ)**・新田義貞**(にったよしさだ)**の対立**

中先代(なかせんだい)**の乱**(1335)…**北条時行**(ときゆき)，鎌倉占拠 ⬅尊氏鎮圧。

尊氏の反乱 ➡建武政権倒壊(1336)

3 南北朝の動乱

本編解説 p.131 ～ 136 参照

足利政権の成立

建武式目(1336)…幕府の開設，施政方針を表明。 史料 23

足利尊氏，征夷大将軍に就任(1338)。

● 二頭政治
- 足利尊氏…軍事面を担当(軍事指揮権・恩賞権)
- 足利直義…政務面を担当(民事裁判権・所領安堵権)

南北朝分立(1336)…南北朝動乱の開始

- 北朝…尊氏，光明天皇擁立。
- 南朝…後醍醐天皇，吉野に逃れる(皇位の正統を主張)。

動乱の長期化…50年以上におよぶ全国的争乱。

足利政権の内紛

- 観応の擾乱(1350 ～ 1352)…尊氏・高師直と足利直義・直冬の対立。
- (観応)半済令

南朝勢力

- 非勢ながらも各地の地方武士を組織して対抗。
  - 北畠親房…東国→近畿
  - 懐良親王…征西将軍，九州

動乱長期化の背景

- 武士社会の変化…血縁的結合から地縁的結合へ。
- 新興地方武士(国人)の輩出 ➡国人一揆
- 農村社会の変貌…村落結合の進展(惣の形成)。

守護大名の成長…守護領国制

権限の拡大

- 大犯三カ条＋刈田狼藉の検断，使節遵行

荘園公領制の動揺…南北朝動乱期に進展。

- 半済令…1352 観応令・1368 応安令 史料 24
- 守護請…荘園年貢の徴収を守護が請け負う。

国衙機能を吸収。

守護段銭・棟別銭の賦課。

国人の被官化。

4 室町幕府の成立

本編解説 p.137～143 参照

足利義満，将軍就任(1368)

管領**細川頼之**の補佐。

有力守護を弾圧 ➡**将軍権威を確立**。

守護大名

南北朝動乱期に権限を拡大 ➡**守護領国制形成**。

守護は在京し，領国は**守護代**に統治させるのが一般的。

国人の被官化。

足利義満の守護弾圧

- 将軍と守護大名の抗争 ➡将軍の権力強化。
  - **土岐康行の乱**[美濃の乱](1390)…土岐康行を討つ。
  - **明徳の乱**(1391)…山名氏清を討つ。
  - **応永の乱**(1399)…大内義弘を討つ。

九州平定…**九州探題**今川了俊

南北朝合体(1392)…義満の斡旋による。

- 後亀山天皇 ➡後小松天皇。

		(経済基盤)
持明院統……**後深草**～**後小松**	(草～松)	**長講堂領**
大覚寺統……**亀　山**～**後亀山**	(カメ～カメ)	**八条院領**

室町幕府

＊足利将軍を頂点とする有力守護大名の連合政権。

機構整備…3代将軍足利義満の時代に全盛期を迎える

京都室町に**花の御所**(室町殿)を造営(1378)。

守護大名を統轄。

南北朝合体を実現(1392)。

京都の市政権掌握。

太政大臣就任(1394) ➡公家・武家にまたがる最高権力者。

日明国交開始(1401) ➡「**日本国王**」

建武新政・南北朝動乱略年表

年代	事　項
1333	足利高氏，六波羅探題を攻略 新田義貞，鎌倉を攻略。**幕府滅亡** 後醍醐天皇，京都にもどる。記録所・雑訴決断所
1335	中先代の乱（北条時行の乱），足利尊氏離反
1336	足利尊氏再入京，建武式目制定 後醍醐天皇，吉野へ（**南北朝の対立**）
1338	新田義貞敗死。**足利尊氏**，**征夷大将軍**に就任
1339	後醍醐天皇没，後村上天皇即位
1341	足利尊氏，夢窓疎石の勧めにより天龍寺船を元に派遣
1349	足利基氏，鎌倉公方となる
1350	観応の擾乱はじまる
1352	足利直義毒殺される，半済令実施
1358	足利尊氏死去
1368	**足利義満**，**征夷大将軍**就任　（朱元璋，**明**建国）
1372	今川了俊，大宰府攻略
1378	足利義満，京都室町に花の御所を造営
1390	美濃の乱（土岐康行の乱）
1391	明徳の乱（山名氏清敗死）
1392	**南北朝合体**　（李成桂，**朝鮮**建国）
1399	応永の乱（大内義弘敗北）
1401	**日明国交開始**
1404	第 1 回勘合貿易

＊ 1338 年以後は北朝年号

幕府の機構

中央

- **将軍が実権を掌握**…**奉公衆**(ほうこうしゅう)(将軍直轄軍)

┌**管領**(かんれい)…将軍を補佐, 政務統轄 ➡**三管領**(さんかんれい)(細川・斯波(しば)・畠山)
└**侍所所司**(さむらいどころしょし)…山城国守護兼務 ➡**四職**(ししき)(赤松・一色(いっしき)・山名(やまな)・京極)
京都内外の警備(検非違使庁形骸化)

地方

- **鎌倉府**…関東10カ国支配(のち12カ国)
  └── 伊豆・甲斐(かい)+坂東(関東)8カ国
  ‖
  相模(さがみ)・武蔵(むさし)・安房(あわ)・上総(かずさ)・下総(しもうさ)・常陸(ひたち)・上野(こうずけ)・下野(しもつけ)

┌**鎌倉公方**…足利基氏(もとうじ), 以後子孫世襲。
└**関東管領**…鎌倉公方を補佐, 上杉氏世襲。

- **九州探題**…今川了俊解任後, 衰微。
- **奥州探題・羽州探題**…名目的存在。

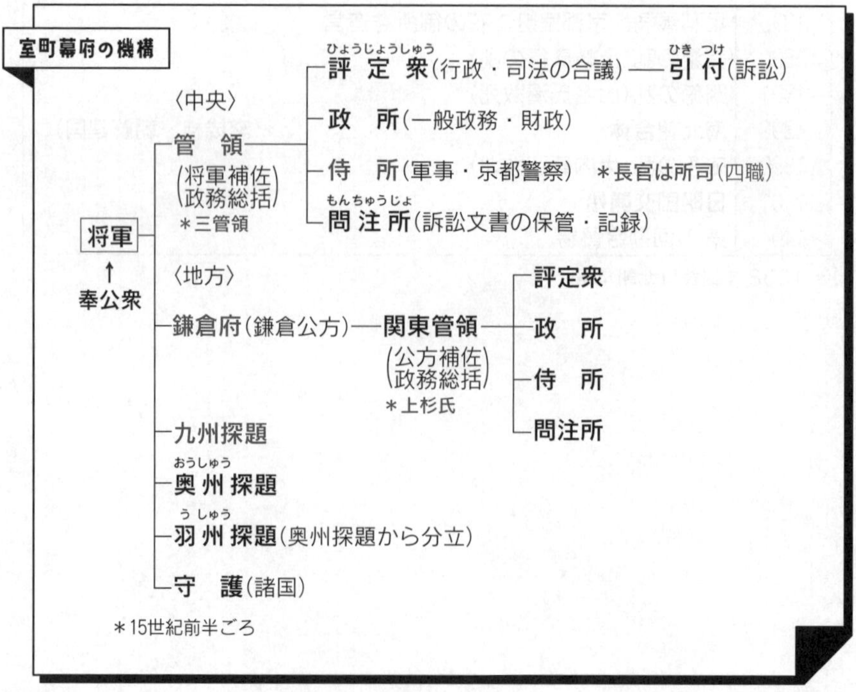

幕府の財政…政所(まんどころ)が管掌

御料所(ごりょうしょ)…奉公衆が管理。

段銭(たんせん)・棟別銭(むなべつせん)

土倉役(どくらやく)・酒屋役(さかややく)…京都の土倉(どそう)・酒屋に課税。

関銭(せきせん)・津料(つりょう)

抽分銭(ちゅうぶんせん)

分一銭(ぶいちせん)

第25回

室町幕府の外交と琉球・蝦夷ヶ島

1 室町幕府の外交

本編解説 p.145 ～ 152 参照

日元貿易

- 建長寺船(1325)
- 天龍寺船(1342)
- 新安沈船(1976，韓国新安沖で発見)

倭寇

- **対馬**・**壱岐**・**肥前松浦**地方の土豪・漁民らの武装商船団。
- 人や米・大豆などを略奪。
  - 前期倭寇(14 世紀)…華北・朝鮮沿岸を襲う。
  - 後期倭寇(16 世紀半ば)…大内氏滅亡後に活発化。
    中国人主体，華南に侵入。

明との通交

国交開始

- 朱元璋(洪武帝)，**明**を建国(1368)。
  …明を盟主とする東アジアの国際秩序(**冊封体制**)回復。
- 倭寇の禁圧と朝貢を要求。
- **義満の遣使**(1401)…明皇帝に朝貢・臣従 ➡「日本国王」に冊封。　**史料 25**

勘合貿易(1404 ～ 1547)

- 勘合(入港許可証)を使用。倭寇と区別。
- 寧波で査証…北京で交易，利益は莫大(関税なく，滞在費も明負担)。
- 義持中止(1411) ➡義教再開(1432)

貿易品

- 輸入品…**明銭**(洪武通宝・**永楽通宝**など)・**生糸**・絹織物・陶磁器など
- 輸出品…**銅**・**硫黄**・刀剣など

推移

- 応仁の乱後，実権は有力守護・商人へ…幕府は**抽分銭**を徴収。

┌細川氏…堺商人
└大内氏…博多商人

●寧波の乱(1523) ➡大内氏の独占 ➡大内氏滅亡(1551)で廃絶。

朝鮮との通交

国交開始…**李成桂**，朝鮮を建国(1392)…倭寇禁圧要求，国交樹立。

●**応永の外寇**(1419)…朝鮮軍が**対馬**を襲撃，貿易一時中断。

形式

●通交制限…三浦(富山浦・乃而浦・塩浦)で交易 ➡**倭館**

●対馬の宗氏が管理…守護大名・豪族・商人参加。

貿易品

┌輸入品…**綿布**・高麗版大蔵経など
└輸出品…銅・硫黄・南海産物(胡椒・薬種・香木)など

推移…三浦の乱(1510) ➡以後しだいに衰退。

2　琉球・蝦夷ヶ島

本編解説 p.153 ～ 156 参照

琉球王国の成立

按司が割拠…三山 ➡北山・中山・南山

中山王の尚巴志による三山の統一，**琉球王国**成立(1429)。

┌王府…首里
└外港…那覇

日本・中国や南方諸国間の**中継貿易**により繁栄。

蝦夷ヶ島

＊続縄文文化 ➡擦文文化・オホーツク文化 ➡アイヌ文化(13 世紀)

渡島半島のアイヌ，津軽(十三湊)と往来。

和人も渡島半島に進出。

●館と呼ばれる拠点を築き，有力者に成長 ➡アイヌとの交易。

コシャマインの戦い(1457)…蠣崎氏の客将武田信広が鎮圧。

第

26 応仁の乱と一揆

回

応仁の乱と一揆

1428 **正長の徳政一揆**……京都周辺の農民が蜂起，京都に乱入して徳政を要求。

1429 **播磨の土一揆**………播磨国の農民たちが武士を国外に追い出す。

1441 **嘉吉の徳政一揆**……嘉吉の変で将軍義教が「犬死」。土民が徳政を要求して京に乱入。

1467 ～ 1477 応仁の乱

1485 ～ 1493 **山城の国一揆**…南山城では，約 8 年間，国人・土民たちによる自治が実現する。

1488 ～ 1580 **加賀の一向一揆**…加賀の一向宗の信者たちが，約 1 世紀間，自治を実現。

1532 ～ 1536 **法華一揆**…京都の「町衆」らが日蓮宗を核に団結。

1 応仁の乱

本編解説 p.158 ～ 165 参照

足利義持

- 1411 勘合(かんごう)貿易中止
- 1416 上杉禅秀(ぜんしゅう)の乱

  …鎌倉公方(くぼう)足利持氏(もちうじ)に対して前関東管領(かんれい)上杉禅秀(氏憲(うじのり))が反乱。

  (幕府)将軍足利義持(よしもち)＝鎌倉公方足利持氏 ➡ ×前関東管領上杉禅秀

- 1419 応永の外寇…朝鮮軍の対馬襲撃。

足利義教

- 義持，後継を決めず死去 ➡クジ引きで将軍は義教(よしのり)。
- 1438 永享(えいきょう)の乱

  将軍足利義教＝関東管領上杉憲実(のりざね) ➡ ×鎌倉公方足利持氏

- 1440　結城合戦
- 1441　嘉吉の変　赤松満祐 ➡ ×将軍足利義教　「犬死」　史料 26

応仁の乱(1467～1477)

足利義政の失政 ➡夫人日野富子の権勢。
将軍継嗣・管領家(畠山・斯波氏)の家督争い。
細川勝元・**山名持豊**(宗全)の対立。

応仁の乱

	西軍		東軍	
	西 山 君は 就職		東の 川は 長い	
	山名持豊	**畠山義就**	**細川勝元**	**畠山政長**
〈将軍後継〉	1468～	**足利義視**	**足利義尚**	

経過

畠山政長・**義就**両派の衝突(1467)
東軍(細川勝元，16万)，西軍(山名持豊，11万)，京都で開戦 ➡地方に波及
持豊・勝元病死(1473)…将軍交替(義政→義尚，1473)
領国では土一揆・国人の反乱 ➡諸将帰国(1477)

結果

応仁の乱の結果

① **将軍の権威が失墜**……将軍は名目だけの存在となり，細川氏が京都の政権を握った。
② 守護の在京の原則が崩れた……領国の支配権を守護代などに奪われて多くの**名門守護が没落**した。
③ **荘園制の崩壊**が進んだ……皇室・公家は経済力を奪われた。
④ 「**下剋上**」の風潮が広がった……いわゆる「**戦国時代**」となっていった。

享徳の乱

鎌倉公方足利成氏 ➡ ×関東管領上杉憲忠
↘
(下総)古河公方

幕府，鎌倉公方足利政知を送る ➡鎌倉に入れず ➡(伊豆)堀越公方

2 惣の形成

本編解説 p.166 ～ 170 参照

＊**惣村**・郷村制…農民の自治的村落結合体

農民の変化…畿内先進地域で顕著。

農業生産力の向上 ➡小農経営の進展 ➡中小農民の成長・自立。

- 名主層 ➡「おとな」，「沙汰人」➡(武装)地侍
- 作人，「土民」
- 下人，所従

＊地頭などの在地領主，専業武士 ➡「国人」

結合の進展

- 畿内(鎌倉末期) ➡畿内周辺地域(南北朝期) ➡全国(室町)

結合の条件

用水管理，用水施設の維持・整備，共同利用地(**入会地**)確保。

領主・地頭の不当支配に抵抗。

戦乱に対する自衛。

自治組織

指導者…沙汰人・乙名など(有力名主層が中心)

寄合…村の運営などを協議，宮座を基盤。

惣掟(**村法**・**村掟**・**地下掟**) 史料 27 史料 28

自検断(地下検断)…警察権を獲得。

地下請(百姓請)…年貢納入を惣が請負う。

強訴・**逃散**…起請文を作成，一味神水(一味同心)の儀式。

3 土一揆

本編解説 p.171 ~ 177 参照

おもな一揆

土民・地侍…………	**土一揆**	1428	**正長の徳政**一揆
		1429	**播磨の土**一揆
		1441	**嘉吉の徳政**一揆
	1467 ~ 1477 応仁の乱		
国人……………………	**国人一揆**		
国人・地侍・土民…	**国一揆**	1485 ~ 1493	**山城の国**一揆
(浄土真宗本願寺派＝一向宗)		1488 ~ 1580	**加賀の一向**一揆
(日蓮宗)		1532 ~ 1536	**法華**一揆

土一揆の背景

背景

- 農民・手工業者の成長，惣(そう)の結合。
- 貨幣経済の発達(農民らの債務累積(さいむるいせき))。
- 交通の発達。

要求…租税減免・非法代官(だいかん)排斥 ➡次第に徳政(とくせい)要求。

手段…愁訴(しゅうそ)・強訴(ごうそ) ➡逃散(ちょうさん) ➡一揆

正長(しょうちょう)の徳政一揆(1428)

史料 29 史料 30

- **近江(おうみ)坂本の馬借(ばしゃく)**の蜂起が契機…周辺諸国に波及。
- 最初の大規模な徳政一揆…私(し)徳政

播磨(はりま)の土一揆(1429)

史料 31

- 播磨一国の土民蜂起。
- **守護赤松氏**の軍勢に退去を要求…赤松満祐(みつすけ)が鎮圧。

嘉吉(かきつ)の徳政一揆(1441)

史料 32

- 嘉吉の変直後に「代(だい)始め」の徳政を要求して蜂起。
- 幕府，**山城一国平均の徳政令**を発布。
  ➡その後，幕府は**分一(ぶいち)徳政令**を発布…分一銭(ぶいちせん)の徴収。

4 国一揆・一向一揆

本編解説 p.178 ～ 182 参照

国一揆

- 国人(守護の被官を含む)を中心とする一揆。
- 守護の支配に対抗…一揆による自治体制。

山城の国一揆(1485 ～ 1493)

史料 33

- **南山城**の国人を中心とする一揆，土民も加わる。
- 管領家畠山氏の軍勢，**畠山政長**・**畠山義就**両勢力を退去させる。
- 国人の自治支配が **8 年**つづく。

加賀の一向一揆(1488 ～ 1580)

史料 34 史料 35

- 国人・坊主・農民ら一向宗徒の一揆。
- 教団組織を基盤に団結…国一揆的性格をもつ。
- **守護富樫政親**を滅ぼし，**約 100 年間**の自治支配。
- 織田信長に滅ぼされる。

その他の一向一揆

- 三河の一向一揆(1563)…徳川家康と戦う。
- 長島の一向一揆(1571 ～ 1574)…織田信長と戦う。

法華一揆(1532)

- 京都町衆の日蓮宗徒，一向一揆に対抗。山科本願寺焼打 ➡石山本願寺
- **天文法華の乱**(1536)…延暦寺衆，京都日蓮宗寺院焼打。

第27回

経済の発展と戦国大名

1 経済の発展

本編解説 p.184 ～ 195 参照

農業

- 経営の多角化と集約化。
- 二毛作が東国にも普及 ➡三毛作も畿内で始まる。
  『老松堂日本行録(ろうしょうどうにほんこうろく)』(宋希璟(そうきけい))…米・麦・そば
- 稲の品種改良…**早稲(わせ)**・**中稲(なかて)**・**晩稲(おくて)**
- 大唐米(だいとうまい)…多収穫米
- 竜骨車(りゅうこつしゃ)・水車
- 刈敷(かりしき)・草木灰(そうもくばい) ＋ 下肥(しもごえ)などの有機肥料。
- 蔬菜(そさい)・原料作物増加(繊維原料・荏胡麻(えごま)など)

製塩業

- 塩田…自然浜(しぜんはま)(揚浜(あげはま)) ＋ (古式(こしき))入浜(いりはま)

手工業

- **発達の背景**……国内需要の増加，貿易の隆盛，職人の独立。
- **織物**
  - 絹…**西陣(にしじん)**(京都)・堺・博多・山口(高級品)
    加賀(かが)・越前(えちぜん)・美濃(みの)・尾張(おわり)・丹後(たんご)(普通品)
  - 麻…越後(えちご)・越中(えっちゅう)・信濃(しなの)
- **鍛冶(かじ)**・**鋳物師(いもじ)**…刀剣(備前(びぜん))・鍬(くわ)(出雲(いずも))，鍋(なべ)・釜(かま)(能登(のと)・筑前(ちくぜん))
- **製紙**…美濃(**美濃紙(みのがみ)**)・播磨(はりま)(**杉原紙(すいばらがみ)**)・越前(**鳥子紙(とりのこがみ)**)・土佐・讃岐(さぬき)(**檀紙(だんし)**)
- **陶器**…尾張・美濃

商業

- **定期市**…六斎市の増加(応仁の乱後)，都市の常設小売店**見世棚**の増加。
- **専門市場**の成立…魚市(京都淀)・米市(京都三条・七条)
- **問屋**…卸売・商人宿経営(問丸から発達)
- **行商人**の活躍…振売・連雀商人

　┌大原女…炭・薪など
　└桂女……鮎などの川魚

座

- 特権的同業組合(座衆の結成)…**本所**たる寺社・公家・朝廷の保護。
- 仕入・販売の独占…関銭など免除，本所に**座役**を提供。
- **大山崎の油座**…本所・石清水八幡宮　　**史料 36**

代表的な座

〈商品〉	【本所】	←座役	【座】
〈油〉	石清水八幡宮		**大山崎の油座**(離宮八幡宮・油神人)
〈鋳物師〉	蔵人所		**灯炉供御人**
〈麹〉	北野社		**麹座神人**
〈綿〉	祇園社		**綿座神人**

貨幣

- 商品流通の発達…年貢の銭納化(代銭納)。
- **明銭**…洪武通宝・永楽通宝・宣徳通宝
- **悪銭の増加**…悪銭流入，日本国内の私鋳銭 ➡**撰銭** ➡**撰銭令**　　**史料 37**

金融

- 土倉・酒屋
- 頼母子講・無尽

交通の発達

- **海上運輸**…廻船の往来 ➡瀬戸内海・琵琶湖・北陸の航路。
- **陸上運輸**…馬借・車借が大津・坂本に発達。

- 関所…寺社・公家・幕府が設置，関銭・津料徴収。
  - ➡京都周辺・淀川流域・伊勢街道に多い。

都市の発達と町衆

- **前代からの大都市**…京都・奈良・鎌倉
- **門前町**…宇治・山田(伊勢神宮)・坂本(延暦寺)・長野(善光寺)
- **寺内町**…吉崎・石山・今井・富田林
- **港町**
  - 博多・堺
  - 尾道・草戸千軒・兵庫，桑名・大湊，敦賀・小浜，坂本・大津，坊津・十三湊
- **城下町**…戦国大名の拠点，家臣団集住，商工業者集住。
  - 小田原(北条)・春日山(上杉)・府内(大友)・山口(大内)・府中(今川)
- **自治都市**…町衆の自治，港町に多い。
  - 堺……**会合衆**
  - 博多…**年行司**
  - 京都…町衆・月行事，祇園祭復興
  - 桑名・平野

2　戦国大名

本編解説 p.196～198 参照

下剋上の風潮

幕府

- 1493，明応の政変…細川政元，新将軍(義澄)擁立。
- 管領細川氏 ➡三好長慶 ➡松永久秀
- 将軍義輝自刃 ⬅松永久秀

関東

- 鎌倉公方の分裂…**古河公方**足利成氏と**堀越公方**足利政知。
- 関東管領上杉氏の分裂と対立…**山内上杉**と**扇谷上杉**。
- 北条早雲・長尾景虎の進出。

中国…大内義隆 ➡陶晴賢(家臣) ➡毛利元就(安芸・国人)

戦国大名

系譜
- 守護大名…武田・今川・大内・大友・島津
- 守護代・有力家臣…上杉・朝倉・織田
- 国人その他…北条・徳川・斎藤・長宗我部・毛利

性格

- 幕府権力から独立し，将軍の権威に依存しない。
- 分国(領国)内の**一円支配**…他の権力の介入を認めない。
- 荘園制を否定，郷村を基盤，下剋上を実力で勝ち抜く。
- **分国法**の制定。

3 おもな戦国大名

本編解説 p.199 ～ 201 参照

1 **伊達氏**(陸奥)
- 伊達稙宗…「**塵芥集**」を制定。
- 政宗…東北一の大名に発展。

2 **上杉氏**(越後・越中)
- **長尾景虎**(**上杉謙信**)…越後守護代
  ➡越後守護上杉氏を継ぐ，関東管領職を継ぐ。

3 **結城氏**(下総)…「結城氏新法度」

4 **武田氏**(甲斐・信濃)
- **武田信玄**…父信虎を追放し，自立。
- 上杉謙信と対立 ➡川中島の戦い(1553 ～ 1564)

5 **北条氏**(関東)
- **北条早雲**(今川氏の客人)…「早雲寺殿二十一箇条」
  ➡堀越公方を倒し，伊豆へ進出(1493)
- 氏綱(早雲の子) ➡武蔵へ進出。
- 氏康(氏綱の子) ➡**古河公方**を倒し，下総へ進出(1554)

6 **今川氏**(駿河・遠江・三河)
- 今川氏親…「**今川仮名目録**」を制定。
- **今川義元** ➡東海第一の大名に発展。

7 **織田氏**(尾張)
- 織田信秀(尾張守護代家の支族) ➡本家を倒し，**守護斯波氏**を倒す。

8 **浅井氏**(北近江)
- 浅井長政(京極氏の家臣) ➡守護京極氏を倒す。

9 **六角氏**(南近江)…「六角氏式目」

10 **朝倉氏**(越前)
- 「朝倉孝景条々」，一乗谷，城下町集住。

⑪三好氏（阿波）…「新加制式」
⑫長宗我部氏（土佐）…「長宗我部氏掟書」
- 長宗我部元親 ➡土佐を統一し，さらに四国全土を平定。

⑬毛利氏（中国）
- 陶晴賢（大内氏の家臣），**守護大内義隆**を倒す。
- 毛利元就（安芸の国人），陶晴賢を倒す。

⑭大友氏（豊後）…**大友義鎮**
⑮相良氏（肥後）…「相良氏法度」
⑯島津氏（薩摩）…**島津貴久**・**義久**

4　戦国大名の分国支配

本編解説 p.202 ～ 209 参照

家臣団編成

- **国人**・**地侍**を家臣団に編成，城下町集住。
- **大名** ➡一族衆・譜代・国衆・新参衆
  　➡郎等・足軽・小者・仲間

軍事組織…大名─軍奉行─組（**寄親**・**寄子**制を基礎）

家臣団の構成

〈国人層〉　〈地侍層〉

戦国大名
- 譜代・一族──家臣─郎等など …大名の本来の家臣団。
  - 寄親 → 寄子　足軽
- 国衆・外様衆─家臣─郎等など …国人・地侍層を組織した。
- 新参衆 ……………………………有能なものを新たに家臣とする。

分国経営

富国強兵

- **鉱山開発**…精錬技術発達，**灰吹法**（**大森銀山**）
  - 金山…**佐渡**（上杉氏）・甲斐黒川（武田氏）・駿河（今川氏）
  - 銀山…**石見**（大内氏→尼子氏→毛利氏）・但馬生野

- 貨幣鋳造…**甲州金**(こうしゅう)(武田氏)など
- 農業振興…農業技術改良・治水(ちすい)事業(**信玄堤**(しんげんづつみ))・新田開発
- 城下町建設…山城(やまじろ) ➡平山城(ひらやまじろ)・平城(ひらじろ)

  主要な家臣を集め，商工業者を誘致。
- 商工業保護…**楽市**(らくいち)・**楽座**(らくざ)，撰銭令(えりぜにれい)，**関所**(せきしょ)撤廃。
- 交通整備…宿駅(しゅくえき)・伝馬(てんま)の制

土地支配

- **指出検地**(さしだしけんち)…耕地面積・年貢高などを検地帳に登録。
- **貫高制**(かんだかせい)…年貢などの税収を銭に換算，軍役(ぐんやく)・夫役(ぶやく)の賦課(ふか)基準。
- 給地支配…給人(きゅうにん)の知行地(ちぎょうち)支配は大名に規制される。

分国法(家法)

史料38 史料39 史料40 史料41

- 家臣団統制と農民支配のための成文法…御成敗式目(ごせいばいしきもく)の影響。
  - 家臣団統制…単独相続・給地自由処分禁止・**喧嘩両成敗**(けんかりょうせいばい)
  - 農民支配……逃散(ちょうさん)禁止・田畑(でんぱた)自由売却禁止・年貢納入励行(れいこう)

主要な分国法

名称	制定者	国名	制定年代
塵芥集(じんかいしゅう)	伊達氏	陸奥	1536
結城氏新法度(ゆうきししんはっと)	結城氏	下総	1556
早雲寺殿二十一箇条(そううんじどのにじゅういっかじょう)	北条氏	相模	不明
今川仮名目録・同追加(いまがわかなもくろく・どうついか)	今川氏	駿河	1526，1553
甲州法度之次第(こうしゅうはっとのしだい)	武田氏	甲斐	1547
朝倉孝景条々(あさくらたかかげじょうじょう)	朝倉氏	越前	1471～1481
六角氏式目(ろっかくししきもく)	六角氏	近江	1567
大内家壁書(おおうちけかべがき)	大内氏	周防	1495ころ
新加制式(しんかせいしき)	三好氏	阿波	1562～1573
長宗我部氏掟書(ちょうそかべしおきてがき)	長宗我部氏	土佐	1596
相良氏法度(さがらしはっと)	相良氏	肥後	1493～1555

第28回

室町文化・戦国期の文化

1 室町時代の宗教

本編解説 p.211 ～ 216 参照

禅宗

禅宗の各派と寺院

- 五山派（臨済宗）
  - ＊〈五山の上〉南禅寺
  - （京都）五山…天龍寺→相国寺（しょうこく）→建仁寺→東福寺→万寿寺
  - （鎌倉）五山…建長寺→円覚寺（えんがく）→寿福寺→浄智寺→浄妙寺
- 林　下
  - 臨済宗………大徳寺・妙心寺
  - 曹洞宗………永平寺（越前）・総持寺（能登）

臨済宗（りんざいしゅう）

- 幕府の保護…将軍・守護大名の帰依（きえ）。
- 五山（ござん）・十刹（じっさつ）の制…僧録司（そうろくし）（初代僧録，春屋妙葩（しゅんおくみょうは））➡義満の時代に整う。
- 禅僧の政治・外交への参与と文化活動（五山文学）。義堂周信（ぎどうしゅうしん）・絶海中津（ぜっかいちゅうしん）
- 夢窓疎石（むそうそせき）・春屋妙葩
- 在野（ざいや）的寺院（林下（りんか））…大徳寺（だいとくじ）（一休宗純（いっきゅうそうじゅん））・妙心寺（みょうしんじ）

曹洞宗（そうとうしゅう）…地方武士・民衆の支持。

浄土教―浄土真宗（じょうどしんしゅう）

- 一向宗（いっこうしゅう）（本願寺（ほんがんじ）派）8世法主**蓮如**（れんにょ）の活躍（応仁の乱のころ）。
- 北陸（越前（えちぜん）・吉崎道場（よしざきどうじょう））・東海・近畿農村に布教，講・坊主・門徒。
- **御文**（おふみ）・道場
- **講**（こう）の組織（惣の形成を基礎）➡一向一揆（いっき）

日蓮宗（にちれん）

- **日親**（にっしん）の布教活動…『立正治国論（りっしょうちこくろん）』，なべかぶり日親，15世紀中期。
- 京都町衆（ちょうしゅう）の帰依 ➡**法華一揆**（ほっけ）

時宗

● 芸能・文芸活動にも進出 ➡阿弥文化，**同朋衆**。

神道

● **吉田兼倶**の**唯一神道**…神道を中心に儒・仏統合，反本地垂迹説。

2 室町文化

本編解説 p.217 ～ 227 参照

時代

● **南北朝文化**(14 世紀前半)…歴史書・軍記物に代表される。
● **北山文化**(義満時代)…北山山荘(**鹿苑寺金閣**)に象徴される。
● **東山文化**(義政時代)…東山山荘(**慈照寺銀閣**)に象徴される。

特徴

● 武家文化が主流となる…伝統的公家文化を吸収し，新しい中国文化を摂取。
● 日本的文化の成立…茶道，能・狂言，俳諧など。
● 文化の民衆化と地方普及。
● ┌**華麗・わび**…北山文化
　└**簡素・幽玄**…東山文化
● 禅宗の影響…五山文学

文学・学問

● **軍記物語**…『太平記』
● **五山文学**…禅僧による漢詩文の創作と鑑賞，宋学(朱子学)の受容，五山版。
● **歴史書**┌北畠親房…『神皇正統記』，南朝正統論，常陸の小田城で。
　　　　└作者未詳…『梅松論』，北朝側から。

建築

● 金閣(北山文化)…寝殿造＋禅宗様
● 銀閣(東山文化)…書院造＋禅宗様
　　　　　　　　　└➡東求堂同仁斎
● 寺院…禅宗様全盛，新和様(折衷様)普及。
● 住宅…**書院造**(明障子・床の間・違い棚・付書院)
● 庭園…枯山水，竜安寺・大徳寺大仙院

絵画・工芸

- **水墨画**
  - 明兆・**如拙**・**周文**（北山文化）
  - **雪舟**（東山文化）…禅画の制約を超えた日本的水墨画完成。
- **狩野派**…水墨画に大和絵技法を導入，狩野正信・元信
- **土佐派**…大和絵再興，土佐光信
- **工芸**…後藤祐乗（金工）

文芸

連歌

- 鎌倉初期に定形化し始め，南北朝時代に広まる。
- 室町時代に大流行…連歌師の各地遍歴，庶民層にも普及。

連歌

		〈正風連歌〉		〈俳諧連歌〉
二条良基	➡	**宗祇**	➡	**（山崎）宗鑑**
『菟玖波集』（準勅撰）	➡	『新撰菟玖波集』	➡	『犬筑波集』
『応安新式』（規則書）		＊宗長・肖柏とともに『水無瀬三吟百韻』		

御伽草子

- 庶民層を対象とする通俗的短編小説…『一寸法師』・『物ぐさ太郎』

芸能

- **能**…**猿楽能**（幽玄を旨とする）➡**観阿弥**・**世阿弥**，謡曲・能面
  - ＊大和猿楽四座…観世座・宝生座・金春座・金剛座
- **狂言**…能の合間に演じられる風刺劇。
- **小歌**…『閑吟集』
- **盆踊り** ⬅風流・念仏踊り

茶道

- 鎌倉時代…栄西『喫茶養生記』
- 南北朝期…**闘茶**・**茶寄合**

茶の湯

東山文化・戦国期の文化		桃山文化
村田珠光 ➡	武野紹鷗 ➡	千利休
侘茶を創始	茶の湯の基本を確立	茶の湯を大成

立花

池坊専慶 ➡ 専応 ➡ 専好

3 戦国期の文化

本編解説 p.228～229 参照

時代

- 守護大名や家臣の在京経験。
- 城下町の形成…文化人を迎える地盤。
- 応仁の乱による公家・僧侶の地方疎開。
- 連歌師の地方遍歴。

戦国大名の文化事業

大内氏(周防)

- 対明貿易による富強 ➡城下町山口(「**西の京**」)の繁栄。
- 文化人の招聘…雪舟・宗祇
- 出版(大内版)…大内義隆

菊池氏(肥後)…**桂庵玄樹**の招聘，城下隈府に孔子廟建立。
島津氏(薩摩)…桂庵玄樹の招聘(➡薩南学派)
吉良氏(土佐)…**南村梅軒**の招聘(➡海南学派)
上杉氏(上野)…上杉憲実の足利学校(下野国)再興(1439)

出版・教育

- 五山版。
- 饅頭屋宗二…『**節用集**』を刊行。
- 寺院の教育。
- 『**庭訓往来**』，「御成敗式目」など

南北朝の文化

【歴史書・軍記物語ほか】

①『**神皇正統記**』…北畠親房が常陸の小田城で執筆した南朝正統論。中世の代表的史論書。後村上天皇の即位後，まもなく執筆された。

②『**増鏡**』…歴史物語の代表「四鏡」の最後。扱うのは後鳥羽天皇の即位から建武新政の発足までの鎌倉時代。

③『**太平記**』…南北朝期の最大の軍記。後醍醐天皇の倒幕から室町初期の動乱を描く。近世には「太平記読み」が現れる。

④『**梅松論**』…武家の立場から，承久の乱～室町幕府の成立期を扱う歴史物語。描く中心は足利尊氏。

⑤『**難太平記**』…今川貞世（了俊）が『太平記』を補い，今川氏の歴史をまとめた。今川了俊は九州探題として頻出。

⑥『**菟玖波集**』…二条良基がまとめた連歌集。**準勅撰**とされ，連歌の地位を確立した書。

⑦『**応安新式**』…二条良基がまとめた連歌の規則書。

【有職故実・注釈書】

①『**建武年中行事**』…後醍醐天皇がまとめた和文の有職故実書。宮中の行事を月ごとにまとめた。

②『**職原抄**』…北畠親房が『神皇正統記』と同じく後醍醐天皇の没後，まもなく，常陸の小田城で書いた有職故実書。律令の官職制度を説明。

北山文化

【建築】

（鹿苑寺）**金閣**…足利義満の北山殿の舎利殿。死後，鹿苑寺とされる。三層の住宅様式の建築。伝統的な寝殿造風（初層）と禅宗様（三層）が特徴。1950年焼失，1955年再建。

【絵画】

①**瓢鮎図**…如拙の描いた初期の水墨画の代表。妙心寺退蔵院に伝わる。足利義持の依頼。公案を図で示したもの。

②**寒山拾得図**…室町中期の周文の作とされる。

【能楽論】

①**風姿花伝**…世阿弥（元清）の能楽についての書，日本最古の演劇論。能の

真髄を説く。

②花鏡…世阿弥の能についての演劇論の最高峰とされる著作。

③申楽談儀…世阿弥(元清)の芸談を子の元能がまとめたもの。

東山文化～戦国期の文化

【建築】

①(慈照寺)銀閣…足利義政の東山山荘の二層の観音堂。初層は住宅(書院造),上層は禅宗様。

②(慈照寺)東求堂同仁斎…慈照寺の持仏堂。観音堂と池をはさんで相対する建物の一部にあたる義政の書斎。

【絵画】

①四季山水図巻(山水長巻)…雪舟の代表作。長大な画面に山水の四季を描き,独自の技法を取り入れる。

②天橋立図…雪舟晩年の代表作。丹後国の景色を描く。

③周茂叔愛蓮図…狩野派の祖,狩野正信(足利義政などに仕える)の作。中国宋代の故事を描く。

④大仙院花鳥図…京都大徳寺の大仙院にある襖絵。父正信を継ぎ狩野派を確立した狩野元信の作。

【有職故実】

『公事根源』…一条兼良の有職故実書。

【文学その他】

①『樵談治要』…一条兼良が日野富子の依頼により足利義尚のために書いた政治上の意見書。

②『花鳥余情』…一条兼良の源氏物語研究の書。

③『新撰菟玖波集』…宗祇(一条兼良・東常縁らに学ぶ)のまとめた連歌集。

④『水無瀬三吟百韻』…宗祇・肖柏・宗長の3名による連歌。

⑤『犬筑波集』…山崎宗鑑の俳諧撰集。江戸初期の談林俳諧に影響を与えた。

⑥『閑吟集』…室町時代の「小歌」を集めたもの。

⑦『庭訓往来』…南北朝期以降に普及した消息(手紙)の文例集。読み書きの習得のための初等教育に用いられた。

⑧『節用集』…室町から江戸時代にかけて作られた国語辞書。

第29回 南蛮人の来航・織豊政権

1 南蛮人の来航

本編解説 p.231～241 参照

ヨーロッパ人の東アジア進出

＊**背景**…絶対主義国家の重商主義政策に基づく海外進出(大航海時代)。

ポルトガル

- 根拠地…ゴア(インド，1510)，マラッカ(1511)，**マカオ**(中国，1557)
- 種子島に漂着(1543) ➡**鉄砲**伝来
- 平戸に来航(1550) ➡貿易開始

スペイン(イスパニア)

- 根拠地…**マニラ**(フィリピン，1571)
- 平戸に来航(1584) ➡貿易開始

鉄砲の伝来

- 国産化…堺(和泉)・根来(紀伊)・国友(近江)
- 戦法
  - 騎馬隊 ➡**足軽鉄砲隊**
  - 築城法の変化(山城➡平山城・平城)

南蛮貿易

- **ポルトガル人が圧倒的に優勢。**
- 性格…中継貿易(日本と明・南方)，布教活動と不可分。

貿易港

①(肥前)**平戸**…**松浦氏**
②(肥前)**長崎**…**大村氏**
③(豊後)**府内**…**大友氏** →**天正遣欧使節**
(肥前)**有馬氏**

(大村氏・大友氏・有馬氏 → 天正遣欧使節)

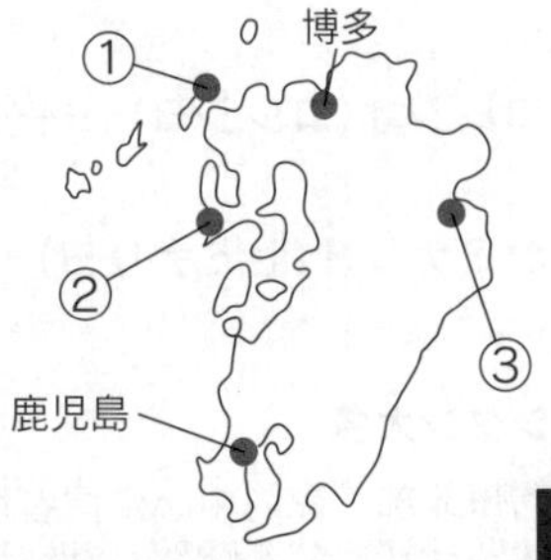

中世貿易から南蛮貿易へ

	輸出	輸入
宋	金・水銀・硫黄 木材・刀剣・漆器・扇	銅銭（宋銭） 陶磁器・香料・薬品・書籍
明	銅・硫黄 刀剣・槍・鎧・扇・屏風	銅銭（明銭） 生糸・高級織物・陶磁器・書籍・書画
朝鮮	銅・硫黄 蘇木・香木（香料）	木綿（織物類）・大蔵経
琉球	中継貿易	
南蛮貿易	銀	生糸 鉄砲・火薬

キリスト教の伝来

イエズス会（耶蘇会（やそかい））宣教師。

- フランシスコ=ザビエルの布教（1549，鹿児島上陸➡山口・府内）。
- ガスパル=ヴィレラ…1556，来日。将軍足利義輝（よしてる）から布教の許可を得る。堺の繁栄を報告（耶蘇会士（やそかいし）日本通信）。 史料 42
- ルイス=フロイス…1563，来日。織田信長・豊臣秀吉と交流。『日本史』を著す。
- ヴァリニャーノ…1579，来日。大村純忠（すみただ）より長崎港を寄進される。1581年上京し，織田信長に謁見（えっけん）。翌1582年，天正遣欧使節（てんしょうけんおうしせつ）をともなって長崎より離日。1590年，再来日。活字印刷機をもたらす ➡キリシタン版（天草版）。

教育機関

- コレジオ（コレジヨ）………1580～1614年 ←豊後府内・大友義鎮（宗麟）の援助
- セミナリオ（セミナリヨ）…1580～1614年 ←安土・有馬

キリシタン大名

- 九州北部，畿内中心に信者増加。
- **大村純忠（おおむらすみただ）**・**有馬晴信（ありまはるのぶ）**・**大友義鎮（おおともよししげ）**（宗麟（そうりん））
- **天正遣欧使節（てんしょうけんおうしせつ）**（1582～1590）…九州の3大名，ヴァリニャーノの勧め。

2 織田信長

本編解説 p.242～248 参照

信長の統一過程…「天下布武(てんかふぶ)」

年代	事　項
1560	**桶狭間の戦い**，今川義元を破る
1567	美濃の斎藤竜興を滅ぼし，岐阜入城。**「天下布武」**の印
1568	足利義昭を奉じて入京，義昭を15代将軍とする
1570	**姉川の戦い**，浅井長政・朝倉義景を破る(1573，両氏滅亡) **石山合戦**，本願寺顕如
1571	浅井・朝倉に加勢した**延暦寺焼打ち**
1573	足利義昭を京都から追放(**室町幕府滅亡**) (武田信玄没)
1574	伊勢長島の一向一揆を滅ぼす
1575	**長篠の戦い**，武田勝頼を破る。足軽鉄砲隊3,000人活躍 **◎鉄砲の大量使用**
1576	**安土城**築城
1577	秀吉を中国の毛利氏征討に派遣
1578	(上杉謙信没)
1580	石山本願寺顕如と和睦，顕如は大坂から退去
1582	**本能寺の変**，明智光秀の叛逆

信長の政策

- **指出検地**により支配権強化。
- **楽市・楽座令**(美濃加納(みのかのう)・安土(あづち))　　史料43
- 重要都市(堺)の直轄，鉱山直轄。
- 撰銭令(えりぜにれい)，**関所(せきしょ)撤廃**，交通整備。
- 仏教弾圧…**一向一揆討滅**，**延暦寺焼打ち**。
- **キリスト教保護**。

3 豊臣秀吉

本編解説 p.249 ~ 254 参照

秀吉の統一過程

年代	事　項
1582	**山崎の戦い**，明智光秀を破る
	清洲会議(秀吉主導権を握る)　(太閤検地開始)
1583	**賤ヶ岳の戦い**，柴田勝家・織田信孝を破る
	信長の後継者の地位確立，大坂城築城
1584	**小牧・長久手の戦い**，徳川家康・織田信雄と和睦
	(スペイン船，平戸に来航)
1585	関白就任，長宗我部元親を破り**四国平定**
	九州に**惣無事令**
1586	太政大臣となり豊臣の姓を与えられる
1587	島津義久を破り**九州平定**，バテレン追放令
	関東・奥州に**惣無事令**
1588	刀狩を実施，海賊禁止令，聚楽第築造，後陽成天皇を招く
1590	**小田原攻め**，北条氏(氏政)を滅ぼす
	伊達政宗服属，**奥羽平定**，**天下統一完了**
1591	人掃令
1592	**文禄の役**
1596	サン=フェリペ号事件
1597	**慶長の役**　(26 聖人殉教)
1598	秀吉病没

秀吉の政策

天皇権威の利用

- 関白・太政(だいじょう)大臣となる。
- 聚楽第(じゅらくてい)に**後陽成(ごようぜい)天皇**を招き，諸大名に忠誠を誓わせる。

大名統制

- 関白就任後，九州に**惣無事令**(そうぶじれい)(停戦命令)を発令。
- 全国の大名に**検地帳**(けんちちょう)(**御前帳**(ごぜんちょう))と**国絵図**(くにえず)の提出を命令。

兵農分離政策…検地・刀狩(かたながり)

財源確保

- 直轄地…蔵入地(約200万石)
- **都市**直轄…京都・大坂・堺・伏見・長崎など。
- **鉱山**直轄…佐渡金山・石見銀山・但馬生野銀山など。

貨幣鋳造…天正大判など。

支配組織

- 秀吉の独裁が基本で，組織は未整備。

五大老(重要政務を補佐)…**徳川家康**・前田利家・宇喜多秀家・**毛利輝元**・上杉景勝

五奉行(実務担当)…………前田玄以・**浅野長政**・増田長盛・**石田三成**・長束正家

第30回

太閤検地・刀狩・朝鮮侵略

1 太閤検地

本編解説 p.256 ～ 264 参照

＊兵農分離を促進…近世の身分制を創出。

太閤検地(天正の石直し，1582 ～ 1598)　史料 44　史料 45

方法

- 単位統一(間棹，町・段・畝・歩，京枡)…検地役人派遣。
  ＊1段＝300歩
- 田・畑・屋敷地の等級区分…石盛(斗代)を確定。
- 生産力の石高表示。
- 一地一作人の原則で1区画ごとに作人を確定(名請人)。
- 1村ごとに検地帳作成(村高確定)。

意義

- 作合(中間搾取)の否定，農民と土地を直接掌握(荘園制崩壊)
  ➡年貢負担者の確定 ➡農民支配確立。
- 石高制の成立…全国の土地を石高で把握(石高制)
  ➡大名知行制の基礎成立。

2 刀狩

本編解説 p.265 ～ 267 参照

刀狩令(1588)

- 農民の武器没収。　史料 46
- 農耕に専念させる，一揆の防止…表面上の理由は方広寺の大仏建立のため。
- 兵農分離 ➡近世の身分制確立の基礎。

人掃令(1591)

- 武士の百姓・町人化，百姓の町人化禁止 ➡身分秩序固定。　史料 47
- 全国の戸口調査(1592)…朝鮮出兵の準備。

3 朝鮮侵略

本編解説 p.268 ～ 273 参照

キリスト教禁止

バテレン追放令(1587)…九州平定の帰途，博多で発令。　史料 48

- 宣教師の布教禁止，国外追放 ➡**貿易は許可**。
- 大名の自由信仰否定。
- 長崎教会領の没収(⬅大村純忠(すみただ)が長崎を教会に寄進，1580)

サン=フェリペ号事件(1596)

➡ **26 聖人殉教(じゅんきょう)**(フランシスコ会宣教師・信徒)，禁教令徹底化。

貿易奨励

- 海賊取締令(かいぞくとりしまりれい)(1588)
- 南蛮貿易の奨励。
- 入貢(にゅうこう)要求…ゴアのポルトガル政庁，マニラのスペイン政庁，台湾，琉球に対して。

朝鮮出兵

＊朝鮮，入貢要求を拒否 ➡明(みん)征服計画。　＊本営…**肥前(ひぜん)・名護屋(なごや)**

文禄(ぶんろく)の役(1592 ～ 1596，壬辰倭乱(じんしんわらん))

- 小西行長(ゆきなが)・加藤清正(きよまさ)ら緒戦(しょせん)優勢。
- 朝鮮水軍の李舜臣(りしゅんしん)活躍，**義兵(ぎへい)**蜂起。
- **明**の援軍。
- 停戦，講和交渉(小西行長・沈惟敬(しんいけい))

慶長(けいちょう)の役(1597 ～ 1598，丁酉再乱(ていゆうさいらん))

- 講和決裂 ➡再侵略 ➡秀吉の死で撤退。

影響

- 豊臣政権衰退 ➡朝鮮疲弊・明衰退。
- 典籍(てんせき)などの文化財略奪 ➡多数の朝鮮人を連行，姜沆(きょうこう)。
- **活字印刷術**の伝来 ➡慶長版本(けいちょうはんぽん)(後陽成(ごようぜい)天皇)。
- **陶磁器技法**の伝来(朝鮮人陶工(とうこう)を連行) ➡有田焼・薩摩焼など。
- **綿花(めんか)栽培**拡大。

第
31 江戸幕府の支配体制
回

1 幕藩体制

本編解説 p.275 ～ 292 参照

成立の過程

徳川家康(1542 ～ 1616)

- 桶狭間(おけはざま)の戦い後自立，織田信長と同盟，三河(みかわ)国を統一し徳川と改名。
- 秀吉の天下統一 ➡**関東移封(いほう)**(1590)
- 秀吉没 ➡**五大老の筆頭**
- **関ヶ原の戦い**(1600)…毛利輝元(もうりてるもと)・石田三成(みつなり)ら西軍を破り地位を確立。
  ➡**豊臣秀頼(とよとみひでより)**は 60 余万石の 1 大名に。

江戸幕府開設(1603)…徳川家康，**征夷大将軍(せいいたいしょうぐん)就任**。

- 全国支配権の確立，**国絵図(くにえず)**・**郷帳(ごうちょう)**の作成を命じる。
- 徳川秀忠(ひでただ)…第 2 代将軍就任(1605) ➡徳川氏将軍職**世襲(せしゅうか)化**。
- **大坂の陣(じん)**…大坂冬の陣，1614 / **夏の陣**，1615 ➡豊臣氏滅亡。

幕藩体制

- 将軍(幕府)と大名(藩)の強力な領主権で統治される国家体制。

幕府の権力基盤

軍事力…**旗本(はたもと)**(約 5000 人)・**御家人(ごけにん)**(約 17000 人)：享保(きょうほう)期
経済力…**幕領(ばくりょう)**[**天領(てんりょう)**](約 400 万石)・旗本知行地(ちぎょうち)(約 300 万石)：18 世紀初

- 重要**都市**・**鉱山**の直轄…佐渡金山など。
- 貨幣鋳造(ちゅうぞう)権独占…**慶長(けいちょう)金銀**，**寛永通宝(かんえいつうほう)**。
- 貿易(初期)，**冥加金(みょうがきん)**・**御用金(ごようきん)**。

大名統制

大名…徳川氏に臣従(しんじゅう)し，1 万石以上の領地をもつもの。

- **親藩(しんぱん)**…徳川氏一門の大名，(御)三家(ごさんけ)など。 ➡要地
- **譜代(ふだい)**…三河(みかわ)以来臣従(しんじゅう)しているもの。 ➡要地
- **外様(とざま)**…関ヶ原の戦い以降に臣従。

大名統制

- **一国一城令**(1615)
- **武家諸法度**
  - ┌**元和令**(1615)…家康 ➡**崇伝**起草，秀忠の名で大名に。　史料49
  - └**寛永令**(1635)…**林羅山**起草，**参勤交代**義務化，大船建造禁止。　史料50
  - ➡以後将軍代替りごとに発布。
- 参勤交代…在府在国1年交代，妻子江戸居住。
- 諸負担の賦課…軍役・御手伝普請，経済力の消耗をねらう。
- 大名の処分…**改易**・減封・転封 ➡「鉢植え大名」

統治組織

三奉行…**寺社**・**町**・**勘定奉行**

評定所…幕府の最高政務・裁判機関

統治組織の特徴

- **庄屋仕立て**(初期) ➡ 3代家光期に整備。
- 重要な役職は**譜代大名**・**旗本**から選任。
- それぞれ**複数**選任…**月番制**・**合議制**

藩体制

- 大名の領地とその支配機構。
- 家老以下の諸役人…領内を独自に支配 ➡藩士の城下町集住。
- 知行制度…**地方知行制** ➡**俸禄制**，17世紀半ば。

朝廷統制

- **京都所司代**が監察…武家伝奏
- **禁中並公家諸法度**(1615)　史料51
- **紫衣事件**…**沢庵**処罰，**後水尾天皇**退位(1629) ➡明正天皇即位。

宗教統制

寺社奉行が監督。

本山・**末寺制度**(本末制度)

寺請制度…キリスト教・日蓮宗不受不施派の禁止。

- 寺院を人民支配に利用…宗門改め・**宗旨人別帳**・**寺請証文**
- 葬儀と供養の仏教。

諸宗寺院法度・**諸社禰宜神主法度**(1665)

修験道など

- 修験道
  - 天台系・本山派…聖護院門跡
  - 真言系・当山派…醍醐寺門跡
- 陰陽道(民間)…土御門家(もとの安倍氏)

2 農民・町人の身分秩序と税制

本編解説 p.293 ～ 302 参照

身分制

支配者
- 天皇・公家,(上層の)僧侶・神職
- 武士(苗字・帯刀)

被支配者
- 農民…農業・林業・漁業など
- 職人…手工業
- 商人…商業・金融・流通・運輸業,「家持町人」

身分的周縁に属する人びと
- 宗教関係…(一般的な)僧侶・神職・修験者・陰陽師
- 知識人…儒者・医者
- 芸能関係…人形遣い・役者・講釈師

差別された人びと…かわた(長吏・えた)・非人

農民支配

支配組織

- **幕領(天領)**:

郡代・代官 ── 村方三役 ── 名主(＝庄屋)・組頭・百姓代 ── 村民

- 藩:郡奉行・代官 ── 村方三役 ── 村民

農村の構造

- **農村の運営**…村方三役が中心,**本百姓**が運営。
  村入用,村法(村掟) ➡村八分
- **農村の機能**…入会地・用水の管理,結・もやい

- 村請制
- 五人組…連帯責任・相互検察・相互扶助

● **農民の階層**

┌**本百姓**…検地帳記載(高持百姓)，土地占有者，貢租負担者
├**水呑百姓**…検地帳に記載されない，小作農
└名子・被官…隷属農民

貢租の種類

┌**本途物成(本年貢)**…田畑・屋敷地に課税，米納が原則。
├小物成(小年貢)…副業・山河などからの収益に課税。
├**高掛物**…**村高**に対して課せられる付加税。
├**国役**…**1 国単位**で課せられる夫役。
└伝馬役・**助郷役**…宿駅や付近の農民に人馬を供給させる。

検見法 ➡定免法(享保期以後)

村請制

農民統制策…本百姓体制の維持 ⬅**寛永の飢饉**が背景。 史料 52

● **田畑永代売買の禁止令**(1643)…土地自由処分の制限。 史料 53
● **田畑勝手作りの禁**…作付制限。
● **慶安の触書**(1649)…農作業・衣食住規制。
● **分地制限令**…経営規模細分化の防止。

┌**寛文令**(1673) 史料 54
└**正徳令**(1713) 史料 55

町人支配

行政組織

町奉行 ┬(江戸) 町年寄 ── 名主 ┐
　　　 └(大坂) 惣年寄 ── 町年寄 ┴ 町人

町政運営…町法(町掟)により運営。

┌地主・家持…町政に参加。
└地借・店借

町人負担

● 町人足役…都市機能を維持するため。
● 営業に対して**運上**・**冥加**賦課。
● **地子免除**。

身分制度の確立

＊**身分制度**…士農工商の別，主従関係厳重。

士(7%)…将軍・大名・直参(旗本・御家人)・藩士・武家奉公人

➡特権付与(**苗字帯刀**・**切捨御免**)

農(80%)…村役人・本百姓(高持百姓)・水呑(無高)・隷属農

工・**商**(10%)
- 町人(**家持**・**地主**)・**地借**・**店借**
- 主人・番頭・手代・丁稚，親方・徒弟

賤民…穢多・非人

第
32
回
江戸初期の外交と政治

1 初期の外交

本編解説 p.304 ~ 313 参照

＊和平外交

オランダ・イギリス

- **リーフデ号事件**…**豊後漂着**(1600)
  - ヤン=ヨーステン(耶揚子)…オランダ人
  - ウィリアム=アダムズ(三浦按針)…イギリス人
- **オランダ**(1609)・**イギリス**(1613)…**平戸**に商館開設。
  - 南蛮人 ➡ポルトガル人・スペイン人…**旧教**国
  - 紅毛人 ➡オランダ人・イギリス人……**新教**国

スペイン関係

- 京都商人の**田中勝介**をノビスパン(メキシコ)に派遣(1610)。
- **慶長遣欧使節**(1613)…**伊達政宗**が**支倉常長**を派遣。

糸割符制度(1604)

史料 56

- ポルトガルの白糸独占体制に対抗。
- 糸割符仲間…**京都・堺・長崎**商人(三カ所)
  ➡**江戸・大坂**商人も加わる(**五カ所商人**)。

朱印船貿易…家康の朱印状

琉球・台湾・ルソン・アンナン・シャムなどに渡航。

貿易家
- 島津家久・松浦鎮信・有馬晴信ら諸大名
- 末次平蔵・茶屋四郎次郎・角倉了以・末吉孫左衛門ら

貿易品
- 輸入品…**生糸**・絹織物・**南海産物**(砂糖・皮革など)
- 輸出品…**銀**・銅・硫黄・刀剣

日本町…渡航日本人の自治都市，山田長政。

東洋諸国・蝦夷地との関係

朝鮮

- 朝鮮使節の来日(1607)…国交回復。
- 己酉約条(きゆうやくじょう)(慶長(けいちょう)条約, 1609)…宗氏, 日朝貿易を独占・**通信使**来日。

朝鮮との国交

文禄・慶長の役(壬辰倭乱・丁酉再乱)

⬇

1607 **回答兼刷還使**(日朝国交回復)

1609 **己酉約条**… 宗義智(対馬藩)と朝鮮政府。交易は釜山で, 歳遣船を20隻。

(×巳 ↙ 己)

明…私貿易のみ, 南方地域での**出会(であい)貿易**。

琉球…**島津**家久(いえひさ)の侵攻(1609) ➡日明(清)両属, 慶賀使・謝恩使。

- 朝鮮国王…**回答兼刷還使**(かいとうけんさつかんし) ➡**朝鮮通信使**
- 琉球国王…徳川新将軍への祝賀:**慶賀使**(けいがし)
  - 琉球国王就任を感謝:**謝恩使**(しゃおんし)

蝦夷地

- 蠣崎(かきざき)氏が松前(まつまえ)氏と改称。
- 松前藩の成立…家康から蝦夷(えぞ)地交易の独占権を保障される。
- **商場知行制**(あきないばちぎょうせい)
- **シャクシャインの戦い**(1669)
- 商場知行制から**場所請負制**(ばしょうけおいせい)へ。

四つの口

- 長崎口(幕府・長崎奉行➡オランダ・中国商人)
- 松前口(松前氏➡アイヌ)
- 対馬口(宗氏➡朝鮮)
- 薩摩口(島津氏➡琉球王国)

- 「鎖国」⬅志筑忠雄(しづきただお)『鎖国論(さこくろん)』(ケンペル『日本誌』の抄訳の標題)

2 鎖国

本編解説 p.314 ～ 322 参照

鎖国　＊キリスト教禁止と幕府の貿易統制。

年代	事　項
1604	**糸割符制度**を設ける　史料 56
1612	**幕府直轄地に禁教令**
1613	**全国に禁教令**
1614	高山右近・宣教師ら 300 余人をマニラ・マカオに追放
1616	ヨーロッパ船の来航を長崎・平戸に限定
1622	元和の大殉教
1623	イギリス，平戸商館を閉鎖
1624	**スペイン船の来航禁止**　このころ**絵踏**はじまる
1631	奉書船制度創設
1633	**奉書船以外の日本船の海外渡航禁止**　史料 57
1635	**日本人の海外渡航と帰国の全面禁止**　史料 58
	明船の来航を長崎に限定
1636	ポルトガル人を出島に移す
1637	**島原の乱**，領主の苛政に対する農民の一揆
	益田時貞，旧有馬・旧小西氏の牢人が指導，原城跡占拠，
1638	老中松平信綱が鎮圧(1638)
1639	**ポルトガル船の来航を禁止**　史料 59
1641	**オランダ人を出島に移す**

長崎

- オランダ人を長崎**出島**(でじま)へ(1641)。
- **オランダ風説書**(ふうせつがき)…オランダ商館長，幕府に毎年提出。
- 中国(明・清)人，1688 年，**唐人屋敷**(とうじんやしき)に。

3 武断政治から文治政治へ

本編解説 p.323 ～ 328 参照

武断政治(家康・秀忠・家光)

大名処分…**改易**(かいえき)・減封・転封

- 武家諸法度違反(**法令違反**)，
  末期養子(まつごようし)の禁止(**無嗣**(むし))などを理由。

┌2代徳川秀忠 ➡改易：(広島) **福島正則**
└3代徳川家光 ➡改易：(熊本) **加藤(忠広)**

社会不安の拡大

- 牢人の増加 ➡牢人の不満増大。
- かぶき者の横行。

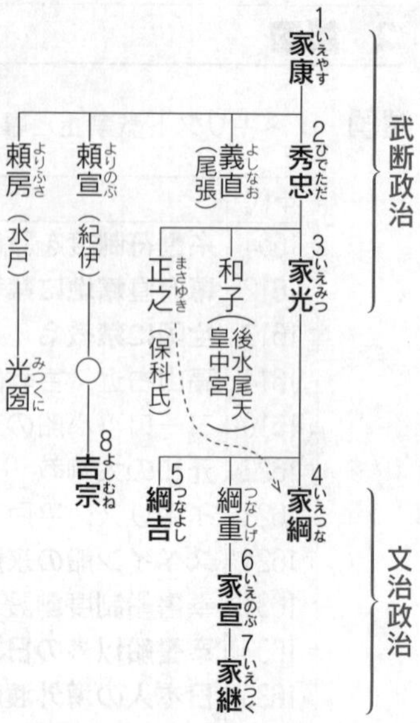

〈注〉数字は将軍就任の順。

文治政治

転換の契機

- ４代徳川家綱
- **由井正雪の乱**(慶安の変，1651)
  ➡牢人対策の必要。

家綱の治世…**保科正之**の補佐。

- **末期養子の禁止の緩和**。 **史料60**
- **殉死の禁止**。 **史料61**
- **人質の差出し**(大名証人制)**廃止**。

文治政治期(家綱・綱吉・家宣・家継)

- 平和と秩序の維持をめざす。
- **儒教的徳治主義**に基づく政治。
- 文教興隆…法律・制度・儀礼の整備。

諸藩の文教振興

＊**初期藩政改革**…好学の大名。

＊藩政安定，領内経済発展 ⬅支配機構整備，産業開発。

保科正之(会津)…徳川秀忠の子。

- 山崎闇斎招聘，稽古堂

池田光政(岡山)…熊沢蕃山登用。

- 花畠教場・閑谷学校(郷学)

徳川光圀(水戸)…朱舜水招聘。

- 『大日本史』編纂(彰考館)

前田綱紀(金沢)…木下順庵招聘，稲生若水庇護。

第
33 回　桃山文化・寛永期の文化

1　桃山文化

本編解説 p.330 ～ 336 参照

特徴

桃山文化（織豊期中心）

① 世俗的・積極的，新鮮味豊か ←

豪壮・華麗 ← ② 新興の大名・豪商の気風

③ 南蛮文化

建築・美術・工芸

建築…**城郭**(じょうかく)建築，書院造(しょいんづくり)の居館(きょかん)・政庁(せいちょう)。
- **姫路城**(ひめじじょう)
- 伝聚楽第(じゅらくてい)遺構 ➡**西本願寺飛雲閣**(ひうんかく)・**大徳寺唐門**(からもん)
- 伏見城遺構 ➡**都久夫須麻**(つくぶすま)**神社本殿**(ほんでん)

絵画…**障壁画**(しょうへきが)（濃絵(だみえ)・水墨画(すいぼくが)），風俗画。
- 狩野派(かのう)…**狩野永徳**(えいとく)・狩野山楽(さんらく)
- 海北派(かいほう)…**海北友松**(ゆうしょう)
- 長谷川派(はせがわ)…**長谷川等伯**(とうはく)

彫刻…欄間(らんま)彫刻

工芸
- ●**陶磁器**
  - **有田焼**(ありた)・萩焼(はぎ)・薩摩焼(さつま)・高取焼(たかとり)など ⬅朝鮮人陶工(とうこう)の技術。
  - 楽焼(らく)・志野焼(しの)・織部焼(おりべ)
- ●**蒔絵**(まきえ)

出版…**慶長勅版**(けいちょうちょくはん)（後陽成(ごようぜい)天皇の勅命(ちょくめい)）

芸能…町衆が担い手

茶道…**千利休**(せんのりきゅう)，侘茶(わびちゃ)を大成，豪商・大名に普及。
　➡**北野大茶湯**(きたのおおちゃのゆ)（秀吉が主催）

東山文化		戦国期		桃山文化 1587
村田珠光	➡	武野紹鷗	➡	千利休　北野大茶湯

- 天下の三宗匠…今井宗久・津田宗及・千利休
- 大名茶人…織田有楽斎・古田織部

能楽…公家・武士・庶民が愛好，装束・調度が華麗となる。

歌舞伎踊…**出雲の阿国**(**阿国歌舞伎**)
人形浄瑠璃…三味線(**琉球**伝来)・操り人形 ｝庶民芸能の源
隆達節…高三隆達(**小歌**の一種)

生活

- 服飾…小袖，結髪
- 食事…朝夕２回から３回へ，間食，米食と雑穀食。
- 住居…茅葺き・板葺き平屋建 ➡瓦葺き・２階建。

南蛮文化

- **活字印刷術**…ヴァリニャーノ ➡**キリシタン版**(天草版)
- 学問・技術…天文学・地理学・医学・造船術・航海術・鉱山技術
- 風俗・習慣…衣服，食物，喫煙
- **南蛮屏風**

桃山文化のおもな美術作品

【建築】

①**妙喜庵待庵**…京都府大山崎町(「油座」で有名な離宮八幡宮に隣接する)に現存する千利休の草庵風の茶室。
②**大徳寺唐門**…伝聚楽第遺構。
③**西本願寺飛雲閣**…伝聚楽第遺構。三層の変化に富んだ数寄屋造。
④**都久夫須麻神社本殿**…伏見城の遺構。琵琶湖北部の島(竹生島)に残る桃山建築の代表的なもの。
⑤**姫路城**…白鷺城とも呼ぶ。秀吉に続き池田輝政が五層の連立式天守閣を築造。

【絵画】

①洛中洛外図屏風…京都の内外の名所や市民生活を描いた屏風画。狩野永徳のものが著名。

②唐獅子図屏風…狩野永徳の代表作。躍動的な雌雄一対の獅子を描く。

③松鷹図・牡丹図…狩野山楽の代表作。

④檜図屏風(狩野永徳)

⑤松林図屏風(長谷川等伯)

⑥智積院襖絵(伝長谷川等伯)

⑦山水図屏風(海北友松)

⑧職人尽図屏風(狩野吉信)

⑨花下遊楽図屏風(狩野長信)

⑩南蛮屏風(狩野内膳)

2 寛永期の文化

本編解説 p.337 ~ 343 参照

特徴

寛永期の文化 (17世紀前半)

① 桃山文化を継承。

② 社会の安定，落ち着き。

③ 幕府支配(禁教など)を反映。

朱子学

- 幕藩体制を支える倫理思想…大義名分論(君臣の別・上下の秩序を重視)
- 藤原惺窩(相国寺の僧)…朱子学を禅宗から解放。
- 林羅山(建仁寺の僧)…江戸に下り，徳川家康に用いられる。

美術

- 建築
  - 権現造…日光東照宮など
  - 数寄屋造…桂離宮・修学院離宮

● **絵画**
- 狩野派…**狩野探幽**，幕府御用絵師
- 土佐派…土佐光起，朝廷絵所預
- 装飾画…**俵屋宗達**

狩野派

東山文化		戦国期				桃山文化				寛永期
正信	—	**元信**	—	○	—	**永徳**	—	○	—	**探幽**

永徳 → **山楽**

● **工芸**…**本阿弥光悦**，(洛北)鷹ケ峰

● **陶芸**

陶芸の系統

- お国焼(朝鮮系)
  - 有田焼…鍋島氏，**薩摩焼**…島津氏
  - **萩焼**……毛利氏，**平戸焼**…松浦氏，**高取焼**…黒田氏
- 在来の系統
  - **楽焼**…楽長次郎，京都(桃山文化の時期)
  - **京焼(清水焼)**…京都・東山，清水寺付近(桃山文化の時期)

＊色絵
- 陶器…………**野々村仁清**(京都)
- 磁器(赤絵)…**酒井田柿右衛門**(有田)

芸能

● 女歌舞伎 ➡**若衆歌舞伎**

● 人形浄瑠璃

文芸

● **仮名草子**

● **俳諧**
- 貞門俳諧…松永貞徳
- 談林俳諧…西山宗因

寛永期の文化のおもな美術作品

【建築】

①**日光東照宮**…徳川家康をまつる霊廟建築で「権現造」の代表。桃山様式をさらに華麗にした。

②**桂離宮**…茶室風をとり入れた「数寄屋造」。後陽成天皇の弟智仁親王の別邸。

③**修学院離宮**…「数寄屋造」の代表。後水尾天皇の山荘。

【絵画・工芸】

①**風神雷神図屏風**…京都の「町衆」出身の画家，俵屋宗達が，金地にユーモラスな一対の神を描く。土佐派をもとに装飾画の新様式を生み出し，「琳派」の先駆となる。

②**大徳寺方丈襖絵**…幕府の御用絵師，狩野探幽の作。豪壮な狩野派の画風を優美で知的なものに洗練させた。

③**夕顔棚納涼図屏風**…探幽の門人，久隅守景の作。庶民的な画題と風雅な作風が特徴。

④**舟橋蒔絵硯箱**…本阿弥光悦の作。京都の町衆の出身。寛永文化の中心人物。徳川家康から洛北鷹ヶ峰の地を与えられ，工房を開く。書道，蒔絵，陶芸など多才な芸術家。

MEMO